我所知道的新中国监狱工作

(第八辑)

中国监狱工作协会监狱史学专业委员会
上　海　市　监　狱　学　会 / 编

上海社会科学院出版社

主　　编：王东晟
副 主 编：卢德利
编　　辑：周美祥　叶春弟　赵　君

前　言

中国监狱工作协会监狱史学专业委员会2022年的研究主题是"'八劳'会议与监狱（劳改）工作"，这本论文集是这个主题研究的成果。

1981年8月18日至9月9日，第八次全国劳改工作会议（简称"八劳"会议）在北京召开，会议总结了新中国成立后30年来监狱（劳改）工作的基本经验，肯定了"改造第一，生产第二"的劳改方针，肯定了"惩罚管制与思想改造相结合，劳动生产与政治文化技术教育相结合，严格管理与教育、感化、挽救相结合"的政策，并肯定了劳动生产、人道主义、综合治理和队伍建设等方面取得的成绩。会议确定了监狱工作的社会地位和历史使命，高度评价了劳动改造罪犯工作及取得的成就，首次提出创办特殊学校的工作要求，推行管理工作要法律化和制度化以及从优待警等新的方法和政策。现在看来，"八劳"会议在中国特色社会主义监狱发展过程中具有承上启下的里程碑作用。

"八劳"会议至今已四十余年，会议对监狱（劳改）工作产生了哪些影响？是如何引领中国监狱（劳改）工作向前发展的？基于这些考虑，监狱史学专业委员会开展了这个主题的研究。截至2022年6月30日，全国24个省（自治区、直辖市）的监狱工作协（学）会、新疆生产建设兵团监狱工作协会等单位共报送研究成果75篇。经监狱史学专业委员会组织专家评审，共评出优秀课题成果59篇。我们从优秀课题成果中选取30篇文章汇编成《我所知道的新中国监狱工作》（第八辑）。在开展理论研究期间，监狱史学专业委员会收到司法部监狱管理局原局长王明迪同志寄来的《关于监狱工作改革发展的若干历史资料》一文，借此机会将其编入本文集的"特约专稿"板块。除此之外，本文集共分为"精神与方针""法治与人权""价值与启示""刑罚执行""教育改造""队伍建设"和"改革与发展"七个部分，全书约35万字。

通过研究成果，我们可以清晰地看到，"八劳"会议推动了监狱工作的法治建设，推动了罪犯人权保障的发展，推动了狱内特殊学校的创办，提升了改造罪犯的能力，彰显了刑罚执行的公平与正义，从整体上促进了中国特色社会主义监狱（劳改）工作向好发展。

希望这本文集的出版有助于读者了解"八劳"会议及其对中国特色社会主义监狱(劳改)工作的影响。由于水平有限,本书还存在纰漏,望各位读者不吝赐教。本文集的出版得到了上海社会科学院出版社的大力支持,在此表示衷心的感谢!

编　者
2023 年 11 月

目　录

前言 …………………………………………………………………（1）

特约专稿

关于监狱工作改革发展的若干历史资料 ………………… 王明迪（3）

精神与方针

改造为本："八劳"会议精神解读与赓续 ………………… 余承勇（25）
传承"八劳"会议精神　开创监狱事业新局面 ……………… 邓菁苏（36）
山东省临沂监狱"石门精神"的形成与发展
　…………………… 李　明　刘明伟　赵宗杰　宋东苓　时云肖（45）
试述"八劳"会议之前的劳改工作方针演进路径及启示 ……… 王海鹏（55）
弘扬"八劳"精神　重塑监狱荣光
　——"八劳"会议精神对新时代监狱工作的启示 …………… 李志新（65）

法治与人权

对"八劳"会议中法治精神的传承与发展
　——以广东女犯改造工作为例 ……………………………… 姚　敏（79）
"八劳"会议视域下中国罪犯人权保障发展与演进研究 ………… 范　明（89）
筚路蓝缕奠基业　法治引领创新局
　——浅议"八劳"会议的传承发展与新时代监狱法治化建设
　………………………………………………………………… 黄宏琼（99）

· 1 ·

价值与启示

"八劳"会议的历史性贡献及对当下监狱工作的启示 ··· 董长青　朱福正(111)
"八劳"会议的时代价值、现实意义及深刻启示 ············· 杨龙胜(122)
论"八劳"会议的历史价值与现实启示 ····················· 王杭莉(134)
论"八劳"会议的现实意义与启发 ························· 王建平(144)
"八劳"会议与新时代监狱工作的使命 ············ 王振伟　李建淼(151)

刑罚执行

"八劳"会议前后减刑假释制度的变化与启示 ················ 朱曙光(163)
上海监狱"三分工作"发展历程研究 ······················· 冯立章(174)
"八劳"会议视域下短刑犯管理路径研究
　　——以马鞍山监狱短刑犯数据为研究对象 ············· 范　明(184)

教育改造

"八劳"会议以来罪犯劳动教育质量提升的研究
　　——以上海监狱系统为例 ··························· 汪德超(199)
历史观照与现实演进：监狱办特殊学校由来、进程与深化 ········ 周荣瑾(211)
1981—2021年GS省监狱特殊学校建设的回顾与反思 ··········· 牟九安(222)
"八劳"会议与监狱行刑改造罪犯思想的反思 ·········· 莫林发　蓝　甲(233)
"八劳"会议与我国罪犯教育模式的改革创新 ·········· 张要平　石志恒(241)

队伍建设

"八劳"会议与新中国监狱（劳改）工作
　　——以队伍建设为研究视角 ························· 秦心福(253)

"八劳"会议对加强新时期监狱民警队伍建设的启迪
　　——以贵州省未成年犯管教所为视角 …………胡仕荣　吴玉进(261)
推动民警队伍"四化"建设　助力监狱事业蓬勃发展
　　——"八劳"会议队伍建设回顾与展望 …………孙　博　宿静波(271)

改革与发展

不忘安边固疆初心　践行改造宗旨使命
　　——由从严治犯到从严治警重大历史演变的回顾与启示
　　………………………………………………………杨玉峰　王　健(283)
攀登十八盘的勇士
　　——追忆扎兰屯监狱建监67年 ……………………………刘成基(291)
监狱变革发展史研究
　　——吉林省公主岭监狱历史分期研究 …王文军　丁宁宁　王　庆(300)
谈"八劳"会议前后的闽西北山区监狱 ……………………………黄　炜(308)
1949年以来甘肃监狱的变迁 ………………………………………席克让(317)
关于"三项桂冠"的历史回顾与思考 ………………党永忠　邱平祥(329)

特约专稿

关于监狱工作改革发展的若干历史资料

王明迪[*]

多年来,在监狱工作改革发展中,我把听到的、见到的、做到的、想到的点点滴滴,搜集起来加以梳理综合,归纳出个人的某些感悟,尽管是零散的、不完整的,甚或是不很系统的,但确是真实地反映了个人的一些想法。

一、正确处理领导机关与基层监狱的关系

我历来认为,智慧源于群众,经验来自基层。领导机关的责任在于发现典型,总结经验,概括理念,组织推广。我们从上海市白茅岭农场教导大队的分类改造和辽宁省瓦房店支队的累进处遇,提出了分押分管分教;从贵州省平坝农场妥善处理劳改农场工学矛盾和河南省第五支队结合生产实际加强技能培训,提出了深化办学活动的构想;从山东省潍坊支队犯人整队入场,在值星警官洪亮的号令下,数百条板凳"啪"的一声同时放下,联想到加强养成教育、推行规范化管理;上海市少管所注重美化环境、强化文艺演出的经验,推进了监区文化建设;广东、福建两省监狱改扩建由边远山区向公路、铁路沿线城镇转移,其举措促进了监狱布局调整规划。

我常讲,部监狱局一定要摆正位置,端正思想。坐在机关里苦思冥想,不会有任何结果。所有管用的经验、有效的办法,都是下面搞出来的,领导机关只是个"加工车间",只有迈开双脚走下去,到基层深入调研,搞好"中介服务",才能有所成就。否则,只能是无源之水、无本之木,终将一事无成。

我经常考虑,部局对省局的指导和扶持,主要是制度性、方向性的,着重帮助解决他们想解决而又解决不了的问题。对此,既要搞一个比较完善的统一规定,又要适当考虑各省不同的情况和历史渊源。例如监狱财政保障体制,没有中央明确规定,省局是解决不了的;但各省财力不平衡,有的还相当悬殊,需要

---

[*] 王明迪,司法部监狱管理局原局长。

进一步与财政部门协调,做好省里的工作。又如,省局机构规格,由于历史形成的"惯例"和地方党委组织部门的内部平衡,情况十分复杂,计有大局(副厅,个别如北京、青海和兵团监狱局则为正厅)、大处(正处),大局(副厅)、小处(副处),小局(正处)、小处(副处)。而各基层监狱、劳改支队,经多年努力,统一提为正处级别,于是形成"县团级领导县团级"的"不成体统"的现象。这就需要逐省做工作,争取规格逐步统一到第一种模式。至于操作性、业务性方面,省局同志比我们了解情况更多,接触实际更广,毋须我们"越俎代庖",我们的责任就在于发现、完善和推广他们的经验。

我常对部局其他局、处长讲,我们与省监狱局对口的局、处长,既要有紧密的工作联系,又要有良好的个人关系。见面搂胳膊、拍肩膀,有事打个电话就能办成。通过经常的交流协商,逐步形成观念一致、感情融洽、配合默契、亲如兄弟的战友群体。当然,这都是在符合原则情况下的公务活动,而不是谋取私利的个人拉拢。通过长期交往,我与省局一些同年代的领导同志成了"终身制"朋友。尽管已退休20多年,但江苏陶国元、杜向东,辽宁郑岳山、李成义,上海颜锦章、朱济民,四川张元中、李子善,浙江胡方锐、周祖勇、吉永根,河南卫民思、高国建,乃至地处偏远的西藏洛桑格列、黑龙江邹贤宝等当年的厅、局长们,还不时打电话或发短信互致问候,有时还寄些茶叶或者其他土特产来。

我80岁时,山东省局老政委张国新专程来京邀请几位部局的老同志给我过生日。上海市王飞同志多年来卧床不起,在医院靠输营养液维持生命,但每隔一两个月,当年一些老同事都会来电向我通报他的情况。2022年7月30日,王飞同志久病不治,在上海市瑞金医院安然离世,享年93岁。8月1日,金鉴老部长写了一篇情真意切的缅怀王飞同志的长文,引起上海市监狱局高度重视,决心克服疫情带来的困难,于8月3日下午在龙华殡仪馆举办庄严肃穆的"送行仪式"。仪式搞得很成功,很感人,完全展现了中华民族尊老敬贤的优良传统,也彰显了监狱系统内部具有行业特色的强大凝聚力。还有一些老同志,像湖北邵玉田、江西边鹏越、浙江王鑫宝、天津刘永、福建杨睦松等同志去世后,我都以金鉴副部长和我的名义,电请省局老干部处代送花圈,转达我们对遗属的慰问。第一次我曾事前征求金部长的意思,他说今后再有这种事,你就直接告诉他们,以两人名义送花圈(此次王飞同志送行仪式中,则是分别陈列了金部长与我的花圈)。所有这些,都深切地体现了"天下劳改是一家"的人间真情。

我还常对局里同志讲,在基层监狱处于平安顺境情况下,我们检查工作时,就要"横挑鼻子竖挑眼",不是这里有漏洞,就是那里有隐患,把"螺帽"拧得紧紧的,让他居安思危,不敢有丝毫懈怠。但一旦出了问题,只要不是严重失职或渎职,就要尽可能地保护干部,给他一个改正错误、将功补过的机会,千万不要随意扒警服,"一棍子打死",要想想十多年、几十年干下来很不容易,他还有一大家子人呢。1985年11月,黑龙江省北安监狱3名罪犯暴狱,杀死9名干警和6名犯人,还重伤1名工人。上级工作组检查时,着重查找漏洞和失误,从省局到监狱,处分了一批干部。由于案情性质恶劣,以致最高法院在审核时将此案定性为反革命暴狱,而惨遭反革命分子杀害的所有干警,却未被追认为烈士。基层干警对此很有意见。次年2月,内蒙古自治区保安沼支队4名北京调犯,经长期密谋杀害4名干警和7名犯人,我与工作组其他同志接受查处北安监狱暴狱案件的教训,除客观地查摆工作中的漏洞外,还实事求是地肯定了遇难干警在猝不及防情况下同凶犯搏斗抗争以及他们的日常表现,经向自治区有关部门协调、请示,决定追授4位干警为烈士,对死难犯人的善后事宜也作了恰当安排。鉴于案情重大,给予支队主要领导记大过处分,其余人员则侧重认真接受教训,引以为戒。其后,自治区有关部门认为,对如此严重的恶性案件,领导机关也应承担一定责任,决定给予自治区监狱局局长一个行政处分,此事就此了结,没有引起大的震动。

考虑到全国监狱地区之间、城乡之间的差别和不平衡,部监狱局对边远地区监狱局领导在参加专业培训、组织现场观摩、出国(境)参访考察时,给予了必要照顾,以利他们开拓视野、更新观念。先后安排西藏牟禄君、青海张致福、宁夏贺廷寅出访日本、澳大利亚和中国香港地区;还组织全国分管改造工作的副局长(包括甘、宁、青、新及滇、黔、藏等省区)去美国参加专业培训。20世纪90年代,西藏劳改局副局长洛桑格列来中央党校学习,我专门去党校看望,还让局办公室调一台电视机丰富他的课余生活。节假日有时接他到局里来聊聊天,吃顿饭,使他在首都仍能感受"家"的温暖。

我们还组织沿海先进地区与边远地区干警进行交流与合作。安排押解调犯的优秀干警留在接犯监狱定期服务,就地介绍心得体会,传授成功经验;组织边远地区干警去先进地区监狱挂职锻炼,跟班作业,逐步缩小彼此思想观念和工作方面的差距。有些省、市还自行组织对口交流,表现出较高的相互学习、共同进步的热情和自觉。

每年春节前,部劳改局都要组织人员去北京及周边地区监狱慰问干警,检查节日安全工作。除夕夜,金部长和我都要去北京市有关监所看望、慰问干警,了解犯人节日生活安排情况。走了一圈后,陪同巡查的市局薛文璞副局长都要让我们补吃"年夜饭",喝几杯后回家;到家时家人正在看春晚,有的已经睡下。每年都是如此,基本形成惯例。

我们还注意运用领导机关、主要领导干部在创建新中国劳改事业中的重大贡献,对全国监狱干警进行传统教育。这里所说的"主要领导干部",就是新中国劳改事业的重要奠基人李石生同志。1936年,16岁的石生同志即投身党所领导的土地革命,解放战争后期担任东北行政区公安局副局长兼劳改处处长;大区撤销后,调任公安部劳改局副局长、局长,参与领导劳改工作的创建及初步发展;"文革"中遭受迫害,下放云南省任公安厅厅长。党的十一届三中全会后,他调回公安部复任劳改局局长,大力拨乱反正,主持召开"八劳"会议,积极推进劳改工作改革开放。1983年体制变革时,他年过六十,经中央特批率劳改局整建制移交司法部,并任司法部副部长。"严打"开始时,他坚持党的方针政策,顶住压力,排除"左"的干扰,多渠道解决关押场所,大力争取中央计划、财政等部门的有力支持,顺利完成"严打"任务。1985年他从领导岗位上退下来,组建中国法学会劳改法学研究会,并任首任会长。在继续完成在职时承担的劳改教材编写任务的同时,积极组织各方面力量,开展监狱理论研究,为监狱系统群众性理论研究奠定了坚实基础。

对于这样一位参与新中国劳改事业创建、巩固、发展、抵制"文革"破坏,乃至拨乱反正、改革开放全过程的革命前辈,1998年3月,在他逝世十周年时,我们以中国监狱学会、司法部监狱局名义,编印出版了《深切缅怀李石生同志》文集,缅怀他对新中国劳改事业所作的历史性贡献,由部监狱局拨专款印刷3万册,在全国监狱系统内部发行。这对广大干警进行了一次深刻的革命传统教育,并有效地增强了监狱系统的凝聚力。

二、推进监狱工作改革发展

——确立监管改造工作原则。1982年2月,公安部发布《监狱、劳改队管教工作细则(试行)》(以下简称《细则》)。这是经多年反复调研、修改,并经"八劳"会议讨论审定,对新中国30多年监管改造工作所做的一次精心总结。《细则》确立了以下原则:(1)有法必依、执法必严、违法必究的原则;(2)立足于改造,实行科学文明管理的原则;(3)以教育为主,处罚为辅,管中有教、寓教于管、管教结合的原则;(4)处理犯人中的各种问题,必须坚持实事求是的原则;(5)坚持对犯人实行直接管理的原则,包括处理问题必须公正严明,不偏听偏信,不激化矛盾,坚持冷处理,干警发生错误时,由本人或上级领导出面予以纠正;等等。有些是过去从未提过的,体现了执法观念的与时俱进。当年,上海市劳改局管教科王启和科长曾对我说:有位干部按上级要求公开检讨自己态度简单粗暴,有些犯人过来对他讲:"队长,谁都有个脾气,有些事还是我们引起的,你能当众认错,我们真没想到,也很感动!"情况表明,实施效果也是比较好的。

——狠抓防逃追捕,确保场所安全。由于"文化大革命"破坏,拨乱反正开始时,犯人不服管,干警不敢管,工作跟不上,罪犯逃跑成风,狱内案件激增。据统计,1979年全国脱逃罪犯5 283名,比上年上升70.2%;1980年脱逃7 620名,又比上年上升44%。为了扭转混乱局面,各地切实整顿监管秩序,大力压缩外役劳动和外役值勤点,力争犯人"不想跑""不敢跑""跑不掉"。通过加强思想教育,稳定犯人情绪,干警实行"三包"(包管、包教、包转化),搞好生活卫生,及时兑现政策,引导犯人"不想跑";通过包夹重点人员,组建严管队,大力加强追捕,加大惩处力度,儆戒犯人"不敢跑";通过完善警戒设施,优化技术装备,开展狱内侦查,严密群众联防,强化"三道防线",力保犯人"跑不掉"。为了扭转逃跑风,部劳改局从1979年11月到1981年3月,连续召开三次防逃会议,交流经验,完善对策,并以公安部名义转发情况报告。从1980年起,部局通过《劳改工作简报》定期公布各省(区、市)犯人脱逃数、脱逃率、捕回数、捕回率和累计在逃数,让各省(区、市)劳改局在相互比较的压力下增强防逃制乱的紧迫感。经各方面努力,到1983年,全国罪犯的脱逃率和狱内发案率,由1980年的1.3%和0.6%,分别降至0.6%和0.4%,混乱状态得到基本扭转。

——探讨政治思想教育的内涵与外延。1991年元月,部局在天津召开研讨会,对教育改造活动中最重要的政治思想教育的内涵与外延,进行一次有益的探讨并取得广泛共识。其内涵:一是以马列主义、毛泽东思想基本原理和社会主义法制为主要内容的基础教育;二是以深挖犯罪根源、矫治犯罪恶习为主要要求的分类教育;三是以解决罪犯现实思想问题为主要目的的个别教育;四是以开展健康有益、丰富多彩的寓教于文、寓教于乐为主要帮衬的辅助教育。其外延:一是以体现社会关怀、开展社会帮扶为主要载体的社会教育;二是以矫正陋习、培养组织纪律性和良好行为习惯为主要抓手的养成教育;三是以克服好逸恶劳思想、树立劳动观念、养成劳动习惯为主要任务的劳动教育;四是以干部模范执法形象、言传身教为主要实现形式的示范教育。对上述几方面教育要统筹安排,交叉进行,使之互相融通,相互促进。还要把握好灌输、引导、渗透、批判四个环节,结合中华优秀传统文化教育,有序推进,入耳入脑,反复抓,抓反复,在塑造新人上取得更大成效。

——坚持专门机关与群众路线相结合,进一步搞好社会帮教。以签订帮教协议为主要载体,实行改造工作向前、向外、向后"三个延伸",逐步形成三种模式。一是北京模式。1987年至1988年,在市委政法委和市政府的协调下,北京市劳改局与全市18个区、县政府签订了"关于服刑人员教育改造、安置帮教协议书",明确劳改机关与地方政府各自的责任、义务和采取的具体举措。这是党的群众路线与社会治安综合治理方针在改造工作上的具体运用,具有"层次高,权威性大,覆盖面广"的特点。二是赤峰模式,亦称向心吸引式。内蒙古赤峰监狱押犯集中在赤峰地区。在赤峰市委政法委的协调下,赤峰监狱与全市12个旗、县、区政府和犯人家属签订了帮教协议,有效地促进了犯人改造。三是沈阳模式,亦称中心辐射式。以监狱为中心,辐射押犯比较集中的沈阳、丹东(主要是元宝区)两市,分别与两地政府签订帮教协议,刑释人员基本得到安置,极大地减少了重新违法犯罪。无论采取哪种模式,都能有效地调动罪犯所在地政府的力量,这正是中国社会治安综合治理的一大特点,也是一大优势。公安部凌云副部长曾在一次会议上提出:西方国家矫正工作主要依靠先进的装备设施和强大的警察网,中国劳改工作则主要依靠正确的方针政策和强有力的思想政治工作。这个概括是十分精准深刻的。

——加强生活卫生管理,提供有效的物质保障。较长时间内,相当一部分监狱干警乃至少数领导同志,片面认为生活卫生工作就是管管犯人的吃喝拉撒睡,婆婆妈妈式的纯事务性活儿,无足轻重,无关大局。很多单位不设专门机构,调些老弱病残人员应付差事。为扭转这一偏向,20世纪80年代中期,部劳改局专门研究了如何加强生活卫生管理,还在《关于加强监管改造工作的若干规定》中,将生活卫生处(科)确定为省局和基层监狱的必设机构,强调生活卫生管理是一项严肃的执法活动,所有从事这项工作的人员必须牢固树立政策观念、人道思维和服务意识,进一步健全省局、监狱及基层大、中队的医疗设施,一线医护人员既要当好救死扶伤的"白衣天使",又要力求成为诲人不倦的"特殊园丁",尽职尽责地为犯人的身体健康、安心改造作出积极贡献。

三、认真办好特殊学校

"八劳"会议《纪要》首次提出"要加强对罪犯的教育改造,把劳改场所办成改造罪犯的学校"。1982年1月党中央在《关于加强政法工作的指示》中进一步强调:"劳改、劳教场所是教育改造违法犯罪分子的学校。它不是单纯的惩罚机关,也不是专搞生产的企业、事业单位。"遵照毛泽东主席"我们的监狱不是过去的监狱,我们的监狱其实是学校"这一战略构想,1982年,中央有关部门和公安部先后就设置机构、配备教员、增加设备、保障经费、健全制度和考核(试)发证等方面,对加强犯人的政治思想教育和文化技术教育做出具体部署。1982年2月公安部下达教育改造"三年规划";10月,部劳改局在山东省潍坊劳改支队召开现场会,交流办学经验,劳改系统办学活动由此起步。当年11月,部劳改局正式命名潍坊支队为"潍坊育新学校"。

劳改工作移交司法部后,1985年6月,司法部在北京召开全国办学经验交流会,邹瑜部长提出"改造思想,造就人才,面向社会,服务四化"的办学指导思想。会议明确"三课"教育以政治思想教育为核心,以文化教育为基础,以职业技术教育为重点。会后,提出办学工作"五条标准",办学工作全面铺开。为加强对教育改造工作的领导,从1987年4月到1991年10月,司法部先后召开三次会议推动办学工作,顾启良、金鉴副部长和蔡诚部长先后到会讲话。除全面部署、推动外,从1985年5月到1991年1月,部劳改局先后就电化教育、农业单位办学、职业技术教育和政治思想教育,召开专业会议。

1990年10月,为了展现办学成果,司法部在北京中国革命博物馆举办"全国首届服刑人员书法、绘画、工艺美术作品展览"。党和国家有关方面领导人宋任穷、陈丕显、康世恩、刘复之、杨易辰、陈野苹等欣然为展览题词。15日,司法部蔡诚部长特邀原中央书记处书记、中央政法委书记、全国人大常委会副委员长陈丕显为展览剪彩。展览历时12天,中央政治局常委、中央书记处书记、中央政法委书记乔石参观了展览,给予充分肯定,并在留言簿上题名。一万余名中外观众参观后,纷纷予以高度评价。联合国亚太地区经济社会理事会预防犯罪与司法顾问冢石夫写道:"这些水平高超的艺术作品给我留下了深刻印象。对于服刑人员来说,这也是一笔可贵的精神财富。中国的司法部门应当为此感到骄傲。"中央工艺美术学院副院长阿老说:"展出的大多数作品都很精彩,许多都在专业水平以上。以书画及艺术美术作品教育改造犯人的心灵很有成效。劳改工作者的辛勤劳动及奉献精神,值得人们尊重和学习。"在首都中心、国家级博物馆为服刑人员作品举办展览,在国际行刑矫正界是从未有过的创举。展览结束后,司法部监狱局组织监狱系统内的专业人士将获奖的精品印制成中英文对照的《中国服刑人员艺术作品精选》,奉献给社会各界和与我进行交流的国际友好人士。

1992年5月,司法部和中国关心下一代工作委员会在人民大会堂举行聘请特邀教育顾问仪式。金鉴副部长主持,蔡诚部长向陈野苹、曾志、王照华、池必卿、乔晓光、李启明、李运昌、刘建章、何光、曾德林、杨蕴玉、张文松、李琦涛、王定国14位老同志颁发"司法部特邀教育顾问"聘书。这份名单,是金部长携我与"中顾委"秘书处协商确定的,计中央组织部正、副部长3人,省(区)党委书记和省长3人,国家机关有关部门领导7人,其中教育部副部长4人,还有一位长期热心挽救失足青少年的老红军王定国同志。在这批德高望重的革命前辈的热情参与下,监狱机关改造工作的改造质量和社会影响有了新的提升。

为进一步推动、深化办学工作,1989年,司法部开展办学上等级活动,分部级和省级两个层次验收、命名优秀特殊学校,并倡导全面办学、整体办学、长期办学,对"三课"教育考核由老三率(入学率、到课率、及格率)转为新三率(升级率、统考率、取证率),使办学工作迈上新台阶。1992年1月至1994年5月,司法部先后命名18所监狱为部级优秀特殊学校。李鹏总理专门给会议送来"特殊学校,造就新人"的题词,充分肯定了监狱系统办学工作。中央书记处书记、最高人民法院院长任建新,最高人民检察院检察长刘复之也分别题了词。其后,司法部将命名部级优秀特殊学校与命名现代化文明监狱并轨处理。到2000年底,全国96.3%的监狱基本办成了特殊学校。除数十万名罪犯脱掉文盲帽子外,累计311.6万人次获得从小学到大专的文化毕业、结业证,累计317.2万人次获得各类技术等级证,累计获得130个发明专利项目。浙江女监犯人宗某的作文《巨人》,在2000年加拿大举行的国际矫正教育会议上,一举夺得主题征文比赛唯一的大奖,荣获国际矫正与监狱协会奖金1 000加元。一批又一批学有所成的刑释人员回归社会后,为祖国社会主义建设作出贡献。山东省委一位领导同志感慨地说:"特殊学校是劳改系统为社会输送合格人才的一条特殊渠道。"

四、千方百计做好向边疆调犯工作

1983年9月"严打"开始后,中央决定从京、津、沪三市和粤、闽两省,调一批罪犯去新疆、青海、内蒙古、黑龙江等边远省、区进行劳动改造(以后,调出地区逐步扩大到沿海、中原地区十余个省份,接受调犯逐步集中到新疆生产建设兵团)。当时劳改工作刚移交到司法部,除李石生同志率劳改局整建制移交司法部并任司法部副部长外,其余几位副局长和多名处长均离休留在公安部。司法部劳改局的局、处两级班子尚未到位。我当时在狱政处工作,部领导指示我参与对调犯工作的组织领导。这批调犯多为罪重刑长的累惯犯,原判死缓、无期的占较大比例,加之调出省、市为了震慑犯罪,公开宣布注销城市户口,调犯悲观绝望情绪十分严重。在这样情况下,如果沿袭以往省(自治区)际调犯征集、调用闷罐车,犯人吃喝拉撒睡均在车厢内,空气混浊,卫生条件恶劣,犯人心情压抑,加之此次调犯人数多,运距长,时间集中,有时往往几个专列同时运行,几十个小时内无人掌控,安全很难保证。

因此,在调犯会议上,部局及有关省市厅、局领导同志均主张改用客车。这样,既可体现时代的进步,专政机关的文明与人道,也便于押解干警面对面地对调犯进行教育与安抚,确保运输安全。经研究,决定采取下述措施:(1)协同铁道部运输局改装一批客车作为调犯专列用车,窗户逐扇安装铁栅栏,厕所窗户封死,车厢两头由武警战士全程站岗,车厢内由监狱干警来回巡查,每次专列调犯定额800人。所有押解干警都要视窗户为"围墙",车厢为"监房",百倍警惕,确保绝对安全。(2)统一指挥系统,由公安部治安局和司法部劳改局组成。公安部治安局负责沿线停靠站公安与武警的警力调配,确保站台警戒安全;司法部劳改局负责调犯专列的编排、组织及车内的警戒安全、后勤保障等事宜。公安部治安局戴文殿局长任总指挥,我提副局长后任副总指挥。劳改局设调犯办公室,组织专人昼夜值班,负责向停靠站通报专列运行情况,督促落实站台的警戒安全事宜。(3)专列组建统一、权威的指挥部,由调出省、市劳改局的领导同志任指挥长,随车押运武警部队主要领导任副指挥长,铁路专业人员负责专列的调度并处理相关技术问题。每节车厢都由指挥部指定监狱级领导干部负责,确保步调一致,外松内紧、令行禁止,不留任何空隙。(4)搞好伙食、医疗服务,保证茶水供应,饭菜送到座位,药品、针剂直接面对病犯,切实提高后勤保障水平。(5)在严密监管条件下,大力加强政治思想教育,稳定调犯情绪。管教干警认真宣传党的政策,开展个别谈话,解开调犯思想疙瘩,同时严密控制重点人员。(6)积极搞好广播,播放歌曲、京剧和地方戏,介绍沿途的名胜古迹、历史典故和风土人情,有效遏制沉闷、压抑气氛。为了加强调犯工作,北京市第一次调犯专列发车时,公安部陶驷驹副部长和戴文殿局长,司法部李石生副部长和我及北京市公安局领导同志都到现场视察。其后,我还请部局狱政处王林同志随调犯专列走了一趟,根据实际工作中的问题,进一步完善各项措施。从1983年10月起,前后数年,百余次专列,十几万调犯,只有1983年末天津专列在南疆库尔勒地区逃跑一名犯人,当天即被抓获。总的看,运用客车调犯的尝试是成功的,创造了不少好经验。由于在车上相聚几天,一些调犯与押解干警产生了感情,到达终点站后,纷纷向随专列返程的干警表示感谢,并挥手告别。部分押解干警留接收调犯监所帮助工作,对安抚调犯情绪、帮助当地干部提高政策业务水平,起到了较好作用。一年多后,北京、上海、江苏等调出省、市派慰问团来新疆慰问干警,并看望调犯,转达家乡人民对他们的期待,让调犯感到温暖,也看到新的希望。

五、帮助兵团监狱局整顿监管秩序

"严打"开始押犯骤增,沿海及内地监狱关押场所严重不足,除自行积极改扩建和新建监所外,中共中央、国务院决定由曾于20世纪50年代收押内地调犯的新疆生产建设兵团再次承担收押改造任务,将关押改造调犯与开发边疆结合起来。兵团发扬部队固有的雷厉风行作风,决定南疆的一师、二师、三师和北疆的六师、八师等依托团场分别接收内地调犯。有关团场选调一批干部及党团员骨干担任管教干警。这些同志从未管过犯人,硬着头皮接受这一事关大局的任务。没有监舍,就挖建半埋地下的"地窝子",从团场调运一批食物、燃料,划拨一批农田,为调犯提供生活和劳动条件。在管教工作方面,没有充裕时间进行业务培训,只能边干边学。在"严打"初期的从重从快气氛中,对调犯的管理,不可避免地失于简单粗暴,加之准备工作跟不上,生活供应差,劳动强度大,干警违法乱纪、打骂体罚,导致恶性案件时有发生,严重影响当地治安和少数民族群众的生命财产安全。

1985年秋,顾启良副部长率部劳改局副局长王喜文与刘国玉、朱洪德、刘笑赫及劳教局杨颐、单洪福等同志,去新疆对自治区监狱局,重点是生产建设兵团监狱局的监管改造工作进行检查。这次检查的主要特点是不按被检查部门的事先安排,而是在戈壁滩公路两侧,只要见到岗楼、围墙,就让车拐进去,直奔监房、禁闭室、伙房、办公室及劳动场所,从而看到更多不及掩饰的真实情况。顾副部长身着警服,直接询问犯人、干警,听取他们的反映,发现兵团监狱在执行政策方面存在不少问题。诸如:禁闭室低矮昏暗且潮湿,手铐、脚镣都是自制的,偏粗偏重;关禁闭不办审批手续,没有时限;借口被禁闭犯人不参加劳动,克扣定量;等等。干警由于未经培训,在"左"的思想影响下,打骂体罚普遍存在,导致犯人对立情绪十分严重。工作组历时40天,日夜兼程,奔走一路、批评一路、纠正一路、宣讲一路,十分辛苦,但也富有成效。回到乌鲁木齐后,他们顾不上休息,向兵团党委作了详尽、坦率的汇报,引起党委主要领导的高度重视,进而促使兵团监狱工作由乱向治的转化。

次年,我又率工作组去新疆,重点检查兵团监狱对去年司法部工作组一系列指示的贯彻落实情况,发现总体上有较大进步。于是我们重点向干警宣讲毛泽东主席关于改造工作的重要指示:"要把犯罪的人当做人","人是可以改造的,就是政策和方法要正确才行",对犯人要"有点希望,对他有所帮助,当然也要有所批评","政策和策略是党的生命","不给出路的政策,不是无产阶级的政策",等等。在检查调研中,我们一再向兵团同志说明,戴戒具、关禁闭都是防范性措施,而不是惩罚手段。首先要符合戴戒具、关禁闭的法定条件;其次要严格按照程序报请审批;再次要严格依据审批规定的日期和时限,决不能随意延期,同时要保证他们的正常生活。在检查中,我们发现由于惯性思维影响,仍然存在某些严重违法乱纪情况,完全是毛主席指出的"法西斯式的审查方式",当即予以严肃批评,并且当着犯人的面坚决予以纠正。

通过与兵团干警的广泛接触,我深切体会到,他们都是很听党的话的,只是由于没有经验,不懂方法,又未经严格培训,才导致工作中的失误。但只要把道理讲清楚,他们都会坚决执行党的方针政策。在农六师调研时,我听师政法委王书记谈到这样一个实例,一次,干警带犯人坐车去工地劳动,有个犯人衣着单薄冻得瑟瑟发抖,干警把自己的棉大衣脱给犯人穿,包括穿上大衣犯人在内的全体犯人都极为感动。师部趁机组织干警开展"究竟是棉大衣的威力大还是电警棍的威力大?"的专题讨论,使大家受到一次深刻、形象的政策教育。

在整顿中,我们同时加强对调犯的观察和教育。初期每次进入监区大院,总有一些正在休息的调犯以敌视的目光围着我们转悠,对立情绪十分严重。对此,我就公开对他们讲:共产党的政策是决不允许打骂体罚犯人的,也不允许侮辱他们的人格;少数干警不按政策办事,违法乱纪,我们已给予批评,并坚决予以纠正。今后如再有发生,你们可以控告;如仍不见效,还可向上级控告,我们绝不会护短。但你们也应该相信国家法律和党的政策,真诚地认罪服法,服从干警管理,认真改造自己,决不允许哄监闹事,抗拒改造。他们见我穿着毛料制服、呢子大衣,说话直截了当,理直气壮,把话挑明,把道理讲透,也就没什么可说的了,渐渐地散开,低着头回到自己的监舍。

兵团监狱机关经过上下努力,违法乱纪现象逐步减少,执法水平有了较大提高。随着兴建一批新监房,物质保障不断加强,劳动条件有所改善,奖惩分明政策及时兑现,兵团监管改造工作基本走上正轨,呈现正常状态。

六、为基层干警办实事

1986年秋,我与张金桑、刘堃[①]、梁刚同志组成工作组去新疆调研。行前,中央开大会,对公费吃喝提出严厉批评,并明令禁止。到新疆后,我们即向自治区和兵团监狱局接待人员明确宣告:出行,轻车简从;吃饭,家常便饭,绝不喝酒。当时,天气还有些寒意,一路上就听殷秀梅唱的"我爱你,塞北的雪"。沿途我们分别看了自治区和兵团的监狱,对当时的艰苦情况,留下了深刻印象。记得路过库车县时,去当地县委招待所投宿,他们把最好的套间留给我们。刘堃同志住里屋,但门锁坏了,我让刘堃睡觉时把门顶上,我们三位男同志在外屋给她当"警卫"。堂堂县委招待所,想不到竟如此寒碜。到了克拉克勤农场,住农场招待所,自治区监狱局铁力瓦尔德副局长陪同我们吃饭后,就说辛苦一天了,不要加班,早点休息。(事后知道,老铁酒瘾很大,把我们安顿好就去熟人家喝酒了。)我们研究了一会工作,临睡前去厕所,离招待所20多米有一处露天厕所,只有一个蹲坑,于是三男一女,轮流解手,同去同回。农场建场20多年,想不到招待所连个像样的厕所都没有,我觉得主要不是经济问题,而是领导干部的认识问题。最让我们铭记于心的是新疆最西端的牌楼农场,离喀什市约40公

---

① 此件于2021年末写成初稿,我曾致电刘堃同志询问有关情况,但始终没有联系上。年后惊悉她已于2022年元旦凌晨病逝。回想过去多年与她共事情况犹历历在目,谨致深切哀悼。

里,我们乘坐进口的越野车竟走了四个多小时,行进在当地人称之为"搓板路"上,一路颠簸不说,有时还得下车来帮助平坑、垫石头、推车,但最后到了农场,却完全是别有一番天地。林带、条田,水渠成网,流水潺潺,果园里满是瓜果李桃,美不胜收,可见农场同志是下了一番功夫的。

调研期间,我们请了几位参与建场的离退休同志座谈。他们一个个都是满头白发,但精神矍铄,当年跟着王震将军步行来到新疆。到了牌楼就脱下军装投身建场,一直干到离休,从未离开过农场,至今没有见过飞机、火车,只是在画报、电影里看到过这些先进的运输工具。(姚云辉同志说过,云南一些农场的离退休同志,曾要求到昆明来坐一下电梯,我想他们至少还是见过飞机、火车的。)我在农场还听说,谁家头天生了个娃娃,别人问起生了什么,如果生女儿,就说是生了个姑娘,或说是丫头片子,如果是儿子,就说是生了个"小队长"。原来建场几十年来,孩子们在场办子弟学校上学,没有一人考上大学,都留在农场当农工。由于从外面乃至从上面派干部很多人都不来,男孩子找机会转个干部,女孩子就是结婚生孩子当家属,最多就在家属工厂干点活。于是就有了"儿子=小队长"的说法。我听后感到很惊讶,也很震撼,这不是典型的"献了青春献终身,献了终身献子孙"吗?而且子孙也不应当永远是个"小队长"的宿命!是他们笨吗?不是;是他们懒吗?也不是!根本原因在于他们从小就生活在这个基本与世隔绝的小天地里,受到了极大的局限,这对于这些常年奋战一线、变荒漠为绿洲的基层干警们岂不是太不公平了吗?我们这些领导机关的同志,绝不能当个笑话听听了事,要设身处地想想,怀着感同身受的真挚感情,努力为他们解决这一"切肤之痛"。

回到乌鲁木齐后,我们住自治区劳改局招待所,准备向政法委汇报情况,主要是想提出调整政策、体现"给出路"精神的建议。这时,陪同我们检查的铁副局长,管教处查处长以及在家留守的彭局长,包括我的熟人、20世纪50年代由公安部政治部调新疆任警校校长的李峰同志等,提出工作组整理材料得一些时间,晚上到家坐坐,公家不宴请,我们自己拿酒总可以吧。考虑到一个来月朝夕相处,相互间都有了感情,没有理由再予以谢绝。按照新疆时差,晚八点左右去一家,连续几天,真正体验到了新疆的风土人情和豪爽气氛。每家都是一条长桌摆上五六瓶各种牌子的酒,这就是当晚的"任务"。我当然是"众矢之的",但我坚持"尽兴不过量",加之时间长,气氛好,还真有点"酒逢知己千杯少"的感觉。喝了一个多小时,把长桌撤了,腾出地来跳舞、唱歌,继续自找对象敬酒碰杯"侃大山"。那时,金桑同志还不太能喝酒,只得勉为其难;来自酒乡的梁刚同志倒还能喝几口,但喝酒时皱着眉头一脸"痛苦",我笑他"就跟女人生孩子"那样(小梁事后还说,新疆之行让他学会了喝酒抽烟);最令人感到意外的是刘堃同志,主动出来替我们"解围",一口一口的干,还真帮了大忙。就这样一直到第二天凌晨两点左右才回招待所。我问刘堃怎么那么能喝酒,她拿出毛巾手帕,喝酒时麻利地把酒全吐在手帕上,都能绞出水来。由于她动作干净利索,屡次都能"蒙混过关",当然谁也没有去"告密",刘堃在新疆同志那儿留下了"能喝酒"的名声。

整理汇报材料约一个来星期后,我们向自治区政法委提出"严打"初期注销城市户口的政策似需作大的调整,真正要把罪犯改造成为守法公民,还是要回到党的既有的方针政策上来,体现"给出路"精神,政法委也认同这个意见。据李峰同志事后对我讲,区政法委对司法部调查组的汇报很赞赏,认为实事求是,敢讲话,有水平。事后,他们向自治区党委及中央政法委提出意见,终于使党的政策得以落实。

关于牌楼农场的"小队长"问题,回京后我们找教育、人事、劳动部门的同志商量,能不能给这些孩子找条出路,不只是"授之以鱼",更应该"授之以渔"。人事部负责与我们联系的是一位姓文的女司长,她提出要到基层监狱去看看,于是我陪文司长一行去河北省第一劳改总队调研。我们去了好几个基层中队,每个中队部是五六个干部,白天带犯人劳动,晚上在犯人监管区下小组、找人谈话、值夜班。中队部的墙上挂着干部的全年执勤表,文司长等看到每个干部每月都要值二十多个夜班感到十分惊讶。在与干部座谈时,得知干部们为了监狱的安全,根本顾不上对自己子女的教育和督导。人事部的同志都为这一活生生的典型案例感慨不已,对我们的意见表示同情和认可。在取得主管部门认同后,经请示司法部领导,在中警院试办"专业证书班",降低入学门槛,改行"3+2"考试(即政治、语文、数学加监狱、劳教业务),并实行招生与招干相结合,从1989年开始,先后招收上千名子弟进入中警院"专业证书班",通过正规的专业培训,进入监狱人民警察行列,既提高了队伍的整体素质,也为我们这些孩子办了一件终身受益的实事。后来听河北一总队的同志讲,专业证书班开办后,文司长他们又去了一总队,主要是参观和休息,看来她还真对监狱工作产生了感情。还有一次,在有关会议上我又见到了文司长,她问我"还有什么事需要他们办的",我说"这已帮我们解决一个大难题了"。事实表明,只要把监狱的情况说清楚,是会得到有关部门的同情和帮助的。

这里我想捎带说件事。当时明文规定,专业证书班招生只限于基层监狱的干警子弟,省级监狱领导机关及其直属事业单位的子弟,地处省会市,不属于照顾范围。但事后听说,有位局级领导的孩子也以基层监所干警子弟身份参加了专业证书班。当时我儿子20多岁,在北京市监狱系统当工人,有人提示我是否给他报个名,我明确表示不能违反自己参与做出的规定,让人戳脊梁骨。至今,我儿子仍是工人身份,也快到退休年龄了。对此,我始终认为,于组织,我问心无愧;于家庭及子女,我也坦然无悔。虽然生活有所欠缺,但心境却是淡定平静的。

还有一件与此相关的决策。由于监狱多数地处偏远和经济落后地区,警力不足,工作任务重,难以安排大批干部脱产学习。1997年10月,司法部商请并委托全国高等教育自学考试指导委员会(简称"全国考委")面向全国监狱、劳教系统开考监所管理专业。司法部成立监所管理专业自学考试助学指导办公室,下设自学考试助学辅导中心,各省也成立相应的助学机构。与前面所说的"专业证书班"不同,这是在不脱产情况下组织干警自学,通过在职考试,提升他们的学历。专业自学考试于1998年上半年开考,招考人数最多时达到4万余人,通常保持2万—3万人。至2000年上半年,多数省市考生已考完全部课程,当年毕业2 597人。经过多年的学历培训,加上招录公务员坚持"凡进必考",至2000年底,具有大专以上文化程度的干警占监狱人民警察总数的52.93%,占科、大队级干部总数的63.04%,占处级干部总数的84.9%。监狱系统干部学历"五六八"工程提前完成。此事与部劳改局20世纪80年代新疆调研没有什么联系,但确是司法部为广大基层干警办了一件覆盖面更宽的好事、实事,有必要予以记载下来。

七、重点帮助少管所和女子监狱

较长时间内,每个省(区、市)只有一所少管所,一所女子监狱。我常对省局局长说,少管所和女监是你们的独生子、独生女。既是独生子女,就要有特殊政策,在指导思想、工作帮扶、干部配备、经费保障、基建装备、经验交流等方面,给予符合他们特点的特殊安排。我曾提出,少管所姓"少",有些同志提出异议,认为少管所首先应当姓"犯"。我认为,姓"犯"当然是题中应有之义,但更要想到它是"犯"中的"少"。否则,我们就会如同当时有些人将犯人、留场就业人员、劳教人员统称为"三类人员",视就业人员为"二劳改",劳教人员为"准劳改",由此我们也可能将少年犯称为"小劳改"。这样,"教育改造为主、轻微劳动为辅"方针,"半天学习,半天习艺"制度,《监狱法》规定"对未成年犯执行刑罚以教育改造为主",未成年犯劳动"以学习文化和生产技能为主"的"两个为主"政策,以及回家探亲、"三试"(试工、试读、试农)等特殊规定,都将无从谈起。

1959年和1988年,部劳改局先后召开两次少管工作座谈会,对规范、加强少管工作做出若干重要规定。特别是第二次座谈会后,对少管所领导班子建设的指导思想,作出重大调整。以往,少管所领导班子基本安排长期在外地工作、即将离退休的老干部,作为他们回城安置的过渡性落脚点。他们往往抱有临时观点,缺乏长远打算,而且由于年龄方面的悬殊,与被管教人员形成"代沟",双方的思想、心理、兴趣乃至生活习惯往往格格不入,工作难以适应。对老干部关心照顾、妥善安置是应当的,但应通过适当途径作出合乎情理的安排,而不能影响、削弱少管所的长远建设。为此,部劳改局反复强调选拔一批40岁左右年轻有为的干部,担任少管所所、科(大队)两级领导职务,并协同组织人事、教育等有关部门,调配一批教育学、心理学及其他人文科学的专业人员,充当少管所的教师和科研骨干,逐步提升少管工作干警队伍的整体素质。由于指导思想明确,通过多年努力,少管工作干警队伍得到较大加强,大家团结一致,坚决落实少管工作方针、政策、制度和其他特殊规定,把少管所办成生机勃勃、热气腾腾的改造场所,展现了花园式环境、校园式教育、家庭式温暖、书声琅琅、歌声飞扬的动人景象。

1988年6月,部劳改局在长沙召开女犯工作座谈会,这是新中国成立以来第一次关于女犯工作的专业会议。通过与基层女监同志面对面交流,我们了解到许多有关女犯管理、改造工作方面的问题。主要问题:一是关押分散、点多线长,许多女犯关押点只是男犯监狱的附属物,对女犯的改造摆不上位置;二是以劳改生产为主,男女犯混押,漏洞、隐患较多;三是领导班子以男性为主,直接管理女犯的大、中队也配有一定数量的男干警;四是劳动项目不适应女犯生理、心理特点。

通过座谈讨论,加上会前会后的专项调研,部劳改局决定:(1)坚决纠正男女犯混押现象,女犯车间个别技术性岗位,尽量安排职工承担,或挑选表现较好的男犯,劳动时必须有干警严密监督。(2)通过调整、合并,扩大女犯关押规模,尽可能在省城或交通沿线的城镇,组建独立建制的女子监狱。(3)女监领导班子要配备一定数量的女干警,负责女犯改造工作的必须是女干警,监狱长和政委至少安排一名女干警;通过培养、选拔,逐步扩大女性在领导班子中的比例;直接管理女犯的必须是女干警,个别技术岗位,可安排符合条件的男干警。(4)对女犯原则上不使用戒具,非使用不可时必须严格审批程序;女监不搞监控装置;武警部队只限于门卫和外围警戒,严禁设置居高临下的哨位。(5)对女犯管理适当从宽,接见的次数和时间适当放宽;生活上予以必要照顾,定期体检,保证用水、洗澡,零花钱可适当提高;有条件的女监,可试行女犯与未成年子女共度节日。(6)认真开展自尊、自爱、自重、自强"四自"教育,普及生理卫生知识,开展美化教育及各种适合女性特点的活动。(7)女犯不得从事有毒、有害、高空作业和重体力劳动;照顾女犯生理特点,尽可能不搞野外作业,创造条件安排女犯从事能够学到谋生技能的室内劳动。

经过一段时间努力,至2002年底,全国建成独立建制的女子监狱31个;监狱各级领导干部中,女性占48.9%。吉林、浙江、陕西、广西女子监狱先后被司法部命名为现代化文明监狱;一大批女干警通过实践锻炼茁壮成长,分别评选为全国和省(区、市)"三八红旗手"、人大代表,授予优秀党员、劳动模范等荣誉称号。随着女犯数量增长,广东、江苏、河南、云南等省又成立新的女监。对女犯的监管改造工作,呈现一派欣欣向荣的新气象。

鉴于少管所和女监在本省(区)内交流经验难以找到对口单位,少管工作会议和女犯工作座谈会后,在部监狱局支持、协调下,分别组织跨省的地区性片会或全国性联谊会,互帮互学,相互切磋,推动了工作的改革、创新和发展。

未成年犯改造历来得到中央领导同志的关怀和重视。1988年5月,原中央政治局委员、国务院副总理和中央军委副主席徐向前元帅为北京市少管所题词:"全社会都来关心教育失足青少年!"1999年9月,中央政治局常委、全国人大常委会委员长李鹏给北京市少管所送来节日贺卡:"谢谢干警同志们对失足青少年的帮助和关怀!"监狱领导机关应当引导从事失足青少年改造工作的干警同志们,树立高度的职业自豪感和历史使命感,努力向党和人民交出一份合格的答卷。

八、借鉴国外有益经验,坚定不移地走自己的路

随着监管改造工作改革开放的深入发展,上海市白茅岭农场、山东省第三

监狱(原潍坊支队)、辽宁省瓦房店支队、云南省光明园艺场,分别进行分押分管的试点,取得了有益经验和较好效果。1989年全国监管改造工作会议肯定了这些单位的做法。1991年,司法部在河北省第一劳改总队召开"三分"工作经验交流会。会后,部劳改局印发《关于对罪犯试行分押分管分教的实施意见》,指出"三分"具有深刻的理论依据、法律政策依据和实践依据,提出了"横向分类,纵向分级,累进处遇,分类施教"的思路。

分押,按当时押犯构成情况,分为四大类:财产型犯罪(内分盗窃罪和其他经济型犯罪)、性犯罪,暴力犯罪,其他类型犯罪(包括危害国家安全罪、涉毒犯罪等)。为了不过于影响生产,提出"规划定点,新收分流,由杂而纯,逐步定型"原则,重点照顾技术岗位配置具有专业特长人员的需要。(我还提出,分类不一定非要"清一色","混一色"也行。)

分管,包括分类管束和分级处遇。分类管束,即根据不同类型罪犯具有共同的行为、心理特征,采取针对性的管束矫正措施,以发挥管理的约束、惩戒、矫治、养成功能;分级处遇,即根据罪犯的改造表现和服刑时间,结合考虑他的犯罪性质和恶习程度,给予相应处遇,以发挥管理的激励、引导功能。当时设想,在看押、警戒、活动范围、通信接见、接受物品、生活待遇、文体活动、奖金、给假等方面,实行从严(分两级)、一般和从宽(分两级)的"三等五级"管理制度。对宽管,不要忘了他还是个"犯";对严管,不要忘了他还是个"人"。要坚持动态考核,实行升降级制度。在分管中,既要避免交叉感染,又要防止深度感染,切实把握好"度",注重犯罪本质的改造。

分教,即对不同类型的罪犯群体,进行深挖犯罪根源、剖析犯罪危害、确立矫正措施的针对性教育。要编写教材,进行课堂化教学,同时要结合做好个别教育,注重发挥监区环境的熏陶感染功能,深化行为矫治和养成教育,做好辅助教育。

在实施"三分"过程中,要认真做好干警的思想工作,排除"左"的干扰,消除思想疑虑,增强改革勇气。如犯人与配偶同居问题,20世纪80年代中期,北京市劳改局最早试行这一做法。当年除夕前,我去清河分局慰问、调研,在监狱招待所,见到一位犯人家属带着3岁左右的儿子与他爱人在一起包饺子。我问那位家属对政府这种做法怎么看,她说太好了,这个孩子还是第一次见到他爸爸,一家人包饺子过年,这才像过日子的样子。那个犯人也激动地说,我从政府关怀中体会到自己对家庭的愧疚和对亲人的责任,今后我一定要认真改造,回报政府,争取早日与家人团聚。那年,北京市局除批准一批犯人回家探亲,还批准了328名犯人家属来监与亲人共度春节。所有回家探亲的犯人均按时返监,而来监过节的家属都是皆大欢喜,社会公众对此也都表示认同。显然,这是一项有利于促进犯人改造、稳定犯人家庭的有益尝试。李鹏总理在审议《监狱法(草案)》时,也肯定唐朝贞观之治就有犯人离监探亲的做法。

  但也有些同志怀有疑虑,提出法律没有规定犯人可以与配偶同居。我就说,法律也没有规定犯人不能与配偶同居啊!我还说,一些犯人家属提出离婚,我们的监狱长、指导员往往都要劝家属撤回离婚请求,让犯人安心改造。我们主要是考虑监狱的稳定,就没有想到切实保护妇女儿童的合法权益。一个人判刑10年、20年,他的爱人就要守10年、20年空房,这对她们公道吗?可不可以开个口子,搞个"两全其美"的办法?对犯人的处遇,既要考虑合法性,又要考虑合理性;既要考虑犯人的情绪,又要考虑家属的权益和实际困难。可否这样设想:法律明文禁止的,坚决不搞;法律没有明文禁止的,可以在一定范围内试行,视实际情况决定取舍或完善;法律明文规定的,要用足用活。以后《监狱法》规定"离监探亲",但毕竟是小范围的、季节性的。作为它的补充措施,在允许犯人回家探亲的同时,也可以让家属来监团聚,力争这项措施得以普遍实施。苏联法律也有类似的规定,它们的表述是24小时接见,最长为72小时接见。我退休后,听说发生一起犯人离监探亲发现爱人出轨将她杀死的案件,马上就来个"急刹车""一风吹"。这是习惯势力作怪,没有考虑党的政策的长期性、稳定性。宋朝大文学家欧阳修写了篇《纵囚论》,对唐太宗李世民放死囚一事提出责难,但也没有否认被放死囚均如期回监这一事实。1 300多年前的封建帝王尚能"施恩德""知信义",难道以"解放全人类"为初心使命的中国共产党人,就不敢坚持执法的改革、感化和守正、创新吗?

  总体上讲,"三分"是从国外引进的,但我们没有照抄照搬,而是紧密结合国情、犯情乃至中华民族历史文化传统,借鉴精神实质,深入消化吸收。诸如,将分管分为分类管束和分级处遇两个层次,提出管理的约束、惩戒、矫正、养成、激励、引导六项功能;在分级处遇上,针对犯人盼宽管、怕严管心理,实行动态考核,有升有降,并及时兑现;提出"宽不忘犯,严不忘人",准确把握好"度";强调既要避免交叉感染,又要防止深度感染,注重犯罪本质改造。在分类施教上,国外一般只提"宗教教诲",我们则侧重从深挖犯罪根源、剖析犯罪危害、确立矫正措施等多方面着手,而且编写教材,实行课堂化教学,并辅之以个别教育、辅助教育,把犯罪本质改造做得又细又深。由于我们坚定不移地走自己的路,逐步形成了自身特色。

经过几年努力,1995年,全国多数监狱基本实现了分类关押、分级处遇、分类施教,增强了教育改造的针对性、有效性,稳定了监管秩序,促进了罪犯改造的积极性,提升了"在希望中改造"的自觉性,也提高了广大干警的业务能力和专业化水平,出现了一大批教育能手、教育改造专家。实践使我们深切体会到"三分"是集执法、管理、教育、改造于一体的综合性改革。1995年2月,国务院4号文件也对此项工作做了充分肯定,明文规定"推行分类关押、分级管理、分类施教的办法"。今后,广大监狱工作干警应该继续探索、完善、发展,使之成为我国监管改造工作的基本模式,促进中国特色监狱工作取得更大的历史性成就。

精 神 与 方 针

改造为本:"八劳"会议精神解读与赓续

余承勇[*]

一、前言

笔者于 1989 年参加工作,从事监狱工作 30 余年。为更好地解读 1981 年召开的第八次全国劳改工作会议(以下简称"八劳"会议)精神,笔者查阅了相关资料,特别是学习了司法部监狱管理局原局长王明迪同志的回忆文章《一次承前启后、继往开来的历史性会议——纪念第八次全国劳改工作会议召开 30 周年》[①],对"八劳"会议的时代背景、大量的调研和准备工作、中央领导对会议的支持和对广大劳改工作干部的关怀,以及"八劳"会议在特殊历史时期发挥的重大历史作用有了较全面的了解。曾任司法部监狱管理局常务副局长的李豫黔同志在《中国监狱改革发展 40 周年回顾与思考(上)》[②]等多篇文章中也充分阐述了"八劳"会议的历史功绩。

笔者认为,"八劳"会议的最大成就,是从"文化大革命"的思想桎梏中解放出来,正确解决了惩罚与改造、生产与改造的关系问题,把监狱工作重心重新回到教育改造罪犯的本质职能上来,提出了一系列新的举措,开启了教育改造罪犯的新局面。

进入 21 世纪 20 年代,监狱工作已经有了突飞猛进的发展,但也出现了一些突出的新问题,特别是如何正确处理好监狱安全稳定与提高教育改造质量两者关系问题,已经成为影响当前监狱工作和今后发展的大问题,急需我们广大监狱工作者寻找解决之道。

笔者认为,"八劳"会议在新中国监狱发展史上发挥了巨大的作用,其核心思想

---

[*] 余承勇,浙江省长湖监狱四级高级警长。
[①] 王明迪:《一次承前启后、继往开来的历史性会议——纪念第八次全国劳改工作会议召开 30 周年》,《中国监狱学刊》2011 年第 4 期。
[②] 李豫黔:《中国监狱改革发展 40 周年回顾与思考(上)》,《犯罪与改造研究》2019 年第 1 期。

"改造为本"的理念至今仍然焕发出真理的光辉,对于今天我们认识监狱工作中存在的问题,理清工作思路,明确监狱今后的发展方向,仍然具有较强的指导意义。

二、"八劳"会议的巨大历史作用

在党的十一届三中全会胜利召开之后,全国人民在党中央正确领导下,及时纠正了"左"的路线错误,思想上得到了极大解放,工作重心从"以阶级斗争为纲"全面转移到"以经济建设为中心",全国监狱系统也同样面临着从"左"的思想桎梏中解放出来,消除"文革"影响,科学总结新中国成立以来劳改、劳教工作经验和教训,解决历史遗留问题,确立新时期的监狱工作方针,制定适应新时代要求的政策、措施等历史任务。经过两年多时间的调研和筹备,第八次全国劳改工作会议于1981年8月18日至9月9日在北京召开。同年12月11日,中共中央、国务院批转了《第八次全国劳改工作会议纪要》(以下简称《纪要》)。"八劳"会议是监狱工作实现拨乱反正、正本清源的一次重要会议,起到了承前启后、继往开来的重大历史作用。

(一)提振了士气,监狱民警的精神面貌焕然一新

由于受到"文化大革命"的冲击,广大劳改干警在政治上、精神上都被搞得灰头土脸,抬不起头来,经济待遇也得不到保障,家属、子女的就业、就学等问题长期得不到很好解决。"八劳"会议《纪要》指出:"广大劳改工作干部为劳改事业做出了很大贡献,应当受到全党、全社会的尊重。"习仲勋在讲话中指出:"他们的所在岗位,要比别的方面工作还更辛苦、更重要、更光荣。"他赞扬劳改工作干警是"攀登十八盘的勇士""真正的灵魂工程师"和"无名英雄"。对于改造工作的重要性,中共中央在转发《纪要》的批语中指出:"中共中央、国务院认为,劳动改造罪犯的工作,是我们党和国家改造人、改造社会的伟大、光荣事业的一部分。切实做好这一工作,对当前争取社会治安的根本好转,对进一步巩固人民民主专政,都有着重要意义。"

(二)总结了新中国成立以来的劳改工作,肯定了成绩,指出了问题,明确了方向

《纪要》指出:我国的劳改工作,在党中央、毛泽东同志制定的方针政策指引

下,取得了巨大成绩。新中国成立以来,关押和改造的一大批罪犯,大多数已经改恶从善,悔过自新,成为自食其力的劳动者,基本完成了对判处徒刑的历史反革命分子和旧社会渣滓的改造任务,还改造了一大批新的犯罪分子,安置了一大批刑满留场就业人员,为维护社会治安、巩固人民民主专政、保卫社会主义革命和建设作出了贡献。

"八劳"会议根据新中国成立30多年的实践,总结了六条基本经验:

(1)正确贯彻执行"改造第一、生产第二"的方针。教育改造与劳动改造是相辅相成的,不可偏废,只有这样,才能把罪犯改造成为拥护社会主义制度的守法公民和社会主义建设的有用之材。

(2)采取正确的政策和方法。实行惩罚管制与思想改造相结合、劳动生产与政治文化技术教育相结合、严格管理和教育感化挽救相结合。

(3)组织好劳改生产,进行科学的生产管理。既不让犯人坐吃闲饭,也不能搞超体力劳动。每天劳动一般不要超过八小时。要通过生产劳动,使犯人养成劳动习惯,学会生产技能。

(4)实行革命人道主义,把犯人当人看待。要改善生活卫生条件,让犯人吃饱饭,睡好觉,有病及时治疗。严禁打骂、体罚、虐待等封建、法西斯式的管理方法。

(5)各方面的力量密切配合。劳动改造罪犯,要充分依靠人民群众,在监管、教育、生产和刑满安置等方面必须取得有关部门的支持和配合。

(6)加强劳改工作干部队伍的建设。要建设一个革命化的、团结的、年富力强的领导班子。根据劳改工作的性质和任务,劳改工作干部必须有高度的政治觉悟,有专业知识,懂政策,懂法律,会做教育改造工作,会管理生产。

但由于当时刚刚结束十年"文化大革命"的动乱,国家百废待兴,监狱工作也存在不少问题:改造质量下降,犯人逃跑增加,刑满释放后重新犯罪的情况比较严重;在执行政策上还没有完全清除"左"的思想影响;监狱生产利润下降,亏损增加,许多监狱生产任务严重不足,许多监狱没有警戒设施,没有教育设施,监房拥挤不堪,生活卫生条件很差;干部队伍在思想上、组织上、作风上的不纯比较突出,干部缺额较大,"老化"现象严重。

针对当时罪犯的结构组成和特点,"八劳"会议首次提出了"三个像、六个字"的政策要求,即"要像父母对待患了传染病的孩子、医生对待病人、老师对待犯了错误的学生那样,做耐心、细致的教育、感化、挽救工作,认真组织罪犯学政治,学文化,学技术,学科学,关心他们的吃、穿、住、医疗、卫生,为他们创造良好的改造条件"。《纪要》还规定:一方面,"要坚决打击反改造破坏活动";另一方面,"要根据犯人的表现和悔改程度,实行奖惩严明的政策。对于确有悔改或有立功表现的,要依法减刑、假释"。

(三)首次确定依法保障罪犯权利

《纪要》规定:"对罪犯行使申诉权、辩护权、控告权,罪犯不受刑讯体罚、虐待侮辱,私人合法财产不受侵犯等权利也要依法给予保障。"同时规定:"要健全监管法规,从收押到释放,逐步实现监管工作的法律化、制度化。"这体现了新时期监狱工作的文明与进步,也为依法治监奠定了基础。

(四)初步提出办特殊学校的构想

《纪要》规定:"要加强对罪犯的教育改造工作,把劳改场所办成改造罪犯的学校。要设置教学机构,配备专职教员,增加教育设备和经费,健全教学制度,进行系统的教育,犯人文化学习考试合格的,技术学习考工合格的,由劳改单位发给证书。"提出"把劳改场所办成改造罪犯的学校",这在新中国监狱史上还是第一次。

另外,"八劳"会议还调整了罪犯刑满留场就业政策,部分解决了劳改干警的生活待遇问题,出台相关政策措施恢复、整顿劳改生产秩序,等等。

三、"八劳"会议后全国监狱围绕"改造为本"宗旨所做的工作

(一)夯实基础、开创新局面阶段(1981—1993年)

1. 劳改场所创办"特殊学校"。在山东省潍坊劳改支队创办全国第一所育新学校的基础上,1985年全国司法厅(局)长会议提出争取三五年内把全国劳改、劳教场所办成特殊学校的目标。1987年司法部又提出了特殊学校上等级活动的要求。到2000年底,全国96.37%的监狱通过了特殊学校的达标验收。

2. 监狱管理规范化改革。1989年7月,全国监管改造工作会议明确提出了"依法管理、严格管理、文明管理、科学管理以及干警直接管理"的要求,开始推行监狱管理规范化改革。1990年11月,司法部发布了《监管改造环境规范》

《罪犯改造行为规范》,并提出了规范化管理总目标:监狱要像一所监狱,罪犯要像一名罪犯。

3. 对罪犯实行百分考核。司法部于1990年8月制定下发了《关于计分考核奖罚罪犯的规定》,在罪犯中实行《百分考核办法》,按照罪犯改造、生产情况进行计分考核,减少考核的随意性和主观性。

4. 对罪犯分类监管改造工作的改革。1989年10月,司法部制定下发了《关于对罪犯试行分押、分管、分教的实施意见》,对分类改造工作的总体构想、分押标准、处遇形式、分类施教、实施步骤等作了原则规定,从而启动了全国监狱推进分类改造工作的改革。

5. 罪犯改造社会帮教的改革。1987年3月,全国政法工作会议提出:对罪犯的改造工作,应当成为政法各部门的共同任务,并努力争取全社会的关心和支持。改造工作要向前、向外、向后延伸,实质是把改造工作纳入社会治安综合治理的系统工程,动员政法各机关及全社会力量,共同做好对罪犯的教育改造工作。

6. 管教、生产双承包责任制改革。1984年6月,司法部下达了《关于在劳改劳教单位进一步推行经济责任制的意见》,实行改造目标和生产目标双承包责任制考核,推动了改造质量和经济效益的同步提升。

(二)历史性开拓和跨越阶段(1994—2012年)

1. 1994年12月29日,第八届全国人大常委会第十一次会议审议通过了新中国历史上首部《中华人民共和国监狱法》。这是监狱法制改革的重大成效,是新中国监狱史上的一座里程碑。

2. 创建现代化文明监狱。1995年9月,司法部制定下发了《关于创建现代化文明监狱的标准和实施意见》,现代化文明监狱创建注重软件和硬件并行,推动监狱科学、文明、依法管理,对于提高教育改造质量极为有利。

3. 监狱布局调整。围绕"布局合理、规模适度、分类科学、功能完善、投资结构合理、管理信息化"的总体工作要求,司法部从2001年开始部署监狱布局调整,到2006年基本结束,极大改善了监狱的执法环境。

4. 监狱管理体制改革。2003年开始启动管理体制试点,使监狱逐步实现"全额保障、监企分开、收支分开、规范运行"的改革目标,监狱的财政保障、规范运行有了更加坚实的基础,使监狱能够更加集中精力抓好监管和改造工作。

5. 监狱信息化建设的推进。2007年司法部制定下发《全国监狱信息化建设规划》,明确了监狱信息化建设的指导思想、基本原则、主要目标和建设任务。信息化建设的成就为监狱强化管理、减轻民警工作负担提供了技术保障。

(三)依法治监、推进改革新时代(2013—2019年)

1. 强化监狱内部管理,维护监狱安全稳定。2014年5月,习近平总书记对司法部及监狱工作提出明确要求:"进一步强化监狱内部管理。"司法部对监狱工作提出了标准化、规范化、精细化、信息化的总要求,严格落实安全责任制,健全并落实监狱管理制度,推行"干警一日工作流程""罪犯一日改造行为规范"等规章制度,组织开展"规范化管理年""基层基础建设年"等活动。

2. 推进刑罚执行改革。完善刑罚执行制度是司法体制改革的重要任务,严格规范公正文明执法是中央对政法机关的明确要求。2014年以来,中央相关部委和司法部先后出台了一系列规范执法的制度,比如《中央政法委关于严格规范减刑、假释、暂予监外执行切实防止司法腐败的意见》等文件。

3. 持续推进罪犯教育改造改革。2013年,司法部在全国监狱系统开展"教育质量年"活动,进一步树立教育改造的中心地位,先后制定出台《监狱教育改造工作规定》《教育改造罪犯纲要》等制度,开展罪犯心理矫治工作,推行"5+1+1"教育改造新模式,统一编写出版各类罪犯教育改造读本,加强监狱文化建设,强化罪犯入监、出监教育。

(四)全国政法系统教育整顿、安全责任"大于天"时期(2020年至今)

1. 2021年2月,在试点的基础上,在中央政法委的统一领导下,全国政法系统分两批开展了教育整顿活动,全国各省属监狱在第一批次(2月底到6月底)参加该项活动。活动的四项任务是:筑牢政治忠诚、清除害群之马、整治顽瘴痼疾、弘扬英模精神。活动取得了良好的效果。

2. 这一时期监管安全压力倍增,司法部开展了一系列安全自查互查活动,提出了安全事故零容忍、零指标等要求。

3. 从2020年春节开始至今一直持续不间断的监狱抗击新冠疫情工作,大多数监狱民警一直处于居家修整、隔离备勤、封闭执勤的循环之中,监狱工作间歇性明显,基层警力紧张、民警休息不足问题突出,监狱工作出现了一些新问题、新矛盾。

四、新时期监狱工作指导思想在执行过程中的偏差

历史的潮流滚滚向前,转眼来到了21世纪的20年代。

当前,监狱经过新中国成立以来70多年的发展,各项工作站在了新的起点上。司法体制改革如火如荼,依法治监理念深入人心,数字化、智慧监狱建设为监狱发展奠定了良好基础。同时,党中央、社会各阶层对监狱工作有了更高的要求和期待。习近平总书记指出,公平正义是司法的灵魂和生命,要努力让人民群众在每一个司法案件中感受到公平正义;要从总体国家安全观的高度审视和认识确保监狱安全稳定的极端重要性;人民群众对保障罪犯权益、依法科学文明管理、提高改造质量也是充满期待。这些多元的要求,每一个都是沉甸甸的责任。始于2020年春节的新冠疫情,特别是当年"三省五所监狱"暴发大面积罪犯感染新冠病毒事件发生后,社会对监狱的指责和不满让每一个监狱民警都抬不起头。最近几年发生的监狱系统腐败案件,同样损害了监狱民警的形象。正是在这样的背景下,部分领导自觉不自觉地把安全稳定工作放在第一位,反复强调监狱守的是"火山口"、看的是"炸药库",底线思维主导下的"绝对安全观"大行其道,提出"大事不能出,小事也不能出"的安全工作目标,监狱所有管理资源向"死守安全"聚焦,教育改造的监狱工作重心发生了偏移,罪犯改造质量有所下降,监狱日常管理中出现了一些新的问题和矛盾,监狱改造人的宗旨得不到有效的落实。

所谓"绝对安全观",是笔者对当前监狱工作中一种倾向性问题给出的概括和定性,具体表现为:受安全底线思维的支配,把安全工作绝对化、唯一化,提出不切合实际的安全工作目标,采用严防死守、不计代价的方式保安全,违背监狱工作规律,在具体工作中形式主义泛滥,推卸责任频频,工作要求苛刻、机械,导致基层民警身心俱疲,导致监狱各项工作不能均衡发展,导致监狱改造宗旨得不到有效履行。

形成原因:一是政治站位不高,领导能力有限,对监狱整体工作不能精准把握,缺乏科学决策能力和开拓进取精神;二是部分领导的政绩观出现偏差,认为保安全就是保自己的位置,不出事故就是最大的政绩;三是客观上当前责任追究力度比较大,难免使部分领导出现"安全焦虑症",不得已采用一切措施保安全。

笔者从不否认监狱安全稳定的极端重要性,认为确保安全稳定是监狱各项工作的基础和前提,但反对"不惜一切代价确保监狱的绝对安全"这样的口号。而且,"严防死守"得来的安全是靠不住的,也是不会长久的,监狱需要的是"本质安全",提高教育改造质量得来的才是"本质安全",才是符合社会期待的"大安全"。习近平总书记针对网络安全曾经讲过一段话:"网络安全是相对的而不是绝对的。没有绝对安全,要立足基本国情保安全,避免不计成本追求绝对安全,那样不仅会背上沉重负担,甚至可能顾此失彼。"监狱安全的维护何尝不是如此。

(一)"绝对安全观"主导下的工作异化

1. 监狱分级分类管理落实不到位,目前监狱的戒备等级只有两类:特高戒备等级(指严管犯监狱或监区)、高戒备等级,不管罪犯刑期长短、罪行轻重,一律按照最高要求、最严管理,罪犯的自由活动空间越来越小,全国监狱管理标准一个样。

2. 监狱民警都是看守型,人人身背"八件套",疫情期间人人参与"居家休整、隔离备勤、封闭执勤"三班倒,正常的工作秩序被打乱,民警专业不对口,工作没信心、没激情、没活力,体力精力透支严重。

3. 民警上班时间严格按照一日工作流程运作,每个时间段都有规定的事情,早上6点罪犯起床开始到晚上9点罪犯熄灯为止,民警必须在三大现场(中午罪犯午休时间民警仍然要在现场值守),民警每天完成规定动作就已经精疲力竭,没有时间和精力找罪犯谈话,解决罪犯的思想问题。

4. 罪犯的"三课"教育流于形式,"5+1+1"教育改造新模式变成了五天出工劳动加两天休息,出监教育也得不到应有重视。集体教育针对性不强,个别教育以完成任务为主,对罪犯教育的目的和落脚点主要是降低监内的违规违纪率,热衷于罪犯危险性评估,对罪犯的改造质量、重新犯罪率等改造指标完成情况关注不够。

5. 数目繁多、全覆盖的监控摄像头不是主要用于监控罪犯的违规行为,而是用于警务督察,监狱指挥中心对现场执勤民警的一举一动"全程掌握,随时提醒"。

6. 罪犯的假释比例远远达不到要求。因为罪犯在假释期间再犯罪,监狱和相关民警要承担相应责任,所以监狱对假释的申报和审核是严之又严。同样道理,离监探亲也已经好多年没有实施了。

(二)民警在监狱管理中的主导地位丧失

《中华人民共和国监狱法》第一章第五条规定:"监狱的人民警察依法管理监狱、执行刑罚、对罪犯进行教育改造等活动,受法律保护。"所以,在监狱管理中,在改造与反改造这对矛盾中,监狱警察应该起到主导作用,但实际情况并非如此。

1. 民警的执法权威受到挑战。当前较普遍存在"三不像"现象(即监狱不像监狱、民警不像民警、罪犯不像罪犯):监狱对罪犯的权益保障比较到位,监管改造的惩罚性不够,生活、医疗等待遇甚至超过部分低收入普通群众的水平,对罪犯需求的响应非常快;民警主要时间和精力从事组织劳动生产、清点罪犯人头,主要角色更像是保安和保姆,离"灵魂工程师"的角色定位距离非常远,民警的职业荣誉感丧失;由于我们的政策引导,罪犯的功利性改造比较明显,不能减刑、没有劳动津贴就不积极参加生产劳动,混刑度日子,监狱民警没有有效的办法。

2. 民警成为执行命令的"机器人"。随着规范执法、精细化管理、绩效考核等管理制度的实施和深化,监狱对民警的各项工作都建立了完备精细的制度,民警成了制度的"奴隶",民警不需要学会管理,更不需要学会创新,只要学会服从命令、按照制度办事就可以了。在安全责任的高压下,领导只会把责任层层分解压实到每一个基层民警身上,所以,在基层民警心目中,领导不再像以前那样可亲可爱了。

3. 民警长期的高负荷、高频次封闭执勤,体力透支情况严重,身体状况明显下降,民警猝死在工作岗位上的事例不少。由于民警同时受到高度的精神压力,心理健康问题突出,近几年民警自杀事件也是屡有发生。监狱民警队伍思想不稳定,年轻的想调走,年长的在苦熬中等待退休。

五、赓续"八劳"会议精神,正本溯源,回归改造宗旨

习近平总书记在庆祝中国共产党成立 95 周年大会上的讲话中指出:"'明镜所以照形,古事所以知今。'今天,我们回顾历史,不是为了从成功中寻求慰藉,更不是为了躺在功劳簿上、为回避今天面临的困难和问题寻找借口,而是为

了总结历史经验,把握历史规律,增强开拓前进的勇气和力量。"回顾新中国成立70多年以来,特别是改革开放40多年以来的新中国监狱发展历程,我们可以发现指导监狱工作的"定海神针"是改造为本。始终把改造人放在监狱工作的首位,这是中国特色监狱的本质特征,是《监狱法》赋予监狱人民警察的神圣使命,也是我们历任党和国家的领导人一再告诫我们必须要遵循的监狱工作方针。一旦失去了这个根本,监狱工作就会出现偏差,对党和人民的利益就会造成损害。

"八劳"会议经过两年多的精心准备,进行了大量的前期调研,认真听取了多方面的意见,本着实事求是的原则,正确认识当时面临的困难和问题,提出了一系列开创性的举措,其核心是实现了监狱改造罪犯职能的回归,使监狱重新走上了健康发展的正确轨道。用"八劳"会议精神指导当前的监狱工作,正确认识问题,理清工作思路,确定发展方向,仍然具有十分重要的现实意义。

根据"八劳"会议精神,结合当前监狱工作实际,围绕改造为本的核心内涵,笔者对解决当前监狱工作问题、明确今后工作方向提出以下十个方面的建议。

(1) 开展深度调研。希望司法部能够像召开"八劳"会议之前做的调查研究等准备工作一样,组织精干力量在全国监狱系统内开展广泛深入的调查研究,一方面收集整理当前监狱工作中存在的问题和困难,另一方面对新时期具有中国特色的监狱治理新模式有一个清晰的勾画,提出明确解决当前问题的具体措施。在形成统一意见的基础上,召开一次同样具有历史意义的全国监狱工作会议,并根据新的构想对《监狱法》进行修订和完善。

(2) 提振信心,鼓舞士气。争取让中央和高层领导更加关注监狱民警这个群体,对全国近30万监狱民警在两年多抗疫斗争中、在持续确保监狱安全的奋斗中作出的贡献和牺牲有一个肯定评价,这对于鼓舞士气、保持斗志将发挥很大的作用。

(3) 加强改造工作目标考核。参照"八劳"会议提出的管教和生产双目标承包责任制,对各监狱提出安全与改造双目标考核实施办法,制定完善教育改造工作考评体系,用制度的方式彻底解决重安全、轻改造的问题,形成"确保安全是基础和前提、教育改造是本职和核心"的共识。

(4) 提倡科学治监。在依法治监、文明管理、规范管理、打造智慧监狱的基础上,提出科学治监的理念。科学使用警力,科学抗疫,用信息化手段解放警力资源,统筹兼顾安全和改造两个方面的管理资源投入,在安全管理上用"技防"

逐步代替"人防"。

（5）防止过度管理倾向。当前，各监狱普遍实行规范化管理、精细化管理、流程化管理、民警绩效考核等管理制度，但存在过细、过多、过于僵化、人治管理等问题，民警陷于制度陷阱之中，形式主义、官僚主义、教条主义都渗透在这些制度的条条框框里，这对于提高管理效能、激发民警活力都是严重制约，需要提倡分级管理、适度管理的理念，用结果考核替代过程考核。

（6）继续办好"特殊学校"。针对当前的抗疫实际，灵活运用各种教学方法，更多采用电话教学和网上教学，但教学质量不能下降。《教育改造罪犯纲要》规定的目标要切实实现，由司法部重新对所有"特殊学校"进行复核验收。

（7）加快推进监狱民警的分类管理制度改革。进一步走民警专业化道路，引进社会力量参与罪犯的教育改造，把部分监狱目前招录的辅警人员纳入制度化管理，明确工资福利列支渠道，解决目前普遍存在的警力不足问题。转变民警的工作职责，使民警由看守型、服务型转向执法型、教育型，实现民警工作职能的回归。

（8）维护民警的合法权利。通过完善监狱管理相关法律体系，维护民警的执法权威，明确袭警罪在监狱民警执法过程中的适用范围，切实解决基层警力不足问题，保障民警的休息权。建立规避执法风险的相关制度，逐步提高民警的福利待遇，提高民警的职业荣誉感。

（9）进一步推进监狱行刑社会化和分级分类分押工作。一方面打造低戒备度和半开放式监狱，大幅提高假释和离监探亲比例，让临释罪犯更早、更深地接触社会和家庭；另一方面开启"社会办监狱"模式，把监狱管理从"封闭型"变成"开放型"，让"请进来""走出去""多元帮教"成为常态，使"八劳"会议提出的监狱工作向前、向外、向后"三个延伸"真正落到实处。

（10）加快推进信息化、数字化、智能化监狱建设。让新科技手段真正为基层民警减负、提高办事服务效率。目前基层民警把很多精力都放在清点罪犯人头上，很多网络管理系统的信息输入费时费力。总之，要进一步提升信息化、数字化、智能化系统的集成性和实用性，做到又好看、又好用，让民警把有限的精力真正投入罪犯的教育改造活动中。

传承"八劳"会议精神　开创监狱事业新局面

邓箐苏[*]

1981年8月18日至9月9日，公安部在北京召开第八次劳改工作会议。会议回顾了新中国成立以来的劳改工作，肯定了成绩，总结了经验，研究分析了在押犯的新情况、新特点，确定了新时期劳改工作的任务，提出了加强和改进劳改工作的措施。中共中央书记处书记习仲勋代表党中央到会作重要讲话。12月11日，中共中央办公厅、国务院办公厅转发经党中央、国务院审阅同意的《第八次全国劳改工作会议纪要》。

"八劳"之后两年，劳改工作移交至司法部管理，司法部相继于1989年和1995年召开了全国监管改造工作会议、全国监狱工作会议，并不再沿用历次劳改工作会议序列。至此，"八劳"成为新中国监狱发展史上的"绝唱"。王明迪、李豫黔和许多监狱专家学者的著作中，对"八劳"有着非常高的评价。"八劳"会议是我国劳改事业发展史上承前启后、继往开来的一次重要会议。这次会议的召开对于我国劳改工作的全面拨乱反正和恢复整顿，对于劳改工作方针政策的系统化和科学化，对于开创新时期劳改工作的新局面，都起到了十分重要的作用。[①]站在新的历史起点回顾"八劳"会议，以及之后四十余年来的劳改、监狱工作，对我们当前和今后一个时期的监狱工作有重要的指导意义。

一、"八劳"会议的重要历史意义

（一）对于新中国监狱历史分期的意义

从1952年至1981年，共召开八次全国性的劳改工作会议，每一次会议分别根据当时的形势研究制定、修改劳改工作大政方针或重大工作战略进行宏观

---

[*] 邓箐苏，重庆市渝州监狱十九监区副监区长，一级警长。
[①] 王明迪、兰洁、王平：《监狱工作与监狱理论研究二十年改革评述》，《犯罪与改造研究》1999年第1期。

指导、调控。这八次劳改工作会议,展现了我们党执掌政权后对监狱这一暴力机关管理思想的探索和发展演变。国内学术界对新中国监狱史的分期大致有"三阶段论"和"五阶段论"等观点。尽管在具体阶段的划分和起止时间的确定方面有差异,但是这些论点也有一个共同之处,那就是有意无意地将新中国监狱史的分期等同于中华人民共和国史的分期[1]。不管是哪一种理论角度,"八劳"会议都是各种历史分期研究中无法绕开的一个节点,足以彰显其在新中国监狱工作中的历史地位。笔者认为,在新时代着眼于监狱与国家、社会、法治等各方面关系的角度,以"八劳"会议及其精神为节点,应重新对监狱事业发展进行历史分期。从1949年以来,可考虑分为三个大的阶段和若干个小阶段。

第一大阶段:1949—1981年,监狱工作可以总结概括为军管和破坏。从部队转制的公安军到对罪犯实行军事化管理,从"文化大革命"中监狱事业受到严重破坏和军队接管劳改场所,这一时期监狱同当时的社会治理一样,事实上处于"军管"状态,受到国家政策波动影响非常明显。除对个别高级战犯外的其他罪犯均采用阶级斗争理论,监狱事业的探索出现了许多反复,特别是在"文革"期间,被迫撤销或被挤占的监狱占55.85%。[2]

第二大阶段:1982—2019年,监狱工作可以总结概括为自管、法制和建设。在"八劳"会议精神的指导下,新中国的监狱事业蓬勃发展,从小型社会化的劳改农场建设到监狱布局调整,从《监狱法》颁布到最新的各项法律法规颁布,特别是坚持把罪犯当人对待,坚持用改造的办法来对待罪犯,取得了非常显著的成效。监狱也同其他大型国有企业一样经历了改革开放的洗礼,从一个个小型社会变成了单纯的监管场所,甚至也经历过破产的威胁。这一阶段的监狱工作按照"八劳"会议中提出的方针政策和大方向在发展,其顶层设计方面并没有跳出其思想构架。

第三大阶段:2020年以后,监狱工作可以概括为社管、法治和期待变革。监狱工作面临世纪疫情的冲击之下,其脱离属地"自管"的落后面貌已经不能适应当前的社会发展,监狱工作正在面临自己管不了到社会不想管的历史时期,监狱在疫情初期的束手无策只不过是这个现象中的九牛一毛,监管改造工作和罪犯回归体系的缺乏社会化支撑,才是其核心要义。同时,在社会各行各业全

---

[1] 李晨光、王运红、夏琳:《新中国监狱历史分期研究》,《犯罪与改造研究》2013年第9期。
[2] 王明迪:《监狱工作改革开放的基础工程——追忆监狱工作的拨乱反正》,《犯罪与改造研究》2008年第10期。

面进入互联网数字化的年代,监狱工作与社会脱节显得愈发明显。

(二)对于监狱工作宗旨与方针的意义

回顾新中国成立以后前七次劳改工作会议,在特殊的历史背景下,我国的监狱工作十分缺乏现代国家法治化行刑理念。通过依靠强大的行政手段和社会封闭的大环境来降低社会面犯罪率,在社会经济发展落后和罪犯思想并不活跃的当时,具有重要的现实意义。具体表现为:罪犯首先是阶级敌人,劳改生产是国营经济的一部分,对释放人员采取"多留少放"的原则。据亲历过那个年代的王明迪老局长事后回忆,20世纪50年代后期形成的"左"的错误被推向极端,把犯人一律视为专政对象,刑满留场就业人员和劳教人员,与犯人一道统称为"三类人员",被当作"二劳教""准劳改",降低了劳动报酬或生活标准。不少干警程度不同地存在着"宁左勿右"思想,总认为对犯人就得狠一点、凶一点,生活要搞得差一点,只有这样才算是"立场坚定""界线分明"。①

随着十一届三中全会的胜利召开,全面改革开放的时代来临,当时落后的监狱工作理论和基层实际工作状态与即将起飞的中国社会经济发展格格不入。在十一届三中全会精神指导下,在经历过比较充分的调查研究和分析研判之后,"八劳"会议的胜利召开为今后几十年监狱工作的宗旨与方针明确了方向。特别是在中央和国务院的批转内容中这一段话,可以视为中国监狱工作发展的一个重要分水岭:"当前,劳动改造对象的情况已经发生很大变化,大多数是劳动人民家庭出身的、年轻的刑事犯罪。很多人,特别是青少年,是由于受无政府主义、极端个人主义思想的影响,受国外资产阶级腐朽思想和生活方式的侵蚀而走上犯罪道路的。还有一些人的问题,本来是属于人民内部矛盾,但由于种种原因,矛盾被激化而犯罪。我们必须根据改造对象的这种新情况,总结新经验,争取把绝大多数罪犯改造成为拥护社会主义制度的守法公民和对社会主义建设的有用之材。对刑满释放的人,不得歧视,不要叫他们'劳改释放犯',要切实帮助解决他们的生活困难,给予参加学习、工作、劳动的机会,促使他们走上正路。"②这段内容首先是明确放弃对绝大多数罪犯的阶级斗争思想,明确这些

---

① 王明迪:《监狱工作改革开放的基础工程——追忆监狱工作的拨乱反正》,《犯罪与改造研究》2008年第10期。
② 《第八次全国劳改工作会议纪要》,资料来源:https://mbd.baidu.com/ma/s/P550M45e,访问日期:2022年4月28日。

犯罪行为是内部矛盾,不至于上纲上线;其次是要把他们改造成为对社会有用的人才,而不在仅限于通过"留场就业"等方式来降低再犯罪率;第三是明确了社会支持系统的重要性。

在"八劳"会议纪要中虽然没有提出新的工作方针,但事实上在第三部分已经明确了与之前的一些不同的工作方法。如把犯人当人看待、依法进行奖惩、办特殊学校等,这些工作方法在后来十多年时间得到了很好的实践,并持续指导了今后四十年的监狱工作。在此以后的四十年里,这些工作方法在实践中得到充分的检验,通过历次会议对这些做法又进一步地总结、提炼、深化和推广。

时代的车轮滚滚向前,进入新时代之后,我们必须正视"八劳"会议精神已经不能很好适应习近平新时代中国特色社会主义思想,特别是法治思想的理论体系和社会发展现状。这也是为什么笔者十分强调要用"八劳"会议精神作新中国监狱历史分期节点的重要原因,我们必须同"八劳"会议精神做一个了断,或者创造出新的贴合当前和未来一个时期工作实际的"八劳"会议精神。近十年以来,基层监狱面临着监管改造无招、教育改造无效、劳动改造惩罚性弱化、减刑假释奖励性淡化,民警疲于应付"越减越多"的台账考核,甚至连一些长刑罪犯和多进宫罪犯都对现在的监狱无所适从。有的罪犯表示,明知道现在监狱的管理是为了安全稳定,也是从罪犯人权角度出发,但就是说不上来哪里特别不舒服,学校不像学校,工厂不像工厂,监狱更不像监狱。一名刚辞职的监区长撰文说:"基层无限制地应付上级下发的文件制度,无限制地落实所谓的工作要求,最终导致大家已经不在乎制度本身是否合理,只在乎制度是否执行了。我们管理的是罪犯,最终目的应该是改造他们,督促其成为一名守法公民。毛主席都说:'与人斗,其乐无穷'。为什么?是因为人有思想有情感,对不同的人要用不同的方法。现在的监狱管理,已经机械化模式化,连谈话教育都要求格式化标准化,制定这样制度的部门,你管过罪犯吗?"[1]因此,召开新时代的"八劳"会议已刻不容缓。

二、新时代"八劳"会议的着力点思考

面对百年未有之大变局和世纪疫情,监狱工作并不能躲在高墙之内独善其

---

[1] 《别了我的藏青蓝——一名监区长的辞职感言》,资料来源:公众号"龙城校尉",https://mp.weixin.qq.com/s/nliQiOP58xYajQH1KUDH0g,访问日期:2022年4月29日。

身。监狱工作必须要主动融入经济社会发展大局,必须要主动谋划改革发展才不至于又一次被时代狠狠地甩在身后。结合"八劳"会议的重大历史意义和当前监狱工作的具体困难,笔者认为至少要从以下几个方面来着力思考分析和判断未来几十年的监狱工作方向。

(一)要着眼于调查分析研究和预判未来发展

"八劳"会议精神之所以能够指导我们工作几十年,是以李均仁老局长和王明迪老局长等一批有着丰富基层工作经验和扎实理论功底的老同志一针见血地指出监狱工作当时面临的重大问题,并对未来发展趋势做出了合理的预判,老一辈监狱事业领导者扎实调查研究的作风值得我们学习。对罪犯的分析研究是监狱工作方针制定的基础,有什么样的罪犯才会有什么样的针对性的改造措施。

一要弄清全国范围内的再犯罪率。再犯罪率是监狱学研究的基础数据,也是衡量监狱改造工作是否成功的最重要指标。受1992年发表的《中国改造罪犯的状况》白皮书内容影响,媒体和学界习惯于引用我国再犯罪率为8%的数据,但此后再无权威官方数据对此更新。参照个别地区的研究数据,实际的再犯罪率应该在20%以上。如福建省2017年统计的重新犯罪率为26.55%,且是从1982年的7.76%一路持续攀升,中途未见降低。且由于人口流动,刑释人员中外省籍占1/3以上,在外省重新犯罪的无法统计,重新犯罪的实际总数远高于这个数字。[①]笔者把搞清楚再犯罪率这一核心数字放在首要位置,目的就是为了搞清楚我们今后若干年监狱工作的指导方针是什么。从1960年提出"改造第一、生产第二"的方针,到1983年提出惩罚和改造相结合、教育和劳动相结合的原则,把罪犯改造成遵纪守法、自食其力的公民的宗旨,再到1995年提出惩罚与改造相结合,以改造人为宗旨,可为什么随着社会经济发展、监狱事业进步,再犯罪率还一再攀升呢?究竟是我们的宗旨失效了还是基层没有围绕宗旨开展工作?为什么没有开展,困难是什么?

二要弄清楚全国的犯罪类型和刑期结构。笔者在基层工作十二年,已经明显感受到罪犯的犯罪类型和刑期在悄然发生变化,但监狱的应对措施变化却不足。轻罪和短刑开始成为入监服刑的主流,频繁的收押与释放似乎已经取代教

---

① 郑祥、晏玲、叶绍炯:《重新犯罪的有效控制研究》,《犯罪与改造研究》2018年第4期。

育和劳动改造成了监狱的主业。2020年最高检工作报告列举了二十年来我国严重暴力犯罪的变化情况,从1999年至2019年,检察机关起诉严重暴力犯罪从16.2万人降至6万人,年平均下降4.8%,被判处三年有期徒刑以上刑罚的占比从45.4%降至21.3%。但作为全国监狱主管机关的司法部并没有对入监的数据进行公布和说明,针对轻罪短刑罪犯的改造没有统一的指导思想,导致基层在改造罪犯的道路上艰难探索,各自为政,改造效果愈发下降。

(二)要着眼于对国家法治化进程和监狱体制改革进程的总体把握

顶层设计,举纲张目。党的十八大以来,军队和公安体制改革业已完成,但刑罚执行环节的改革却迟迟未见。《看守所法》一直未见颁布,《监狱法》修订也一拖再拖。缺乏顶层设计的监狱工作只能被《关于办理减刑、假释案件具体应用法律的规定》《关于加强减刑、假释案件实质化审理的意见》等法规倒逼工作,这样的弊端就是监狱原有的工作模式被打破,新的模式也还未建立,一切都处于混沌状态。

以减刑实质化审理工作为例,监狱民警既是管理者又是证人,从管理者的角度出发必定希望每一名罪犯都多减快减,这是法律也避免不了的人性。当要为每一个减刑罪犯出庭作证的时候,没有民警愿意出庭,原因无外乎是怕担责。我们虽然是罪犯的直接管理者,可我们也只能在工作时间洞悉其表象,对其内心是否真诚认罪悔罪,甚至有没有再犯罪的可能都难以肯定。

笔者认为,现在的刑罚执行体系已经到了不改不行的时候了。有的地区,戒毒所几乎空置,监狱押犯暴增,民警警力不足,疫情以来一线民警牺牲病亡人数比之前有大幅度增加,但当地把戒毒民警派去支援社区矫正工作也不安排到监狱。原因无他,还是工作强度与责任的问题。只有将刑罚执行纳入到一个总盘子里面通盘考虑,监狱现在面临的问题才有可能得到彻底的解决。必须要大力推动将看守所、拘留所、戒毒所、监狱(未管所)、社区矫正和法院执行庭等各部门纳入一体化管理。通过成立刑罚执行总署,理顺其中的关系,我国的法治化进程才能迈出更加坚实的一步。

监狱体制改革,还有一些核心问题亟待解决。

一是监狱各级领导的经历问题。习近平总书记在2013年9月接受金砖国家媒体联合采访时曾引用韩非子的名言,"宰相必起于州部,猛将必发于卒伍"。

然而从全国范围来看,司法厅局长甚至部分监狱局局长不具备基层监所管理经验,特别是对如何改造人这一核心环节没有直观感受和经验,更多的要求是表面上不出事,所以才会出现前文那位辞职的监区长提出的机械化管理改造人的模式。这在事实上与"八劳"会议精神大相径庭。部监狱局同样如此,许多政策在基层无法落地。比如现行的警囚比还是1984年确定的12%,几十年没有提高警囚比,但工作翻了很多番。特别是许多地方一直严格执行的"瞪眼班",把过多的警力浪费在了夜间,客观上减少了白天开展改造工作的时间。从基层实务的角度来看,部分基层成长起来的监狱长、副监狱长在改造罪犯方面办法多、理论深,但他们只能在本单位搞好一些务实的工作,且他们虽然眼看着上级布置的务虚工作越来越多,但面对着局里一竿子插到底的考核,他们也是十分无奈。上下政策不畅通,也是现在监狱工作面临的又一大难题。

二是监狱工作社会化的问题。如果说从地图上搜不到监狱地址,又要求铲除监狱门头上的几个大字都是从安全角度考虑,那在监狱局的官方网站或者微信公众号不仅能查到监狱详细地址,还有电话和乘车指南就只能理解为掩耳盗铃了。监狱社会化是宋立军教授在监狱和司法警校工作时研究的一个课题,他提出监狱社会化是指监狱作为社会公共组织正在发生变迁的社会环境下,通过与狱外进行交往,实现合作,以形成独特的既符合社会要求又满足自身需求的良性状态。[①]监狱工作需要社会的医疗、教育、法律、民政、应急、食品安全等部门的帮助和支撑,同样也需要与其他组织进行双向开放。目前我们的浅层次单向开放,体现了监狱与外界社会地位的不平等,没有在开放中形成互利共赢的机制。比如疫情暴发初期,本地某监狱长为口罩来源发愁,其所在区的一把手是其曾经在共青团某机关共事过的,有一定交情,于公于私都应该获得一些支持。但思考再三,监狱长都没有拨通区领导电话,原因也就是监狱虽然在其属地范围内,但长期以来并没有开展良性互动,导致对方在关键时刻也想不起有这么个单位。再比如这几年多次被网络舆论批评的监狱民警走访罪犯家属的问题。民警从改造罪犯的角度出发,走访困难罪犯家属,解开罪犯心结帮助其改造,这是我们曾经屡试不爽的法宝。在舆论风向明显发生变化的年代,如何既能发挥走访作用又不引起负面舆论,则需要监狱有双向开放的理念。监狱双向开放,是指在法治的框架下,监狱作为社会公共组织通过与其他主体进行广

---

① 宋立军:《监狱社会化》(第一版),知识产权出版社2019年版,第151页。

泛平等交往,在交往过程中既尊重差异性又不断达成共识,彼此交换并共享资源,相互理解、信任和支持,共同解决各交往主体无法独立解决的社会问题,以推动社会进步。①

三是科学确立改造目标问题。由于短刑期、多进宫罪犯、老年犯、精神病犯数量的增加,监狱能否把罪犯改造成为守法公民成了一个问题。刑满释放的罪犯究竟是因为监狱的改造才没有再犯罪,还是因为对监狱管理的害怕才没有再犯罪?罪犯不再犯罪是属于多因一果的问题,简单把监狱的教育改好率作为衡量监狱工作的标准,无疑是荒谬的。罪犯与监狱的关系有些类似于病人与医院的关系。一个病人到医院看病,在做完检查后,医院都会有一个是否具有治疗价值的建议,对病入膏肓、癌症晚期的病人,医院一般都是告知家属准备后事。即便是正常接收治疗的病人,医院也会在其出院时下个医嘱,告知注意事项,而没有哪个医院敢打包票说,病人绝不会复发。

对于监狱来说,罪犯是否具有改造的价值也需要评估。高龄老年罪犯、人格障碍罪犯、脑外伤后遗症罪犯,可以说"病入膏肓";精神病罪犯,可以说"癌症晚期"。一个八九十岁的罪犯连自理能力都没有了,怎么改造?一个因偏执型人格障碍反复上访被以寻衅滋事罪判刑入狱,一个因脑外伤后遗症出现冲动行为反复拿别人手机被处以盗窃罪,这些都不是改造所能解决的问题,而是监护的问题、治疗的问题了。对他们变更一种执行方式,或许更为人性,更为有效。北京的郭文思案、安徽的"6·5"事件都是典型的畸形家庭生产的"怪胎"。在这类罪犯的改造过程中,家庭都在扮演着干预、放任、阻挠的角色。换句话说是家庭教育失败向监狱的延伸,现在罪犯家属动辄上访也是这类现象的翻版。

上述这段文字同样是引用自一位监区长的文章,不难发现,基层监区长、监狱长这一级的确都是非常清楚当前监狱工作面临的难题,但无法破局。这事实上又回到了笔者为什么十分强调"八劳"会议是分水岭且指导监狱工作几十年,但现在必须要重新划分新的阶段,因为基层监狱工作的方向业已背离了"八劳"会议精神,这肯定是于监狱工作不利的。

(三)要着眼于回归"八劳"精神的几个问题

面对社会的飞速发展和已然脱节的监狱工作,必须用一次新时代的"八劳"

---

① 宋立军:《监狱社会化》(第一版),知识产权出版社2019年版,第183页。

会议来推动我们的事业向着第二个一百年目标继续前进。召开新时代"八劳"会议,必须要坚持改造这一核心不动摇。改造人,是我们中国特色社会主义法治体系理论的重要组成部分,是我们艰难的摸着石头过河探索出的丰富经验。尽管社会环境变化,给改造罪犯带来了很大的难度,但我们仍然应该坚持在劳动改造、文化改造和法律教育上发力。当然,我们也必须看到和承认,在国家无法对监狱实行高标准全额保障的前提下,劳动改造占据了监狱和民警的绝大部分精力。笔者绝不是简单地将劳动改造与教育改造进行对立,而是希望能在5+1+1的基础上考虑能否探索出对部分罪犯实行4+3或者其他一些更平衡的模式。在保障监狱正常运营经费的前提下,对部分文化水平不足、认知水平不高、法律意识淡漠的罪犯开展更多的教育。要尽可能地想办法坚持分类教育,对刑期长短、服刑次数等进行基本的分类,保证教育的针对性。必须要坚持完善社会支撑体系为目标不动摇。完善社会支撑体系,除了社会各界对监狱工作予以支持以外,还应该加大监狱双向开放力度,作为社区普法和预防犯罪工作的一部分。如香港惩教署通过"更生先锋计划",让社会上更多人了解和理解监狱工作。同时,还应该支持罪犯向受害人及其家属赔偿和忏悔,作为他们认罪悔罪的重要认定条件。必须要坚持智慧监狱这一方向不动摇。近十年来,基层监狱最大的发展就是开展了智慧监狱项目建设。基层民警从最开始的期待到无奈和失望,说明我们智慧监狱建设上出了一些问题。智慧监狱的初衷除了增加监控以外,应该是帮助基层缓解警力不足,运用大数据和智能分析对罪犯进行管理。而目前在实际运行过程中,智慧监狱发挥的最大作用却是对民警追责。从社会上对互联网、大数据等功能的实践运用来看,通过摄像头,"半小时清人、一小时点名"完全可以实现,通过摄像头与终端执法设备联动记录下罪犯的言行,经大数据分析后形成有效的"个人画像"也是可以实现的。笔者建议,全国还没有通过智慧监狱验收的单位要统一采购智慧监狱的软硬件,降低采购成本,形成有效数据库,不断完善分析软件,对民警针对性地开展管理教育提供有效的参考,帮助民警把更多的精力放在研究和改造罪犯身上。

  凡是过往,皆为序章。四十年来两代监狱民警在"八劳"会议精神指导下接续奋斗,监狱事业从布局调整到硬件升级,从法制建设到规范管理,从监管改造到教育转化,已经取得了很大成就。我们新时代监狱人还要接续奋斗,勇往直前,努力在顶层设计、体制改革和我国监狱特色改造事业上开创出新的局面。

山东省临沂监狱"石门精神"的形成与发展

李 明 刘明伟 赵宗杰 宋东苓 时云肖*

历史上石门因区位偏僻,土地贫瘠,自然环境恶劣,鲜有居住者。山东省临沂监狱八监区(外称石门园林场,以下简称石门)就坐落在这里。临沂监狱人发扬艰苦奋斗、吃苦耐劳、爱岗敬业、无私奉献的"石门精神",拓荒于此40年,其精神影响了一代又一代的监狱人,成为临沂监狱政治思想教育宝库里极其重要的精神财富。

一、石门精神的内涵

(一)艰苦奋斗贯穿始终

与天奋斗,插旗圈地,开山建场;与地奋斗,垦荒造田,筑路置业;与人奋斗,教育改造,服务社会。经过半个多世纪的艰苦创业,让遍地荒山、杂草丛生的石门丘陵变成了瓜果飘香、风景秀丽的"小江南",这一奇迹的创造,靠的就是石门人艰苦奋斗的精神。

(二)吃苦耐劳天性使然

建场初期,石门人住窝棚吃玉米饼,人工拉犁耕地,劳动比学赶超,教育改造务真务实,日日巡山风雨无阻。正如老一辈石门人说的那样:"工作条件非常艰苦,两省三县交界社会治安复杂,交通不便,子女就学、老人看病、日常生活均有许多困难。如此的条件,决定了八监区的同志们必须格外能吃苦。可以说,在八监区,不能吃大苦耐大劳就没有希望,没有艰苦奋斗就没有前途。"

---

* 李明,山东省临沂监狱政委;刘明伟,山东省临沂监狱教育改造科科长;赵宗杰,山东省临沂监狱一级警长;宋东苓,山东省临沂监狱一级警长;时云肖,山东省临沂监狱教导员。

（三）爱岗敬业履职尽责

建场初期，面对基础设施的困局，临沂监狱确立"以果为主，以农养果"的园林化发展方针，大力推进改造土地、水利建设与稳产高产田建设；耕地不够用，就用炸药炸出"大寨田"；瓜果病虫害严重，就建立病虫测报组，等等。石门人从修路工干到饲养员，从种地人干到辅导员，从护林员干到包组警察，展现出的是逢山开路、遇水搭桥的决心斗志，"干一行爱一行"的职业素养。

（四）无私奉献公而忘私

农场困难期，生产经营缺乏资金，石门人主动晚领工资，先保证生产需要，一年自愿加班100多天，无一分钱加班费。从青春年少到两鬓斑白，石门人经历了冰与火的洗礼、累与倦的考验、病与痛的煎熬仍然默默坚守。

二、石门精神诞生的背景

（一）地域传统文化浸润

临沂具有悠久的东夷文化历史，是中华文明的重要一部分。务实创新、开放包容的齐文化，锐意进取、融汇南北的楚文化等都对其产生了深远影响，厚朴、耿直、重情是沂蒙人民独有的性格特征。千年的文化传承，成为石门精神的文化源泉。

（二）革命红色文化支撑

近代革命战争时期，中国共产党在临沂地区创立了沂蒙革命根据地，将红色基因播撒在这片土地上。沂蒙人民在中国共产党的领导下，为民族独立和人民解放作出了巨大牺牲和不可磨灭的历史贡献，形成了"党群同心、军民情深、水乳交融、生死与共"的沂蒙精神。石门创业干警大多数都是参加过抗日战争、解放战争、抗美援朝的老领导、老战士、老党员，正是他们使沂蒙精神在石门农场得到赓续传承，发扬光大。

（三）监狱文化体系提供了优良的生存环境

1945年10月15日，滨海行署公安局在莒县城建立"滨海区行政公署徒刑犯人教育所",临沂地区劳改机构开始建立。自此起,一辈辈临沂监狱人,听党指挥,用生命对待事业,连续多年被表彰为"全省司法行政工作先进集体""全省监狱工作先进集体"。2019年被中共山东省委政法委、山东省人力资源和社会保障厅评为"山东省人民满意政法单位"。2020年以全省最高分1 009分被司法部命名为"智慧监狱"。2021年被司法部选评为首批"清廉监狱""山东省监狱企业高质量发展示范单位"。2021年和2022年连续两年荣获山东省"最规范监狱"等称号。这是"石门精神"的监狱文化土壤。

（四）"八劳"会议精神指明了正确的前进方向

1981年8月8日至9月9日,公安部召开第八次全国劳改工作会议,时任全国人大常委会副委员长习仲勋同志代表中央到会看望代表并讲话。"八劳"会议总结了30年来劳改工作正反两方面的经验,对监狱工作产生了深远影响,为石门农场发展和石门精神的孕育指明了方向,主要体现在以下几个方面:

1. 科学界定监狱工作的社会地位和历史使命。《第八次全国劳改工作会议纪要》指出:"实践证明,我国劳动改造罪犯工作是成功的,受到广大群众的称赞,在国际上也有很高的声誉。这是我们党和国家改造社会、改造人、化消极因素为积极因素的一贯政策的胜利。"1984年起,临沂监狱出监队迁至石门农场,时隔20年重新押犯,负责余刑在3—6个月面临出监罪犯的改造工作,农场干警在无武警看押、果园农田劳动不安全因素多的情况下,不断提高管理水平和警情判断能力,严格落实监管制度,强化个别教育,做好个案甄别分析等,出色地完成了收押改造工作。

2. 建立健全管理体制,调整整顿劳改生产。《第八次全国劳改工作会议纪要》指出:劳改生产要"进行整顿和调整","实行各种经济责任制,采取有效措施,增加收入,减少亏损"。石门农场破解困难,以增产增收为目标,由单一园林产业向农林副牧渔综合产业发展。农业生产向良种化、科学化、专业化、机械化种植发展,亩产量在临沭县均属于较高水平。20世纪80年代后新建养猪场、砖窑、面粉厂,实现经济效益大幅提升,同时提供了稳定的就业岗位。

3. 调整留放政策,妥善处理历史遗留问题。《第八次全国劳改工作会议纪要》指出:对部分刑满人员,"劳改生产需要、本人自愿的,可以作为社会就业,由劳改单位录用为正式职工"。从1958年开始到1985年这段时期,做好就业人员的管理教育和安置,是石门农场最核心的一项工作。本着"要区别于劳改犯人,也要区别于一般国营企业的职工",农场干警以政治教育为核心,白天带领就业人员搞生产、夺先进,晚上带领就业人员学政治、学文化、学技术,形成了独有特色的刑释就业人员管理体系。

4. 逐步提高监狱干警政治地位,关注监狱干警民生。习仲勋同志在代表中央讲话中赞扬劳改工作干警为"攀登十八盘的勇士"和"改造人类灵魂的工程师"。中央在转发《纪要》的批语中指出:"广大劳改工作干警为劳改事业作出了很大贡献,应当受到全党,全社会的尊重。"1984年秋,开通直达临沭县城的公交班车,解决了进城难的问题。1985年,石门农场子弟学校设初中一年级,而后和石门镇中学联合办学(初中),解决了子女上学问题。1998年,打机井、建水塔,家家户户安装了自来水管,告别了水车摇、扁担挑水吃的历史,彻底解决了全场职工生活用水难的问题。

三、石门精神的形成与发展

追本溯源,石门精神是和石门农场相伴而生、共同成长的,是一代代监狱人经过长期艰苦卓绝的斗争,把优秀品格、优良传统积淀传承下来的。

(一)筚路蓝缕,以启山林

1958年初至1974年底,是石门精神第一部分形成阶段。1975年1月29日,石门农场划出独立,成为支队级建制,称"山东省石门生建园林场",标志着创业石门取得阶段性成果。这一阶段以战天斗地、开山拓田为主线,与自然条件进行艰苦卓绝的斗争,在不毛之地建起了垦荒农场,形成了艰苦奋斗,吃苦耐劳的精神风貌。

1. 独有特色的插旗圈地、撼天动地的百日建场

1958年初,山东省临沂区劳动改造管教队(现临沂监狱)组织管教干部,选定石门农场位置,用"插旗圈地"的方法,围起来万余亩贫瘠的丘陵土地,组织人员搭建窝棚、拉起帐篷、支起锅灶,开始筹建。泥瓦工负责整理地基、铺石垒坯建房,其他人员负责原料运输,他们用驴车拉、推车推、抬筐抬、扁担挑、肩膀扛,一天至少奔跑48公里,运送8个来回,虽然汗水湿透后背、肩头磨出老茧、脚底磨出血泡,但没有人叫苦喊累、偷懒掉队。短短3个月,建成了建筑面积达3 041平方米的154间住房,基本上解决了住宿的难题。自力更生、艰苦奋斗成为当时石门人最真实的写照。

2. 老农民式的垦荒种田,讲究科学的扩穴深翻

垦荒种田是建场的另一项重要工作,由于条件有限,牲口不够用,垦荒、犁地基本靠人工,石门人仅用100多天,开垦荒地4 061亩,种植粮食作物1 475亩,栽植果树108亩,建成大小水库8座,修筑塘坝5座。冬季休耕期开始深翻,迎着风雪撬出岩石,堆肥填土,扩穴深翻各类果树3 000多株,为果树未来20多年的丰产丰收奠定了坚实的基础。石门人用汗水和坚韧诠释了什么是"特别能吃苦、特别能战斗"。

(二)精诚所至,金石为开

1975年初至2000年,是石门精神第二部分形成阶段,在1997年6月13日临沂监狱党委下发[1997]37号文《关于向第八监区学习的决定》中正式提炼形成。这一阶段以教育改造、发展生产为主线,按社会需求进行了持之以恒的努力,实现了改造、生产双线告捷,形成了爱岗敬业,无私奉献的优秀品格。

1. 不守旧制,因地制宜

1975年至1980年,石门农场成为支队级建制,随着上级帮扶力度增加,农场进入综合开发、快速成长期,以改土治水为中心发展农业生产,实行山、水、林、田、路综合治理的农田基本建设;以发挥资源优势为中心发展副业生产,挖砌砖窑、铺水泥晒场、建物资仓库、办修理厂;以提高生活环境为中心,架高压线、盖办公楼、成立职工医院、扩建子弟学校,等等。尤其是"扩建东大库""建设大寨田""50天修路"等典型会战至今令人心潮澎湃,工程在哪里吃住就在哪里,"玉米饼子萝卜干",一干就是一整天。负责恒温库技术的同志为了把住质量关,经常一站就是十几个小时。负责病虫害测报的同志,白天正常劳动,早晚休息时间进行测报和分析研究。多数同志一个岗位一干就是20多年,从青丝到白头,"甘于坐冷板凳,勇于做栽树人、挖井人",无怨无悔。

2. 以人为本,服务社会

石门农场1958年2月开始关押罪犯,1964年5月暂停一阶段,变为刑满就业人员的管理场所。1984年3月至2009年8月,又继续关押罪犯。罪犯劳动教育改造场所主要是农田和果园,不安全因素多,监管压力大,需要干警紧盯现场,一刻不能放心。因此监狱干警"晴天一身汗,雨天两腿泥"。晚上要和罪犯进行个别谈话和出监教育。很多干警一心扑在工作上,一整年都没有迈出石门农场一步。

（三）发展至上，服从大局

新世纪以来，石门精神进入丰富发展阶段。2018年10月26日，山东省临沂监狱举办石门建场60周年庆祝活动，标志着石门精神进入发展新阶段。这一阶段以绿色生态和精神洗礼为主线，实现了石门农场发展重心的战略转移，诠释了听党指挥、服从大局的责任担当。

党的十九大以后，突出绿色生态，全面退出农、林、果、牧、副等产业，推动农田土地承租、国有资产保护、防汛防火防灾、监狱史馆建设，守住守好了山东监狱系统这一处绿水青山。从2012年起，农场进行了保护性规划建设，以一湖一泉一林为重要景点，打造"青山绿水"生态旅游休闲景区，并通过国家AA级景区的认定。

2011年11月3日，山东省监狱机关创建六十周年征文专栏刊发了反映石门农场发展历程的纪实文学《风雨历程 石门情怀》，临沂监狱借力打力，掀起了学习"石门精神"的高潮。为了更好地传承弘扬"石门精神"，临沂监狱将石门农场建成了"入警""入学""入党""干警培训"教育基地。

四、石门精神的时代价值

石门精神作为山东监狱精神谱系中农场精神的典型代表，是临沂监狱文化体系的重要组成部分，是临沂监狱的优秀精神成果，具有突出的时代价值。

（一）凝聚干事创业、奋发有为的精神动力

2015年，在全国政法工作会议上，习近平总书记重提"刀把子"论，要求政法机关和政法干警坚定理想信念，增强党性原则，严守党的纪律和政治规矩，一切行动听党指挥。从石门建场到落实"八劳"会议精神，从综合开发到绿色生态，石门人将听党指挥、落实党的决策部署贯穿始终。新时代，监狱干警更应该学习石门精神，牢固树立"四个意识"，做到"两个维护"，以"坚定正确的政治方向"，确保"刀把子"始终掌握在党和人民手中。

1949年3月，中共中央在西柏坡召开七届二中全会。毛泽东同志特别提出了"两个务必"的思想，号召全党务必保持谦虚、谨慎、不骄、不躁的作风，务必

保持艰苦奋斗的作风。"两个务必"对于我们今天的监狱事业同样具有重要意义。2021年,临沂监狱被评为"全国清廉监狱"、山东省第一个"规范化监狱",综合考评位居全省第一,成绩的取得离不开监狱党委和监狱干警的辛苦付出,但艰苦奋斗的创业精神任何时候都不能丢弃。"凡是过往皆为序章,革命事业不进则退",这就要求监狱干警面向未来,艰苦奋斗,在更高的平台上开创更大的业绩。

监狱是国家的刑罚执行机关,维护监管安全、教育改造罪犯是监狱的主责主业。20世纪,石门农场克服简陋的收押环境、繁重的生产任务等诸多困难,圆满完成了出监罪犯教育改造和刑释犯就业人员管理教育两大核心工作,为社会安全稳定贡献力量。今天,我们面临押犯构成日益复杂、执法规范化要求日益提高、管理教育手段相对不足、社会舆论考验日益提升等诸多新情况,更需要监狱干警学习石门精神,打破"大墙思维",用创新引领发展,用发展解决发展中遇到的问题,咬定目标,久久为功。

(二)凝聚团结一致、上下齐心的精神动力

2013年,习近平总书记在全国宣传工作会议上指出:"一个没有精神力量的民族难以自立自强,一个没有思想共识的国家只会一盘散沙。统一思想才能统一行动,凝心聚力方可成就辉煌。""智慧监狱""现代监狱"建设以来,执法容错率不断降低,监狱工作压力越来越大,个别干警开始出现思想上"开小差"、心态上"职业倦怠"、工作上敷衍了事等不良苗头,这就需要我们学习石门创业精神,将思想统一到监狱事业发展上来,统一到咬定年度目标任务上来,坚定发展信心,汇聚发展力量。

石门的创业发展离不开领导的率先垂范,离不开全体石门人的上下齐心。当今监狱事业发展更需要上下协同、团结协作。要做到上下协同,关键在信息对称,这就要求领导干部不断提升及时获取信息能力、总结归纳信息能力和有效沟通能力,确保上情准确下达、下情及时上传,各项工作无缝衔接。要做到团结协作,关键在各司其职,分工不分家,既要提高单兵作战能力,也要提高团队作战素养,同时班子成员之间、部门之间、同事之间要重视互相补台,还要善于补台,更重要的是涉及原则问题要敢于"拆台",这样才能确保监狱各项工作良好运转。

中国共产党是中国革命的"定音之人"。有了这个领导核心,才有全民族、全社会的向心力和凝聚力。监狱党委是监狱事业的领导核心,石门农场的发展、石门精神的培育和监狱党委的正确领导密不可分。维护监狱党委的领导核心关键在提高执行力,这就要求具体问题具体分析,在执行方案、人员选择上做出正确的决策;宽严相济,恩威并施,在执行过程中实现有效管理、有效领导;深入执行一线,把握执行质量、及时纠偏,实现执行掌控。

（三）凝聚创新引领、精准发力的精神动力

监狱发展的新常态,对监狱事业发展带来了一些困难,诸如长时间、不定期分批进驻监狱执备勤,导致干警身心压力增大、家庭问题凸显、职业自豪感下降。监狱建设现代化措施,对罪犯管理提出了新的要求,如何跟进教育改造成为工作难点。应对这些情况一要大力弘扬艰苦奋斗精神,以坚韧不拔的斗志打好这场"持久战";二要放眼未来,解放思想,打破"大墙思维",敢领风气之先,敢领创新之先,实现创新驱动和久久为功的良性循环。

现阶段监狱押犯构成呈现短刑化、低龄化、个性化,常规的管教手段出现"边际递减"效应;执法工作逐渐规范化、精细化、标准化,干警在思想、能力上相对滞后;多年形成的管理制度、方法习惯缺乏系统整合、优化升级,时刻困扰工作成效。应对这些情况一要强化顶层设计和整体统筹,引入"放管服"的精髓,为监区撑腰松绑;二要弘扬敬业奉献的精神,大兴调查研究,在实践中探求新规律,为各项工作注入生机活力。

随着监狱经济转调改革,全国监狱系统大多都在走劳务加工的发展路线,产业规模类似、管理手段相仿、目标市场相同,存在不同程度的同质化竞争,加之市场波动较大,生产发展面临新形势。应对这些情况一要强化品牌管理战略,增强核心竞争力,"外树形象";二是要弘扬"吃苦耐劳、爱岗敬业"的精神,深入一线,提升内部管理、服务质量和水平,围绕市场调查、客户需求和有效沟通下功夫,"内强素质",尽快实现生产管理科学化。

（四）凝聚培育青年、传承薪火的精神动力

坚定的理想信念是共产党人精神上的"钙",共产党人如果没有理想信念,精神上就会"缺钙",就会得"软骨病",必然导致政治上变质,经济上贪婪,道德上堕落,生活上腐化。青年干警是监狱事业的接班人,青年干警的理想信念关乎监狱未来。作为新时代青年干警,更要学习石门精神,树立坚定理想,以对党绝对忠诚筑牢革命本色,以坚决听党指挥传承红色基因。

当前,监狱处在事业发展快速上升期和攻坚期。青年干警多数负责基层具体业务和罪犯管教一线,任务重、压力大,容易滋生浮躁情绪和不良思想。这就要求青年干警思想上重走"石门路",接受思想洗礼,立足岗位,埋头苦干,用无私奉献的品质彰显新时代青年干警本色。

经过多年的艰苦奋斗,临沂监狱事业走在了全省前列,但和全国优秀的监狱相比还有不小的差距,需要一代又一代监狱人共同为之努力。新时代青年干警要继续发扬艰苦奋斗、吃苦耐劳的石门精神,在实践和理论的反复碰撞中实事求是,"求创新";到困难和矛盾集中的地方去解决问题,"长本事";到整体工作需要的地方去贡献力量,"谋担当",为监狱事业发展接续力量。

五、石门精神的发展

(一)与时俱进

马克思说:"任何真理都不是一成不变的,都需要在不断的实践过程中汲取营养,再实践,再升华。"从石门精神诞生发展的历程看,除1997年总结提炼的十六字精神外,迎难而上、敢于亮剑的优秀品格,锐意进取、开拓创新的时代特征同样发挥了重要作用。新时代,我们只有把这些优秀基因,再总结,再实践,推动各项工作开创新局面,才能真正做到"时代演变,精神不朽"。

习近平总书记在2020年秋季中青年干部培训班上指出:"政治能力就是把握方向、把握大势、把握全局的能力,就是保持政治定力,驾驭政治全局、防范政治风险的能力。"弘扬石门精神,必须从全局出发,站在监狱发展的大局上,明确石门精神角色定位,统筹安排,防止出现本位主义,"生搬硬套",背离初衷的情况。

(二)扩大影响

随着时代科技的进步,网络技术被广泛应用于各个领域,发挥了重要的作用。临沂监狱新媒体工作室已经建立,在此基础上要创新形式,丰富载体,逐步搭建以新媒体工作室为统领,以"文化大讲堂"、局域网、教育基地等为平台,以小视频、学习感悟、英模事迹、回忆录等为载体的石门精神宣传矩阵,确保石门精神宣传工作的时代化、鲜活化。

邓小平同志在谈到弘扬革命精神时说:"要大声疾呼和以身作则把这些精神推广到全体人民、全体青少年中去,使之成为中华人民共和国的精神文明的主要支柱。""大声疾呼"就是造成舆论、广泛宣传,占领思想制高点。建立以纪念日、宣传月、周年庆等常态化宣传机制,不断深化全体干警职工对石门精神的认识,进一步内化为意识自觉。

弘扬石门精神,关键在讲好基层故事,发掘一线典型。聚焦一线典型,打造全层级模范榜样,解决数量不足的问题;研究发掘机制,搭建全方位展示平台,解决典型不突出的问题;发挥辐射作用,展示全覆盖微光效应,解决示范效果差的问题,营造"比学赶超"的良好氛围。

(三)发挥功效

为弘扬石门精神,铭记光荣历史,临沂监狱研究决定在石门农场设纪念馆。纪念馆的灵魂是情感,最高境界是"见精神"。石门精神纪念馆,系统讲述石门农场发展史和石门精神孕育历程,重拾难忘回忆,再现经典瞬间,必将成为发挥石门精神的教育基地,在干警培训中发挥重要作用。

试述"八劳"会议之前的劳改工作方针演进路径及启示

王海鹏[*]

1981年8月召开的第八次全国劳改工作会议,是全国监狱工作的一次拨乱反正、承前启后、继往开来的重要转折性会议。同时,此次会议的召开,是我国劳改工作方针发展演进的必然结果,有着十分清晰的发展脉络,在对党的劳改工作方针传承延续的同时,也不断指引着监狱工作不断发展提高,对新时代的监狱工作同样起着重要的指导作用。

我国的监狱工作方针,是在中国共产党领导下制定的,以马克思主义思想为指导,在中国革命、建设和改革发展实践中逐步形成和发展起来的一系列工作方针政策。党的监狱工作方针演进过程,总体分为新民主主义革命时期、新中国成立时期、改革开放时期和现代化发展时期。"改造第一、生产第二"是我国劳改工作方针,"改造第一"进一步表述为"惩罚与改造相结合,以改造人为宗旨",传统劳改学表述的劳改工作方针政策,属于行刑目的问题,此行刑目的表述和其理论解释形成了"改造刑论",是我国监狱行刑目的理论的主导。[①]

一、"八劳"会议之前我国劳改工作方针的形成与发展路径

(一)新中国成立之前中国共产党的劳改工作方针

新中国成立之前,即我国新民主主义革命时期,监所工作可以分为四个阶段。一是井冈山时期优待俘虏的初创阶段,二是中华苏维埃共和国时期的开创阶段,三是抗日战争时期的建设阶段,四是解放战争时期的发展阶段。[②]

---

[*] 王海鹏,湖北省襄北监狱一级警长。
[①] 参见郭明:《从劳改学到监狱学——过去20年中国监狱学理论研究述评》(上),《犯罪与改造研究》2006年第5期。
[②] 参见于树斌、彭晶:《新民主主义革命时期根据地监所制度的建立与发展简介》,《公安大学学报》2001年第4期。

1927年9月29日,毛泽东率领秋收起义部队来到永新三湾进行了著名的三湾改编,对部队中的不坚定分子,毛泽东宣布了凡不愿意留队者,可以回到农村去,一律发给五块钱路费的政策,以后俘虏不愿留下就发路费的政策即源于此。1928年2月18日,红军在宁冈新城全歼了朱培德部500余人,并颁布了优待俘虏的三条政策:一是不打骂俘虏,不搜腰包;二是伤病员给予治疗;三是愿留者留,愿走者发给路费回家。1929年12月,红四军在福建古田召开第九次代表大会,通过了毛泽东起草的决议案,其中有明确的优待、尊重和改造俘虏的政策,对被俘的国民党官兵进行阶级斗争和革命宗旨教育,实现了改造俘虏的功能。①

　　1931年11月中华苏维埃共和国成立时,对罪犯的管理和改造已经有了明确的规定。《中华苏维埃共和国中华苏维埃组织法》规定了司法人民委员部下设劳动感化处,负责管理看守所、劳动感化院。1932年6月9日发布的《裁判部暂行组织及裁判条例》明确"省、县两级裁判部,还设立劳动感化院,以备禁闭判决长期监禁的犯人"。②

　　新民主主义革命时期的监所工作,在中华苏维埃共和国时期积累的改造罪犯的经验之上,到抗日战争时期,初步形成了区别于旧制的新型监狱性质的指导思想。1939年2月,毛泽东同志针对抗日战争时期的实际困难,提出了"自力更生"的方针,聂荣臻创建的晋察冀抗日根据地边区政府号召广大军民"自己动手,生产自给",通过大规模生产运动保障部队供给,并提出了"给犯人实现转变的机会,凡已判决的犯人,应在严密看管之下,使之参加生产,并随时注意加强教育"。③陕甘宁边区将监狱作为犯人的学校和教育机关,组织犯人生产劳动和文化、技术学习。④1939年到1944年间,林伯渠多次在《边区政府工作报告》中讲"对犯人采取教育感化的方针"⑤,并在1942年的《陕甘宁边区司法纪要》中明确了"边区的监狱,固然是惩罚犯罪的场所,同时,也是犯人的教育机关"⑥。

---

① 参见熊轶欣:《浅谈井冈山时期红军对俘虏的改造》,《广东党史》2010年第6期。
② 王福金:《新民主主义革命时期的监所情况简介》,《河北法学》1984年第3期。
③ 司法部劳改干校劳改业务教研室:《解放区监所情况简介》,转引自中华人民共和国司法部编:《中国监狱史料汇编》(下册),群众出版社1988年版,第382页。
④ 参见刘文娟:《抗战时期陕甘宁边区司法中的人权保障》,《河北职业技术师范学院学报》(社会科学版)2002年第4期。
⑤ 潘怀平、周迪:《人性化的陕甘宁边区教育改造方式》,《中国监狱学刊》2011年第5期。
⑥ 李秀茹:《抗战时期陕甘宁边区刑法建设初探》,四川大学硕士学位论文,2004年,第37页。

1946年《太行区司法工作概况》总结了解放区"监狱的主要任务,也在于进行思想教育,使自新人在认识自己犯罪思想后,进一步改造其思想,次要任务才是剥夺自由的惩罚作用"①。

解放战争时期的监所制度,作为新民主主义革命根据地监所制度的发展阶段,是在继承和发展了抗日根据地监所制度后,经历了解放日伪统治地区和进一步夺取城市胜利,监所建设从农村走向城市的两次大的发展。②建立了临时联合看守所、联合监狱,成立了教育所、收容所、"管训队"、劳改队,接管改造了旧制监所,制定了解放区统一的监管法规,清除了"报复主义""惩办主义"影响,实行了以教育为主、惩罚为辅,对犯人进行劳动改造等的政策措施。

(二)新中国成立之后劳改工作方针的确立与发展

1. "不杀而教""劳动改造罪犯"工作方针

毛泽东同志在《实践论》中主张不杀反革命和地主,以保存劳动力,并将劳动作为对其改造的重要手段。他还强调了针对反革命分子"只要是不积极破坏革命战争和土地改革的人都可以不杀,把他们当作劳动力保留下来"。1949年6月30日,毛泽东在《论人民民主专政》中指出:"对于反动阶级和反动派的人们,在他们的政权被推翻以后,只要他们不造反,不破坏,不捣乱,也给土地,给工作,让他们活下去,让他们在劳动中改造自己,成为新人。他们如果不愿意劳动,人民的国家就要强迫他们劳动。也对他们做宣传教育工作,并且做得很用心,很充分。"他还指出:"对罪犯实现强迫改造,是消灭反革命分子的一个重要手段,也是彻底改造犯人成为新人的一项基本政策。"

2. "三个为了"工作方针

新中国成立前夕,中国共产党的军事胜利并不能很好地保障新生政权的稳固和长治久安,旧势力一直都在进行局部的激烈反抗和破坏。从1948年秋开始到1950年初进行的全国大规模镇压反革命运动,通过大规模的"杀""关""管",严厉惩处了恶霸、地主、惯匪、特务、国民党党团和军警政骨干分子,以及曾经杀害过中共人员或给中共造成严重损害的分子,牢牢稳固了新生政权的政治地位,全面改善了许多地区动荡混乱的社会秩序,同时也随之产生了大量的

---

① 王福金:《新民主主义革命时期的监所情况简介》,《河北法学》1984年第3期。
② 参见于树斌、彭晶:《新民主主义革命时期根据地监所制度的建立与发展简介》,《公安大学学报》2001年第4期。

反革命罪犯。

1951年5月15日召开的全国第三次公安会议,针对当年全国镇反运动后的大批被判处徒刑的罪犯正确处置问题做出决议:"为了改造他们,为了解决监狱的困难,为了不让判处徒刑的反革命分子坐吃囚饭,必须立即着手组织劳动改造的工作。"这也成为新中国成立以后劳改工作初创时期的指导方针。[①]

3. "惩罚与改造相结合,劳动与教育相结合"工作方针

1954年9月7日,政务院颁布的《中华人民共和国劳动改造条例》提出了"惩罚管制与思想改造相结合,劳动生产与政治教育相结合"的方针。1954年至1964年的新中国劳改工作实行的是"两个相结合"的方针,对监狱改造主体、手段和管理等方面均作了详尽的规定,强调了监狱行刑、改造与生产的相互关系,进一步明确了监狱的中心工作,实现了新中国劳改制度的确立和巩固。[②]

4. "改造第一、生产第二"工作方针

1956年初,中央政治局直接听取了罗瑞卿的汇报。毛泽东指示:"要阶级斗争和人道主义相结合。"刘少奇指出:"劳改工作的方针,第一是改造,第二是生产。"周恩来在全国公检法"三长"联席会议上强调:"劳改的目的,是要把犯人改为新人,政治教育是第一,使他觉悟,劳动是增强他的劳动观点,而不是从犯人身上生产出来的利润办更多的工厂,这还是第二。"[③]1964年公安部《关于第六次全国劳改工作报告》明确提出了监狱工作的"改造第一、生产第二"的方针。此方针明确了改造和教育与劳动和惩罚之间的先后顺序、主次关系,为的是提高认识、促进改造工作。

二、党的劳改工作方针之间的基本框架与内在联系

1981年8月18日至9月9日,公安部在北京召开了第八次全国劳改工作会议,这对于全国劳改工作是一次拨乱反正、承前启后、继往开来的具有十分重要的历史意义的大会。据《第八次全国劳改工作会议纪要》记载,此次会议总结了新中国成立30年来劳改工作的基本经验,首先就是正确贯彻执行了"改造第

---

① 刘智:《论劳改工作方针的科学性》,《法学研究》1986年第5期。
② 参见欧阳俊:《从我国社会发展的变迁看狱政思想的演进》,《警官教育论坛》2006年第1期。
③ 王明迪:《一个甲子的辉煌——新中国监狱工作60年的回顾》(上),《犯罪与改造研究》2009年第9期。

一、生产第二"的方针,只有将教育改造与劳动改造相结合,才能把罪犯改造成为拥护社会主义制度的守法公民和社会主义建设的有用之材。

从党的劳改工作方针形成之初,到第八次全国劳改工作会议的胜利召开,虽然经历了复杂而曲折的过程,但是从设立劳动感化院、联合监狱,到建立"管训队"、劳改队,无论是"不杀而教""劳动改造罪犯""三个为了"的劳改工作方针,还是"惩罚与改造相结合,劳动与教育相结合"到"改造第一、生产第二"的方针,一路走来都是一脉相承的继承和发展党的劳改工作方针。这不但对第八次全国劳改工作会议上明确党的劳改工作方针有指导意义,而且对之后的监狱工作方针都具有指导意义。

(一)党的劳改工作方针是马克思主义中国化的具体体现

我们党的劳改工作方针,依据的是马克思主义关于社会发展和人类自身发展的客观规律理论,结合我国的国情实际,在具体实践中总结出来的。1875年,马克思在《哥达纲领批判》中强调了生产劳动是使罪犯悔过自新的唯一手段。马克思还曾指出:"在再生产本身的行动中,不仅客观条件改变了,例如乡村变为城市、荒野变为清除了林木的耕地等等。而且,生产者也改变着,炼出新的品质,通过生产而发展和改造着自身,造成新的力量和新的观念、造成新的交往方式,新的需要和新的语言。"[①]马克思主义认为劳动是具有改造人的身心功能的,以劳动为手段改造罪犯的本质属性,是人们有意识地将劳改工作用于协调劳动改造的内部和外部机制,充分有效地通过劳动的输出实现其改造功能的过程。劳动改造罪犯充分体现了马克思主义认识论、实践论和劳动观的结合,将劳动实践用于纠正和矫治罪犯的劳动观念,为转化罪犯思想创造条件。毛泽东改造罪犯思想理论和我国的改造罪犯实践,进一步丰富和发展了马克思主义关于改造社会、改造人的思想理论。

(二)党的劳改工作方针是对中国文化的继承与发展

在我国先秦时期的诸子百家哲学思想中就已经显现了对待罪犯的人道主义思想,而自汉代以后尊崇的儒家思想包含的人道主义思想也一直影响着古代

[①] 《马克思恩格斯全集》第46卷上册,第494页,转引自李君、梁旭:《分类劳动是新时期劳动改造的深化与发展》,《现代法学》1994年第1期。

监狱行刑制度。《汉书·刑法志》中记载,汉孝景帝曾诏曰:"高年老长,人所尊敬也;鳏寡不属逮者,人所哀怜也。其著令:年八十以上、八岁以下,及孕者未乳、师、侏儒当鞠系者,颂系之。"即规定八十岁以上的老人、八岁以下的幼童及孕妇、乐师、盲人和侏儒等,在监狱关押不用戴刑具的"恤刑"制度。晋《狱官令》规定:"狱屋皆当完固,厚其草蓐,切无令湿。家人饷馈,狱卒为温暖传致。去家远,无饷馈者,悉给禀,狱卒作食。寒者与衣,疾者给医药。"即规定了监狱的设施、罪犯的衣食和疾病的医药等内容,规范了罪犯的生活卫生保障的"悯囚"制度。始于西汉的司法监督"录囚"制度,对狱官虐囚规定了严厉的惩罚措施。《汉书·隽不疑传》中京兆尹不疑"每行县录囚徒还,其母辄问不疑:'有所平反,活几何人?'"西汉有"痛掠笞瘐系囚"制度,法律规定如果有凌辱或虐待罪犯,克扣其衣食者均予以严惩。

(三)党的劳改工作方针体现了无产阶级的历史使命

1949年,中国人民解放军在进军全国之时,所到之处均成立了军事管制委员会,并立即接管改造了国民党反动政府的旧制监狱,成为人民民主专政的新型监狱,完成了六大任务:营救被国民党反动派非法监禁的共产党人和爱国民主人士,解放被无辜关押的群众;指派军代表全面负责监狱工作;立即执行党的人民监狱工作新方针;废除任意打骂体罚、刑讯逼供和侮辱罪犯人格的监狱制度;组织罪犯参加劳动生产,让罪犯在劳动改造中成为新人;清理和改造旧的监狱管理人员。[①]

在党的劳改工作方针指引下,我们国家不仅成功改造了一大批反革命分子以及惯盗、惯窃等旧社会的残渣,还改造了新社会里滋生出的各种刑事罪犯,在预防和打击犯罪、稳固新生的人民民主政权、推进社会主义现代化建设中作出了重大贡献。

党的劳改工作方针的制定,始终是由中国工人阶级的领导地位和作用决定的,劳改工作是工人阶级改造客观世界"解放全人类"的组成部分,使用的是中国工人阶级世界观和方法论,马克思主义的辩证唯物主义和历史唯物主义是中国特色的劳改工作的理论本源。

---

① 参见舒鸿康、王西元、张滋生:《建国初期劳动改造立法与劳动改造工作的历史发展》,《法治论丛》1989年第3期。

(四)党的劳改工作方针是中国特色社会主义的组成部分

1954年9月20日,第一届全国人民代表大会通过的新中国第一部《中华人民共和国宪法》第十九条规定:"中华人民共和国保卫人民民主制度,镇压一切叛国的反革命活动,惩办一切卖国贼和反革命分子。国家依照法律在一定时期内剥夺封建地主和官僚资本家的政治权利,同时给以生活出路,使他们在劳动中改造成为自食其力的公民。"从法律上明确了我国劳动改造机关对反革命犯和刑事犯的惩罚与改造的具体工作。

1956年5月中央公安部劳改局召开了全国管教工作座谈会,强调了"犯人是一个罪犯,但还是一个公民"[1]。不断加强对罪犯的政治、文化和生产技术教育,改善罪犯的物质生活条件,给罪犯发放生产劳动物质奖励,鼓励罪犯积极通过劳动改造收获各种奖励,使他们不断关心并享受自己的生产劳动成果,充分调动罪犯的劳动热情;严格落实罪犯所应享有的宪法和法律赋予的各种权利,充分保障行刑过程中的严格文明执法,促进罪犯的认罪服法、自觉接受改造;一段时期内执行的罪犯刑满释放后留场(厂)就业政策,明确留场(厂)就业人员的政治权利、工资待遇及安家问题,持续巩固监狱农场的改造成果,充分调动其社会主义现代化建设热情,等等,都是我国在走中国特色社会主义道路过程中所形成的具体措施,也同时是中国特色社会主义的重要组成部分。

(五)党的劳改工作方针是体现惩罚与改造作为我国劳动改造过程的基本手段

劳动改造是党的劳改工作方针的主要内容和根本手段,惩罚与改造体现了其中的内因与外因的矛盾体,惩罚为改造提供了前提和条件,改造体现了罪犯的主动权,两者的有机结合体现了社会主义劳动改造的特征和本质。惩罚与改造体现在劳动改造罪犯的整个过程之中,惩罚通过改造来实现自身价值,改造蕴含了其中的价值取向。改造作为劳改工作方针的基本内容和手段,是矛盾的主要方面,规定了我国劳动改造的性质和方向,支配着惩罚的功能,惩罚居于次要矛盾。

---

[1] 舒鸿康、王西元、张滋生:《建国初期劳动改造立法与劳动改造工作的历史发展》,《法治论丛》1989年第3期。

我国劳动改造罪犯的目的是使其成为守法公民,党的劳改工作方针强调对罪犯的惩罚,更强调改造罪犯,使其转化为"新人",涉及对劳动改造的目的及内涵的把握,涉及对罪犯改造效果的把握,还涉及对党的劳改工作得失问题的把握。[①] 惩罚与改造作为把罪犯转化成为新人的手段,与改造罪犯的目的的辩证统一,是党的劳改工作方针的基本规律,在以改造为主的行刑过程中,惩罚之中有改造,改造之中也有惩罚。

(六)党的劳改工作方针是将改造罪犯质量放在首位

毛泽东同志在《实践论》中说:"所谓被改造的客观世界,其中包括了一切反对改造的人们,他们的被改造,需要通过强迫的阶段,然后才能进入自觉的阶段。"党的劳改工作方针体现了提高罪犯改造质量的首要目标,要求劳改机关通过将罪犯改造成为新人,向社会输送有利于社会安定、有利于四化建设的人。实行的是对罪犯由强迫到自愿改造的过程,发挥的是教育的外因促使罪犯形成内因改造动力的主导作用,完成的是对罪犯由思想到行动的改造过程。罪犯的改造标准由三部分组成,一是罪犯的认罪服法、痛改前非,二是罪犯的回归社会做到自食其力、遵纪守法,三是能够为四化建设作出贡献。

三、党的劳改工作方针演进过程对全国监狱工作的指导意义

(一)党的劳改工作方针演进过程对"八劳"会议的指导意义

一是劳改工作领导与管理机构的恢复。"文革"时期,1969年1月撤销了公安部劳改局,黑龙江、福建等十余个省(区)的劳改局也被撤销,没有被撤销的省级劳改局的职能都很大地被削弱了。为了维护监狱的稳定,中央立即派出军队,实现军事管制,许多省(区)劳改系统实行了军管,在当时极其复杂的情况下,军管人员将监狱的领导权从造反派手中收回,一定程度上保障了罪犯的正常改造和监狱的正常工作。1971年贯彻第十五次全国公安会议精神,逐渐恢复了劳改工作的领导与管理机构。1981年4月,在第八次全国劳改工作会议

[①] 参见郑耀华、毛建平:《惩罚、改造及目的——我国劳动改造基本规律初探》,《武汉交通政治管理干部学院学报》1990年第1期。

前夕国务院批转了公安部《关于收回劳改单位的情况报告》,明确了"将应交回的监狱、劳改队、劳改场所交给公安机关"。①1983年5月,中共中央、国务院决定,劳动改造工作移交司法行政机关领导管理。

二是继续坚持和重申了"八劳"之前的劳改工作方针。1982年1月13日《中共中央关于加强政法工作指示》指出,面对新的情况,"劳改工作更要强调坚持'改造第一、生产第二'的方针,注重改造"。②当时克服了全党的工作重点已经转移、党的社会主义初级阶段的基本路线是"以经济建设为中心"的大环境制约,同时也克服了当时相当多的劳改企业面临着非常沉重的经济负担而忙于抓生产、促经济的现实状况,充分体现了党的劳改工作方针以改造罪犯为中心的核心内容。邓小平同志当时曾经非常严肃地指出社会治安的严重问题,指出罪犯"屡教屡犯的多得很,劳改几年放出来后继续犯罪,而且更熟练,更会对付公安机关了"。这是当时转变大家观念,将劳改工作的重心重新转移到"改造第一、生产第二"的方针上来的重要思想。而"改造第一、生产第二"的劳改工作方针与党的十三大提出的全党和全国人民的共同任务是"以经济建设为中心",为经济建设服务的指导思想不但不相互矛盾,而且还相辅相成、相得益彰。劳改机关只有正确执行劳改工作方针、全面履行好自己的改造人为宗旨的职能和职责,而不是本末倒置地"以生产为中心",放弃对罪犯的专政、惩罚和特殊教育改造功能,导致改造质量的降低、重新犯罪率的攀升,才能更好地服务于四化建设。

三是1994年12月颁布实施的《监狱法》,使新中国监狱制度走到了法制化的道路上来。1995年2月8日,国务院下发了《进一步加强监狱管理和劳动教养工作的通知》,指出监狱是国家的刑罚执行机关,监狱在执行刑罚过程中应贯彻"惩罚与改造相结合,以改造人为宗旨"的工作方针。这是对"改造第一、生产第二"的劳改工作方针的升华和发展,更加贴近改革开放和现代化建设实际。

(二)党的劳改工作方针演进过程对新时代监狱工作的指导意义

在我国基本实现社会主义现代化、全面建成社会主义现代化强国的道路上,监狱工作必须一如既往地坚决贯彻执行党的监狱工作方针,使监狱工作迈

---

① 乔洪慧:《新中国监狱(劳改)管理体制六十年发展历程回顾》,《犯罪与改造研究》2011年增刊。
② 仲伟权、高连弟:《对劳改工作方针的几点认识》,《法学杂志》1989年第2期。

向法制化、科学化、文明化的方向。要不断提升监狱民警的素质要求，完成监狱建设和罪犯教育改造现代化进程，使罪犯通过劳动和教育成为适应新时代社会要求的新型合格成员。

一是更加坚定党的监狱工作信心和信念。2016年7月1日，习近平总书记在庆祝中国共产党成立95周年大会上提出中国共产党人"坚持不忘初心、继续前进"，就要坚持"四个自信"，即"中国特色社会主义道路自信、理论自信、制度自信、文化自信"。新时代正是在立足第一个百年奋斗目标向实现第二个百年奋斗目标奋勇前进的道路上，历史经验告诉我们，只有充分理解和认真执行党的监狱工作方针，坚持"惩罚与改造相结合，以改造人为宗旨"，才能使监狱工作统一到总体国家安全观上。在我国全面建成社会主义现代化强国过程中，要坚持以全面依法治国为要求和保障，着力发挥中国特色监狱制度优势，实现监狱治理现代化，推动监狱工作的高质量发展。

二是具有更加主次分明的操作执行动力。党的监狱工作方针在新时代仍然具有深刻的指导意义，体现在三个方面：(1)明确了改造和生产的逻辑关系。改造和生产作为监狱工作的两项最基本的任务，二者是主次关系，是生产服从、服务于改造工作，不是相等的关系也不是改造服从、服务于生产。(2)明确了改造和生产在监狱工作中的地位。(3)明确了将各项监狱工作协调为以改造和生产为主线、其他工作为辅助的工作模式。

三是通过坚决贯彻执行党的监狱工作方针，促使司法行政系统组建一支善于充分运用党的方针政策和方法的政法干警队伍，符合习近平总书记在新时代改造罪犯的"政治过硬、业务过硬、责任过硬、纪律过硬、作风过硬"和"信念坚定、执法为民、敢于担当、清正廉洁"的具体要求。

四是新时代我国监狱管理理念的不断更新。联合国国际人权公约和西方法学界认为监狱对囚犯的处罚只能是自由罚而不是人身罚，是与我国的刑罚目的相吻合的。教育和改造好罪犯，是为了使其重新成为社会的一份子。同时，发展出符合我国新时代特点和要求的罪犯改造特色，是新时代监狱工作认真贯彻执行党的监狱工作方针的体现。改造罪犯必须顺应时代发展特点、符合时代发展要求，这才是真正的与时俱进，发挥好监狱的职责和职能。

弘扬"八劳"精神　重塑监狱荣光
——"八劳"会议精神对新时代监狱工作的启示

李志新[*]

公安部于1981年8月18日至9月9日召开的第八次全国劳改工作会议（以下简称"八劳"会议），在新中国监狱史上具有里程碑的意义，其留下的宝贵经验和务实创新精神，必将为新时代的监狱工作带来诸多的启示。

一、"八劳"会议的背景、概况、成果

（一）"八劳"会议的背景

1. 政治背景

一是党的十一届三中全会拨乱反正，把全党工作的着重点转移到社会主义现代化建设上来，确立了以经济建设为中心的基本路线，同时也恢复实事求是的思想路线，开启了改革开放新的历史征程。二是由于党的工作重点转移，监狱工作如何实现拨乱反正、如何适应社会主义现代化建设、如何适应改革开放需要等问题，就摆在了监狱民警面前，需要从思想上冲破禁锢，理论上大胆创新。

2. 法制背景

一是1978年12月，邓小平同志郑重提出"有法可依，有法必依，执法必严，违法必究"的重要思想。二是1979年7月，第二届全国人民代表大会第二次会议通过《中华人民共和国刑法》和《中华人民共和国刑事诉讼法》，并定于1980年1月1日起施行。三是监狱工作如何实现法制化、制度化，成为广大监狱民警需要认真思考的问题。

3. 思想背景

一是三中全会后，中央先后做出平反冤假错案、改正错划右派、"四类分子"

---

[*] 李志新，新疆生产建设兵团第六师新湖监狱四级高级警长。

摘帽等重大决策,由于长期受"左"的思想束缚和封建余毒的影响,加之缺乏思想准备,部分干警对这些重大举措心存疑虑,个别的甚至抵触不满。二是《人民日报》刊登李步云、徐炳《论罪犯的法律地位》一文,引起相当一部分干警的质疑,报纸上陆续披露"文革"期间发生的张志新,遇罗克等冤案,也使一些同志感到迷惘和委屈。三是广大干警需要深入清理"左"的影响,进一步统一思想,提高认识。①

(二)"八劳"会议的概况

1. 充分的会前准备

一是1978年7月,刚恢复建制的公安部劳改局,就把筹备"八劳"会议当作一项重要任务,积极开展基层调研、了解情况、倾听意见。二是1980年,公安部在成都市召开西南、西北地区劳改局长座谈会,听取大家对"八劳"会议的构想和期盼,历时一个多月,确定了"八劳"会议的主要任务。②三是1981年5月中央召开了北京、天津、上海、广州、武汉五大城市治安座谈会,针对监狱工作,提出了新观念、新政策,明确提出,要改进和加强劳改工作。四是1981年8月7日,中央政法委、公安部、最高人民法院在北京召开了"改进改造工作座谈会",通过分析新情况,提高了认识,研究了改进管理和教育工作。

2. 务实的会议议程

一是会议科学界定监狱工作的社会地位和历史使命。二是会议总结出新中国成立30年来劳改工作六条经验,即正确贯彻执行"改造第一、生产第二"的方针;实行"三个相结合"的政策和方法;要通过生产劳动,使犯人养成劳动习惯,学会生产技能;实行革命人道主义,把犯人当人看待;劳改工作需要社会力量的密切配合;加强劳改工作干部队伍的建设,必须具备觉悟高、专业强、懂政策、懂法律、会教育、会管理。③三是指出了当时劳改工作存在的五个问题,即改造质量下降,犯人逃跑增加,刑满释放后重新犯罪比较严重;在"左"的思想影响下,干警打骂、体罚罪犯,或指使犯人打犯人的现象比较突出;劳改生产利润下降,亏损增加;十年内乱的破坏,致使许多劳改单位没有警戒设施,没有教育设

---

①② 参见王明迪:《一次承前启后、继往开来的历史性会议——纪念第八次全国劳改工作会议召开30周年》,《中国监狱学刊》2011年第4期。

③ 参见金鉴主编:《监狱学总论》,法律出版社1997年版,第116页。

施,监房拥挤不堪,生活卫生条件很差;干部队伍在思想上、组织上、作风上的不纯比较突出。四是提出了解决问题的五项措施,即认真贯彻劳改工作的方针、政策,改进管教方法;加强监管教育工作,要健全监管法规,从收押到释放,逐步实现监管工作的法律化、制度化;调整刑满留场(厂)就业人员的政策;改革体制,继续调整、整顿劳改生产;加强领导和干部队伍建设,各地劳改局的组织机构和干部配备与工作任务不相适应的,要调整、充实、加强。五是首次确定依法保障罪犯权利。①《纪要》规定:"对罪犯行使申诉权,辩护权,控告权,罪犯不受刑讯体罚,虐待侮辱,私人合法财产不受侵犯等权利也要依法给予保障。"六是初步提出办特殊学校的构想。②这在新中国监狱史上还是第一次,不只是一般性号召,而且从学制、机构、教员、设备、经费、考试、发证等方面,提出了具体要求。

特别是习仲勋同志代表党中央到会作了重要讲话,强调做好劳改工作的重要意义,进一步阐明了在新时期劳改工作的方针、政策和任务。他谈了劳改工作的地位与作用,正确执行党的方针、政策,加强党的领导等问题,为新时期劳改工作指明了方向。

(三)"八劳"会议的成果

1. 开启了中国特色社会主义监狱制度建设新历程

"八劳"会议后,在总结了新中国监狱30年工作经验、原则、方法的基础上,为了适应新时期监狱工作发展的需要,在刑罚执行、狱政管理、劳动改造、教育改造、队伍建设等方面,形成了一系列行之有效的制度,这些制度充分体现了依法、严格、文明、科学的原则,如《犯人守则》《犯人生活管理办法》等,而《监狱、劳改队管教工作细则》则是这些制度的开端和代表,也是继1954年颁布的《劳动改造条例》后,监狱工作的又一部指导性文献。《监狱、劳改队管教工作细则》颁布后,在实践过程中,又陆续有针对性地颁布了一系列制度,如1982年2月公安部下发《关于对罪犯教育改造工作的三年规划》,1985年6月司法部、教育部,劳动人事部联合发出《关于加强对劳改、劳教人员文化、技术教育的通知》,1989年10月司法部下发《关于加强监管改造工作的若干规定》和《对罪犯实行

---

①② 参见王明迪:《一次承前启后、继往开来的历史性会议——纪念第八次全国劳改工作会议召开30周年》,《中国监狱学刊》2011年第4期。

分押、分管、分教的试行意见》,1989 年 12 月司法部制定印发《关于劳改场所特殊学校开展上等级活动的实施意见》,1990 年 11 月司法部制定《监管改造环境规范》和《罪犯改造行为规范》,1991 年司法部发布《劳改劳教工作干警行为准则》等。①这些制度的制定和实行,规范了新时期监狱工作。

上述制度的颁布和实践,形成了中国特色社会主义监狱的基本制度,为《中华人民共和国监狱法》的颁布和实施奠定了实践基础。

2. 开启了教育改造罪犯特殊学校的新创举

毛泽东同志早在 1960 年 10 月接见美国记者斯诺的谈话中,就明确提出"我们的监狱不是过去的监狱。我们的监狱其实是学校,也是工厂,或者是农场"这一战略构思。《纪要》首次提出:"要加强对罪犯的教育改造工作,把劳改场所办成改造罪犯的学校。要设置教育机构,配备专职教员,增加教育的设备和经费,健全教学制度,进行系统的教育,犯人文化学习考试合格的,技术学习考工合格的,由劳改单位发给证书。"1982 年 10 月,公安部劳改局肯定了山东潍坊劳改支队等劳改单位办特殊学校的做法。随后向全国发出通知,推广潍坊劳改支队办特殊学校的经验,通过把劳改场所办成特殊学校,对罪犯的思想、文化、技术教育,基本实现了系统化、规范化,教育改造工作取得了显著的成绩。

3. 开启了从劳改学到监狱学研究的新局面

从劳改学到监狱学研究事实上是从全国和地方一批劳改干部学校或培训班的相继成立开始的。由于学校专业教育或培训的需要,课程的设置及教材建设被提到议事日程,1983 年 1 月,成立了劳改专业教材编辑部,根据业已认识到的理论体系和基本内容,计划编写包括劳改学基础理论、狱政管理学等十二种教材或专著②,使劳改学从最初的概论有了学科的进一步分工,说明了监狱学科体系的初步形成。

1983 年 9 月,中国政法大学首次正式招收刑法学劳改法学专业研究生。随后,中国人民大学、西南政法学院也开始招收少量的劳改学方向的研究生。西南政法学院、西北政法学院成立了劳改学系,招收大专生和本科生。1985 年,司法部在原保定劳改工作干部学校的基础上,成立了"中央劳改劳教管理干部学院"。由此,劳改学科研究进入了快速发展阶段。

---

① 参见金鉴主编:《监狱学总论》,法律出版社 1997 年版,第 120 页。
② 参见郭明:《中国监狱学史纲》,中国方正出版社 2005 年版,第 214 页。

习仲勋同志在"八劳"会议讲话时,建议公安部"成立一个劳动改造罪犯的研究所",搞出一些"规律性的东西来";还建议搞一个"犯人心理研究所"[①]。1984年9月,司法部"预防犯罪与罪犯研究所"正式成立,随后各省、市、自治区监狱主管部门也建立了劳改工作研究所,某些大型监狱也成立了相应的研究部门,中国政法大学、中国人民大学和中央司法警官教育学院还成立了刑事司法研究中心、罪犯与监狱学研究所和监狱工作研究所等。中央劳改劳教干部管理学院的何为民、章恩友等学者,在研究犯罪心理学的基础上,开始了罪犯改造心理研究,出版了《罪犯改造心理学》,以后又进入罪犯心理咨询、心理诊断、心理矫治技术的研究与运用。

这些研究既将习仲勋同志的建议落到了实处,也形成了一系列的研究成果,为新时期中国监狱的改革发展提供了智力支撑。

二、"八劳"会议的启示

(一)善于总结经验

1. 总结监狱工作在确保国家安全、社会稳定方面的经验

一是坚持党的绝对领导,着力打造绝对忠诚、绝对过硬的政治机关,努力成为坚持党的领导、贯彻党的意志、实现党的主张的先锋队、主力军。二是坚守安全稳定底线,着力打造更加稳固、更高水平的平安监狱,持续推进规范化、标准化、法制化建设,全力以赴防风险、保安全、护稳定。三是坚持执法为民宗旨,着力打造彰显公正的法治监狱,依法严格规范办理减刑、假释、暂予监外执行案件,维护社会的公平正义。四是坚持从严管党治警,突出政治属性,夯实清廉防线,着力打造让党放心、人民满意的监狱警队。五是坚持"一盘棋"思想,围绕监狱工作的目标任务,系统思维、同向发力,不断提升监狱服务社会大局的能力。

2. 总结在践行"以改造人为宗旨"、提高改造质量方面的经验

一是以规范的监管改造为基础,实行分类关押、分级处遇、百分考核,从约束罪犯行为到管理罪犯思想。二是以灵活的教育改造为核心,对罪犯开展政治

---

① 王明迪:《一次承前启后、继往开来的历史性会议——纪念第八次全国劳改工作会议召开30周年》,《中国监狱学刊》2011年第4期。

思想教育、文化知识教育、劳动技能教育,改善罪犯的认知、情感、意志、需要、动机、兴趣、人格,培养他们积极向上的世界观、人生观、价值观、法制观、道德观。三是以强制的劳动改造为手段,组织罪犯参加生产劳动,促使其转化犯罪思想,矫正恶习,学会劳动技能,养成劳动习惯。四是以多样的社会帮教为辅助,实施亲友帮教、原工作单位帮教、社会志愿者帮教,利用社会力量对罪犯进行改造。

3. 总结在正确执行刑罚、维护公平正义方面的经验

一是减刑制度在促进罪犯改造中起到积极作用,使罪犯在希望中改造,也体现了党的"给出路"的监狱政策。民警在能否提请减刑、提请减刑的幅度的衡量过程中,促进了执法水平的提高。二是通过对罪犯附有条件的提前释放,改变了刑罚执行的场所和环境,利用了社会力量对罪犯进行改造,使罪犯提前融入社会。三是通过对于某些特殊情况而暂时变更刑罚执行场所,既是利用了社会力量改造罪犯,又体现了党的"人道主义"监狱政策。诚然,减刑、假释、暂予监外执行制度的实施过程中,也多次出现违背制度设计初衷的现象,损坏了监狱维护社会公平正义的形象,但是,通过一次次的纠正以及对制度的修订和完善,也使社会感受到了监狱维护社会公平正义的决心和信心。

4. 总结监狱工作在硬件建设和信息化建设方面的经验

一是监狱硬件建设与国家社会经济发展相适应。改革开放以来,国家曾两次对监狱硬件进行大规模的建设。第一次是1990年司法部提出开展现代化文明监狱创建活动时,把监狱硬件设施作为主要考核指标,经济条件较好的省市以及监狱,加大了监狱硬件投资,使监狱硬件条件上了一个台阶。第二次是2007年司法部等部委印发了《关于进一步推进监狱布局调整工作的意见》,并出台了《监狱建设标准》。目前,全国绝大多数监狱都得到新建、扩建、改建,监管的安全系数得到大幅提高,民警的工作学习生活条件得到极大改善,罪犯的改造环境得到完善。二是监狱的信息化建设,以2007年司法部在南京召开的全国监狱信息化建设工作会议为标志,随着数据传输、数据更新、办公自动化、安防监控、应急指挥系统的有效应用,有效地提高了监狱安防能力,节约了办公费用,提高了工作效率。

善于总结经验是中国共产党的优良传统,改革开放40年来,监狱工作为确保国家安全、社会稳定、人民安居乐业作出了自己应有的贡献,也形成一系列宝贵的经验。

（二）坚持实事求是

1. 注重调查研究，把握工作主动权

没有调查，就没有发言权，调查研究是谋事之基、决策之道、落实之本。在新时代，我们更需要大兴调查研究之风，牢牢把握工作的主动权。那么，当前我们需要调查研究那些问题呢？笔者认为，我们应该从习近平法治思想中去找答案。首先是坚持党的领导，就是如何全面贯彻落实党的路线、方针和政策，而不是仅仅贯彻落实某些方面。其次是坚持以人民为中心，就是监狱工作如何体现以人民为中心的思想，确保监狱绝对安全是必要的，把罪犯改造成为守法公民也是必须的。其三是如何让人民群众在每一宗"减假暂"案件中感受到公平正义。其四是如何走好中国特色社会主义依法治监之路。

2. 践行实事求是，务求工作实效性

实事求是是我们党的思想路线，"八劳"会议就是坚持了实事求是，总结的经验实、找出的问题准、制定的措施对，使监狱工作得以拨乱反正，取得了新的成就。今天，我们依然要坚持实事求是的思想路线，总结好改革开放以来的监狱工作经验，找准监狱工作存在的问题，针对性地制定措施，再创新时代监狱工作的新辉煌。

3. 坚持求真务实，推动工作上水平

运用活动推动工作是监狱工作的惯例，几乎每一两年就有一个全系统的大型活动，加之各省、市、自治区提出的一系列名目繁多的活动，这些活动的开展，在很大程度上促进了监狱工作水平的提高，但也存在着一些应景式的形式主义。如2003年司法部提出的"三化"建设（即监狱工作法制化、科学化、社会化），只有要求的建设内容，而没有具体的衡量标准，更没有检验的方式方法，取得的实际效果不言而喻。再如"首要标准"和"五大改造"，都是只有号召，没有标准和检验。而1994年创建现代化文明监狱，因为有目标、有计划、有验收，所以开展得扎实，取得的效果也很明显。特别是2021年开展的政法队伍教育整顿活动，虽然只有为期半年，却因其计划周密、措施有力、方法得当，取得了很好的成效，促进了监狱工作上水平。

4. 坚持实干担当，履行时代新使命

监狱工作发展取决于监狱民警，监狱民警的作风建设归根结底就是要"实干担当"。一是在"实干担当"中解放思想，多用党的监狱工作路线、方针、政策对照我们的实干，找出差距，多用习近平法治思想对照我们的担当，找出不足，以找出的差距和不足为导向，审视我们在思想、观念存在的问题，并加以改正。二是在"实干担当"中开拓创新。监狱民警敬业奉献意识强不强，责任落实是否到位，"实干担当"往往是最有效的检验方法。要摒弃安于现状、四平八稳、得过且过的精神状态，坚持目标导向、问题导向，聚焦新时代监狱工作的难点焦点问题，在"实干担当"中实践，不断探索新办法，提出新举措。三是在"实干担当"中严守职业操守，要彻底整治顽瘴痼疾，紧盯监狱民警在对罪犯管理的"不敢管、不想管、不会管"现象，坚决遏制"不作为、慢作为、乱作为"现象。监狱民警的作风建设，没有"实干担当"做支撑，无异于纸上谈兵，空中楼阁。新时代对监狱工作的新要求、新期盼，必然是在监狱民警的"实干担当"中实现的。

（三）不断改革创新

1. 要在罪犯改造质量上有创新

提高罪犯改造质量，对于监狱工作来讲是"牛鼻子"，决定着监狱工作是否履行自己的历史使命，决定着监管改造、教育改造、劳动改造的方式方法，决定着监狱警察队伍改造能力的建设方向。提高罪犯改造质量，"八劳"会议以后，从法律到各种文件中都是一个"热词"，但究竟是怎样提高罪犯改造质量，罪犯改造质量是否真正提高，仍然是模糊的，可以说提高罪犯改造质量的问题是制约新时代监狱工作进步和发展的最大障碍。

2. 要在罪犯劳动改造上有创新

我国劳动改造罪犯的功绩是举世瞩目的，得到了党和国家的充分肯定，同时也赢得了国外有识之士的赞扬。但是，进入21世纪后，罪犯劳动改造却被弱化了，有些人认为劳动改造占用罪犯教育改造的时间和空间，是"以劳代教"；也有人认为劳动改造存在着较多的安全隐患；更有一些人受西方别有用心的蛊惑，认为罪犯劳动是不讲人权的表现。因此要在罪犯劳动改造上创新，首先是理论创新，从理论上对劳动改造予以正本清源；其次是在实践上创新，探索适应教育改造、监管安全、生产安全的劳动改造方式方法，使之真正成为改造罪犯的基本手段。

3. 要在改造能力建设上有创新

监狱民警改造罪犯的能力与罪犯改造质量是相互影响、相互制约、相互促进的。当对罪犯改造质量评价低时，监狱必然要查找原因，加以改进，这个改进的过程就是监狱民警改造能力提高的过程。而当对罪犯改造质量评价高时,自然是监狱民警的改造能力强。其关键是罪犯改造质量由谁来评价,当然是由罪犯改造质量的承受者——社会来评价。而目前则是由监狱自己评价,就难以避免有"王婆卖瓜自卖自夸"之嫌。因此监狱警察的改造能力提高的关键,就是创新罪犯改造质量的社会评价体系。

4. 要在刑罚执行制度上有创新

监狱对罪犯的减刑、假释、暂予监外执行,是刑罚执行的主要内容,也是社会关注的热点问题。从法律上讲,早在1954年的《中华人民共和国劳动改造条例》就有规定,后在1979年的《中华人民共和国刑法》中正式以法条进行了规定,随后,最高人民法院、最高人民检察院对有关问题进行的详细的规定,使之趋于完善。但客观的实际却不以人们的意志为转移,三项制度屡次遭受破坏,给社会造成了不良影响,损害了国家的司法形象,例如孙小果、郭文思、任爱军案件,无一例外的是对减刑、假释、暂予监外执行制度的破坏。在积极纠正这些错案的同时,我们也应该进行反思,需要重点反思的是减刑制度。一是20世纪50年代制定的减刑制度,在经济、政治、社会发生巨大变化的今天,其积极的意义还有多大?二是既然我们能在罪犯通过减去1/3左右的刑期后使其回归社会,为什么不能在罪犯正常服刑2/3左右后将其假释回归社会?三是对于今天来讲,减刑制度到底是否能促进罪犯积极改造特别是思想改造?答案是模糊的。因此,现行的刑罚执行制度已经到了非改革不行的地步,刑罚执行制度的创新应尽早提上议程。笔者的观点是废止减刑制度,进一步完善假释制度,从严把握暂予监外执行制度。

(四)抓住重点环节

1. 抓住坚持党的领导的重点

党的领导的重点就是全面贯彻执行党的监狱工作路线、方针、政策,因为党的路线、方针、政策构成党对监狱工作领导和指引的全部,不可偏废,也是缺一不可的。一是贯彻执行党的监狱工作路线。要牢牢把握监狱政治属性,坚持党对监狱工作的绝对领导,注重从政治上研判形势、分析问题,把政治立场、政治导向、政治要求融入监狱工作的各个方面。认真贯彻落实总体国家安全观,自觉把监狱安全摆在同国家总体安全中去谋划、去思考、去实践,构筑安全稳定的监管改造场所。二是执行党的监狱工作方针。2019年4月,中央关于加强监狱工作意见的文件中,再次强调监狱工作要"坚持惩罚与改造相结合,以改造人为宗旨的监狱工作方针"。这为新时代的改造罪犯工作指明了发展方向,提出了明确的要求,其出发点和落脚点就是将罪犯改造成为守法公民。三是落实党的监狱工作政策。新中国成立以来党对监狱工作制定了一系列政策,归纳起来有:惩办与宽大相结合政策、惩罚管制与思想改造相结合政策、强迫改造与说服教育相结合政策、劳动生产与政治文化技术教育相结合政策、严格管理与教育感化挽救相结合政策、监禁改造与社会帮教相结合政策、人道主义政策、区别对待政策、给出路政策,等等。前六项是"相结合"政策,就是将前者与后者形成有机整体,使二者相辅相成,这就要求我们把握政策的实质,统筹实施。后三项是对待罪犯某些情况而制定的,要选准目标,加以运用。

2. 抓住制定发展目标的重点

"凡事预则立,不预则废",监狱事业亦是如此。"八劳"会议至1994年,监狱工作以拨乱反正、规范管理为目标。1995年至2004年,监狱工作以创建现代化文明监狱为目标。2005年至今,监狱工作以布局调整和体制改革为目标。这些目标的实施和实现,使监狱的面貌发生了翻天覆地的变化,也为践行"以改造人为宗旨"的方针奠定了基础。目前,我国已经进入中国特色社会主义现代化建设的新时代,监狱的发展也应顺应时代的新要求、回应人民群众的新期待,应该制定监狱工作的新目标。监狱的发展目标应该是以习近平法治思想为指导,在"以改造人为宗旨"上有新的突破,这应该是今后一段时期监狱工作的方向。

3. 抓住警察队伍建设的重点

早在20世纪末。有些学者就提出了"建设改造型警队"的命题,更有学者呼吁"要防止警队建设由改造型向看守型转变"。时至当前,在确保监狱绝对安全的背景下,监狱工作的否定指标从"三无""四无"到"五无""六无",监狱警察队伍建设为适应绝对安全的要求也向着看守型警队转变。特别是高度戒备监狱,实行"无接触管理",许多监狱警察没有与罪犯谈过话,有些老民警感慨说"终于实现了看守型"。由此可见,建设"改造型"警队是监狱警察队伍建设的重点。建设"改造型"警队是由党的监狱工作方针"以改造人为宗旨"决定的,而"改造人"也正是中国特色社会主义监狱与西方监狱的根本区别。

4. 抓住提高改造质量的重点

党的十八大后,我国进入了高质量发展阶段,作为监狱高质量发展的标志是确保监狱绝对安全和罪犯改造质量的提高。随着监狱布局调整的到位和信息化建设,确保监狱绝对安全已不再是难题,中国监狱已成为世界上最安全的监狱。但是在提高罪犯改造质量上却是进展缓慢,原因有三:一是认知偏差,把确保监狱绝对安全等同于罪犯改造质量提高;二是罪犯改造质量是软任务,往往是处于"说起来重要,忙起来不要"状态;三是罪犯重新犯罪是在回归社会后发生,受社会因素影响大。鉴于此,我们必须要千方百计地将罪犯改造质量变成硬任务,积极探索改造质量的检测方法,利用"大数据、云计算"等科技手段,探索确定罪犯重新犯罪到底是"没改好"还是社会因素导致。

"八劳"会议已经过去40多年了,这次会议开创了中国监狱工作一个辉煌的时代,其成果为中国监狱管理的发展留下了浓墨重彩的一笔,其精神将永放光芒。今天,我们站在新时代监狱工作的起点,肩负党和人民的期望,就应该弘扬"八劳"精神,勇于开拓创新,重塑监狱管理的荣光。

法治与人权

对"八劳"会议中法治精神的传承与发展
——以广东女犯改造工作为例

姚 敏[*]

自1977年6月起,广东省的成年女犯全部集中到韶关监狱关押改造。2003年6月16日,随着广东省女子监狱的全面投入使用,广东省结束了成年男女罪犯混合关押的历史。广东女犯改造工作40年的发展变迁,充分体现了对"八劳"会议精神的传承与发展,体现了对法治和创新始终不渝的追求。

——题记

改革,是时代发展进步的永恒旋律。

指导思想的转变,为监狱改革发展定航标。

在历史发展的航道上,总有一些时间节点演化为时代的坐标。1981年8月召开的全国第八次劳改工作会议,首次确定依法保障罪犯权利,为依法治监奠定了基础,为新中国监狱的发展指明全新的前进方向。

"依法治监"经历了"法制—法治—全面法治"的历史轨迹,监狱法治建设也在实践中不断前行。也正是在一次又一次的探索中,坚守法治的定力和厉行法治的意志在广东女犯改造工作中不断夯实。

40年矢志不移的追求和坚守,40年坚定不移全面深化改革,广东女犯改造工作在"八劳"会议精神指引下,将法治精神融入血脉,让法治信仰镌刻在心中,转化为一点一滴的行动,体现于每一个执法行为的严格、规范、公正、文明中,不断推进"依法治监"进程,从未停歇追求司法公正的脚步,将公正文明执法不断推向新的高度,让公平正义的阳光洒满高墙。

---

[*] 姚敏,广东省监狱学会省女子监狱分会秘书。

依法管理,昂首阔步迈向监狱法治的春天

"八劳"会议以前,新中国监狱对罪犯一味强调要加强专政意识,并把专政意识与惩罚意识混为一谈。有人甚至不加区分把罪犯都看作"专政对象",经常强调"对敌斗争意识"和"专政意识",把罪犯中出现的问题不加分析地都看作是"阶级斗争的反映"。

"八劳"会议开始摒弃"以阶级斗争为纲"的"左"的指导思想。"八劳"会议之后,我国监狱工作的指导思想由过去的"以阶段斗争为纲"逐步转变为依法治监。

这一转变,也是跟新中国监狱的历史使命紧紧相连的。

新中国监狱从1951年劳动改造罪犯开始,至1981年基本完成了对历史反革命犯的改造任务。

具体到韶关监狱,从1951年成立女犯中队开始,关押的女犯绝大多数是历史反革命犯。70年代,韶关监狱关押的女犯中,反革命犯占了50%以上。经过多年的教育改造,绝大多数已改造成为自食其力的新人,陆续刑满释放或特赦释放。进入80年代,这里关押的女犯大多是劳动人民家庭出身的刑释犯。

在这种历史背景下,"八劳"会议针对当时监狱工作出现的新情况,提出要"继续肃清'左'的思想影响",坚持"改造第一、生产第二"的劳改工作方针,改进监管工作,提高罪犯改造质量,并要求"对犯人中出现的问题要作具体分析,不要把犯人的一切问题都看成是阶级斗争的反映和反改造行为。要相信绝大多数罪犯是可以改造成为新人的。"

"八劳"会议要求,要健全监管法规,从收押到释放,逐步实行管理工作法律化、制度化。要依法打击狱内重新犯罪活动。要根据犯人的表现和悔改程度,实行奖惩严明的政策;对确有悔改和立功表现的,依法减刑、假释。要教育罪犯在服刑期间必须遵守法律、法令、监规,同时对罪犯行使的申诉权、控告权及其人身、财产权利也要依法给予保障。"八劳"会议强调依法管理、依法办事,为依法治监奠定了坚实基础。

"八劳"会议肯定了1981年以来在劳改单位开展的文明管理"八件事"。文明管理"八件事"的推行,稳定了监管改造秩序,收到了良好的效果。

"八劳"会议提出实行管理工作法律化、制度化,吹响了新中国监狱全面深

化改革的集结号,让中国监狱民主法制建设站在了一个新的历史起点。随之,全国监狱系统全面吹响"依法治监"的号角。

对标上级部署。1982年3月,广东召开第十二次劳改工作会议,传达贯彻全国"八劳"会议精神,提出检查落实文明管理"八件事",深入推进监狱工作法律化、制度化。

根据广东第十二次劳改工作会议精神的要求,韶关监狱逐步落实对女犯进行文明管理,让女犯吃饱、吃好、吃得卫生,按规范给女犯发放保健费和健康补助。在教育方法上,进行说理教育,不打骂女犯;落实管理制度,使改造工作向法制化、规范化迈进。

广东女犯改造工作迎来了监狱法制的春天。

1983年,韶关监狱根据《监狱劳改队管教工作细则》和《犯人守则》,参照山东省潍坊市劳改支队的实施经验,结合监狱实际,制定了《犯人日准则》,对罪犯从早到晚,包括起床、开饭、列队、劳动、学习、内务卫生、文明礼貌等各个方面做了明确而具体的规定。

1984年4月,开始在女犯中实行《犯人日准则》,逐步规范对女犯生活、学习、劳动、纪律的管理与奖惩,取得了较好的效果。

1987年,通过劳动岗位的合理调配,加强现场监管,培养女犯掌握电工、机械技术等办法,着手解决在管理中存在的女犯与男犯、女犯与男就业人员混岗劳动的问题。

同年,按照省劳改局的指示精神,根据《刑法》《刑事诉讼法》《劳改条例》《监狱劳改队管教工作细则》和有关监管法规,结合几年来执行《犯人日准则》的实施经验,韶关监狱在罪犯改造中试行了《犯人联动联产考核奖惩制度》(简称"双联"考核奖惩制度)。这项制度全面考核罪犯的改造表现,通过以类分项,以项计分,以分计奖罚,以刑期及经济利益挂钩的办法,调动了罪犯的积极性。它是《犯人日准则》的延伸和发展,使罪犯的考核工作制度化、规范化。

1988年1月起,开始对女犯实行"双联"考核奖惩制度,开展考核奖惩,实施日登记、月公布、季度评比、半年和年终减刑。这一改革,激发了女犯的改造积极性,推动了女犯的教育改造工作。

同时,积极运用法律手段,做好女犯刑罚执行工作,及时兑现政策,对确有悔改、立功表现的,提请法院予以减刑、假释;对抗拒改造或在狱内又犯罪者,报请法院惩处。

1988年起,根据司法部《全国女犯工作座谈会纪要》的精神,进一步做好对女犯的减刑、假释、保外就医等执法工作:对于过失犯罪或由于包办、买卖婚姻导致犯罪的,如果余刑较短又改造表现好,具备假释条件的,可以多运用假释手段;对患有严重疾病的,除判处死缓尚未减刑的,可以保外就医;对于超过60岁体弱多病的,可以保外或假释;放宽对于女犯减刑人数占押犯总数比的限制,降低女犯减刑入围分数线的标准。

1991年4月,韶关监狱成立女犯管理科,负责主管女犯的日常狱政管理与教育改造工作,改进在女犯的教育与管理过程中存在的一些薄弱环节。

1991年底起,韶关监狱开始在女犯中实行分类关押与分级管理。根据女犯的特点,主要以盗窃犯和暴力犯进行分类关押。盗窃犯主要关押在织布大队,暴力犯主要关押在服装大队。同时对女犯实施分级管理,根据改造表现和服刑时间的长短,结合犯罪性质和主观恶性程度,划分不同的等级给予不同的处遇,在接见、共餐、同居、离监探亲和通信等日常管理中实行区别对待。

1991年以后,随着对女犯开展分类关押,分管分教,开始把女犯分为暴力型、盗窃型、经济型、性犯罪型等类型,开展分类教育。通过细致的思想政治教育,重塑女犯的人生观、道德观与价值观。

从"八劳"召开到20世纪90年代初,广东女犯改造工作认真贯彻落实"八劳"会议上提出关于监狱工作法律化、制度化的政策,实行依法、严格、文明、科学、直接的管理,并探索对不同类型罪犯的分类施教,在不断完善监狱法治建设的过程中,有效调动了罪犯的改造积极性,激发了罪犯回归社会、重新做人的信心。

《监狱法》实施,历史再次迎来监狱法治的春天

伴随着改革开放的步伐,监狱法治建设提到了重要议事日程。传承发展"八劳"会议精神,新中国监狱法治建设迎来了又一个春天。

1994年12月29日,全国人大出台了广大警察盼望已久的《监狱法》,广东女犯改造工作在法治建设的道路上大踏步向前迈进。

《监狱法》全面总结了我国监狱工作的经验,进一步明确了我国监狱工作的指导思想和基本原则,确立了监狱作为国家刑罚执行及监狱人民警察的法律地位,规定了罪犯的权利和义务及改造罪犯的手段,这是我国颁布的第一部社会主义监狱法典,标志着我国监狱工作进入了全面法制化、规范化的轨道,促使监

狱工作有法可依,推动了依法治监进程。

为贯彻《监狱法》,提高罪犯改造质量,推动监狱工作整体上水平、上台阶,1994年司法部提出了建设现代化文明监狱的战略目标,创建工作在全国监狱系统全面展开。

韶关监狱认真贯彻司法部、省司法厅和监狱管理局的各项指示精神,根据女犯各个时期的构成和监狱管理出现的新情况、新特点、新问题,在继承传统经验的基础上,深化改革,依法、严格、文明、科学管理,规范女犯改造行为,逐步形成了一套具有时代特征的法治建设新经验。

1999年6月起,开始在对女犯的日常考核工作中实行《罪犯考核实施细则》,对女犯进行科学考核,细化对女犯的奖惩,做到奖罚分明。行政奖励的种类有表扬、监狱级改造积极分子、省级改造积极分子、立功和重大立功,行政处罚的种类有警告、记过、禁闭。

根据司法部和省监狱管理局的文件精神,从2000年7月开始全面实行狱务公开制度,在会见室设置狱务公开栏和电脑触摸屏,在监区悬挂用不锈钢镶着的"狱务公开"栏,并在监区黑板报上设置公示栏,将罪犯的奖惩情况进行滚动式公示。组织罪犯向家属邮寄《狱务公开手册》,并向来监会见的每名罪犯家属发放《狱务公开手册》,接受社会各界人士和罪犯家属的监督。罪犯亲属普遍反映:"监狱实行狱务公开,充分体现了监狱警察依法办事、公正执法,让亲人在这样的环境里接受教育改造感到很放心。"

充分利用罪犯家属和动员社会力量对女犯进行帮教,大胆探索帮教工作新路子,不断完善帮教网络。20世纪90年代,省妇联、省女政法工作者、韶关市妇联多次到韶关监狱对女犯进行帮教。

2001年3月3日,广东省女政法工作者联谊会一行80余人,代表全省女政法工作者,到韶关监狱看望和帮教在监狱服刑改造的9名女犯。这9名女性因无法忍受丈夫的背叛,长期受丈夫的侮辱和虐待而走上复仇之路,亲手杀害自己的丈夫而被判重刑。由于她们的犯罪,子女无人照顾,有的到了上学年龄而无钱上学,有的因支付不起学费而中途辍学,有的年纪很小就去充当童工。当省女政法工作联谊会的领导得知这一情况后,四处奔走呼吁,筹集了两万元资助这些特殊孩子完成学业。当看到自己的孩子从女政法工作者手中接过沉甸甸的助困金时,女犯紧紧握着帮教团领导的手,悔恨内疚的泪水泉涌而出。正如女犯陈某说:"是省妇联的领导和省女政法工作者挽救了我的女儿,使她像千千万万个孩子一样健康成长,再次点燃我奔向新生彼岸之火,我会用自己的全部精力放在改造上,争取优异改造成绩,向党和人民汇报,向帮教团的领导汇报,早日回到孩子们身边,重新成为一个善良的母亲。"

2002年母亲节前夕,韶关监狱与韶关市妇联一起为50多个表现良好的女犯举行了一次别开生面的帮教活动,并让女犯和母亲、孩子团聚一堂。活动中,见到最多的,是真情流露的眼泪,是忏悔的眼泪。"世上只有妈妈好,有妈的孩子像块宝……"听着女儿奶声奶气的歌声,29岁的女犯张某的泪水忍不住哗哗地流下来,在场50多个女犯亦为之动容。女犯唐某19岁那年因为策划绑架报复他人被判入狱,她不好意思地擦着眼泪说:"以前妈妈很开心很开心的,但我想她现在再也笑不出来了,我现在让她丢脸……"唐某说自己以前很叛逆、任性,现在进了监狱见不到亲人,才知道妈妈的好,自己是身在福中不知福。她说:"希望妈妈一定要注意身体,我绝不会再伤她的心了!我要好好表现,争取明年春节能回家和妈妈一起过年!"

韶关监狱依法保障女犯的合法权益,严格按照上级文件规定,做好对女犯的减刑、假释工作。2002年10月至2003年5月,根据广东省监狱管理局"关于对部分余刑二年以下女犯考核奖励可适当放宽"的通知和广东省高级人民法院"关于分批办理减刑、假释案件问题的函"的精神,对部分余刑二年以下的女犯适当放宽考核奖励比例,加大减刑幅度和假释力度,共分五批对287名余刑二年以下的女犯予以减刑释放,对442名余刑二年以下的女犯予以假释。

20世纪90年代到新世纪初期,广东女犯改造工作在深化改革的进程中不断推进依法治监,走出了一条富有特色的法治建设之路。通过实行《罪犯考核实施细则》,全面实行狱务公开制度,大力开展亲情帮教和社会帮教,按规定做好对女犯的减刑、假释工作,为女犯提供公平、有序、文明的改造环境,切实保障女犯的合法权益。同时在法律允许的范围内,最大限度地对社会公众公开监狱的执法管理情况,并通过亲人帮教活动,让女犯亲属和社会各界走进高墙,亲身感受到监狱的文明执法、严格管理,使执法过程和环节置于社会和群众的公开监督之下,促进执法公正。

践行法治思想,书写新时代依法治监新篇章

2003年6月16日下午4时,随着韶关监狱最后561名女犯安全抵达广州,广东省第一女子监狱正式宣布全面投入使用，广东省从此宣告结束了自1951年组建韶关监狱后成年男女罪犯混合关押的历史，广东女犯改造工作从此翻开了历史的新篇章。

广东省女子监狱是在1994年《监狱法》颁布实施、贯彻落实女犯分押分管规定的背景下依法设置成立的。它的成立是司法文明和依法治监在新时代的重要体现。

自1977年6月起，广东省的成年女犯全部集中到韶关监狱关押改造。在同一个监狱里，女犯剪去长发，与男犯"毗邻"而居。虽然是严格的分治，但还是存在不少问题和隐患。由于男女在心理和生理上各有特点，在改造的方式方法上，女犯和男犯本应区别对待。但以收押男犯为主的韶关监狱，很难做到面面兼顾，场所也局限了对女犯改造进行因材施教。

按照《监狱法》规定，成年男女罪犯要分开关押和管理，广东建立女子监狱是大势所趋。

新中国成立以来，广东省一直没有专门的女子监狱。1997年全国只剩下广东省和西藏自治区没有专门设立女子监狱，这与广东省的改革开放水平极不相称，也与《监狱法》的规定相违背。

就在这一年底，广东省委召开会议，将成立广东省女子监狱列入议事日程。次年1月，经省委常委会和省长办公会讨论，决定在中国改革开放的前沿地省会广州兴建广东省女子监狱。2000年2月，司法部批准广东省女子监狱按大型监狱标准建设。同年，广东省女子监狱筹建处成立。这项工作得到了司法部、省委、省政府的高度重视。最后，广东省女子监狱选址白云区钟落潭镇大罗村飞来岭，历时四年建成使用。这是一所布局合理、功能齐全的现代化监狱，设施和管理走在全国前列。从此，广东女犯改造工作法治化建设进入了一个全新的时代。

新时代赋予新使命，新使命呼唤新担当。

广东女犯改造工作在贯彻执行《监狱法》的过程中，把执法水平提升到新的高度。其中一项重要工作就是始终不忘按照1995年司法部的部署，迅速行动，创建现代化文明监狱，通过创建现代化文明监狱活动，形成了公正、廉洁、文明、高效的管理模式。

新成立的广东省女子监狱除了现代化的设施之外，最大的特点就是现代化的管理。广东省女子监狱筹建处主任、广东省女子监狱第一任监狱长陈育生当时曾自豪地告诉记者:"尽管广东是除了西藏外,全国最后一个建女子监狱的省,但从硬件设施到软件配置,从狱警素质到管教手段,广东省女子监狱都将处于全国领先水平。"

2003年2月22日,广东省女子监狱首届领导班子宣布成立,揭开了监狱发展的帷幕。早在筹建阶段,省委、省政府就指出将广东省女子监狱建设成为广东省监狱系统对外开放和宣传的窗口,展示广东省精神文明建设和法治建设成果的示范单位。监狱建成后,省厅、局党委提出了"女子监狱要建成广东监狱对外的窗口、对内的样板"的定位和要求。究竟该如何实现这个目标?当时可供借鉴的经验不多,大家的心里也没有底,一切只能摸着石头过河。经过深思熟虑,在第一次党委会上,监狱党委明确提出,以创建现代化文明监狱为目标,按照"打基础、抓规范、促发展、上台阶"的工作思路,力争在几年内迈入全国一流监狱的行列。

然而,新生的监狱面临着许多现实困难和问题:警察来自四面八方,在工作中习惯沿用原单位的做法,与广东省女子监狱的管理模式不相适应;警察队伍平均年龄只有26岁,管理经验不足;当时正值非典时期,监狱设施还不够完善,监管工作面临着极大的考验,等等。这些困难和问题使人感觉焦头烂额,如不妥善解决,不仅无法实现争创全国一流现代化文明监狱的目标,更会影响监狱的安全稳定。为此,监狱党委多次召开会议研究对策,提出以制度建设为突破口,全面推进监狱规范化建设,逐步走出一条自主创新的道路。

各业务科室迅速行动起来,先后制定完善了300多项执法性和事务性工作制度,配套建立了40多项监督制度,使监狱的各项执法工作有章可循。监狱党委频繁开展业务检查,反复督促、整改,身体力行推行各项规章制度,实现了监狱工作规范有序健康发展。

2005年,广东省女子监狱着手开展现代化文明监狱的创建工作,继续深化规范化建设,制作完成建监三年来的创建资料汇编并提出验收申请。2006年,全年开展创建现代化文明监狱工作。按照标准和要求,规范台账管理,修订考评资料目录228个、工作制度324项,完善部分硬件设施,整理创建申报材料。2007年7月,司法部印发《关于命名北京市女子监狱等二十一所监狱为现代化文明监狱的决定》,认为广东省女子监狱已经达到部级现代化文明监狱标准,命名为"部级现代化文明监狱"称号。

2007年12月,省司法厅、监狱管理局在省女子监狱办公楼前举行了"司法部现代化文明监狱"的挂牌仪式。在热烈的掌声中,时任省司法厅厅长陈伟雄、时任省监狱管理局局长于保忠共同揭开牌匾鲜艳的红绸布。金色的牌匾,衬托出女监人喜悦的心情。经过不懈努力,女监人用四年多时间使监狱跻身于部级现代化文明监狱的行列!这在广东监狱史上绝无仅有。

成绩代表过去,全面推进监狱法治建设任重道远。

广东女犯改造工作推进"依法治监"的脚步一刻也未曾停歇,带着建设法治监狱的强烈使命,沐浴着新时代的春风奋勇前行。

党的十八届四中全会发出"全面推进依法治国"的强音,明确提出"健全刑罚执行制度,完善刑罚执行体制",这是党中央对改革刑罚执行工作发出的最权威的声音、最明确的要求。随之,全国监狱全面吹响建设"法治监狱"的号角。

在时代前行的浪潮中,对法治建设的执着追求凝聚起广东女犯改造工作奋进的力量。

党的十九大明确"全面推进依法治国总目标是建设中国特色社会主义法治体系、建设社会主义法治国家"。习近平总书记多次强调"努力让人民群众在每一个司法案件中感受到公平正义"。这是民心之所向,更是法治公安建设之所往。

彼时,在法治建设的路上,广东女犯改造工作披荆斩棘,结出累累硕果。此刻,在新时代的征程中,接续奋斗,向着公平正义破浪前行。

2017年9月1日,广东省女子监狱吹响创建广东省规范化监狱的冲锋号。

面对我国社会主要矛盾转化和人民群众对美好生活的向往,广东女犯改造工作对照坚持以人民为中心、落实全面依法治国的新要求,在2007成功创建司法部现代化文明监狱的基础上,积极回应人民群众对监狱工作的新期待新要求,以规范化建设为载体,以公正执法为核心,推动全面依法治监,持续提升监狱执法规范化水平,推进监狱治理体系和治理能力现代化,推动广东女犯改造工作高质量发展,守住公平正义的最后一道防线。

推进执法规范化建设,以实现工作流程规范化管理为重点,狠抓制度"废改立"和岗位标准化建设,细化完善规章制度171项,相继修订《警察执勤一日规范》《岗位职责说明书》和警察岗位考核制度,制作"一区一规范"警察执法蓝本,明确工作流程和工作标准,初步形成标准体系,全面提升规范化建设水平。

狠抓公正文明执法,始终致力于在罪犯考核奖惩、减假保案件办理、狱务公开等方面下功夫,法治监狱建设取得良好效果,努力让人民群众感受到公平正义,维护了社会的和谐稳定。

4年来,11个监区先后通过了规范化监区验收,为创建规范化监狱、促进监狱工作走向现代化打下了良好的基础。

2021年11月16日,广东省女子监狱顺利通过广东省规范化监狱现场综合考核验收。女监人四年磨一剑,用一千多个日日夜夜的奋发进取,为推动广东女犯改造工作实现执法标准化、规范化、法治化不懈努力。

依法治监从40年前走来,传承发展,矢志不渝。

40年光荣与梦想,依法治监不再是一种空泛的字眼而转化为实际的行动,规章制度不再是一纸空文而成为实实在在的应用,执法规范不再仅仅是一种价值追求而融入每一起案件办理中。对公平正义的信仰,体现在广东女犯改造工作者每一个执法行为的严格、规范、公正、文明中。

依法治监永远在路上！梦想激发出穿越时空的力量,对执法公正的追求,是监狱法治建设不懈的奋斗目标,也激励着广东女犯改造工作者在依法治监的征程上策马扬鞭再奋蹄。

新起点谱写新篇章,传承"八劳"会议精神引航定向;

新使命呼唤新担当,法治中国建设重任召唤前行;

新征程要有新作为,推动全面深化改革从未动摇。

奋进新时代,改革再出发。广东女犯改造工作,赓续鼎新,永立潮头！

"八劳"会议视域下中国罪犯人权保障发展与演进研究

范 明[*]

1981年8月,第八次全国劳改工作会议在北京召开。会议一方面总结了新中国成立以来监狱工作的成绩与经验,另一方面也在总结中与时俱进,结合新时期工作实际,取长补短,灵活变通,对监狱工作中出现的新情况、新问题、新挑战进行研讨。会议中多次强调"新时期监狱工作要从思想上、行动上、观念上重视罪犯人权保障工作,确保罪犯的合法权益不受侵犯",并着手从制度层面来正视、缓解罪犯人权保障困境。

1982年,公安部颁布了《监狱、劳改队管教工作细则》,首次以成文法形式提出保障在押罪犯人身、财产等基本权利不受侵犯,同时开创性地将申诉权、控告权等行为权利纳入其中。这是中国监狱史上第一次以成文法形式为罪犯明确和规范权利,打破了自夏朝以来中国监狱的腐朽观念,开创了独具一格的中国式罪犯人权保障理念,进一步催化了中国监狱文明化进程,将中国特色刑罚格局提升到了新的阶段,同时衍生了人道主义与维护罪犯合法权利的结合面,成为中国罪犯人权保障事业前进与发展的基点。

一、罪犯人权保障的概念与内涵

什么是人权？人权既意味着对"人身权"的充分保障,也体现在"人生权"的多元行使不受限制。作为世界舞台上频频出现的重大理论和实践问题,尊重和保障人权不仅是历史进步与文明发展的重要标志,也是习近平法治思想引领下,中国特色社会主义法治深化发展的必然要求。

(一)罪犯人权保障的概念

在押罪犯作为一类特殊的人群,他们的合法权益应当受到平等对待,他们

---

[*] 范明,安徽省马鞍山监狱第四监区四级警长。

的人权保障也理应是国家人权保障体系中的一个重要组成部分。笔者认为,狭义的罪犯人权专指处于监禁刑下的在押罪犯所享有的权利,包括生命权、人格权、通信权、申诉权、休息权、合法财产不受侵犯等监内行使的权利。广义的罪犯人权涵盖被判处刑罚且未执行完毕的罪犯所享有的权利,其人权保障的范围也衍生至监禁刑人员回归社会后所应当享有的不受歧视、公平就业、适龄入学等"后服刑"权利。

(二)罪犯人权保障的内涵

相较于社会公民,罪犯因为触犯法律而受到应有制裁,其所享有的人权也因此受到不同程度的限制与剥夺。但追根究底,关于罪犯人权的探讨起始于人本属性的斟酌,即罪犯在被判处刑罚后,是继续拥有自然属性的原貌,无损享有各式人权,还是服从于社会属性的干预,向法律让渡部分权利。从自然属性上看,人权具有普遍性、不灭性与恒定性,罪犯先为"人"再为"囚",虽然在权利的拥有、行使上出现了瑕疵,但毋庸置疑应当享有基本的人权;从社会属性上讲,除少数被剥夺政治权利的罪犯,大部分罪犯即使受到法律的制裁与刑罚,其本身固有的公民地位和法定资格却没有丧失。换言之,刑罚执行这一法律行为只是束缚了罪犯的"行为能力",却没有剥夺他们的"权利能力"。因此,国家在教化与惩戒罪犯的同时,理所应当要保障罪犯的合法人权不受侵犯。

当然,罪犯的人权保障程度也如同其他成文法规一样受到国家政治、社会经济、群体文化、法制进步等多元要素的影响与制约,比如"八劳"会议召开前,就有明文对在押罪犯的著作权进行限制,规定"原则上不得公开发表、出版","确有出版价值的科学技术和医疗卫生等方面的著作",必须使用"笔名或化名",这一规定不仅带有很深的时代烙印,也在一定程度上侵犯了罪犯的合法权利。

监狱工作实践中,对罪犯人权的保障要秉承"实质大于形式"的原则,摒弃那些表象的、敷衍的、场面上的"义正言辞",将内涵的、客观的、真实的"监狱之声"传播到法治监狱的每一个角落,在罪犯人权确系遭到非法侵犯时,敢于亮剑,为其提供相应的司法救济。

二、中国罪犯人权保障的基本特征

《第八次全国劳改工作会议纪要》既强调清除"左"的思想影响,"实行革命人道主义,纠正打骂、体罚、虐待罪犯等旧式官派作风,革新不符合社会主义核心价值观的管理方法",又倡导"做耐心细致的教育、感化、挽救工作,为他们创造良好的改造环境",并首次提出"对刑满释放的人,不得歧视,要设身处地地帮助解决他们的生活困难"。

基于上述指导意见,"八劳"会议后,我国罪犯人权保障理念逐渐抛弃"以阶级斗争为纲"这一时代局限,普适性的罪犯人权保障特征得以在内容和形式上趋于固化,以更好地实现国家刑罚的目的。

(一) 地位的法定性

罪犯人权保障制度根本上属于法律规范和部门规章,追根溯源,它的提出与出台取决于国家意志和专政需要,它的落实与施行依靠法律规范与道德支撑。实践中,我国以成文法的形式确立了应予保障的罪犯人权,制定了权利实施框架和行为约束红线,为在押罪犯提供了一道值得信赖的法律屏障。此外,以国家公权力为后盾,罪犯人权保障的要义得以存续和发展,各级政府机关都须以此为准绳,从法律层面保障罪犯享有合法的权利。

(二) 客体的确定性

我国《宪法》第三十三条规定:"任何公民享有宪法和法律规定的权利,同时必须履行宪法和法律规定的义务。"虽然受到法律制裁,但大多数在押罪犯的公民资格并未被否定。因此,除去依法剥夺权利,罪犯应当得到尊重和保护的权利都以成文的形式规范记载于各类法规法典,行使范畴、对应义务、执行标准、操作流程等附件都以明确而具体的方式确定下来,为实务中的罪犯人权保障行为提供了有据可循的文本。

(三) 范围的局限性

与一般公民相比,罪犯享有的人权保障是有瑕疵的、不完整的。如上文所述,刑罚执行这一法律行为只是改变了罪犯的"行为能力",却没有否定他们的"权利能力"。鉴于此,根据权利能力与行为能力的有无,罪犯人权保障的局限性分为以下三种情况:一是罪犯享有权利能力且兼具部分行为能力,比如罪犯可与亲属通信,但必须接受民警的监督;二是罪犯享有权利能力却丧失了部分行为能力,比如人身自由权、子女抚养权等;三是基于一定条件的权利主张,比如罪犯依法享有减刑的权利,却必须在满足执行刑期、功奖排名、日常表现、劳动生产等法定条件的基础上有条件申请,并不享有对减刑的法定主张权。不同权利的组合制约了人权保障的行使范围,实践中需要具体问题具体分析,合理适度行使罪犯人权保障权利。

（四）对象的特殊性

在押罪犯特定的法律身份与特殊的人身状态,一方面削弱了他们作为一类特殊群体所享有的公民权利,使其实体权利范围大大缩小;另一方面,也赋予其相应的特殊权利,比如减刑假释的权利、外出就诊的权利、离监探亲的权利等。这些附加权利的获得实质上是对失去权利的部分恢复,即罪犯在日常服刑中,由于表现优异而重新得到部分人权的给予。具体来说,这些恢复的特殊权利并非额外附加权,而是原有权利的回归,是国家执法机关有条件地对罪犯公民权利的逐步归还。

（五）内容的时代性

罪犯人权保障内容并不是一成不变的,它具有一定的时代性。虽然主要权利一般不会发生变更,但权利享受程度的高低、权利涵盖内容的多少,甚至权利的发放或收回,一方面受到刑事政策的宽严、社会法治的需要、国家战略的调整等宏观因素的影响,另一方面也与监狱行刑态势、犯群整体情况、罪犯改造表现等微观要素的变化紧密联系。但毋庸置疑的是,每个阶段罪犯人权保障体系的最终塑成都不是一蹴而就的,都会充分考量时代性,打破局限性,凸显契合性,趋于完整性。

（六）背景的趋附性

作为刑事政策与人权保障的分支,罪犯人权保障的地位、内容、对象、范围都极其依附于当时的社会背景。不同于时代性,保障背景的趋附性侧重于保障元素与社会环境的契合与匹配,即微观层面上的细节认同与措施调整。举例来说,"八劳"会议后,我国规范了出狱人保护制度,将不受歧视、公平就业、适龄入学等"后服刑"权利纳入罪犯人权保障范畴。在具体的施行上,要求各地政府机关、工矿企业、社会团体要做好释放人员的安置就业工作,并于1983年发出了《关于犯人刑满释放后落户和安置的联合通知》,使刑满释放人员的落户和安置工作有章可循。

三、中国罪犯人权保障的发展与演进

我国历来重视罪犯的人权保障,特别是"八劳"会议后,我国不仅在狭义罪犯人权层面抛弃了"以阶级斗争为纲"的革命主义刑罚政策,将"维护罪犯合法权益"纳入监狱工作的制高点,同时也从广义罪犯人权视域着力疏通、解决罪犯刑满释放后衍生的不受歧视、公平就业、适龄入学等"后服刑"权利。"八劳"会议作为中国监狱罪犯人权保障进程中的里程碑,担负着承上启下的历史重任。以此为界,笔者认为中国罪犯人权保障主要划分为"革命的人道主义—维护罪犯合法权益—监狱人权保障"三个阶段(见图1)。

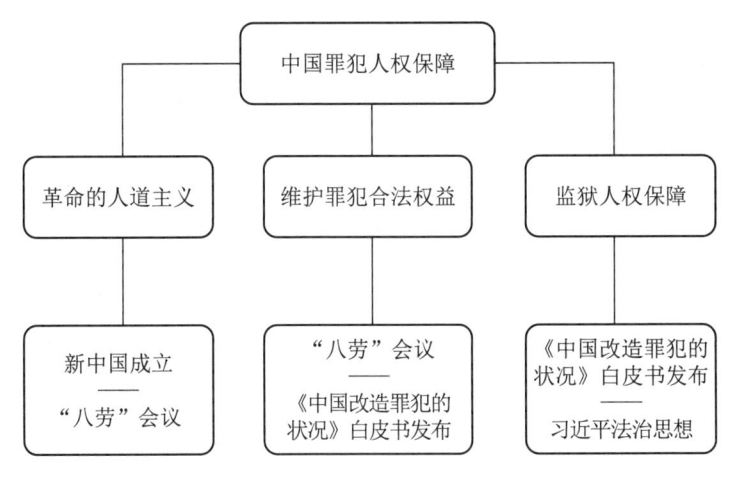

图1 中国罪犯人权保障的发展与演进示意图

（一）施行"革命的人道主义"的原则,开启罪犯人权保障的新征途

1. 时代背景

新中国成立初期,"一穷二白"的新中国时刻面临国际国内双重敌对势力的"围追堵截",阶级矛盾尤为突出,社会多元矛盾相互交织,给新生的人民政权带来了诸多冲击与挑战。"警惕保皇派、收服顽固派、改造日伪战犯、镇压反革命"成为这一时期中央司法行政工作的重中之重。1954年9月,《中华人民共和国劳动改造条例》颁布实施,一大批反革命、顽固派、保皇派、日伪战犯被交付监狱

执行刑罚。特殊的时代背景下,如何改造这些罪犯,使他们靠拢政府,不再危害社会,成为新中国司法行政工作面临的一个亟待解决的历史性问题。

2. 主要内涵

毛泽东同志在《论人民民主专政》中分析指出:"既要让反动阶级和反动派的人们活下去,积极参加自我改造,成为新人,也要对其中的顽固分子进行劳动改造和宣传教育,让他们真心向好。"这一指导方针将我们党改造反动阶级的政策概括为"给出路"与"造新人",一方面明确了以劳动改造倒逼罪犯摒弃好吃懒做、好逸恶劳的社会恶习,提高罪犯的自理能力与谋生能力,实现"外在新";另一方面要在持续、有效、反复、多维的文教活动中促使他们洗心革面,真正地向人民政权靠拢。

1956年,中央又一次提出"要把阶级斗争和人道主义相结合",并对罪犯人权保障工作做出批示,"要把罪犯当人看待,给予人道待遇"。这一时期,罪犯人权保障工作尚处于萌芽阶段,仅是一项政策原则,却并未以成文法规的形式得以立项与施行。

3. 重要意义

这一阶段是我国罪犯人权保障的初创时期,虽然受到多维历史局限的影响,罪犯的人权保障事宜多是由会议精神、领导讲话等形式呈现,缺乏成文法规的严谨与规范,但在当时的时代背景下,"革命的人道主义"政策确是发挥了较为重要的指引作用。

一是有效稳定了司法行政工作局面。这一时期,监狱里关押着反革命分子、思想腐朽的顽固分子、渗透失败的敌特分子、执念较深的战争罪犯以及一般刑事罪犯。罪犯人权理念的提出,实现了事实上的差异化改造,因人施教、分类管理等监管措施在这一时期初显成效,降低了重新犯罪率,创造了较好的社会法制局面。

二是革新了监狱文明执法理念。1954年9月颁布实施的《中华人民共和国劳动改造条例》将罪犯人权保障提高到了一个新的高度。其所涵盖的"惩罚管制与思想改造相结合,劳动生产与政治教育相结合"凸显出了对罪犯实施"功能改造"的重视。同时,在"消灭犯罪思想,树立新的道德观念"思想的指引下,初步明晰了罪犯的生活卫生、疾病就医、文体教育、生产劳动等方面的行为规范,严禁"打骂体罚、刑讯逼供、摧残尊严",充分体现出我国在人权领域,特别是罪犯人权保障方面的博大胸怀。

三是奠定了罪犯人权保障的理论基础。无论是领导人的讲话精神,还是中央会议的集中研讨,"罪犯人权保障"的多次强调即代表着行动指南的初步拟定。虽然带有明显的时代局限性,制约了人权理念在刑罚执行领域的规范施行,但相较于旧时代的肉体刑与监禁刑,较大的刑罚包容性与社会回归性已经让罪犯感受到了"政府的恩惠"。

(二)提出"维护罪犯合法权益"的要求,深化罪犯人权保障的新阶段

1. 时代背景

1976年以后,中国开始了全方位的拨乱反正,其中就包括在"文化大革命"中遭到严重破坏的监狱事业。这一时期,社会矛盾、改造对象、刑事政策的变化决定了罪犯人权保障工作必须深化与发展,才能紧跟形势、与时俱进。因此,以"八劳"会议为起点,我国不仅在行动指南上抛弃了"以阶级斗争为纲"的革命主义刑罚政策,转而提出"维护罪犯合法权益"这一行动指引,同时也第一次以成文法规的形式设定了对罪犯合法人权的保障,并衍生至不受歧视、公平就业、适龄入学等"后服刑"权利。

2. 主要内涵

"文化大革命"后,在监狱工作恢复、整顿的基础上,中央于1981年在北京召开了"八劳"会议。会议一方面总结了新中国成立以来监狱工作的成绩与经验,另一方面也从实际出发,着力归纳现阶段面临的新情况、新问题、新挑战。结合社会局势趋稳、阶级矛盾缓和、犯群重心转移等多元因素的变更,加上改革开放后我国关于人权思想的进步,会议对监狱工作政策做出了适当的修改与完善,特别是将"罪犯人权保障"由政策原则落实到法规文本,为相关工作提供了行动依据。例如《监狱、劳改队管教工作细则》(以下简称《细则》)的颁布,第一次以成文法规的形式明确了罪犯合法权利应该得到保障的范围、条件及标准。《细则》将实行人道主义与维护罪犯合法权益紧密联系,不仅在条款上规范了罪犯合法权利应保尽保,也使罪犯人权意识得以普及,一定程度上提升了文明执法水平。

3. 重要意义

为什么说"八劳"会议是我国监狱罪犯人权保障工作现代化的开端?一方面是由于它将"改造"置于"惩罚"之上,摒弃了传统监管以限制自由、刑罚惩戒为主要内容的行刑理念,在宏观层面疏通了人权保障在司法行政领域里的渠

道;另一方面,也从基本面角度进一步完善了监狱工作格局,微观上解决了旧式改造"刑人夺权"的执法困境,将人本理念杂糅其中,增添了行刑温度,拓宽了执法视野,开启了保障合法人权在司法行政领域的细化工作。

首先,推动了我国刑罚执行格局的优化。同新中国成立初期相比,"八劳"会议时期的社会形势发生了较大改变,以"反革命"为主体的押犯结构逐渐被一般刑事罪犯所替代,后者无论是在作案动机还是在犯罪手段上都与前者截然不同。因此,需改变之前以"阶级斗争"为主线的刑罚观念,不再将罪犯看作"阶级敌人",要把"感召罪犯、引导罪犯、关怀罪犯、教化罪犯"当作刑罚执行的引领思想。罪犯管理要做到严而不苛、管而不虐;罪犯教化要遵循"恨其罪爱其人",宽而不纵、宽而不软;罪犯诉求要满足听而有声、问必有答,将合法权利保障落实到监管改造的方方面面。

其次,催化了我国行刑理念的进步。"八劳"会议作为划分时代特征明显的阶级监管与功能趋于稳定的普适刑罚的分界线,开始从理念和制度两个维度开启了罪犯人权保障的进程。除了自上而下普及"不把犯人的一切问题都看成是阶级斗争的反映和反改造行为"的理念,[①]还在制度层面提出了许多细化到岗位的禁止性规定,从主客观两个角度推动了行刑标准化。

最后,深化了我国罪犯人权的保障。同"革命人道主义"相比,"维护罪犯合法权益"具有无可比拟的优势:一是摒弃了"以阶级斗争为纲"的狭义,弱化了阶级意识在刑罚执行过程中的主导地位,不再以阶级斗争作为监管主线;二是实现了"以人为本"取代"以政治为本",不再片面地将人道主义在革命领域的运用当作政治教育的工具,而是更多地将人本思想融入其中,真正实现刑罚文明化;三是正视了"天授人权"的思想,不再强调刑而无权论,进一步端正了司法行政领域的行刑观与人权观,将罪犯人权保障提高到了监狱工作的制高点。

(三)优化"监狱人权保障"的理念,指明罪犯人权保障的新方向

1. 时代背景

"八劳"会议之后,我国监狱工作进入了改革发展时期。这一时期,罪犯人权保障工作不仅在内容上得以完善和深化,也在继续遵循"八劳"会议精神的轨道上出台了诸多成文法规,以章程的形式明确了罪犯权利,特别是将《细则》中

[①] 万益文:《我国罪犯人权保障特点及其发展演进》,《人权》2012年第3期。

的部分局限性加以调整与优化,比如规定罪犯可以署名发表、出版著作,且能足额获得稿酬等,去除了《细则》内容上的时代烙印,归还了部分罪犯应有的权利。更为重要的是,在各项章程条款的不断细化下,监狱人权保障的法制化建设持续健全,为巩固和发展"八劳"会议精神提供了强大的推动力和续航力。

2. 主要内涵

1992年8月,在《监狱、劳改队管教工作细则》的基础上,《中国改造罪犯的状况》白皮书发表,其中"中国法律正视、规定、保障了罪犯在服刑期间未被法律限制的各项公民权利"的论述,标志着中国罪犯人权保障工作迈出了坚实而又不易的重要一步。[①]随后,1994年12月,《中华人民共和国监狱法》出台,明确将"罪犯的人格不受侮辱,其人身安全、合法财产和辩护、申诉、控告、检举以及其他未被依法剥夺或者限制的权利不受侵犯"列入法律范畴,进一步对罪犯人权保障起到了实质性的推动作用。诸多成文法规的颁布,凸显出人权保障观念在司法行政领域的长足进步,更表明了我国在"监狱人权保障"方面的态度与决心。

3. 重要意义

"监狱人权保障"阶段,无论是《中国改造罪犯的状况》白皮书的发表,还是《监狱法》的出台,其本质上都是对"八劳"会议成果——《监狱、劳改队管教工作细则》的不断修补与完善。但纵向对比之下,"监狱人权保障"不仅在保障程度的深度,还是保障范围的广度上,都较"维护罪犯合法权益"阶段有了质的飞跃。

一是加快了监狱工作深化改革的步伐。如果说"八劳"会议给中国罪犯人权保障拓出了一方天地,那么,《中国改造罪犯的状况》白皮书则是此项工作的助推器,在牢牢把握"八劳"会议精神的基础上拓宽掘深了罪犯人权保障的广度、深度,创设性地提出了智慧监狱、依法治监、狱务公开等一系列涉及监狱事业整体布局的规划、举措,给这一时期罪犯人权保障工作的开展与创新提供了行之有效的辅助。此外,《监狱法》的贯彻实施,不仅将监狱工作逐步纳入法制正轨,也有效降低了狱内违纪与重新犯罪,凸显出罪犯改造质量的提高,间接反映出人权保障对罪犯安心改造的积极影响。

二是明晰了监狱建设的法制化方向。纵向来看,"革命的人道主义"虽然提

---

① 曾娇艳:《减刑庭审实质化的必要与可能——从减刑是罪犯的权利说起》,《湖北社会科学》2019年第1期。

出了"罪犯人权保障"的相关概念,开启了中国特色罪犯人权保障的先河,但在内容和形式上都略显稚嫩,内容上缺乏相关领域的突破,形式上未能形成成熟的法律文本;"维护罪犯合法权益"是对上一阶段的领悟与升华,它的最大成绩在于诸多涉及罪犯人权保障的成文法规的制定与出台,既使得相关工作有章可循,杜绝了模棱两可导致的"乱扯皮"情况,也提升了监狱狱务公开程度,与依法治监战略遥相呼应,屏蔽了政出多门引发的"踢皮球"现象,有效促进了监狱罪案人权保障水平的提升。

三是推动了人权保障意识在司法行政领域的广泛传播。"八劳"会议后,人权保障思想已经逐渐在司法行政领域传播开来;宏观上,各项罪犯人权保障法律法规的制定与出台,在制度层面明确了罪犯人权保障的法定地位,为后续工作的实施与开展提供了执法依据;微观上,"以人为本"思想在监狱的具体工作上得到了充分体现,既符合习近平法治思想引领下依法治监战略的实施要求,也匹配了广大监狱民警的日常工作实际,使得"监狱人权保障"在观念上深入人心。

四、结束语

自夏朝至今,中国监狱经历了从野蛮残暴到文明开化、从功能单一到门类齐全、从封闭落后到建制多元、从无人问津到社会焦点的过程。在中国监狱史的漫漫长河中,是"八劳"会议的召开,"罪犯人权保障"才以正式的姿态在中国大地上落地生根。以《监狱、劳改队管教工作细则》为开端,到《中国改造罪犯的状况》白皮书的发表,由《监狱法》颁布施行,到习近平法治思想引领下的现代监狱,人权思想在巍巍高墙之间的传播经久不息。今天的法治监狱里,不仅罪犯的基本生活权、健康权等生存权已得到充分保障,名誉权、人格权、申诉权、检举权等话语权也得到了不同程度的提高。不仅如此,现代监狱管理将文化教育改造提高到一个新的阶段:一方面在制度上进行规范,"5+1+1"改造模式的施行,增加了罪犯的休息时间,使他们能有更多的时间参与文体活动;另一方面,不断在内容上进行丰富和创新,打破了以往"惩罚人"的旧思维,变"改造人"为新战略,积极推进文化塑人、素质育人。随着习近平法治思想在司法行政领域的不断深化与落实,中国罪犯人权保障工作必将迎来更加规范、科学、协调、美好的明天。

筚路蓝缕奠基业　法治引领创新局
——浅议"八劳"会议的传承发展与新时代监狱法治化建设

黄宏琼*

十年"文化大革命"期间,我国监狱劳改工作遭受严重的干扰和毁坏。1978年党的十一届三中全会停用了"以阶级斗争为纲"的口号,正式提出了以经济建设为中心,结束了"文化大革命",开始了改革开放的新征程。1981年,第八次全国劳改工作会议召开,对监狱劳改工作进行了全面的拨乱反正、溯本清源,清除"左"倾流毒和影响,使监狱劳改工作重新回到正确的轨道上来,完成了历史性转折,中国监狱进入恢复整顿、良性发展的阶段。

一、筚路蓝缕奠基业:"八劳"会议召开的历史背景及意义

(一)"八劳"会议召开的历史背景

1949年,中华人民共和国成立以后,监狱作为人民民主专政机关逐步建立发展。1966—1976十年动乱,受"左"倾思想影响,监狱劳改工作受到严重破坏。一是大批劳改场所被撤销、移交,公安部劳改局,10余省份劳改局被撤,其他省份劳改局职能被大大削弱。二是大批劳改干部被诬陷为叛徒、反革命,被调出系统、下放农村或强制退休,一些干部被"罢官"、抄家、批斗甚至被非法监禁,劳改干部人数锐减。三是监管制度形同虚无,数十万犯人借"群众专政"被放归社会,大批反革命罪犯被实行"监外执行";减刑、假释制度中断,犯人伙食费、零花钱标准被故意降低甚至停发。四是极端思想代替正规改造,以大批判、批斗会取代思想教育,体罚虐待"三类人员"不时发生,冤假错案层出不穷。五是全盘否定实行了17年的劳改工作。在这期间,大多数劳改干部能坚持抵制"左"倾思想,不受"动乱"干扰,坚守岗位,经受住了时代的磨难和考验。

---

* 黄宏琼,广东省未成年犯管教所(白云监狱)七监区副分监区长,二级警长。

(二)"八劳"会议的主要内容和历史意义

1981年8月18日至9月9日,第八次全国劳改工作会议在京召开。其间,中央书记处书记习仲勋发表讲话,他重点强调了劳改工作的意义,阐述了新时期劳改工作的方针、政策和任务,充分肯定了新中国成立以来劳改工作取得的成绩,高度赞扬劳改干部为巩固人民民主专政作出的贡献。[①]同时,针对部分干部存在劳改工作"低人一等"的思想,他真挚地说:"能在这个战线做这项工作,几十年如一日,那是党性很强的干部,是高人一等的干部。"他赞扬劳改干部是"攀登十八盘的勇士""真正的灵魂工程师"和"无名英雄"。[②]

1981年12月,中共中央、国务院批转了《第八次全国劳改工作会议纪要》,充分肯定了劳改工作和"八劳"会议。回到今天,以历史唯物主义眼界来看待"八劳"会议,其意义重大(见图1),这是我国监狱发展史上承上启下的一次关键会议。

```
1.科学评价了监狱劳改工      5.确定了新的教育改造政
  作的社会地位和历史使命      策和方法

2.客观总结了30年劳改工      6.对刑满留场(厂)就业
  作的基本经验                人员的政策进行了调整
                "八劳"会议
3.明确了劳改对象的新情      7.加强劳改工作政策理论
  况、新经验                   研究,成立精干的劳改工
                              作研究所
4.充分肯定劳改干部的功      8.对体制改革和劳动生产
  劳和作用                    调整、整顿进行了安排
```

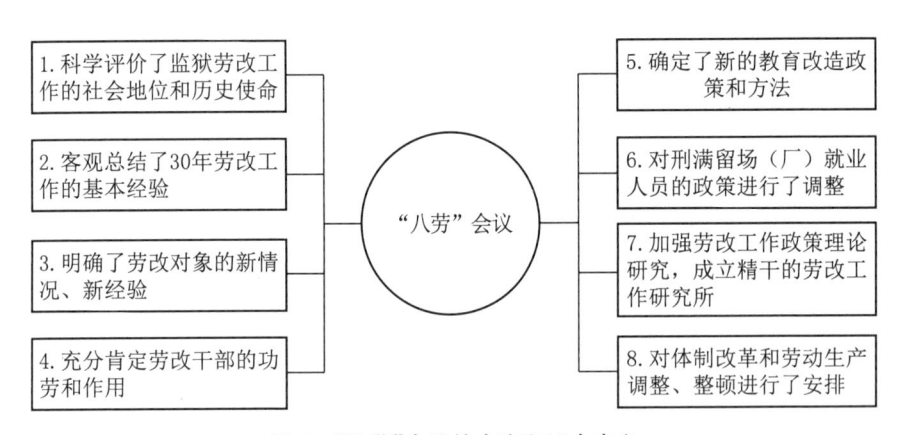

图1 "八劳"会议的内容和历史意义

一是会议科学评价了监狱劳改工作的社会地位和历史使命,确定"劳动改造罪犯的工作,是我们党和国家改造人、改造社会的伟大、光荣事业的一部分","对当前争取社会治安的根本好转,对进一步巩固人民民主专政,都有着重要意义"。[③]

---

① 参见李金华、毛晓燕:《中国监狱史》,金城出版社2003年版,第225页。
② 《中国劳改学研究》编写组:《中国劳改学研究》,社会科学文献出版社1992年版,第427页。
③ 杨世光、萧树林:《劳改劳教警官必备知识大全》,长春出版社1991年版,第153页。

二是会议客观总结了三十年劳改工作的基本经验,对当时存在的工作问题也进行了客观的分析。

三是会议明确了劳改对象的新情况、新经验,指出"劳改对象的情况和过去比较发生了很大变化","不要把犯人的一切问题都看成是阶级斗争的反映和反改造的行为","争取把绝大多数罪犯改造成为拥护社会主义制度的守法公民和对社会主义建设的有用之材"。①

四是会议充分肯定劳改干部的功劳和作用,并提出了新的历史时期加强劳改工作干部队伍建设的一些措施,涉及直系亲属随迁、子弟就读、调配、退职、离休、退休、死亡、抚恤等方面。

五是会议确定了新的教育改造政策和方法,即"加强政治思想和文化技术教育",对青少年罪犯,要"做耐心细致的教育、感化、挽救工作",并提出要"要健全监管法规","逐步实现监管工作的法律化、制度化",实行"奖惩严明的政策","对于确有悔改或有立功表现的,要依法减刑、假释"。

六是会议对刑满留场(厂)就业人员的政策进行了调整。②到20世纪90年代后期,全国共清理留场就业人员近40万,清理工作基本结束。1982年3月至6月,根据《关于宽大释放全部在押的原国民党县团级以下党政军特人员的决定》的有关要求,监狱对3 397名"反革命"分子给予"宽大释放",至此,中国劳改机关"改造反革命犯"的历史任务全部结束。

七是会议在理论研究方面,提出了"加强劳改工作政策理论"研究和"成立精干的劳改工作研究所"的决定。

八是会议对体制改革和劳动生产调整、整顿进行了安排。

二、总结辉煌彰使命:"八劳"会议的传承与发展

"八劳"会议胜利召开以后,直到1995年全国监狱工作会议之前,"八劳"精神和内容一直引领中国监狱劳改工作向前发展(见图2),其间制定的一些政策、法律法规,有些直到现在仍然在起作用。

---

① 王玉章:《社会主义监狱工作之探索》(上),《中国司法》2002年第2期。
② 参见柳忠卫:《监禁刑执行基本问题研究》,中国人民公安大学出版社2008年版,第147页。

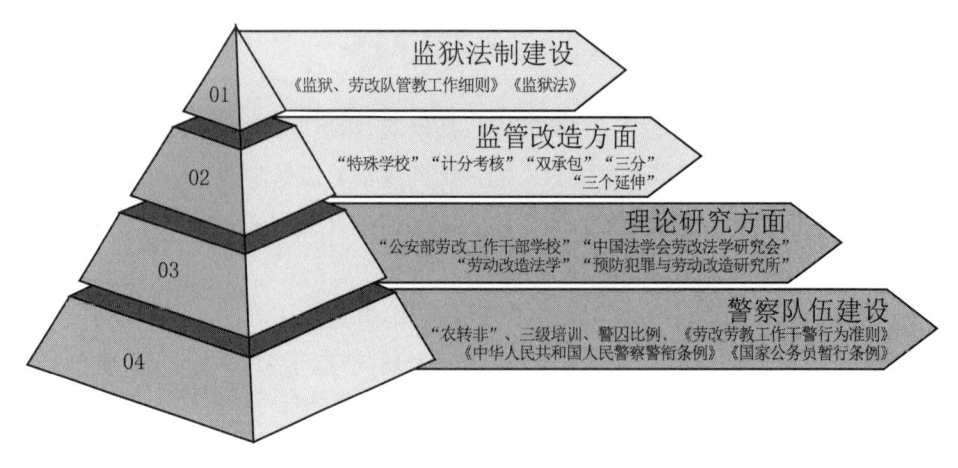

图 2　"八劳"会议的传承与发展

（一）监狱法制建设方面

在邓小平同志"有法可依,有法必依,执法必严,违法必究"重要思想的影响下,自 1979 年,公安部劳改局着手开展《监狱、劳改队管教工作细则》的调研、论证和起草工作,经"八劳"会议讨论、修改,于 1982 年 2 月正式颁发试行。《监狱、劳改队管教工作细则》的制定充分考虑了当时社会主义法制和押犯构成变化,明确了监管改造的原则,确定了教育改造的目标,提出了考核奖惩和管教新措施、新方法,特别是首次以法规形式确定了罪犯的权利和义务,对《中华人民共和国劳动改造条例》(1954 年颁布实施)做了重要的补充和发展,是当时监狱法制建设的一项重要成果。1980 年 1 月,《刑法》与《刑事诉讼法》开始实施。1982 年 12 月,新中国第四部《宪法》审议通过,随后,监狱立法也被提上日程。1986 年 3 月,司法部"劳改法起草工作小组"成立,正式开展监狱立法的调研、论证、协调和起草工作,历经 8 年 9 个月,经国务院法制局反复研究审议、修改,又经全国人大常委会多方征求意见,反复讨论、修改后终于在 1994 年 12 月 29 日通过了《中华人民共和国监狱法》(以下简称《监狱法》)。《监狱法》的颁布实施是中国监狱劳改工作改革发展的一项重大成就,是"八劳"会议召开以后监狱法制建设上取得的重大成果,具有划时代的意义,其影响一直持续至今。[①]

---

① 参见卫俐帆:《"新时代"我国监狱管理制度的发展路径探讨》,《法制与社会》2018 年第 19 期。

（二）监狱监管改造方面

自"八劳"会议以后,监狱大力推进监管改造方面的改革。一是开办"特殊学校",根据"八劳"会议提出的办学要求,1982年监狱办学工作全面启动。1985年6月,司法部提出了"改造思想、造就人才、面向社会、服务四化"的办学思想,明确"三课"教育内容,制定五条办学标准,并先后授予18所监狱"部级优秀特殊学校"称号。成千上万的犯人在"特殊学校"接受教育,其中数十万人取得各种等级的学历和技术证书。二是规范狱政、狱侦、罪犯考核管理。1986年10月,司法部劳改局提出了"依法、严格、文明、科学"的狱政管理要求,并于1990年制定了《罪犯改造行为规范》和《监管改造环境规范》,为规范狱政管理提供了实施标准和操作规范。1986年10月,司法部在全国狱内侦查工作会议上提出了"预防为主、防破结合、及时发现、迅速破案"的狱侦方针,制定了《狱内侦查工作细则》《关于狱内案件立案标准的规定(试行)》,狱侦工作逐步恢复和加强。1985年,以"百分基准线"对罪犯进行考核的方式开始实行,随后,司法部于1990年8月正式下发《关于计分考核奖罚罪犯的规定》,对全国监狱罪犯考核奖罚制度进行了统一和规范。三是推行"改造生产双承包责任制"。1984年6月,司法部下达《关于在劳改劳教单位进一步推行经济责任制的意见》,进一步推动监狱生产经营机制的改革,实现监狱改造和生产的双发展。四是推行罪犯"三分"(分押、分管、分教)工作。1989年,在上海试行分类改造、辽宁试行累进处遇的基础上,司法部下发《关于对罪犯试行分押、分管、分教的实施意见》,开启了全国监狱单位的罪犯分类改造工作。到1993年6月,全国大多数监狱实行了"三分",罪犯改造积极性得到了很大的提高。五是改造工作"三个延伸"(向前、向外、向后延伸)。按照1987年《全国政法工作座谈会纪要》的有关要求,监狱逐步形成了多种形式的社会帮教模式,对罪犯改造起到了很好的促进作用。此外,在监区文化建设、心理矫治、卫生管理等方面,也都陆续制定、出台了相应的制度和措施,充分表明了"八劳"会议后监狱监管改造工作改革的全方位发展。

（三）监狱理论研究方面

"八劳"会议提出了加强劳改工作政策理论研究的要求。"八劳"会议以后,一是一批劳改干部学校、培训班陆续成立,自1983年9月起,中国政法大学、中国人民大学、西南政法学院(今西南政法大学)等院校相继招收劳改学方向的学生。1984年,"劳动改造法学"正式入编教育部《综合大学法律系法律专业四年制教学计划》。1985年,"公安部劳改工作干部学校"改建为"中央劳改劳教管理干部学院"(现为"中央司法警官学院"),监狱学科研究、专业建设和人才培养逐步展开。二是一批监狱学研究机构和团体在"八劳"会议后不断涌现。1983年1月,劳改专业教材编辑部成立;1984年9月,司法部"预防犯罪与劳动改造研究所"成立,一些大学相继成立了刑事司法、犯罪与监狱、劳改工作等研究所。1985年,"中国法学会劳改法学研究会"(1991年独立为"中国劳改学会",1995年更名为"中国监狱学会",2010年更名为"中国监狱工作协会")以及各地分会相继成立。三是来自各研究机构、大专院校的教学研究人员、监狱工作者开始崭露头角,监狱理论研究成果层出不穷。据统计,仅在1979—1989年期间,全国陆续出版的与劳改相关的各种教材及专著有80余部,翻译外国专著15部,合计2 200余万字。

(四) 警察队伍建设方面

"八劳"会议提出了加强干部队伍建设,解决了部分干警两地分居及家属户口"农转非"问题,健全了三级培训网,确定了干警与犯人的配备比例,初步稳定了干警队伍思想。1983年5月,根据《关于加强和改革公安工作的若干问题的意见》的有关规定,劳改、劳教管理工作正式移交司法部,"劳改、劳教单位的干警仍然是一个警种,着装、工资和岗位津贴等待遇一律不变"。1990年司法部对警察队伍建设提出了"革命化建设,军事化管理,正规化培训"的整体要求。1991年,司法部颁布《劳改劳教工作干警行为准则》,推进了队伍的规范化建设。随后1992年《中华人民共和国人民警察警衔条例》、1993年《国家公务员暂行条例》的实施,进一步加强了监狱人民警察队伍的正规化、规范化建设,从根本上消除干警的后顾之忧,提高了监狱警察队伍的凝聚力、战斗力。

三、法治引领创新局:新时代法治监狱的建设与探索

1981年"八劳"会议对中国监狱发展的影响是深远的,直到1995年2月,全国监狱工作会议将监狱工作转移到依法治监、从严治警上,我国监狱进入了新的发展阶段。2020年11月,中央全面依法治国工作会议确立了习近平法治思想的指导地位,开启了我国全面依法治国的新篇章。对监狱而言,实施罪犯教育和改造,是一种对罪犯"再社会化"的过程,通过对罪犯的思想和行为进行改造,使其遵守社会公约和法律法规,重新适应社会环境、与社会同步,最终回归社会。但是,在监狱里,"刑罚"与"监禁"也是重要任务,其中监禁刑占据着重要地位,所以监狱"再社会化"的功能往往被弱化,罪犯因为长期服刑而产生"监禁型人格",会导致刑满释放后无法快速融入现实社会,进而再次违法犯罪。对此,在新时代,监狱工作应当根据习近平法治思想和"八劳"会议的改造理念,将"法治化"与"社会化"相结合,通过弱化监狱改造的封闭性,拓展"社会化"改造措施和功能,促使罪犯顺利融入社会,构建新时代社会化法治监狱(见图3)。

法治引领
- 开展《监狱法》的修订工作,并根据新《监狱法》进一步细化完善各项规章制度。
- 进一步研究形成中国特色监狱行刑社会化制度。
- 加快构建"刑事—刑罚"一体化的法治建设步伐。

崇法善治
- "由内而外",积极探索新时代法治监狱罪犯分级分类管理体系。
- "由外而内",积极构建"社会化"帮教机制。

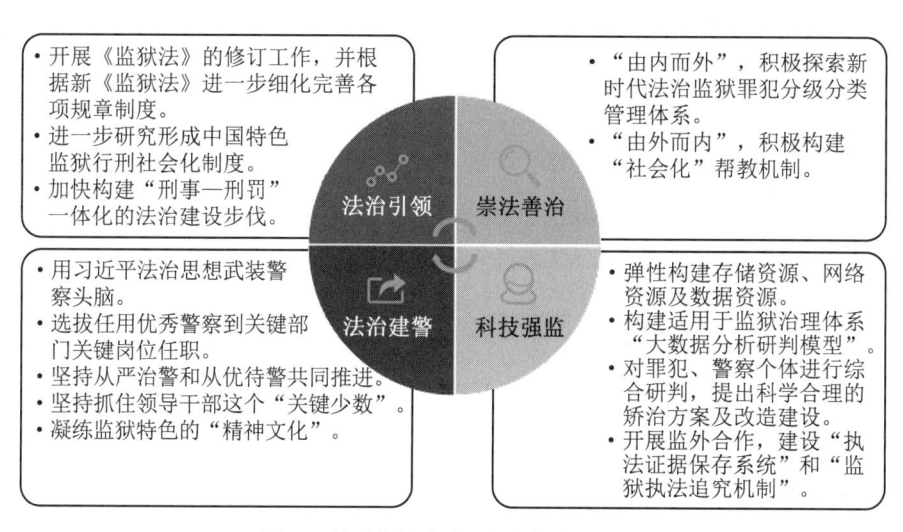

法治建警
- 用习近平法治思想武装警察头脑。
- 选拔任用优秀警察到关键部门关键岗位任职。
- 坚持从严治警和从优待警共同推进。
- 坚持抓住领导干部这个"关键少数"。
- 凝练监狱特色的"精神文化"。

科技强监
- 弹性构建存储资源、网络资源及数据资源。
- 构建适用于监狱治理体系"大数据分析研判模型"。
- 对罪犯、警察个体进行综合研判,提出科学合理的矫治方案及改造建设。
- 开展监外合作,建设"执法证据保存系统"和"监狱执法追究机制"。

图3 新时代社会化、法治化监狱建设

(一)法治引领,完善监狱法治法律体系

习近平指出:"坚持依法治国、依法执政、依法行政,共同推进法治国家、法治政府、法治社会一体建设。"新时代中国监狱要发展,那就要从中国国情和监狱实际出发,走适合自己的法治道路。新中国成立以来,国家非常重视监狱工作,先后制定《中华人民共和国劳动改造条例》(1954年制定实施,2001年正式废止)、《中华人民共和国刑法》(简称《刑法》,1979年制定实施,2021年第11次修订实施)、《中华人民共和国刑事诉讼法》(简称《刑事诉讼法》,1979年制定实施,2013年第2次修订实施)。在"八劳"会议以后,又先后出台了《中华人民共

和国看守所条例》(1990年制定实施)、《中华人民共和国监狱法》(1994年制定实施)、《中华人民共和国社区矫正法》(2019年制定实施)。

这些法律与监狱息息相关,但与监狱最为密切的,当属《监狱法》,而《监狱法》已经实施了28年,除了2013年对其第十五条第二款进行了修改外,其实质的内容并没有改变,已经无法适应新时代监狱工作发展的需求。对此,要从根本上解决监狱法治问题。一是要尽快开展《监狱法》的修订工作,并根据新《监狱法》进一步细化完善各项规章制度,从教育改造、劳动改造、狱政管理上体现罪犯"社会化"的特性,不断完善监管改造"社会化"法律法规,打造符合中国监狱实际的"社会化"法治基础。①另一方面,要结合上位法、两院两厅关于减刑假释的实施细则等法律法规,进一步研究细化假释、暂予监外执行、离监探亲三种法定狱内行刑社会化的运用方式,拓宽罪犯保外就医、狱外劳动等离监渠道与内容,形成中国特色监狱行刑社会化制度。同时,要积极探索我国涉及狱内行刑社会化的《刑法》《刑事诉讼法》和《监狱法》三大法律的完善融合渠道,构成科学完整的具备中国特色的刑事刑罚体系,加快构建"刑事—刑罚"一体化的法治建设步伐,以实现《宪法》第二十八条"惩办与改造犯罪分子"的要求。

(二)崇法善治,构建监狱社会化改造体系

习近平指出:"坚持在法治轨道上推进国家治理体系和治理能力现代化,是实现良法善治的必由之路。"

要建设新时代现代化、社会化、法治化监狱,一要"由内而外",积极探索新时代法治监狱罪犯分级分类管理体系。②要以监狱为单位,建立分级渐进式的"社会化改造体系",逐级扩大监区与社会的融入。例如可以由严至宽设置高度戒备、中度戒备、低度戒备、半开放式四个等级的监区,分别关押危险程度不同、恶性程度不同、改造难度不同的罪犯。不同级别的监区在罪犯管理方式上"宽严"有所区分,监狱要定期对各级别监区关押的罪犯进行重新分级分类评审,重新划分关押,体现"升降得当""宽严相济"。同时,要在改造内容上体现"社会化"。例如在教育改造上,按照四个级别,实现"三课"教育内容"社会化",如中

---

① 参见朱世杰:《我国行刑社会化机制之省思与完善》,《黑龙江生态工程职业学院学报》2019年第2期。
② 参见冯玥:《刑满释放人员社会融入困境及教育对策研究》,曲阜师范大学硕士学位论文,2019年,第37—39页。

戒监区设置历史课、美术课等文艺课程,低戒监区设置手工课、园艺课等技术课程,半开放式监区设置计算机、网络等课程并开放部分网络权限。在课堂教师配置方面,要加强社会参与度,通过聘请社会学者、行业专家、志愿者,颁发相应的"聘书",进一步健全社会帮教聘用机制。此外,对于半开放式监区的罪犯,定期开展技能竞赛,鼓励进行技能心得交流;对有创新理念的,提供必要的工具和条件,鼓励发明创造和技术革新。

二要"由外而内",积极构建"社会化"帮教机制。要建立完善的监管社会化机制,不能光靠监狱"闭门造车",而应该引入社会帮教机制和国外先进经验,充分利用社会资源为罪犯改造提供优质服务,实现罪犯改造向社会的广泛开放和社会对罪犯改造的深度参与。在进一步完善落实"必接必送"制度、罪犯文化教育和职业技术教育双纳入制度的基础上,加强与社会各界的沟通联系,健全社会志愿者聘用机制,广泛吸纳学校、政府机关、企事业、社会团体、罪犯亲友等参与帮教与救济工作,从读书深造、就业创业、法律援助、心理咨询、家庭帮扶等多方面协同发力,实现罪犯回归社会由刑罚矫正到社会共治的转变。要加强对外交流合作,积极借鉴国外行刑社会化实践经验和有效做法,对罪犯进行社会化改造。例如可以借鉴芬兰的狱外劳动模式,尝试低戒罪犯走出监门,到具体的企业开展实习实践。

(三)法治建警,打造高素质法治警察队伍

监狱人民警察是监狱"社会化""法治化"工作开展成败与否的关键因素。因此,一方面要坚持不懈地用习近平法治思想武装警察头脑,另一方面要立足监狱"社会化""法治化"建设,敢于选拔任用具有专业技能、职业素养高、业务创新思维足、勇于创新的警察到关键部门、关键岗位任职,通过部门与部门之间、部门与监区之间的沟通协调、业务指导,对当前监狱业务工作的"社会化""法治化"推陈创新、去伪存真。同时,要坚持"从严治警"和"从优待警"共同推进,进一步完善警察考核评价和奖惩制度,重奖重罚,崇法善治,狠抓基层顽瘴痼疾整治,坚决杜绝基层警察"慵懒散""躺平"的不良思想和风气,打造一支信念坚定、执法为民、敢于担当、清正廉洁的高素质警察队伍。要坚持抓住领导干部这个"关键少数",要坚持"依法治权""规范用权""法治用权",确保"把权力关进法律和制度的笼子里",构建廉洁高效的权力行使制度。要将"法治化""社会化"改造理念融入监狱警队精神文化核心中,要凝练属于自己监狱特色的"精神文

化",并通过"口号""徽章""评比活动"等多种形式,大力弘扬警队文化核心、改造理念,进一步提升监狱人民警察的职业感、荣誉感和归属感。

(四)科技强监,构建法治"智慧监狱"平台

自2007年监狱实施信息化建设以来,经过十余年的发展,我国监狱信息化建设取得了很大进步,"智慧监狱"平台基本建立。但是,由于历史原因,当前各省、各地监狱信息化水平不一,即使是同个监狱的信息系统,也因为各业务系统接口不一、采集渠道多元化而存在无法对接、平台多、管理混乱等问题,"智慧监狱"不智慧、"科技向基层要警力"的矛盾突出。对此,在当前构建法治监狱的过程中,要抓住机遇,抓住信息技术"科技强警""科技强监"的优势,推进建设法治"智慧监狱"平台。一是法治"智慧监狱"平台的建设要依托目前监狱信息化建设,充分利用监狱目前软硬件设施,弹性构建存储资源、网络资源及数据资源。同时,结合区块链、云存储和大数据技术等前沿科技,结合具体业务工作制定详细的业务应用体系,统一顶层设计和接口。二是综合从狱政管理、教育改造、劳动改造、警察队伍等方面构建适用于监狱治理体系的"大数据分析研判模型";依托可信区块链采集监区服刑人员"食、住、行、学、劳"等行为轨迹及一线干警"人、物、事"等数据,构成"基础数据资源池"。三是利用"基础数据资源池""大数据分析研判模型"对罪犯、警察个体进行综合研判,提出科学合理的矫治方案及改造建议,及时发现罪犯、警察中出现的潜在改造风险和执法风险,真正实现科技强警、科技强监的目标。四是广泛依托区块链、大数据加强与属地公安、社区的协同合作,对刑释人员的重新违法犯罪、回归安置情况进行跟踪分析,开展基于个体、群体的改造效果评估,推进罪犯改造"社会化"。

价值与启示

"八劳"会议的历史性贡献及对当下监狱工作的启示

董长青 朱福正[*]

第八次全国劳改工作会议(简称"八劳"会议)在当代中国监狱史上具有划时代、里程碑式的重大意义,探寻会议召开的历史背景、召开过程、会议内容和历史功绩、历史评价,对丰富中国当代监狱史学以及对当下工作的启迪,皆具有理论和现实价值。

一、"八劳"会议的召开是监狱工作的一次拨乱反正

"监狱工作拨乱反正,概而言之,就是拨林彪、江青反革命集团极'左'路线之乱,反马克思列宁主义,毛泽东思想正确路线之正。"[①]鉴于"文革"十年动乱对监狱(劳改)工作的严重破坏,鉴于监狱(劳改)乱象丛生,鉴于监狱(劳改)干警"左"的思想束缚和对中央的一些重大决策的心存疑虑甚至抵触不满情绪滋生,中央领导同志对劳动改造罪犯工作作了多次的重要指示。尤其是先后担任中央政治局委员、中共中央总书记的胡耀邦同志,对劳改工作的拨乱反正倾注了大量心血,"据不完全统计,仅1979年7月至1980年8月,胡耀邦同志就对监管工作做了23次批示"。

政法界前辈彭真同志也对劳改工作给予了极大的关注和指导。1980年4月1日,彭真同志在中央政法委第四次会议上指出:"劳改、劳教、看守所本来是要教育改造人的,但现在有的成了罪犯交流犯罪本领的'传习所',成了黑色的染缸。"同时彭真同志认为:对于青少年违法犯罪分子"我们对待他们中的绝大多数人,要像父母对待害传染病的孩子,医生对待病人那样,满腔热情、耐心细致地护理、教育、感化、改造他们"。时任中央政治局委员、书记处书记、中央政

---

[*] 董长青,浙江省第四监狱党委书记、政委,一级高级警长;朱福正,浙江省第四监狱研究所四级高级警长。

[①] 王明迪:《鸿泥集——监管改造工作理论与实践》,法律出版社2009年版,第140页。

法委书记的彭冲同志也指示:"我们一定要努力把劳改劳教场所,办成教育人的学校,办成改造人的地方,使出来的人成为新人、好人、有用的人。"①

1980年4月至1981年"八劳"会议召开之前,中央政法委、公安部连续召开了4次关涉劳改劳教和看守所工作的重要会议。这4次重要会议的内容包括正确认识改造工作的重要性、全面辩证认识改造对象、端正业务指导思想、坚持依法管理、实行革命人道主义、改进狱政管理、加强教育改造、搞好生活卫生管理、加强干警队伍建设、完善执法监督等。这4次会议集中进行了思想和政治上的拨乱反正,舆论导向鲜明强劲。②

公安部为了切实贯彻中央的指示精神,采取了系列针对性的拨乱反正举措,这些举措主要体现在恢复劳改局建制、调整各级领导班子、"三种人"的清理、筹建劳改工作干部学校、分级分期分批办班培训肃流毒、恢复监管教育制度、平反犯人中的冤假错案、调整留场就业人员政策、以正反典型案例警示教育等。部劳改局也奔赴全国各地的基层监狱、少管所、劳改农场进行调研、召开片会座谈会,积极筹备"八劳"会议。

在上述背景之下,加上"我国已经进入了一个新的历史时期"之宏大背景,"八劳"会议的召开呼之欲出,公安部于1981年发出的《关于召开第八次全国劳改工作会议的通知》指出,会议"研究解决的内容主要是:关于劳改工作的方针、体制问题,业务建设和干部队伍建设问题;刑满就业政策问题;总结交流工作经验"。会议参加人员包括各省、市、自治区公安厅(局)主管劳改工作的副厅(局)长,劳改局长,分管管教、生产的副局长,有关业务处长,以及部分基层监所领导。③

二、"八劳"会议召开的过程和《纪要》的主要内容

公安部于1981年8月18日至9月9日,在首都北京的京西宾馆召开了第八次全国劳改工作会议。会议的主要任务是,根据党的十一届三中全会和六中全会精神,全面回顾新中国成立以来的劳改工作,总结正反两方面的经验;充分

---

① 王明迪:《鸿泥集——监管改造工作理论与实践》,法律出版社2009年版,第99、100、142页。
② 参见王明迪:《鸿泥集——监管改造工作理论与实践》,法律出版社2009年版,第143—145页。
③ 参见王明迪:《一次承前启后、继往开来的历史性会议——纪念第八次全国劳改工作会议召开30周年》,《中国监狱学刊》2011年第4期。

研究新情况、新问题，确定新时期劳改工作的任务，提出加强和改进劳改工作的措施。

参会代表除系统内之外，还有中央政法委、计委、财政部、中国人民银行等中央有关部门代表，以及最高法、最高检、武警总部等方面代表，加上新闻单位采编人员，共计200余人。

会议由公安部党组主持。会议首先由公安部副部长吕剑光同志作工作报告，报告内容主要包括对劳改工作的基本估计、当前劳改工作面临的新情况、劳改工作的任务等三大问题。尔后是分组讨论，讨论的主题是吕剑光同志的工作报告和部劳改局提交的《监狱、劳改队管教工作细则（草案）》。与此同时，还组织了几场大家非常关心的热点问题的专题座谈会。会议期间，由会议秘书处编写《第八次全国劳改工作会议简报》。

会议开了一段时间后，与会代表对劳改工作的地位与作用，对如何消除"文革"的消极影响，认识上不尽一致。为提高思想，统一认识，公安部副部长于桑同志给胡耀邦总书记写信，请他到会并讲话。胡耀邦总书记回信表示将委派习仲勋同志到会看望代表并讲话。

9月7日，中央书记处书记、全国人大常委会副委员长习仲勋同志受中共中央总书记胡耀邦的委派来到公安部，接见与会代表并合影留念。

在公安部大礼堂，没有讲话稿的习仲勋同志一口气作了3个多小时的重要讲话。习仲勋在讲话中深刻指出，要认真清理"左"的思想和克服涣散软弱状态，号召大家"同心同德，把劳改工作做好"。他强调了劳改工作的地位和做好劳改工作的重要意义，进一步阐明了新时期劳改工作的方针、政策和任务，充分肯定劳改工作取得的重大成绩，高度赞扬劳改工作干警为巩固人民民主专政作出的贡献。针对一些同志认为劳改干部地位低下的片面认识，他明确指出，劳改工作干部"是高人一等的干部"。他赞誉劳改工作干警是"攀登十八盘的勇士""改造人的灵魂的工程师"。习仲勋同志的讲话极大地激励了全体与会代表。

会议期间，中共中央总书记胡耀邦同志批准会议代表参观当时尚未向社会开放的中南海。代表们获此殊荣，心情舒畅，情绪高昂，因"文革"破坏造成的阴影，因政策调整带来的困惑，由此一扫而光，全系统思想统一，精神振奋，会议取得了圆满成功。

公安部9月9日形成了《第八次全国劳改工作会议纪要》（以下简称《纪

要》)。9月10日,《人民日报》发表了题为《争取社会治安根本好转的一项重要工作》评论员文章,呼吁全社会重视、支持劳改工作。在胡耀邦同志主持下,中央书记处讨论、批准了公安部党组上报的《纪要》,并作了内容丰富而深刻的批语,以中办、国办的名义在1981年12月11日转发。①《纪要》共分三部分,主要包含以下八大方面的内容。

(一) 对新中国成立以来劳改工作的回顾

《纪要》指出:"我国的劳改工作,在党中央、毛泽东同志制定的方针政策指引下,取得了巨大成绩。建国以来,关押和改造一大批罪犯,大多数已经改恶从善,悔过自新,成为自食其力的劳动者,基本完成了对判处徒刑的历史反革命分子和旧社会渣滓的改造任务,还改造了一大批新的犯罪分子,安置了一大批刑满留场就业人员,为维护社会治安,巩固人民民主专政,保卫社会主义革命和建设作出了贡献。""实践证明,我国劳动改造罪犯的工作是成功的,受到广大群众的称赞,在国际上也有很高的声誉。这是我们党和国家改造社会、改造人、化消极因素为积极因素的一贯政策的胜利,是在党中央、国务院和各级党委、政府领导下,在人民群众和各部门积极支持下,广大劳改工作干警和看押部队长期艰苦奋斗的结果。"

会议认为,三十年来,劳改工作的基本经验是:(1)正确贯彻执行"改造第一、生产第二"的方针。(2)采取正确的政策和方法。(3)组织好劳改生产,进行科学的生产管理。(4)实行革命人道主义,把犯人当人看待。(5)各方面的力量密切配合。(6)加强劳改工作干部队伍的建设。

会议认为,当前劳改工作的主要问题是:(1)改造质量下降,犯人逃跑增加,刑满释放后重新犯罪的情况比较严重。(2)在执行政策上还没有完全清除"左"的思想影响。(3)劳改生产利润下降,亏损增加。(4)许多劳改单位没有警戒设施,没有教育设施,监房拥挤不堪,生活卫生条件很差,这对加强和改进劳改工作造成了困难。(5)干部队伍在思想上、组织上、作风上的不纯比较突出。同时,干部缺额较大,"老化"现象严重,与当前担负的任务很不适应。

---

① 参见中华人民共和国司法部编:《司法行政执法手册》(上),法律出版社2003年版,第375—380页。

（二）对劳动改造对象的新情况判断及改造目标的明确

《纪要》指出："当前,劳改对象的情况和过去比较发生了很大变化,工人、农民、知识分子、干部等劳动人民家庭出身的多,年纪轻的多,刑期短的多。绝大多数青少年犯,既是危害社会治安的害人者,又是林彪、'四人帮'流毒的受害者。既有破坏性大、难管教的一面,又有可塑性强、能接受教育挽救的一面。今后的劳改工作,要从这个新的情况出发,总结和创造新的经验。"《中共中央办公厅、国务院办公厅转发公安部〈第八次全国劳改工作会议纪要〉的通知》中进一步指出："当前,劳动改造对象的情况已经发生很大变化,大多数是劳动人民家庭出身的、年轻的刑事罪犯。很多人,特别是青少年,是由于受无政府主义、极端个人主义思想的影响,受国外资产阶级腐朽思想和生活方式的侵蚀而走上犯罪道路的。还有一些人的问题,本来是属于人民内部矛盾,但由于种种原因,矛盾被激化而犯罪。"

根据以上会议纪要和通知可以发现,当时服刑改造罪犯出现了"三多""两面"的新情况,即"劳动人民家庭出身的多,年纪轻的多,刑期短的多",他们既是害人者又是受害者,既有破坏性大、难管教的一面,又有可塑性强、能接受教育挽救的一面。

《中共中央办公厅、国务院办公厅转发公安部〈第八次全国劳改工作会议纪要〉的通知》中指出："我们必须根据改造对象的这种新情况,总结新经验,争取把绝大多数罪犯改造成为拥护社会主义制度的守法公民和对社会主义建设的有用之材。"

（三）对劳改工作干警的高度评价并对干部队伍建设提出新要求新任务

针对部分干部存在做劳改工作"低人一等"的自卑感,习仲勋在会议讲话中特别指出："他们的所在岗位,要比别的方面工作还更艰苦,更重要,更光荣。……不是好党员,能派来做这个工作吗？能做好这个工作吗？我看能在这个战线上做这项工作,几十年如一日,那是党性很强的干部,是高人一等的干部。"习仲勋赞扬劳改工作干警是"攀登十八盘的勇士""真正的灵魂工程师"和"无名英雄"。习仲勋的讲话,是新中国成立以来党和国家对劳改工作干警的最高评价。这"三项桂冠"不仅真实地反映了广大劳改工作干警光荣的战斗历程,更是党中央对全体劳改工作干警提出的更高要求和殷切希望。

《中共中央办公厅、国务院办公厅转发公安部〈第八次全国劳改工作会议纪要〉的通知》中指出:"广大劳改工作干警为劳改事业作出了很大贡献,应当受到全党、全社会的尊重。"也同时指出:"劳改工作干警要……克服涣散软弱状态,深刻认识新的历史时期赋予劳改工作的新任务,增强自豪感,振奋精神,兢兢业业,努力工作,争取在较短时间内,做出新的更大的成绩。"具体来说,在政治思想上"要进一步整顿和建设劳改工作干部队伍",加强政治思想工作,全体劳改工作干部必须认真学习《关于建国以来的若干历史问题的决议》,统一思想,增强团结。在干部任用上"要按照中央关于选拔中青年干部的标准,搞好各级领导班子的调整和建设。对少数不适合做劳改工作的干部,要调离劳改机关,要进行法制教育,整顿纪律作风,对严重违法乱纪的要严肃处理"。在干部培训上"要加强干部的教育训练,除了个别劳改单位少的地方以外,省、直辖市、自治区都应当创办劳改工作学校。招生指标,列入地方统一招生计划"。《纪要》还在干警待遇上作了实质性的提升。

(四)对新的历史时期劳改工作方针、政策及主要任务的确定

《纪要》指出:"要恢复劳改工作的好传统、好政策,也要根据新情况补充制定一些新的政策和办法。"对青少年罪犯还提出了"六字三像"工作方针,即对青少年罪犯,要像父母对待患了传染病的孩子、像医生对待病人、像老师对待犯了错误的学生那样,做耐心细致的教育、感化、挽救工作。在新的历史时期,劳改工作的主要任务是:在党中央、国务院和各地党委、人民政府领导下,继续坚持"改造第一,生产第二"的方针,改进监管工作,加强政治思想和文化技术教育,提高改造罪犯的质量,调整和发展劳改生产,加强干部队伍建设,为维护社会治安,保卫社会主义现代化建设作出新的贡献。"公安机关要把劳改工作摆到重要议事日程,切实加强领导。各地劳改局的组织机构和干部配备与工作任务不相适应的,要调整、充实、加强。"《纪要》在最后指出:"公安劳改机关要在党委和政府的领导下,在有关部门的支持和配合下,振奋精神,努力工作,为完成党和国家赋予的改造罪犯的光荣任务而奋斗!"

(五)对监管教育工作的强调

《纪要》指出:"对罪犯要严格管理,实行强迫改造。对犯人中出现的问题要

作具体分析,不要把犯人的一切问题都看成是阶级斗争的反映和反改造的行为。要相信绝大多数罪犯是可以改造成为新人的。"要"认真组织罪犯学政治、学文化、学技术、学科学,关心他们的吃、穿、住、医疗、卫生,为他们创造良好的改造条件,促进思想转化"。"要健全监管法规,从收押到释放,逐步实现监管工作的法律化、制度化。要维护劳改场所的改造、生产、生活秩序。要坚决打击反改造破坏活动。对行凶、报复、殴打干警的罪犯,对聚众斗殴、哄监闹事、反改造团伙的首要分子,对逃跑和其他重新犯罪的,要根据情节,分别予以惩处。要根据犯人的表现和悔改程度,实行奖惩严明的政策。对于确有悔改或有立功表现的,要依法减刑、假释。要教育罪犯在服刑期间必须遵守法律、法令、监规,服从军事管制,积极劳动生产,接受政治、文化、技术教育。要加强对罪犯的教育改造工作,把劳改场所办成改造罪犯的学校。要设置教育机构,配备专职教员,增加教育设备和经费,健全教学制度,进行系统的教育。犯人文化学习考试合格的,技术学习考工合格的,由劳改单位发给证书。罪犯的粮油定量和劳动保护待遇,要按照同类国营工业企业和国营农场同工种的标准和品种供应,不得克扣。"

（六）对刑满留场（厂）就业人员的政策调整

"八劳"会议及时调整留放政策,妥善处理历史遗留问题。《纪要》指出:"根据全国人大常委会《关于处理逃跑或者重新犯罪的劳改犯和劳教人员的决定》,刑满释放后强制留场（厂）的人员,要设置专场（厂）或单独编队,严格管理,除依法剥夺政治权利的以外,仍享有公民权,但要实行监督改造,经济上实行同工同酬。为了促进他们的改造,给予出路,由公安部根据原判刑期规定相应的监督考察期;对确实改造好了的,原则上可以回原来居住的地方。""今后犯人刑满释放,除强制留场就业的以外,均应放回捕前所在地或直系亲属所在地。……犯人刑满释放后,凡具有工程师、技术员或三级技工以上的水平,劳改生产需要,本人自愿的,可以作为社会就业,由劳改单位录用为正式职工。""原有留场（厂）就业人员中的老、病、残,一般都已失去了重新犯罪的能力,应尽量清理遣返回原籍或直系亲属所在地。少数清理不出去的,发给生活费养起来……"

（七）改革体制并调整、整顿劳改生产

《纪要》指出:"根据国民经济调整的精神,按照劳改工作的需要,进行整顿和调整,稳定和发展劳改生产。在调整中,请各有关部门给予扶持。劳改单位要认真整顿企业管理,进行试点,总结经验,积极稳步地实行各种经济责任制,采取有效措施,增加收入,减少亏损。劳改生产可以搞本系统跨地区、跨行业的联合,也可参加地方的联合,但劳改单位的人、财、物隶属关系不得改变,以利于对罪犯的改造工作。"

"由于十年内乱中劳改单位破坏严重,多数地区元气尚未完全恢复,需要休养生息。为了保证劳改工作方针、政策的贯彻实施,建议现在实行劳改财务包干和利润分成的省、市、自治区,要充分照顾改造罪犯的特殊情况,多留余地;利润较小的地区,免交利润。"

"劳改生产、狱政建设、教育设施、职工宿舍、营房和劳改工作学校等新建、扩建的基建投资,应在省、市、自治区计委单立户头,列入省、市、自治区基建计划,并根据改造罪犯工作的特殊需要,给予照顾。"

"对现有监房、营房、警戒、教育设施的维修、更新,已商得财政部同意,在今后三五年内由中央财政每年给予适当补贴。"

"劳改单位是改造罪犯的阵地,所有土地、设备、物资是国家财产,任何单位和个人不得侵占,已经侵占的必须退回。"

(八)成立精干的劳改工作研究所

《纪要》指出:"为了加强劳改工作政策理论和罪犯心理的研究,公安部要依托一两个办得好的劳改场所,成立精干的劳改工作研究所。"

三、"八劳"会议在当代中国监狱史上具有至高地位

(一)"八劳"会议是当代中国监狱史上的一个里程碑

拨乱反正的"八劳"会议在我国劳改工作历史上是一次具有里程碑意义的会议。[1]同时,"这次会议,是加速劳改工作改革开放、开创新局面的一次重要会议,是劳改工作实现历史性转折、进入新的历史发展时期的标志性会议"[2]。正是"八劳"会议,拉开了监狱(劳改)工作改革的帷幕。

---

[1] 参见王明迪:《鸿泥集——监管改造工作理论与实践》,法律出版社2009年版,第463页。
[2] 中国监狱工作协会编:《新中国监狱工作五十年:1949.10—2000》,法律出版社2019年版,第194页。

贾洛川认为:"'八劳'会议从多个方面对新时期监狱工作提出了一系列新理念、新思路、新对策,涉及议题层次之高,解决问题之多,提出措施之实,都是新中国监狱制度发展史上从未有过的,称之为划时代意义也实至名归。'八劳'会议为新中国监狱制度的拨乱反正、改革开启推进铺平了道路,指明了方向,奠定了基础,在新中国监狱制度发展的历史上留下了光辉而珍贵的一页。"[1]

(二)中央对"八劳"会议《纪要》的批语是历史之最

批语指出:"中央、国务院认为:劳动改造罪犯的工作,是我们党和国家改造人、改造社会的伟大、光荣事业的一部分。切实做好这一工作,对当前争取社会治安的根本好转,对进一步巩固人民民主专政,都有着重要意义。各地党委和人民政府要加强对这一工作的领导,督促公安机关认真贯彻执行党和国家关于劳改工作的各项方针政策,各有关部门要给予密切配合,帮助解决工作中存在的实际困难,把劳改工作进一步搞好。当前,劳动改造对象的情况已经发生很大变化,大多数是劳动人民家庭出身的、年轻的刑事罪犯。很多人,特别是青少年,是由于受无政府主义、极端个人主义思想的影响,受国外资产阶级腐朽思想和生活方式的侵蚀而走上犯罪道路的。还有一些人的问题,本来是属于人民内部矛盾,但由于种种原因,矛盾被激化而犯罪。我们必须根据改造对象的这种新情况,总结新经验,争取把绝大多数罪犯改造成为拥护社会主义制度的守法公民和对社会主义建设的有用之材。对刑满释放的人,不得歧视,不要叫他们劳改释放犯,要切实帮助解决他们的生活困难,给予参加学习、工作、劳动的机会,促使他们走上正路。广大劳改工作干警为劳改事业作出了很大贡献,应当受到全党、全社会的尊重。"

老局长王明迪认为,这一批语"在我国监狱工作历史上……是历次中央批语内容最丰富、最深刻的一次"[2],"为新时期监狱工作提供了强有力的制度保障,奠定了重要的政策基础"[3]。

(三)"八劳"会议拥有着数个"第一""首次"的头衔

"八劳"会议第一次对历史经验进行了全面的、科学的总结;"八劳"会议第

---

[1] 贾洛川:《新中国监狱制度70年》,中国法制出版社2019年版,第175页。
[2] 王明迪:《鸿泥集——监管改造工作理论与实践》,法律出版社2009年版,第102页。
[3] 王明迪:《一次承前启后、继往开来的历史性会议——纪念第八次全国劳改工作会议召开30周年》,《中国监狱学刊》2011年第4期。

一次提出了"把劳改场所办成改造罪犯的学校","首次提出创办特殊学校的工作要求"[1];"八劳"会议"首次确定依法保障罪犯权利"[2];"八劳"会议第一次解决了"文革"后劳改干部的着装问题,结束了广大干警是警察又不穿警服的历史[3];"八劳"会议第一次提出"提高改造罪犯的质量"的概念[4];"八劳"会议第一次提出基层劳改场所"成立精干的劳改工作研究所";"八劳"会议第一次提出"劳改单位的干部子弟学校,应纳入国民教育计划";"八劳"会议第一次提出"劳改工作干警在调配、退职、离休、退休、死亡、抚恤等方面应享受公安干警的同等待遇";"八劳"会议第一次提出劳改工作干部直系亲属"农转非"的问题。

(四)"八劳"会议的精神成为之后相当长一段时期制定政策、法规的重要依据

1982年发布的《关于劳动教养试行办法》《监狱、劳改队管教工作细则》《犯人生活卫生管理办法》《关于对罪犯教育改造工作的三年规划》《关于解决犯人文化技术教育经费的通知》,1983年发布的《关于刑满留场(厂)就业人员有关待遇问题的通知》《关于犯人刑满释放后落户和安置的联合通知》,1984年发布的《关于做好犯人刑满释放后落户和安置工作的通知》,1985年发布的《关于加强对劳改、劳教人员文化技术教育的通知,1986年发布的《少年管教所暂行管理办法(试行)》等,皆有"八劳"会议很深的印痕或根据"八劳"会议精神制定。

四、"八劳"会议的历史性贡献和划时代意义及对当下监狱工作的启示

"八劳"会议的成功召开,标志着遭受严重破坏的劳改工作在思想上和方针、政策上基本完成了拨乱反正的历史任务。"八劳"会议之所以在当代中国监狱史上具有至高地位,是因为其所作出的历史性贡献和具有的划时代意义。会

---

[1] 中国监狱工作协会编:《新中国监狱工作五十年:1949.10—2000》,法律出版社2019年版,第196页。

[2] 王明迪:《一次承前启后、继往开来的历史性会议——纪念第八次全国劳改工作会议召开30周年》,《中国监狱学刊》2011年第4期。

[3] 1981年2月10日公安部、财政部发出《关于劳教、劳改工作干部着民警服装问题的通知》,但真正解决的是"八劳"会议。

[4] 1964年召开的"六劳"会议曾提出开展"五好中队"运动,其中一条是"改造质量好"。

议对我国劳改工作方针、政策的系统化、科学化、制度化作出了重要贡献,为我国劳改法学理论研究和教学发展提供了实践经验、奠定了理论基础,为开创劳改工作新局面起到了重要的促进作用。这次会议的指导思想和基本精神,至今对劳动改造罪犯工作仍然具有指导意义。一是把劳动改造罪犯的工作上升为"党和国家改造人、改造社会的伟大、光荣事业的一部分";二是会议精神处处闪耀着毛泽东改造罪犯思想的光辉与精髓,昭示着毛泽东改造罪犯理论的强大生命力;三是充分彰显革命人道主义原则指导下对罪犯权利的尊重与保护;四是"把劳改场所办成改造罪犯的学校"为今后监狱(劳改)单位如火如荼开办"特殊学校"指明了方向;五是一切"利于对罪犯的改造工作"的思想至今仍具有极强的指导意义;六是新中国成立后三十余年的劳动改造罪犯工作的基本经验是中国特色社会主义监狱的基本特色,至今仍值得发扬并光大;七是"八劳"会议关于队伍建设和如何做一名合格的干警,对当下的队伍建设与监狱民警依然极具现实借鉴价值。

"无名英雄""攀登十八盘的勇士""改造人的灵魂的工程师""真正的灵魂工程师",这是习仲勋同志代表中央给予劳改工作干警的崇高荣誉,"这是新中国成立以来党和国家对劳改工作干警的最高评价"[①]。这些桂冠,"不仅真实地反映了广大干警光荣的战斗历程,更是党中央对全体干警提出的更高要求和殷切期望"[②]。处于新时代的监狱民警理应重拾这些光环、重新理解这些耀眼光环所蕴涵的深意而不忘初心、不负时代、不辱使命。

[①②] 中国监狱工作协会编:《新中国监狱工作五十年:1949.10—2000》,法律出版社2019年版,第195页。

"八劳"会议的时代价值、现实意义及深刻启示

杨龙胜[*]

一、"八劳"会议的时代价值

1981年8月18日至9月9日,公安部召开了第八次全国劳改工作会议(以下简称"八劳"会议)。"八劳"会议根据党的十一届三中全会和六中全会精神,回顾了新中国成立以来的劳改工作,肯定了成绩,总结了正反两方面的经验,确定了新时期劳改工作的任务,提出了切实加强劳改工作的各项有力措施。

会后,中共中央、国务院批转了《第八次全国劳改工作会议纪要》(以下简称为《纪要》),并强调指出:"劳动改造罪犯的工作,是我们党和国家改造人、改造社会的伟大、光荣事业的一部分。切实做好这一工作,对当前争取社会治安的根本好转,对进一步巩固人民民主专政,都有着重要意义。"

"八劳"会议开创了中国监狱事业新的更高发展阶段,引领着中国监狱法治文明进步。因此,从某种意义上来说,"八劳"会议已经成为引领中国监狱创新、改革、发展的时代灯塔、历史坐标。"八劳"会议所蕴含的时代价值核心是法治思想,精髓是求实创新,本质是一切为了人民,根本是确保党的绝对领导。"八劳"会议蕴含的时代价值基本内容包括:坚持实事求是、一切从实际出发的实践作风;坚持创业创造、不断开拓的创新品质;坚持胸怀大局、服务人民的奉献精神,坚持依法治监、公平正义的法治追求。

二、"八劳"会议的现实意义

"八劳"会议研究制定的既有监狱建设方向的议题如监狱工作的指导思想、方针政策、体制机制等,又有针对监狱实际管理的问题如监管改造工作标准、从

---

[*] 杨胜龙,广东省阳春监狱党委委员、副监狱长。

优待警要求和劳改生产考核等,研究议题层次之高、解决问题之多、提出措施之实、后续影响之大,是新中国监狱史上从未有过的,具有划时代意义和里程碑意义。[①]因此,"八劳"会议是中国监狱历史上一次具有承前启后、继往开来的历史性会议,是我们党领导监狱改革发展历久弥新的宝贵财富,对推动监狱改革开放、创新发展具有重要的现实意义。

(一)"一个科学论断"牢记监狱历史使命

"八劳"会议明确提出,要把改造罪犯工作看作是一项改造人、改造社会的伟大事业。党中央、国务院批转的会议《纪要》也开宗明义地说:"劳动改造罪犯工作是我们党和国家改造人、改造社会的伟大、光荣事业的一部分。"这一"科学论断"是"八劳"会议实事求是、一切从实际出发的实践作风的最真实写照。

1. 实事求是界定劳改工作社会地位

"八劳"会议将劳动改造罪犯明确定位是党和国家改造人、改造社会的伟大、光荣事业的一部分,并且指出做好劳动改造罪犯工作,对争取社会治安的根本好转,进一步巩固人民民主专政,都有着重要意义。当时中国刚刚实行改革开放,社会治安面临押犯构成的重大变化,要确保社会治安的根本性好转,进而保障中国经济社会改革开放的顺利推进,必须要切实有效发挥监狱工作巩固人民民主专政、维护社会安全稳定的重要作用,因此,党中央针对当时社会主义建设的实际,从服务党和国家伟大事业建设发展的高度对劳改工作社会地位作出恰如其分、从实际出发的评价,为劳改工作适应改革开放新形势、新任务明确了历史使命,奠定了坚实的理论基础。

2. 客观科学分析劳改工作面临的形势任务

"八劳"会议客观分析了过去一个时期以来,劳改工作在思想政策路线上发生的偏差,特别是在执行"左"的错误政策上,导致"在劳改生产上出现了过高指标、高征购,搞超体力劳动,不少劳改单位发生过非正常死亡"[②]。在改造工作效果上存在很多不尽如人意的方面,如"改造质量下降,犯人逃跑增加,刑满释

---

① 参见王明迪:《一次承前启后、继往开来的历史性会议——纪念第八次全国劳改工作会议召开30周年》,《中国监狱学刊》2011年第4期。
② 《第八次全国劳改工作会议纪要》(1981年12月11日),资料来源:http://m.110.com/fagui/1822.html,访问日期:2022年3月29日。

放后重新犯罪的情况比较严重"①。在干部队伍建设上也明显跟不上时代发展要求"一些干部把对罪犯的文明管理、实行革命人道主义,进行教育、感化,保障犯人应有的权利,看成是右的表现,经过整顿教育,仍未完全制止"②。"八劳"会议这种实事求是、一切从实际出发的严肃态度,表现出高度的历史责任感,也为党中央科学界定新时期监狱工作新的历史使命提供重要的决策依据。同时,科学确定了新时期劳改工作的历史任务,就是要"争取把绝大多数罪犯改造成为拥护社会主义制度的守法公民和对社会主义建设的有用之材"③。这是"八劳"会议针对当时现实状况,科学确定了新时期劳改工作的历史任务,确保劳改工作始终适应中国社会发展实际。

3. 从实际出发开出高质量会议

据资料记载,"八劳"会议原定召开时间为半个月,结果从8月18日一直开到9月9日,历时22天,这在中国监狱工作历史上也是绝无仅有的。这是因为在会议期间"考虑到一些重大问题尚未取得协调一致,在劳改工作的地位问题上,一些代表气不顺,存在一定的压抑感,公安部党组决定会议延期"④。所以说会议时间的延长本身也体现了"八劳"会议实事求是、一切从实际出发的实践作风。此外,为了切实研究解决劳改工作面临的新形势、新任务、新困难,会议召开之前进行了深入的、全面的、严谨的调研活动,会议期间党和国家领导人亲自过问,并派代表到会作重要讲话,同样都体现了劳改工作实事求是、一切从实际出发的一贯作风。

(二)"两项改造实践"指明监狱改造方向

"八劳"会议总结了新中国监狱工作的基本经验,并且全面总结和理论概括为:"改造第一、生产第二""教育改造与劳动改造相辅相成,不可偏废"。"八劳"会议基于新中国监狱面临的经济状况、形势任务和现实需要,总结出的"两项改造实践"经验,既对新中国监狱改造罪犯工作所取得成绩的高度肯定,又为新时期监狱改革发展指明了前进方向,更是"八劳"会议坚持创业创造、不断开拓的创新品质的现实体现。

---

①②③《第八次全国劳改工作会议纪要》(1981年12月11日),资料来源:http://m.110.com/fagui/1822.html,访问日期:2022年3月29日。

④ 王明迪:《一次承前启后、继往开来的历史性会议——纪念第八次全国劳改工作会议召开30周年》,《中国监狱学刊》2011年第4期。

1. 肯定劳动改造的重要地位

"八劳"会议充分肯定新中国监狱在一穷二白的基础上,白手起家创造性开展劳动改造取得的卓著成效。全国监狱劳改生产从事大规模的水利、筑路、垦荒、开矿和建筑等生产建设事业,极大地支持了新中国的社会主义经济建设。劳动改造为国家创造了巨大的经济财富,也创建了相当规模的监管改造罪犯的物质条件,从经济上保证了改造罪犯工作的顺利进行。更为重要的是通过劳动改造,使罪犯养成劳动习惯,学会生产技能,提升劳动素养,有力地维护了新中国经济社会的稳定发展。虽然劳动改造工作一度受"左"的思想束缚和封建余毒影响发生过偏差和错误,但是劳动改造罪犯作为新中国监狱事业的成功经验,所具有的重要地位,党中央、国务院作出了充分而明确的评价:"实践证明,我国劳动改造罪犯工作是成功的,受到广大群众的称赞,在国际上也有很高的声誉。这是我们党和国家改造社会、改造人,化消极因素为积极因素的一贯政策的胜利。"[1]这一论述不但从监狱工作方向上对劳动改造的地位、发展作出了进一步明确,也表明劳动改造是中国监狱必须始终坚持的方针政策、特色理论、创新思路,从而为开辟劳动改造罪犯中国道路的新征程指明了方向。

2. 强调始终坚持改造人的宗旨

"八劳"会议总结了劳改工作的6条基本经验,其中第一条就是"贯彻执行改造第一、生产第二的方针",强调"教育改造与劳动改造是相辅相成的,不可偏废"。当时为了巩固新生的人民民主政权,党和政府开展了剿匪反霸和镇压反革命运动,监狱押犯猛增,再加上日本战犯和国内战犯,这些反革命罪犯、战犯等长期受到反动教育,要把他们改造成为拥护中国共产党、拥护新中国、拥护社会主义的新人,任务十分艰巨。监狱在改造工作中坚持正确的改造方针,进行长期、艰苦、细致的教育改造工作,促使他们逐步消除敌对思想和对抗情绪,同时也使他们的灵魂深受感动,反思自己的罪行,终于转变立场,得到脱胎换骨的改造。大批罪犯刑满释放后成为遵纪守法、自食其力的劳动者。因此"八劳"会议旗帜鲜明提出将罪犯改造成为守法公民、成为社会有用之人的改造宗旨理念。这一宗旨理念,在此后数十年新中国监狱工作发展历程中始终未变,监狱改造人不断创新、不断创造精神追求始终没有变。

---

[1] 《第八次全国劳改工作会议纪要》(1981年12月11日),资料来源:http://m.110.com/fagui/1822.html,访问日期:2022年3月29日。

3. 阐明"两项改造实践"的辩证关系

随着国家政治、经济形势的好转和人民民主政权的日益巩固,对罪犯实行劳动改造已经显示出重要的政治意义和经济意义。但是,出现了某些"左"的倾向。少数劳改单位片面追求经济效益,重生产轻改造,对罪犯搞超体力、超时间的劳动,罪犯脱逃、死伤、闹监等问题较为严重,劳改工作的改造任务和生产任务之间出现了矛盾。因此,"八劳"会议提出"继续坚持'改造第一、生产第二'的方针,改进监管工作,加强政治思想和文化技术教育,提高改造罪犯的质量""要加强对罪犯的教育改造工作,把劳改场所办成改造罪犯的学校"[①],等等。"八劳"会议从正反两方面的经验,提出建立健全劳动改造和教育改造的管理机制以及两者之间辩证统一、相辅相成、相互促进的关系,这一开拓性的理念对于监狱工作创新发展产生了深远的影响。

(三)"三个方面成效"肯定监狱改造特色

"八劳"会议对新中国监狱劳动改造罪犯的理论和方针、政策在实践中取得巨大胜利、形成的中国监狱劳动改造罪犯的特色道路,分别从"罪犯、社会、政治"三个方面进行总结,高度肯定了劳动改造罪犯取得的"反革命罪犯改造基本完成、支援了社会经济建设、提升了中国政治声誉"三个方面成效,着力体现了"八劳"会议坚持胸怀大局、服务人民的奉献精神,这也是中国监狱在中国共产党领导下走劳动改造罪犯特色道路的初心和使命。

1. 基本完成了对反革命罪犯的改造任务

从 1951 年组织劳动改造罪犯开始,至 1981 年基本完成了对判刑劳改的历史反革命罪犯的改造任务。作为新中国敌对势力、反动力量的成千上万的历史反革命罪犯经过劳动改造,洗心革面、重新做人,养成了劳动的习惯,掌握了一定的劳动技能,具备了必要的劳动素养,走上了自食其力的新生道路。这样,真正从根本上化消极因素为积极因素,最大限度地为国家输送了有用之才。据资料统计显示,"文化大革命"前一些地区罪犯刑满释放后,重新犯罪的占 1%—3%。就是在"十年内乱"中,刑满释放人员干坏事、重新犯罪的也只是极少数。[②]"八

[①] 《第八次全国劳改工作会议纪要》(1981 年 12 月 11 日),资料来源:http://m.110.com/fagui/1822.html,访问日期:2022 年 3 月 29 日。

[②] 参见中国监狱工作协会编:《新中国监狱工作五十年:1949.10—2000》,法律出版社 2019 年版,第 19 页。

劳"会议针对当时实际指出:"当前,劳改对象的情况和过去比较发生了很大变化,工人、农民、知识分子、干部等劳动人民家庭出身的多,年纪轻的多,刑期短的多。"这也从另一个侧面表明通过广大劳改干部始终胸怀大局、服务人民,已经基本完成了反革命罪犯的改造任务。

2. 有力支援了社会经济建设

"八劳"会议客观总结了新中国监狱响应中央号召,用较短的时间完成了从中央到地方五级劳改机关管理体制的建立,较快地解决了监狱人满为患的困难。不少监狱、劳改队在经济上做到了自给自足,既减轻了国家负担,又解决了罪犯坐吃闲饭的问题。将罪犯组织起来进行劳动改造,为国家和社会创造了大量财富,有力地支持了社会主义经济建设。特别是全国监狱劳改生产从事大规模的水利、筑路、垦荒、开矿和建筑等生产建设,极大地支持了新中国成立初期的社会主义经济建设,着力彰显了无数劳改工作干部始终发扬服务人民、甘于奉献的精神。这一精神为我国劳改事业创出了新路子,也为以后劳改工作的顺利进行奠定了基础。

3. 提升了中国政治声誉

1964年3月,随着最后一批日本战犯释放,千余名日本战犯全部释放回国,标志着长达14年之久的中国改造日本战犯工作胜利结束,开创了人类监狱史的先例。中国共产党领导新中国监狱成功改造战犯的开拓性创举,是对人类监狱史的巨大贡献,有力提升了中国政治声誉。劳动改造罪犯是我们党和国家改造人、改造社会的伟大、光荣事业的一部分。"八劳"会议给予了高度肯定:"实践证明,我国劳动改造罪犯工作是成功的,受到广大群众的称赞,在国际上也有很高的声誉。"代表中央到会的时任中央书记处书记、全国人大常委会副委员长习仲勋同志强调指出:"我们不仅有效地改造了一般的罪犯,还成功地改造了战犯,改造了清末的皇帝溥仪,这是一个很了不起的事情,试问世界上哪一个国际能够做到这一点呢?没有……只有我们社会主义制度的国家才有这个气魄,这么大的信心,把犯罪分子改造成为新人。"[1]正是因为新中国劳改干部始终发扬胸怀大局、服务人民的奉献精神,才创造了一个又一个人类监狱史上的奇迹。

---

[1] 王明迪:《一次承前启后、继往开来的历史性会议——纪念第八次全国劳改工作会议召开30周年》,《中国监狱学刊》2011年第4期。

(四)"三项桂冠评价"明确监狱改造任务

"八劳"会议《纪要》中指出:"广大劳改工作干部为劳改事业作出了很大贡献,应当受到全党、全社会的尊重。"习仲勋代表中央在会议讲话中赞扬劳改工作干部是"攀登十八盘的勇士""真正的灵魂工程师"和"无名英雄"。因此,"三项桂冠评价"不仅是党和国家领导人对劳改工作干部的最高赞誉,更是党和国家对中国监狱改造罪犯历史任务的殷殷期望。

1. "攀登十八盘的勇士"

这是对监狱工作任务艰巨性、危险性和牺牲性的形象概括、真实反映。监狱工作不仅环境艰苦,还要承担巨大的压力和风险。在监狱这个"没有硝烟的战场"上,改造与反改造的斗争始终都是非常激烈、尖锐,一刻也不会停歇。监狱民警始终身处种种危险之中,时刻面对重重困难挑战:既要依法保障罪犯合法权益,又要实行奖惩严明的政策;既要依法坚持监狱的刑罚执行职能,对罪犯依法实施惩罚,又要在依法严格文明科学管理的基础上,运用各种有效形式,实现惩罚与改造的有机结合,提高罪犯改造质量。为了党的事业,为了国家安定、为了社会的安稳,为了人民安宁,广大监狱民警始终坚守岗位,忠于职守、善于战斗、敢于胜利,不断锻造成为改造与反改造斗争战线上的"勇士",努力成为新中国监狱法治实践和探索的"勇士"。

2. "真正的灵魂工程师"

这是对监狱工作意义深刻性、重要性和科学性的直接描述、现实写照。监狱民警要像父母对待不听话的孩子、医生对待患病的病人、老师对待犯错误的学生那样,做耐心细致的教育、感化、挽救工作,认真组织罪犯学政治、学文化、学技术、学科学,关心他们的吃、穿、住、医疗、卫生,为他们创造良好的改造条件,促进思想转化。要实现目标必须是触及灵魂,实现灵魂再造。而这个实现目标的前提是依法改造、彰显公平正义。世界上最难干的工程,就是改造人的内心世界。因此,监狱民警不仅要有"工程师"的眼界、境界、实力、魅力,更要有依法改造"灵魂"的法治思维和法治方式、法治智慧。

3. "无名英雄"

这是对监狱工作性质的特殊性、隐蔽性和封闭性的高度概括、现实评价。监狱民警长期在封闭的环境下,既要维护监管改造场所的改造、生产、生活秩序,又要坚决打击反改造破坏活动;既要对行凶、报复、殴打干警的罪犯,对聚众斗殴、哄监闹事、反改造团伙的首要分子依法实施惩处,又要时刻严防脱逃和其他重新犯罪的违法行为的发生。他们在高墙内监管改造工作上建功立业、成绩斐然,而社会的认同度、群众的认可度往往不匹配。但是,广大劳改干部甘当"无名英雄",不为名、不为利,默默地贡献自己,始终坚持以改造人为宗旨,在监管改造罪犯过程中始终确立法律至上和权利至上的法律意识和法治理念,做到依法保障罪犯合法权益,使罪犯顺利回归社会成为守法公民。

三、"八劳"会议对新时代监狱高质量发展的深刻启示

"八劳"会议的时代价值、现实意义是劳改工作宝贵的精神财富,也带给我们新时代中国监狱高质量发展很多重要而深刻的启示。

(一)必须坚持不懈加强党的领导,推动监狱工作更高质量发展

"八劳"会议期间习仲勋代表党中央到会讲话指出,过去毛主席、周总理、少奇同志都亲自过问劳改工作,不止一次讲过劳改工作方面的问题。在当前的这种情况下,中央对劳改工作更是十分重视的,希望各地党委也要加强和改善对劳改工作的领导。[①]"八劳"会议后,中共中央办公厅、国务院办公厅向全国转发了《纪要》,为新时期监狱工作进一步加强党的领导提供了制度保障和现实基础。因此,推动新时代监狱工作高质量发展,必须切实增强"四个意识"、坚定"四个自信",持续加强理论武装,旗帜鲜明讲政治,坚持不懈加强党的领导,以高质量党的建设推动新时代监狱工作更高质量发展。

1. 牢牢把握政治统领

要严格落实"两个确立",做到"两个维护",把党对监狱工作的绝对领导推向深入。邓小平曾经指出:"任何一个领导集体都要有一个核心,没有核心的领导是靠不住的。"这是对中国共产党艰难曲折探索的真实写照。从马克思主义发展史、世界社会主义发展史看,维护党的权威和党的领袖的权威,始终是马克思主义政党一条基本原则。因此,要坚决把思想、意志和行动统一到"两个确立"上来,更加坚定自觉落实"两个确立",做到"两个维护",更加自觉锤炼对党

[①] 参见王明迪:《一次承前启后、继往开来的历史性会议——纪念第八次全国劳改工作会议召开30周年》,《中国监狱学刊》2011年第4期。

绝对忠诚的政治品格，坚持一切行动听党中央指挥，主动向党中央看齐，让忠诚核心成为监狱民警最鲜明的政治品格，让维护核心成为监狱高质量发展最鲜明的政治底色，成为引领新时代中国监狱更高质量发展的思想旗帜、精神旗帜。

2. 培育良好政治生态

要坚持培育良好政治生态，全面加强党对监狱工作的绝对领导。坚持把习近平总书记关于政法队伍和监狱工作重要指示批示精神作为政治要件，第一时间贯彻落实。健全狠抓落实的长效机制，切实把忠诚体现在贯彻党中央决策部署的行动上，体现在履职尽责、恪尽职守的实效上，确保监狱机关始终是坚持党的领导的坚强阵地。

3. 建设过硬基层组织

要全面加强监狱各级党的基层组织建设，把党对监狱工作的绝对领导落实落细。要以提升组织力为重点，增强监狱各级基层党组织政治功能和服务功能，增强监狱各级党组织的政治领导力、思想引领力、群众组织力和社会号召力，把监狱各级党组织建设成为宣传习近平法治思想、贯彻党的改造方针、领导监狱治理、团结动员民警职工、推动监狱改革发展的坚强战斗堡垒。

（二）必须坚持改造人的宗旨，服务更高水平平安中国建设

"八劳"会议针对当时社会治安面临的新形势和押犯构成的重大变化，提出许多实事求是、切合实际的新观念和新的政策措施，确定了新时期监狱工作必须坚持坚定不移走符合中国国情的改造人道路，并提出必须坚持改造人的宗旨。同样，新时代中国监狱高质量发展必须坚持改造人的宗旨，最大限度教育转化罪犯，促进罪犯顺利回归社会成为守法公民，着力维护社会安全稳定，服务更高水平的平安中国建设。

1. 坚持劳动改造的中国特色

要在劳动改造中创造性实现经济价值的同时，又能促进罪犯养成劳动习惯、素养，提高罪犯职业技能，提升回归就业能力。要通过认真开展劳动教育，强化劳动技能培训，研究制定劳动改造工作规范，明确和细化劳动组织管理、劳动权益保护和劳动计分考核等工作制度，不断增强罪犯在劳动改造过程中的惩罚性、体验感、获得感、公平感和安全感等。不断强调发挥监狱作为国家专政机关、"刀把子"的职能作用，同时不断丰富发展劳动改造罪犯的成功经验，从监狱法治文明进步上对劳动改造的运行、发展等制定统一的规划，开创中国特色劳

动改造罪犯的新局面。

2. 围绕改造人的首要任务

推进新时代中国监狱高质量发展必须将"以改造人为宗旨"作为监狱工作的出发点和归宿,这既是"八劳"会议倡导的价值宗旨,也是长期以来中国监狱工作的经验总结,更是中国特色监狱制度特征的体现。要通过构建全面、完整、规范的刑罚执行制度体系,建立罪犯改造质量评估系统,最大限度减少、转化社会对立面,厚植党的执政根基。当前,尤其是要通过深化扫黑除恶专项斗争成果,努力将涉恶涉黑罪犯改造成守法公民,让城乡更安宁、群众更安乐。

3. 围绕维护总体国家安全的总目标

要紧紧围绕总体国家安全大局,进一步发挥监狱作为平安中国建设主力军作用。努力打造新时代"枫桥经验"的"监狱版",立足底线思维研判形势、聚焦突出风险精准防控,全力落实维护总体国家安全的总目标。通过坚持依法应对重大挑战、抵御重大风险、克服重大阻力、解决重大矛盾,依法惩罚改造罪犯,维护国家政权安全,确保社会大局稳定,促进公平正义,保障人民安居乐业,进一步提升人民群众获得感、幸福感、安全感,在推动和服务更高水平平安中国建设中发挥监狱重要职能作用。

(三)必须坚持依法治监,服务更加公平正义的法治中国建设

"八劳"会议是在新中国法治建设面临重大进程的历史背景下召开的,同时,"八劳"会议所形成的《纪要》在很大程度上、在很长一个历史时期,不断推动着中国监狱实现法律化、制度化和规范化。新时代人民群众在民主、法治、公平、正义、安全、环境等方面有内涵更丰富、标准更高的需求,监狱必须坚持依法治监,推进高质量发展,服务更加公平正义的法治中国建设。

1. 用习近平法治思想铸魂

习近平法治思想是马克思主义法治理论中国化的最新实践成果,是新时代中国特色社会主义全面依法治国的行动方略。推进新时代监狱高质量发展必须凝聚在习近平法治思想旗帜下。习近平总书记对推进监狱体制改革、深化监狱执法公开、维护监狱执法公正等多次作出重要指示批示,为形成中国特色社会主义法治道路、推进中国监狱高质量发展提供了科学指引、行动指南。因此,要突出强调监狱机关是人民民主专政的国家政权机关,是党和人民掌握的"刀把子",要在刑罚执行中体现出坚定的政治立场、高度的政治清醒、强烈的政治

自觉,切实把维护国家政治安全、政权安全放在首要位置来抓,坚定不移做国家政权的捍卫者、社会主义市场经济的护航者。深入学习、贯彻习近平法治思想,推动中国监狱高质量发展。

2. 维护社会公平正义

习近平总书记强调,要把握社会公平正义这一法治价值追求,努力让人民群众在每一项法律制度、每一个执法决定、每一宗司法案件中都感受到公平正义。因此,要通过减刑、假释、暂予监外执行专项排查整治成果,推动刑罚执行突出问题标本兼治,推动监狱纳入地方安全工作目标体系,严格执行防止干预司法的"三个规定",切实强化监管改造、维护安全稳定、促进公平正义,推进监狱治理体系和治理能力现代化。同时注重通过新闻媒体、互联网、微信公众号等平台开展党务公开、政务公开、狱务公开,确保严格规范公正文明执法,提高监狱执法公信力。坚持邀请人大代表、政协委员、律师等多方参与监狱执法监督,让公平正义以人民群众可感、可触、看得见的方式实现。

3. 依法保障合法权益

习近平总书记强调,全面依法治国最广泛、最深厚的基础是人民,必须坚持为了人民、依靠人民。推进全面依法治国,根本目的是依法保障人民权益。要贯彻落实习近平总书记关于实施民法典的重要指示,严格附带民事赔偿、罚金刑罪犯的减刑假释条件程序,与地方医院建立"医联体",共享优质医疗资源,紧盯监狱执法高危领域,加强精准监督、类案监督,坚决维护监狱执法的公平、公正与公信,让人民群众有实实在在的获得感、幸福感、安全感。通过推进涉黑涉恶涉恐等罪犯监管改造,职务犯、病犯等集中关押,实行罪犯危险性全流程评估。要在一个个罪犯改造的具体实践、一件件刑罚案件执行中把依法保障合法权益目标落实好。

(四)必须坚持加强队伍建设,提供更加有力的组织保障

"八劳"会议明确指出,要进一步整顿和建设劳改工作干部队伍。要加强政治思想工作,全体劳改工作干部必须认真学习《关于建国以来的若干历史问题的决议》,统一思想,增强团结。要按照中央关于选拔中青年干部的标准,搞好各级领导班子的调整和建设。习近平总书记也强调指出,要坚持建设德才兼备的高素质法治工作队伍,坚持抓住领导干部这个"关键少数"。这些重要论述,深刻阐明了监狱高质量发展的重要保障就是监狱民警队伍建设,牵住了这个

"牛鼻子",就是抓住了"关键点",推进新时代监狱高质量发展就有了方向、有了保障。

1. 铸牢绝对忠诚的政治素质

培养绝对忠诚的监狱民警队伍,必须用习近平法治思想武装头脑,滋养初心、引领使命。以监狱民警的履职实效检验政治建设成效,要持续在学懂弄通践行习近平法治思想上下功夫,更加自觉用习近平法治思想武装头脑,强化政治素质,打牢政治底色。如聚焦"政治要件""政治生活""政治基础",不断完善政治监督要点,建立纪律、审计、巡察监督信息互通机制,完善政治生态评价标准体系,健全责任落实倒查机制,强化落实"三不机制"、"一案一总结"、"一案一整改"机制等,抓住领导干部这个"关键少数",紧盯警囚关系不清的重点问题,始终保持反腐败高压态势,以更严更实的态度维护好监狱机关良好政治生态。

2. 体现到选人用人上

切实把思想和行动自觉统一到习近平法治思想的精神实质上来,就要进一步提升维护国家安全特别是政治安全、政权安全的能力和水平,尤其是体现到坚持党管干部原则和用人导向上来。坚持好干部标准,着眼于党的事业发展需要,公正选人用人,公道对待干部,公平评价干部,公正使用干部,把好干部标准落到实处。坚持好干部标准,突出政治标准,推行综合分析研判、人岗匹配度分析、政治表现场景分析等,优化监狱领导班子和中层干部队伍配备,切实发挥党组织的领导核心作用。

3. 培养绝对过硬的专业素质

通过践行习近平法治思想,要在做业务中讲政治,更要在讲政治中做业务,不断强化专业素养,锤炼铁一般的过硬政治素质和业务素质。要坚持干什么、学什么、练什么,突出实战、实用、实效,做到干一行、钻一行、精一行。要坚持缺什么、补什么,深化更富实效的教育培训,努力成为监狱工作的行家里手。要全面推开监狱高质量发展绩效评价办法和指标体系,建立质量、效率、效果为核心的业绩评价指标体系,大力促进硬碰硬、实打实的能力素质建设。

论"八劳"会议的历史价值与现实启示

王杭莉[*]

习近平总书记指出:"党的历史是最生动、最有说服力的教科书。"研究第八次全国劳改工作会议(以下简称"八劳"会议)的历史价值、现实启示,具有资辅当前的作用。

党的十一届六中全会通过《关于建国以来党的若干历史问题的决议》后,全国进入拨乱反正的历史时期。全国监狱面临改造对象构成、性质、年龄、成分等的深刻改变,国家财政保障缺乏,经济困难十分突出,干部队伍组织管理体系混乱,政治经济待遇偏低,思想情绪明显。由于极"左"思想影响,劳改干部对新的形势看不清方向,对新的措施心存疑虑,亟须提高认识,统一思想。在这样的关键节点上,"八劳"会议于1981年8月至9月在北京召开。

一、"八劳"会议的历史价值

"八劳"会议总结了新中国成立以来劳改工作的基本经验,分析了当时劳改工作的主要矛盾,为监狱工作定向把脉,从理论上、实践上解决了新时期监狱面临的改革发展问题。它明确了监狱工作的社会地位和历史使命,提出了依法保障罪犯权利的新课题,做出了把监狱办成特殊学校的战略决策,在高度评价劳改干部的同时,切实改善了劳改干警的政治经济待遇,提振了劳改干部的士气。

(一)政治价值

"八劳"会议抓住要害,立足现实,既解决实际问题,也指明发展方向,为劳改工作的长远发展谋篇布局。

1. 坚持和改善党的领导

坚持党对监狱工作的领导是我国监狱工作的政治优势。习仲勋在"八劳"

---

[*] 王杭莉,浙江省乔司监狱四分监狱一级警长。

会议讲话中指出,把劳改工作做好的关键在于加强和改善党对劳改工作的领导。过去毛主席、周总理、少奇同志都亲自过问劳改工作。中央对劳改工作是十分重视的,希望各地党委也要加强和改善对劳改工作的领导。

中共中央、国务院在转发会议《纪要》时指出:"劳动改造罪犯的工作,是我们党和国家改造人、改造社会的伟大、光荣事业的一部分。各地党委和人民政府要加强对这一工作的领导,把劳改工作进一步搞好。"

党对监狱工作的领导伴随着新中国监狱发展的始终,从红色苏维埃感化院到共和国监狱,都是在党的直接领导下创建和发展起来的。只要党的领导加强了,监狱工作就顺利发展。反之,就倒退。

2. 提高干警社会经济地位

"八劳"会议充分肯定了劳改干部的贡献,解决了实际困难,确认了劳改干部的政治地位、社会地位。

对基层干警的困难,"八劳"会议十分重视。胡耀邦总书记指派中央书记处书记、全国人大常委会副委员长习仲勋同志代表党中央出席"八劳"会议并代表中央讲话。习仲勋同志赞扬劳改工作干警是"攀登十八盘的勇士""改造人的灵魂工程师",要求"在生活上和其他方面要多给予照顾"[①]。中共中央、国务院在"八劳"会议《纪要》的批语中也指出:"广大劳改工作干警为劳改事业做出了很大贡献,应当受到全党、全社会的尊重。"

"八劳"会议对于解决劳改单位困难,提出了具体对策,解决了各省劳改局的职级规格及其职能问题,特别是干警工资福利待遇问题等。在会议《纪要》里明确:"凡在劳改农场和大、中城市以外的劳改工业单位工作,参加工作十五年以上,或年龄三十八岁以上,或科、大队级以上的干部,居住在农村的配偶和已丧失劳动能力或未成年的直系亲属,可迁到干部所在劳改单位落户。劳改单位的干部子弟学校,应纳入国民教育计划,由当地教育部门统一领导和管理。劳改工作干警在调配、退职、离休、退休、死亡、抚恤等方面应享受公安干警的同等待遇。"1981年12月,解决了干警的岗位津贴;同年,公安部会同财政部联合下发《关于劳教、劳改工作干部着民警服装的通知》,解决了劳改干部的着警服问题。1983年2月,国务院办公厅转发公安部《关于调整部分公安干警工资的方

[①] 王明迪:《一次承前启后、继往开来的历史性会议——纪念第八次全国劳改工作会议召开30周年》,《中国监狱学刊》2011年第4期。

案》的通知,劳改工作干警同样实行"公安干警的工资略高于同级行政干部"的原则。劳改工作的地位和价值得到了国家认同。

一系列具体政策举措,解决了两地分居、子女就学、待遇偏低、着装等问题,劳改干部的种种不"公"得到安抚,回应了"三论"(危险论、吃亏论、倒霉论),理顺了"三气"(怨气、泄气、不服气),消除了自卑感,提高了自豪感。

3. 开创劳改工作新局面

"八劳"会议以全新的视角审视劳改工作,站在共产党改造自然、改造社会、改造思想的高度,提出了一系列开创性的举措。在认真贯彻党的劳改工作方针、政策,改进管教方法的基础上,进一步提出要具体分析犯人中出现的问题,不要把犯人的一切问题都看成是阶级斗争和反改造行为。这在当时是巨大的认识飞跃。尤其是对青少年罪犯,提出了"六字三像"方针。

"八劳"会议《纪要》指出:认真组织罪犯学政治、学文化、学技术、学科学,要把劳改场所办成改造罪犯的学校。这是新中国监狱史上的创举,在世界监狱史上也是首创。到20世纪末,全国96.37%的监狱办成了特殊学校,教育改造罪犯工作进一步系统化、规范化。①

1982年1月,中共中央在《关于加强政法工作的指示》中进一步指出:劳改、劳教场所是教育、改造违法犯罪分子的学校,它不是单纯的惩罚机关,也不是专搞生产的一般企业、事业单位。明确界定了"特殊学校"的性质。劳改场所办特殊学校,是对改造罪犯规律的新实践、新探索,对中国特色监狱工作影响深远。

(二)法律价值

1. 界定劳改工作法律意义

"八劳"会议《纪要》指出:"实践证明,我国劳动改造罪犯工作是成功的。劳改工作受到广大群众的称赞,在国际上也有很高的声誉。这是我们党和国家改造社会、改造人、化消极因素为积极因素的一贯政策的胜利。"中央在转发《纪要》的批语中把改造罪犯、刑罚执行工作提升到"党和国家改造人,改造社会的伟大、光荣事业的一部分"的高度,并指出"切实做好这一工作对进一步巩固人

---

① 参见中国监狱工作协会编:《新中国监狱工作五十年:1949.10—2000》,法律出版社2019年版,第224—226页。

民民主专政,都有着重要意义"。将改造罪犯的目的表述为"拥护社会主义制度的守法公民和社会主义建设的有用之材",不仅体现了劳动改造的政治属性,而且体现了社会主义社会刑罚执行的法律本质,肯定了劳动改造罪犯的法律意义,提出了监狱改造罪犯工作的本质要求。

2. 提出依法文明管理

"八劳"会议针对健全监管法规、实现依法管理,提出"罪犯在服刑期间必须遵守法律、法令、监规,对逃跑和其他重新犯罪的,要根据情节,分别予以惩处"。这从法理的视角提出了监管安全的实现路径。

关于罪犯权益,会议《纪要》指出"要根据犯人的表现和悔改程度,实行奖惩严明的政策。对于确有悔改或有立功表现的,要依法减刑、假释"。这体现了宽严相济的刑事法律政策,体现了社会主义监狱制度对罪犯"给出路,在希望中改造"的优势。会议同时强调罪犯依法享有申诉权、辩护权、控告权,罪犯不受刑讯体罚、虐待侮辱,私人合法财产不受侵犯等权利;强调要关心罪犯的吃、穿、住、医疗、卫生,实行革命人道主义,把犯人当人看待,这也开启了依法治监的新探索。

3. 展现改造罪犯的法律自信

习仲勋在"八劳"会议上指出:"通过强迫劳动把这些罪犯改造成为新人。劳改工作做得好,刑满释放以后都能重做新人,社会的治安问题就解决了一半。"新中国成立以来,关押和改造的罪犯,大多数改恶从善,悔过自新,成为自食其力的劳动者。"八劳"会议《纪要》认为"基本完成了对判处徒刑的历史反革命分子和旧社会渣滓的改造任务,为维护社会治安、巩固人民民主专政、保卫社会主义革命和建设做出了贡献"。

新中国劳改工作成功的定义,是罪犯刑满释放以后,成为遵纪守法、自食其力的劳动者。"我们不仅有效地改造了一般的罪犯,还成功地改造了战犯,改造了清末的皇帝溥仪,这是一个很了不起的事情。试问世界上有哪一个国家能够做到这一点呢?没有,只有我们社会主义制度的国家才能有这个气魄,这么大的信心把罪犯改造成为新人。"[①]这段对于新中国改造罪犯工作的评判,展现出对我国改造罪犯的制度安排和法律手段的充分自信。

---

① 王明迪:《一次承前启后、继往开来的历史性会议——纪念第八次全国劳改工作会议召开30周年》,《中国监狱学刊》2011年第4期。

（三）理论价值

劳改工作的实践，为我们认识、探寻劳改工作的规律提供了源泉。"八劳"会议是对实践、认识、再实践、再认识规律的生动再阐释，从理论上框定了劳改工作方针政策。

1. 构建劳改工作基本理论框架

"八劳"会议全面总结了新中国成立以来的罪犯劳动改造的理论和实践，分析总结了监狱工作方针、改造政策和方法、监狱经济的科学管理、罪犯人权保障等方面的探索和实践，提出了劳改工作的六条基本经验，形成了中国特色社会主义监狱工作的基本经验和理论认识。

劳改工作的六条基本经验是：执行"改造第一、生产第二"的方针，教育改造与劳动改造相辅相成；采取正确的政策和方法，实行惩罚管制与思想改造相结合、劳动生产与政治文化技术教育相结合、严格管理和教育感化挽救相结合；组织好劳改生产，进行科学的生产管理，既不让犯人坐吃闲饭，也不搞超体力劳动；实行革命人道主义，把犯人当人看待；各方面的力量密切配合，劳动改造罪犯，充分依靠人民群众，在监管、教育、生产和刑满安置等方面取得有关部门的支持和配合；加强劳改工作干部队伍的建设。

"八劳"会议对改革开放新时期的监狱工作提出了明确的要求，提出依法保障罪犯权利，强调把劳改场所办成改造罪犯的特殊学校，为监狱工作的发展做出了理论、法律、实务等方面的探索。

2. 建立劳改工作研究机构

任何一项工作都要有正确的理论作指导。劳动改造罪犯，是我国监狱工作最基础的理论。

根据"八劳"会议《纪要》关于"成立精干的劳改工作研究所"的要求，全国劳改科学研究的组织相继建立。中国法学会劳改法学研究会于1985年成立。还成立了省一级的劳改法学研究会，创办了劳改专业刊物。如1984年，上海市成立犯罪改造研究所，逐步并入《上海劳改劳教改造通讯》编辑部，12月成立上海市犯罪改造学会。1988年河南省法学会劳改法学研究会成立。1992年设置河南省罪犯改造工作研究所，与省劳改学会合署办公。1985年，浙江省建立省劳改法学研究所，后改名为劳改工作研究所。1986年浙江省法学会劳改法学研究会成立。

研究机构和刊物的建设为劳改科研工作开辟了园地。监狱学教学与科研活动日趋活跃。20世纪80年代后期,一些高校也开展了监狱工作的理论研究。1983年,中国政法大学首次招收劳改法学硕士研究生,中国人民大学、北京大学、西南政法学院随后招收该专业硕士研究生。在这些高等院校,监狱理论研究广泛开展,为监狱工作的进步发展提供了智力支持和理论指导。

3. 创建劳改(监狱)学学科

《纪要》提出:"要加强干部的教育训练,省、市、自治区都应当创办劳改工作学校。招生指标列入地方统一招生计划。"劳改工作干部学校逐步走上正轨,如1984年上海市建立劳改工作学校,1985年4月更名为劳改警察学校。1984年9月,浙江省劳改工作干部学校成立。1981年7月河南省成立劳改干部学校。

创办劳改工作学校,为监狱理论学科的建设、"工学研"一体化发展打下了坚实的基础。"八劳"会议,对我国劳改学科的研究起了极大的推动作用,开创了监狱学科建设的新境界。

监狱工作教育事业的发展,需要课程设置及教材支持。1983年1月经公安部党组批准,成立了劳改专业教材编辑部,编写的《改造教育学》《狱政管理学》《劳动改造学》《罪犯改造心理学》《劳改政治工作学》等专业教材相继问世,对劳改工作进行了比较系统全面的理论探讨与论述,成为劳改学研究的第一批成果。这不仅填补了监狱学的空白,满足了教学的需要,而且对监狱学科理论体系的形成起到了奠基作用。

1984年教育部将劳动改造学作为法律专业的课程,列入综合性大学法律系法律专业的四年制教学计划。中央劳改劳教管理干部学院和各省劳改警察学校的建立以及政法院校劳改专业的设置,为劳改学科研究工作和劳改专业教学奠定了基础,推动了监狱学科建设。

二、"八劳"会议的现实启示

发掘"八劳"会议的历史价值,研究"八劳"会议的历史成就,对新时代监狱工作具有现实意义。

(一)坚持体现中国特色

监狱工作要体现中国特色社会主义的特色,充分展示社会主义监狱制度的优越性。

1. 坚持党对监狱工作的绝对领导

党的领导是党和国家事业不断发展的"定海神针"。"中国最大的国情就是中国共产党的领导"[①]，新中国监狱工作离不开党的领导，党的领导是监狱工作最大的特色。

党的监狱工作方针的发展变化，说明了党对监狱工作领导的极端重要性。党中央通过监狱工作方针，明确监狱工作发展的目标和方向，解决监狱工作的理论、性质和实践问题。我国监狱工作从"三个为了"方针，到1954年政务院出台《改造条例》的"两个结合"；从"改造第一、生产第二"，到"八劳"会议召开及"六字三像"政策的提出，到1994年《监狱法》的颁布，始终贯彻着"惩罚和改造相结合，以改造人为宗旨"的方针。

以毛泽东为代表的第一代中央领导集体，基于新中国成立初期对社会主义革命的形势任务的科学判断，研判了新中国监狱工作政治属性和任务，指明了劳动改造罪犯的社会主义方向。"八劳"会议提出加强和改善党对劳改工作的领导，要求全国各地各级党委加强对劳改工作的关心、支持，这对于以党建为统领加强监狱各项工作，依然具有时代价值。

2. 坚持劳动改造罪犯

习仲勋在"八劳"会议讲话中强调，改造是手段，又是目的。因为改造有个过程，改造必须经过实践，就是通过生产劳动这个实践去改造他，把他改造成新人，这是目的。

"劳动"作为改造罪犯的手段，是中国社会主义监狱的最显著特征，也是中国社会主义刑事司法制度区别于西方的最大特点。法理和实践，都支持劳动改造论。《监狱法》第五章第六十九条、第七十条明确规定了罪犯必须参加劳动，也指出了劳动对于矫正恶习、养成劳动习惯及回归社会后就业的重要性。

从法律层面看，组织罪犯接受劳动改造，从事生产活动，这本身就是基于《监狱法》的执法行为。

共产党人"劳动改造人、劳动创造人"的认识飞跃，直接给劳动改造罪犯提供了理论依据。《智囊·上智部·通简》记载宋神宗时，知县程明道处理勒索船民财物，烧掉船只的"不法刁民"，把他们分开安置在不同地方以"养船谋生"。

---

① 习近平：《中国共产党领导是中国特色社会主义最本质的特征》，《求是》2020年第14期。

毛泽东对此批注:"劳动改造"。1963年10月,毛泽东在天津与中央华北局、河北省和天津市负责人谈话时说:"周处除三害,人是可以觉悟的。陈平是贪污犯,后来做了宰相,除吕保刘。可见人有错误是可以改的……还可以劳动改造。"可见毛泽东"劳动改造人"思想的一贯性。

在改造罪犯的具体实践中,最经常的改造活动就是"接受劳动改造",从时间分配上如此,在空间安排上亦然。

3. 坚持让罪犯在希望中改造

坚持宽严相济政策。根据犯人的表现和悔改程度,实行奖惩严明的政策,对于确有悔改表现的,可以减刑、假释。《刑法》第七十九条规定:对确有悔改或者立功事实的,裁定予以减刑。从法律层面对确有悔改、立功表现罪犯给予奖励和希望。

把监狱办成特殊学校。罪犯在服刑期间,把刑期当学期,学文化、学本领,使罪犯对未来充满信心和希望,有利于罪犯回归社会后成为守法公民。

坚持刑满释放后"给出路"的政策。把监狱工作延伸到社会,开展监地融合。监狱作为刑事司法的"末端",同时扛起了社会稳定的"前端"责任。接茬就业安置帮教,无缝实现监地对接,在社会处于数字化转型的当下,意义特别重大。

(二)坚持开展调查研究

调查研究是我党的优良传统。没有调查,就没有发言权。在习近平总书记看来,"调查研究不仅是一种工作方法,而且是关系党和人民事业得失成败的大问题……要在全党大兴调查研究之风"。

1. 决策研究

"八劳"会议的调查研究启发我们,决策前必须实事求是地开展调研。"八劳"会议召开前经过了特别充分的调查研究,组成由公安部劳改局正、副局长带队的工作组,深入全国各地劳改单位,倾听基层意见,了解真实情况,以高度的政治自觉,实事求是地反映问题。"八劳"会议能解决监狱及监狱民警面临的诸多问题和困难,和决策前的充分调研、论证以及会上的充分讨论密不可分。

监狱工作发展的各个历史时期,都会面临很多问题,调查研究是形成决策、解决问题的关键环节。前些年有些影响全系统的决策,明显存在调查研究不充分,论证不严密,决策的科学性不够、可行性不强的问题。如在数字化监狱建设不断进步的当下,"瞪眼班"等决策,明显与科学管理相逆,不符合基层监狱工作实际情况,不符合科学决策流程。

2. 理论研究

"八劳"会议把劳改工作理论研究推向了一个新高潮。近年来,中国特色社会主义监狱理论研究广泛,但在社科领域还没有足够的学术地位和话语权,监狱学科建设缺乏顶层设计与理论高度,学科建设、理论研究与基层监狱工作关联度不足,实践性不强。应以"八劳"会议的理论勇气和担当精神,拓展理论视野,构建新时代监狱治理的理论体系,提高理论水平。可以从法治监狱的科学界定、习近平法治思想与监狱法治、《监狱法》的理论架构和实施细则、传统的三大改造手段与监狱法治的内在理论逻辑等时代命题,展开理论攻坚。

3. 研究成果的运用

开展理论研究是为了解决实际问题。"八劳"会议的理论成果,针对性强,目的明确,在其后监狱工作的发展中持续发挥了指导作用。

当前,尽管监狱系统各级各类研究层出不穷,成果不可谓不多,但是能够形成政策措施、解决基层监狱实际问题的理论研究乏善可陈。研究成果很少进入决策视野。

必须关注理论成果的孵化,催生"产学研"相结合的孵化机制,真正让理论来源于监狱工作实践、服务于监狱工作实践。在理论指导下工作,在实际工作中深化理论认识。

（三）坚持从优待警原则

"八劳"会议热情回应监狱基层民警关切,解决监狱及民警的社会地位、经济待遇等问题,是贯彻从优待警原则的典范。

1. 从优待警要有为民情怀

劳改工作干警在"八劳"会议后,享受到的一些权益,现在正在减退。在"劳改干部在死亡、抚恤等方面享受公安干警同等待遇"这一点上,基层民警深感差距进一步拉开。监狱系统民警因公牺牲,其抚恤、政治待遇等方面明显不如公安系统的民警。例如,2009年内蒙古呼和浩特第二监狱34岁民警兰建国与越狱的4名罪犯进行殊死搏斗,身中56刀壮烈牺牲。兰建国家属收到抚恤金1万元、领导个人捐助1万元、保险金6万元,共计8万元。而同期某公安民警因劳累而牺牲后家属获得的抚恤金额为100万元。①在经费保障、福利待遇等方面保障力度和公安相比也有差距。政治地位由于管辖关系的变化，引以为豪的"公安干警"不再与监狱民警相关，国家领导人在节庆日问候"公安干警"的时候，监狱民警的自卑心情油然而生。这些问题需要在有关监狱工作决策中，像"八劳"会议那样以高度的政治勇气与使命担当，抱着崇高的为民情怀去研究解决。

2. 从优待警要有责任担当

习近平总书记指出：要抓好服务，人民群众的事情就是我们的牵挂，要以问题为导向，力争实现各种服务全覆盖，不断满足百姓提出的新需求。②全心全意为人民服务是党的宗旨。监狱民警是为人民服务的主体，同时也是各级组织视野中"人民、百姓"的一员。特别是新冠肺炎疫情发生后，监狱工作实行疫情防控模式，监狱封闭管理、民警封闭执勤、"医食住行婚育养"诸多方面，存在实际困难。各级监狱党组织如何担起责任，解决民警夫妻两地分居、子女就学、老人抚养等问题，是监狱现代治理的题中应有之义。要避免以高于制度规定的道德要求来绑架民警，爱警惠警要落地落实。

3. 从优待警要有保障

首先是制度保障，要研究出台爱警惠警暖警的相关政策制度，从制度层面做好顶层设计，切实让基层民警享受到发展成果。流血流汗不流泪，使监狱民警这一职业，成为光荣而美好、能够激发民警为之奋斗一生的伟大事业。其次要提供坚实的物质保障。从执勤装备到执勤住宿条件，从办公设备配置到夜间执勤安全防护，从通勤到上下班交接，都要与其工作责任匹配。经费保障要实现"八劳"会议提出的与公安民警同等待遇。再次，加强监狱工作性质、职能、重要意义的宣介，对监狱改造罪犯工作的政治、法律、社会、经济效果等要多渠道传播，提高社会各界对监狱工作的了解、理解和支持，增强监狱工作的社会美誉度，提高监狱民警的职业认同感和工作自豪感。

---

① 南风新媒体工作室：《兰建国十周年祭　有些事不能忘却，有些人值得铭记！》，资料来源：https://zhuanlan.zhihu.com/p/89806599，访问日期：2022年6月13日。
② 新华社：《人民群众的事情就是我们的牵挂》（2016年2月3日），资料来源：http://news.anhuinews.com/system/2016/02/03/007206600.shtml，访问日期：2020年11月5日。

论"八劳"会议的现实意义与启发

王建平[*]

新中国成立后,监狱工作在老一辈无产阶级革命家的指导和关怀下,准确定位了中国改造罪犯的指导思想,不断完善了符合中国国情改造罪犯的有效办法,为社会安定、经济发展、人民安居乐业作出了特殊的贡献。特别是1981年8月18日至9月9日,在北京召开的第八次全国劳改工作会议,全面总结了劳改工作的经验,提出了改造罪犯的有效办法,解决了当时监狱管理体制和干警的待遇等问题,在中国监狱发展道路上留下了不可磨灭的印记。

一、"八劳"会议的历史地位

"八劳"会议召开后,《人民日报》发表了评论员文章《争取社会治安根本好转的一项重要工作》,体现了党中央对会议的高度重视和高度的支持,这也为对落实会议精神奠定了坚实的基础。当年12月11日,中共中央、国务院向全国转发了会议《纪要》,为落实会议精神注入了强有力的动力。中共中央、国务院在转发的《纪要》中指出:"中央、国务院认为,劳动改造罪犯的工作,是我们党和国家改造人、改造社会的伟大、光荣事业的一部分。切实做好这一工作,对当前争取社会治安的根本好转,对进一步巩固人民民主专政,都有着重要意义。"从中华人民共和国成立以来,中央曾批转"一劳""二劳""三劳"和"六劳"会议《纪要》(报告),但是把罪犯改造工作提到"党和国家改造人、改造社会的伟大、光荣事业的一部分"这样的高度还是第一次,并且把新时期改造罪犯的标准确定为"拥护社会主义制度的守法公民和社会主义建设的有用之才",准确定位了罪犯改造工作的要求,彰显了"八劳"会议在罪犯改造工作中意义非凡的历史地位。

---

[*] 王建平,山西省监狱学会秘书长。

二、"八劳"会议的历史意义

党的十一届三中全会后,全国各行各业都在拨乱反正,纠正"文化大革命"及以前"左"的错误,停止了"以阶级斗争为纲"的错误口号,把工作重点转移到社会主义现代化建设的道路上来。罪犯改造工作也开始强调实事求是、理论联系实际的原则,解放思想、努力研究新事物、新情况、新问题,探寻符合中国监狱发展的道路。

(一)广泛开展调查研究,摸清实际情况

在1930年5月,毛泽东为了反对当时红军中存在的教条主义思想,专门写了《反对本本主义》一文,提出"没有调查,就没有发言权"的著名论断。实践证明,开展调查研究工作是我党克服困难、战胜困难的法宝。在筹备"八劳"会议前期,工作组在全国各地进行了两年时间的广泛调研,发现了诸如领导体制不顺,组织机构和干部配比与工作任务不匹配;财政保障乏力,没有固定保障制度;"文化大革命"中,队伍散了,后遗症突出;基层单位特别是一些农场、矿产单位,由于编制和待遇问题的交织,"民警没有警服、干部带不了家属"等问题。在了解了上述迫切、棘手的问题后,确定了召开"八劳"的主要任务是:根据党的十一届三中、六中全会精神,回顾新中国成立以来的监狱工作,总结正反两方面经验,充分研究新情况、新问题,确定新时期劳改工作的任务,提出加强和改进劳改工作的措施。

(二)发扬求真务实作风,解决实际问题

"八劳"会议在北京京西宾馆举行,当时中央几次重要会议都在这里召开,原定半个月的会期,考虑到一些重大问题存在的分歧,与会负责人及时向中央汇报,中央委派时任中央书记处书记、全国人大常委会副委员长习仲勋同志看望参会人员并作重要讲话。习仲勋的讲话,一是肯定了劳改工作的地位和作用。二是指出,对待罪犯要讲人道主义,不能虐待罪犯:"对待青少年犯,我们就不能单纯把他当犯人看。不当犯人看,并不是说就不去管他了。判他徒刑,对他进行劳改,这就已经是专政了,如果单纯当犯人对待,甚至加以虐待或侮辱,那就是法西斯专政。"三是对干警无私奉献的精神给予了赞扬。他指出:所有献

身于劳改事业的干警们,为社会治安都作出了牺牲,流汗流泪又流血。他希望"劳改工作干部要加强对自己工作的自豪感,扫除自卑感",改变低人一等的思想,要在政治上严格要求,在生活上改善待遇。同时对"以工代干"的问题,提出要选用一批好的工人转到干部岗位,适时解决干部身份。与会代表听了习仲勋同志的讲话后,无不为之振奋,扫除了思想中的困惑。

三、"八劳"会议的历史作用

"八劳"会议召开后,在《人民日报》发表了评论员文章,中共中央、国务院也转发了会议《纪要》,充分体现了国家对监狱工作的重视,开启了一个新的时代。

(一)总结了六条经验

大会回顾了新中国成立30年来罪犯改造工作的六条经验,并将六条经验写入了会议《纪要》。这六条经验是:正确贯彻执行"改造第一、生产第二"的方针,教育改造与劳动改造相辅相成;实行惩罚管制与思想改造相结合、劳动生产与政治文化技术教育相结合、严格管理和教育感化挽救相结合的方针政策;通过生产劳动,使犯人养成劳动习惯,学会生产技能;实行革命人道主义,把犯人当人看待;充分依靠人民群众,在监管、教育、生产和刑满安置等方面取得有关部门的支持和配合;加强劳改工作干部队伍的建设。

(二)提出了教育改造罪犯的新办法、新举措

针对劳改对象和过去比较发生了很大变化的情况,绝大多数青少年犯,他们既是危害社会治安的害人者,又是林彪、"四人帮"流毒的受害者;既有破坏性大、难管教的一面,又有可塑性强、能接受教育挽救的一面。会议提出劳改工作要从这个新的情况出发,总结和创造新的经验,特别是对青少年罪犯"要像父母对待患了传染病的孩子、医生对待病人、老师对待犯了错误的学生那样",做耐心细致的教育、感化、挽救工作,认真组织罪犯学政治、学文化、学技术、学科学,关心他们的吃、穿、住、医疗、卫生,为他们创造良好的改造条件,促进思想转化,同时,根据罪犯的表现和悔改程度,实行奖惩严明的政策,对于确有悔改或有立功表现的,要依法减刑、假释。这不仅极大地调动了罪犯改造的积极性,也保障了罪犯的合法权利。会议中提出的创办特殊学校的思路,这是在中国监狱史上

第一次提出。会后全国监狱从教学教材、师资配备等方面进行了落实创建学校,截至1989年,山西所有监狱(包括未管所)都创办了特殊学校。

（三）解决了监狱管理体制中存在的问题

会议对管理体制中存在的突出问题,提出了具体的解决办法:一是调整和发展劳改生产。"为了保证劳改工作方针、政策的贯彻实施,建议现在实行劳改财务包干和利润分成的省、市、自治区,要充分照顾改造罪犯的特殊情况,多留余地;利润较小的地区,免交利润。"这从宏观上规划了监狱生产劳动,确保监狱可持续、健康的发展。"劳改生产、狱政建设、教育设施、职工宿舍、营房和劳改工作学校等新建、扩建的基建投资,应在省、市、自治区计委单立户头,列入省、市、自治区基建计划,并根据改造罪犯工作的特殊需要,给予照顾。"这明确了监狱发展要纳入社会统一规划当中,并要求得政府支持、社会关注。二是提出着手解决干警夫妻两地分居的问题,解决年老离休、退休时妥善安置的问题,解决组织机构和干部配备与工作任务不相适应的问题。三是调整刑满留场(厂)就业人员的政策,对刑满留场(厂)就业人员要在经济上实行同工同酬,刑满释放改造好的罪犯可以回到原籍。

上述问题的解决,给监狱工作注入了新的活力,使监狱工作有章可循,对1983年"严打"中对罪犯的改造和后来的监狱工作都起到了积极的作用。

四、"八劳"会议对当前监狱工作的启发

尽管"八劳"会议时至今日已有四十余年,但是"八劳"会议的作用一直在闪耀着光芒,为推动监狱工作起到积极的作用,有学者说,"八劳"会议《纪要》就是《监狱法》的前身,它对劳改工作干部的定义甚至比《监狱法》对监狱人民警察的定义还要全面、科学。事实上"八劳"会议的的确确解决了不少问题,开启了当时劳改工作新的征程,也对今天的监狱工作带来了深深的启发。

（一）深入开展对监狱工作的实践思考,强化调查研究工作

1. 增强法律制度方面的调查研究,尽快修订《监狱法》并出台实施细则

当前,监狱主要依据的法律《监狱法》颁布于1994年,已有28年。与《监狱法》直接相关的《刑法》1979年公布实施以来已有十一次修正,《刑事诉讼法》

1979年公布实施以来已有三次修正,《民事诉讼法》1991年公布实施以来已有四次修正。被称为"社会生活的百科全书"的《民法典》,也从2021年1月1日起施行。而《监狱法》不仅没有进行全面修正,而且与其配套的《实施细则》至今也没有出台。《监狱法》也应适应社会变化发展进行修正,并出台细则。目前《监狱法》的修正处于最佳时机。不论是《刑法》《刑事诉讼法》《民事诉讼法》,还是《民法典》的颁布设施,都为《监狱法》修正和出台细则提供了法律依据,我们要借鉴和学习"八劳"会议的精神,广泛调研,收集一线资料,出台适用性更强的法律制度,为监狱工作提供法律保障。

2. 增强对罪犯管理方面的调查研究,总结改造罪犯的有效办法

随着全方位推进监狱工作高质量发展理念的提出,监狱系统应紧跟时代发展,顺应社会发展潮流,加大调查研究的力度,寻找新时期提高罪犯改造质量的办法。一是要解决民警中存在的困惑。民警普遍感到"高压线"太多,易触电,心理压力大,而且现在的罪犯维权意识逐年提高,管理难度加大,存在老办法不能用、新办法不管用的问题。二是要解决对罪犯有效管理办法的问题。从监管形势来看,监管改造对象和环境都出现了新情况、新问题;从犯罪方式上看,暴力犯罪、涉黑恶犯罪、邪教类犯罪、经济类犯罪、智能型犯罪增加;从监狱改造职能来看,监狱已经不能满足"收得下、管得住",还要"教得好,改得好"。要加强这些方面的研究,将改造罪犯由简单的思想、文化、技术教育向多元化发展,寻求"沾泥土、带露水、冒热气、接地气"的改造办法。三是要解决完善容错纠错机制的问题。对民警的问题线索要认真核查,不护短、不遮丑。对执法违法、以案谋私的坚决查处,对失职失责的严肃问责,严防"灯下黑",但对工作尽心尽力、勤勤恳恳,对工作中失误和过失估计不足、应对不充分情况,要区别对待,宽容失误,建立容错纠错机制,让民警轻装上阵,鼓励实干。

3. 增强理论服务于实践方面的研究,做好理论与实践的有效结合

时代是思想之母,实践是理论之源。社会发展永无止境,理论创新也就永无止境,监狱工作是实践性很强的工作,面对新形势、新要求,出现的问题越来越多,需要在实践上大胆探索、在理论研究上不断突破。习近平总书记讲"理论修养是干部综合素质的核心,理论上的成熟是政治上成熟的前提,政治上的坚定源于理论上的清醒"。对监狱工作面临的困惑与焦点问题,要从理论研究层面先入手、先发声,开展广泛的调研,采取召开基层座谈会、专家论证会、职能部门评审会等措施,形成读得懂、用得上、能解渴的有力度和温度的研究成果,服务于基层一线、服务于上层决策。

(二) 社会各部门之间要各负其责,密切配合,形成合力

1. 与社会各部门密切配合,形成合力

监狱要与各级党委和政府部门加强沟通,特别是与政法部门内公、检、法、司等部门加强沟通,在制定规章制度和措施方面要广泛征求这些部门的建议。一是加强与公安机关的联系。公安机关对每名罪犯犯罪前的社会情况要比监狱了解掌握得多,加强与公安机关的联系,有助于对罪犯的改造,也有助于罪犯回归社会、融入社会。二是加强与检察院的联系。每个监狱都有驻监监察室,监狱应该主动向驻监监察室反映汇报情况,特别是对顽危犯、老弱病残犯、涉黑涉恶罪犯的管理,驻监监察室也应向监狱提供合理建议,从执法监督层面对罪犯起到震慑作用。三是加强与法院的联系。对罪犯服刑前的判决、服刑期间减假暂的裁定,只有让罪犯感到公平公正,他们才会积极改造。

2. 建立健全与社会部门对接的工作机制

罪犯改造工作既是一项系统工程,又是一项社会工程,要想实现改造人、塑造人、造就人、培养人的目标,单靠监狱一家是不够的,因此监狱教育改造的全过程中还需要实现与社会的全面而又更广泛的融通和联系,构建起监狱内外共同教育改造罪犯的强大合力。实现社会融通,需要构建监狱与社会信息互通、资源共享、工作联动的体制机制,及时将罪犯的改造表现、释前评估意见、后续管控和帮教建议等材料与职能部门对接,在上户口和就业、医保和养老方面给予帮助,打通"最后一公里",这样才能有效巩固教育改造成效,有助于刑释罪犯出监后尽快融入家庭、融入社会,获得社会承认,从而有效降低罪犯再犯罪率。

3. 监狱发展要纳入社会统筹一体规划发展当中

一直以来,监狱自成体系,与社会各部门交往不多,在社会一体化进程中,这种弊端越来越明显,监狱要纳入社会一体化中才有更强的活力。监狱的发展存在使用土地、城市发展规划等方面的问题,监狱要在改建、扩建、迁建中纳入当地政府一体规划中,这样监狱后续的水、电、暖气等配套服务才能得到保障。同时,民警职工也能享受到社会学校、医疗、养老、健身、娱乐等方面的待遇。监狱工作也要面向社会,推动"阳光政法""狱务公开",接受社会监督,提高监狱履职能力。要扩大对外宣传报道的力度,借助新型网络媒体,做强门户网站、微信公众号,把监狱爱岗敬业、扎根基层、典型做法、英烈劳模的先进事迹宣传报道

出来，鼓舞士气，提振精神。

（三）开创求真务实、干事创业的新局面

1. 要在加强政治建设上持续用力

坚持把习近平新时代中国特色社会主义思想作为终身必修课，教育引导广大民警把对"两个确立"的衷心拥护转化为做到"两个维护"的自觉行动。

2. 要在正风肃纪反腐上持续用力

紧盯"关键少数"，坚持有案必查、有腐必惩，清除一切侵蚀民警队伍肌体健康的病毒，确保队伍永不变质、永不变色、永不变味。

3. 要在常态整治顽疾上持续用力

建立健全常态化联动整治执法司法顽瘴痼疾、接受群众监督评价等长效机制，常态化专项整治违规违法"减假暂"，让人民群众感受到公平正义。

4. 要在健全长效机制上持续用力

深化政法领域改革，积极探索统筹纪委监委专责监督与党委政法委工作监督、政法机关内部制约监督的机制，围绕政法干警违纪违法易发多发领域和岗位，完善教育管理、预警预防、监督惩处等制度体系，切实发挥标本兼治的综合效应。

5. 要在不断巩固深化党史学习教育和队伍教育整顿成果上持续用力

要把党史学习教育作为一项重大政治任务来抓，学史明理、学史增信、学史崇德、学史力行，传承红色基因，永葆忠诚本色。要在思想上、政治上、组织上、作风上进一步纯洁队伍，筑牢政治忠诚，补齐短板、压实责任，勇于自我革命、刮骨疗毒，努力打造一支让党和人民信得过、靠得住、能放心的政法铁军。

6. 要在关心关爱上持续用力

要完善队伍管理，增强干警的职业荣誉感和自豪感，引导一线干警安心基层、担当作为，提升素质，提高执法工作的质量和水平。要完善用人机制，把合适的人放在合适的岗位上，"人尽其才、物尽其用"，促进队伍专业化。要不断补存新鲜"血液"，促进队伍年轻化。要不断完善考核机制，推进队伍正规化。

"八劳"会议与新时代监狱工作的使命

王振伟　李建淼[*]

一、"八劳"会议的历史意义

1981年8月18日至9月9日,公安部在北京召开第八次全国劳改工作会议(以下简称"八劳"会议)。这是新中国监狱工作处于重大历史转折时刻召开的一次承前启后、继往开来的重要会议。

"八劳"会议《纪要》是一份重要的历史性文献。《纪要》所表达的观点、做出的规定、提出的措施,有助于我们理解会议对推动监狱工作的重大历史意义:(1)科学界定了监狱工作的社会地位和历史使命。从历史上看,中央曾批转"一劳""二劳""三劳"和"六劳"会议《纪要》(报告),但把改造罪犯工作提到"党和国家改造人、改造社会的伟大、光荣事业的一部分"这样的高度,是第一次。与此相联系的,"批语"将改造罪犯的标准表述为"拥护社会主义制度的守法公民和社会主义建设的有用之材",体现了时代发展的要求。(2)总结了30年来正反两方面经验。提炼出劳改工作的6条基本经验。(3)深入分析了新情况、新问题,明确提出新的理念、政策和方法。(4)首次确定依法保障罪犯权利。《纪要》规定:"对罪犯行使申诉权、辩护权、控告权,罪犯不受刑讯体罚、虐待侮辱,私人合法财产不受侵犯等权利也要依法给予保障。"体现了监狱工作的文明与进步,也为依法治监奠定了基础。(5)初步提出办特殊学校的构想。(6)调整留放政策,妥善处理历史遗留问题。(7)对劳改工作干警给予高度评价,并对解决干警实际困难做出重大决策。除了习仲勋同志在代表中央讲话中赞扬劳改工作干警为"攀登十八盘的勇士"和"改造人的灵魂工程师"外,中央在转发《纪要》的批语中还指出:"广大劳改工作干警为劳改事业作出了很大贡献,应当受到全党、

---

[*] 王振伟,浙江省第二监狱监狱长;李建淼,浙江省第二监狱评估矫治中心主任,浙江省监狱史学专业委员会秘书长。

全社会的尊重。"在加强干警队伍建设方面,《纪要》除在政治上、思想上提出要求外,还做出了许多具体规定。(8)建立、健全管理体制,调整、整顿劳改生产。①

"八劳"会议从指导思想、方针政策、体制机制、监管改造工作、干警队伍建设、劳改生产、从优待警等方面,提出了一系列新思路、新对策,涉及议题层次之高、提出措施之实、解决问题之多、后续影响之大,都是新中国监狱史上从未有过的,对监狱工作具有"划时代意义"或"里程碑意义"②。

二、"八劳"会议对新时代监狱工作的启示

在中国全面推进社会治理体系和治理能力现代化的新时代,监狱究竟应扮好什么角色,如何扮好角色,"八劳"会议的历史经验对于指导当下监狱工作,从长远上正确把握监狱发展方向具有现实意义。

(一)新时代监狱扮好什么角色

监狱行刑是刑罚的终端活动。报应型刑罚所追求的有罪必罚在行刑阶段表现为监狱的惩罚功能的实现。监狱对罪犯要管理、监督好,不能让罪犯逃避法律的惩罚。同时,监狱对罪犯实行的处遇不能与社会现实脱节,不能让社会公众觉得罪犯不是服刑,而是度假。在功利主义行刑思想中,对社会秩序的维护始终处于首要地位。由于犯罪对社会秩序造成侵犯,预防犯罪意味着阻止危害社会秩序的行为发生,进而保护社会秩序。当代一体化刑罚理论已表明,确立刑罚一般预防的目的是刑罚制度的重要价值。但在监狱行刑阶段,更主要的是通过监狱的刑罚执行实现刑罚的个别预防目的。强调监狱行刑以个别预防为目的,当然并不是不强调一般预防,而是将一般预防的职能转给监狱行刑外的法律制度和其他社会控制领域。进一步讲,新时代监狱行刑的目的不只是单一的报应或预防犯罪或恢复社会关系,而是要把这三个目的作为一个有机的整体来加以综合。报应是行刑的基本目的,是监狱赖以存在的逻辑基础;预防是监狱的积极目的,是行刑过程应该尽量追求的效应;而恢复是监狱的理想目的,是体现现代监狱制度文明的重要价值。监狱在满足基本的报应和以预防为目

---

① 参见王明迪:《一次承前启后、继往开来的历史性会议》,《中国监狱学刊》2011年第4期。
② 金鉴:《在全国劳改劳教工作会议上的报告》,转引自《中国法律年鉴(1989年)》,中国法律年鉴社1989年版,第410—412页。

的的基础上,要尽量减少监禁对罪犯带来的身心危害,尽可能恢复罪犯的社会适应性,修正社会关系,促进受害者、社会、罪犯本人三方的利益。①

(二)新时代监狱怎样扮好角色

"八劳"会议系统总结了30年来监狱工作正反两方面经验。根据新中国30年的实践,总结了6条基本经验:一是"贯彻执行'改造第一,生产第二'的方针",肯定"教育改造与劳动改造是相辅相成的,不可偏废"。二是"采取正确的政策方法",实行"三个结合",即"惩罚管制与思想改造相结合,劳动生产与政治文化技术教育相结合,严格管理和教育感化挽救相结合"。三是"组织好劳改生产,进行科学的管理","通过生产劳动,使犯人养成劳动习惯,学会生产技能"。四是"实行革命人道主义,把犯人当人看待"。五是"各方面的力量密切配合",强调"充分依靠人民群众","取得有关部门的支持和配合"。六是"加强劳改工作干部队伍的建设"。六条基本经验概括得精炼、准确,富有指导性。②同时《纪要》严肃指出劳改工作发生过的偏差,主要是"左"的错误,坦言"在劳改生产上出现过高指标、高征购,搞超体力劳动,不少劳改单位发生过非正常死亡"。《纪要》还针对劳改对象出现的"三多"现象(即"劳动人民家庭出身的多,年纪轻的多,刑期短的多")进行客观分析:"绝大多数青少年犯,既是危害社会治安的害人者,又是受害者。既有破坏性大、难管教的一面,又有可塑性强、能够接受教育挽救的一面。"两个"既"和"又",对改造对象做出了辩证、科学的认识。据此提出:"要像父母对待患了传染病的孩子、医生对待病人、老师对待犯了错误的学生那样,做耐心、细致的教育、感化、挽救工作,认真组织罪犯学政治、学文化、学技术、学科学,关心他们的吃、穿、住、医疗、卫生,为他们创造良好的改造条件。"③这种实事求是的严肃态度,表现出高度的历史责任感。

当今世界正经历百年未有之大变局,监狱面临的风险挑战十分严峻。做好监狱工作,给出人民满意的高分报表,应当学习贯彻"八劳"会议实事求是的作风、务实高效的态度和高度的历史责任感,牢牢把握新时代监狱发展的形势任务,秉持赶考初心,始终保持昂扬向上、奋发有为的精神状态,大力发扬勇于担

---

① 参见郭明:《监狱学基础理论》(第三版),中国政法大学出版社2018年版,第104—105页。
② 参见中国监狱工作协会编:《新中国监狱工作五十年:1949.10—2000》,法律出版社2019年版,第316—318页。
③ 《重温毛泽东改造罪犯理论提高监狱工作整体水平》,《法制日报》2003年12月26日。

当、埋头苦干的优良作风,在新的赶考路上书写更大光荣。

三、新时代监狱工作的使命

中国共产党十九届四中全会提出了国家治理体系和治理能力现代化的目标。监狱作为国家机器,重要的政治机关,承担刑罚执行任务,应当积极融入国家和社会治理现代化,应当重新认识监狱在国家与社会治理中的地位和作用的必要性,这是历史发展的必然要求,是监狱加强自身改革发展的必然要求。

(一) 科学认识新时代监狱工作的使命

监狱需要重新认识刑事司法末端定位。首先,监狱是刑事司法链条的末端,监狱执法应当树立刑事罪责相当的整体意识,体现刑事司法的规范性、严肃性。其次,监狱既是最后一道刑罚执行程序,也是刑罚价值最终实现环节。监狱要依法惩罚和打击犯罪。惩戒是监狱的基本功能和正义要求。再次,刑事司法是社会公平正义的平衡器。监狱执法应对整个刑事司法的功能和价值负责,要确保严格规范执法,要确保文明执法,在尊重罪犯人权的基础上,使被害人和受害人权利得以保障。[1]

监狱应当充分发挥社会治理前端功能。首先,监狱行刑是预防和减少社会犯罪的前端。从全球社会治理来看,再犯罪一直是社会治理的毒瘤。美国社会的再犯罪率高达46.9%[2],中国社会再犯罪率虽明显低于其他国家,但也应当引起高度重视。犯罪实现是"多因一果"的,全社会应当重视和构建再犯罪预防的机制,而监狱是这一机制的重要一端。其次,监狱是社会警戒文化形成的前端。社会治理中道德文化的警戒治理一直居于重要位置。现代法治社会,同样需要完善、强化符合社会主义核心价值观的道德文化,监狱在提供法治、公正的

---

[1] 参见中国监狱工作协会编:《新中国监狱工作五十年:1949.10—2000》,法律出版社2019年版,第196—198页。

[2] 2011—2015年美国释放罪犯的重新被逮捕率、重新被定罪率、重新被判入监率、重新被监禁率分别为67.5%、46.9%、25.4%和51.8%。重新被监禁的罪犯,包括因新的犯罪被判再次入监服刑的罪犯(占总体的25.4%)和纯因违反假释规定而再次入监服刑的罪犯。美国的犯罪与中国的犯罪概念有所差别,美国的暴力犯罪加上财产犯罪率相当于中国的犯罪率。据联邦调查局2019年发布的《2018年美国犯罪报告》显示,2018年美国发生1 206 836起暴力犯罪案件,7 196 045起财产犯罪案件,犯罪率为2.57%。转引自周勇、葛向伟:《国外重新犯罪调查研究与借鉴》,《犯罪与改造研究》2019年第9期。

警戒文化中理应发挥重要作用。再次,监狱是刑释人员与社会衔接的前端。在刑罚执行的假释、保外就医、死亡处置以及罪犯回归社会等环节中,都形成了监狱与社会衔接的独特地带。在这些具体的执行环节,发起方均在监狱,但承接方在社会,两方互动中监狱处在前端位置。从实际执行看,监狱有不能承受之重,应推动这一环节的立法、机制的构建与运行,促进社会与监狱良性互动。

监狱作为刑事司法的末端与社会治理的前端是辩证统一的。首先,监狱重新认清自身定位是发挥好社会治理前端功能的前提和基础。刑事司法赋予监狱依法惩罚、严格管理的职能,若没有履行好,刑事司法维护社会正义的价值没有实现,监狱的社会治理前端就难以完成好。末端是前端的基础,甚至做好末端本身也是在参与前端。定位末端的时候要有前端意识,发挥前端职能的时候要有末端意识。其次,社会治理前端丰富刑事司法末端的价值。有了社会治理前端意识,监狱履行刑事司法末端职能才有意义才有方向,才能有效形成监狱治理的生态圈和价值链。如果仅仅停留在末端,没有从前端来看待和思考末端的价值意义,监狱工作仍将回到封闭循环的老路。再次,刑事司法末端和社会治理前端互为一体,凸显了教育改造的独特社会价值。末端和前端概念的关键点是惩罚、改造和安全的三维一体。其中改造是监狱主动赋予的维度。改造既是减少再犯罪的有效手段,也是社会文明的重要体现,某种程度上也是实现安全和惩罚的参与手段。监狱要实现惩罚、改造和安全最佳结合,实现政治、法律、社会效果最大化。

正确把握刑事司法末端与社会治理前端关系,催生并激发监狱积极履行末端与前端职能的内生动力。

首先,促进监狱工作回到基本面的精准定位。很长时间以来,监狱在强调安全维度时,削弱了监狱其他职能的履行,影响了监狱职能的准确定位。在坚持安全底线下,如何履行好其他职能,从而更好地发挥监狱作为社会公器的作用?"两端"观点很好地把握了监狱的功能定位,打开了仅停留在安全视野的桎梏。

其次,加快构建监狱工作新业态新体系。长期以来,监狱工作呈现了"封闭""信息孤岛""偏重安全"等的工作业态和体系架构。这一状态产生了多方面的影响。如队伍的分类管理和专业化建设难以有效推进,队伍的人力资源效能低下,人才体系建设无法有效开展;业务建设偏重安全概念,业务发展科学架构不够等。前端与末端观点为打破和克服封闭循环的老路提供了思路,为角色转换、监地融合、数字赋能等构建新的业态体系提供了可能。

最后,构建正向循环良性发展的态势。一是激发队伍活力。从当前队伍实际看,监狱工作不是没有人才,而是缺乏使用人才的业务空间和体制机制。监狱职能和定位的回归,可以极大地激发队伍活力。二是打破封闭惯性。监狱的封闭性除了地域性封闭外,更深层的是执法与职能履行的封闭性,这导致监狱在诸多领域缺乏社会"参与感"。末端前端新的两端定位,使监狱的社会角色回归,能够破解原有的封闭状态。三是引导监狱文化建设。监狱文化本应在监狱基本职能中形成和派生的,从而形成核心价值体系、外在表现形态以及派生文化等。但是长期以来,由于监狱过于注重安全职能,导致监狱文化建设几乎失语,监狱把组织文化即如唱歌跳舞这类在于活跃队伍的活动当作了监狱文化本身,而真正围绕监狱本职的惩戒警示等文化几乎少人提及。所以,一直以来新中国监狱文化无法摆脱传统的有明显等级歧视的监狱文化"母胎",无法在现代社会有效传递监狱的警戒警示文化,甚至有的人"愿意"坐牢,有的人对犯罪不以为耻。这些情况,监狱作为社会治理前端应当引起重视并加以改变。

(二)准确把握新时代监狱工作的方位

1. 充分认识社会赋予监狱职能的新变化

一是把握由封闭式管理到开放式治理的新变化。以数字化改革为突破口,推动建设监狱综合执法办案平台,全面构建开放、动态、透明、便民的阳光执法机制;以强化执法监督为切入点,建立新型监狱执法办案机制,全面落实民警执法责任制;以规范会见服务大厅,完善监狱办事服务中心为抓手,方便政法部门、法律服务人员、罪犯亲属及社会各界人士办事服务,推动社会理解支持监狱工作;以"监狱开放日"和新媒体新宣传为特色的宣传着力点,推进监狱及其民警形象系统建设,大力提升社会影响力。二是把握由单兵作战到协同治理的新变化。完善监狱信息化实战指挥体系,提升监狱智慧监管和数字治理水平;通过双警联动、联防联控,加强监狱与武警共建水平;加强数字联通和协同配合,拓展监狱与政法部门的协作;通过监地协作,齐抓共管,将应急处突工作纳入政府应急管理平台;真正打破自我封闭格局,深度融入全省政法工作体系。三是把握由狱内矫治到社会共治的新变化。监狱主动融入社会治理大局,以共同帮教、共同帮困、共同转化为基础,实现了由狱内矫治到社会共治的深刻转变。四是把握由末端管控到前端治理的新变化。监狱在抓好末端管控基础上,通过前端化解罪犯与受害者的矛盾、前端解决罪犯心理危机、前端做好罪犯回归社会的对接,维护社会和谐稳定。

2. 精准把握监狱工作在现代社会治理中的职能定位

监狱是维护国家政治安全政权安全的特殊力量。从国际斗争看,监狱是人权斗争的"桥头堡";从国内形势看,监狱是维护国家政权稳定的"刀把子";从各省省情看,监狱是维护地区安全稳定的"助推器",在维护国家政治安全政权安全中发挥特殊力量。监狱是化解社会最尖锐矛盾的特殊战场,监狱也是构建社会联动治理格局的特殊环节。监狱是社会治理的组成细胞,在与公、检、法、地方政府及社会各部门共同推进社会治理体系和治理能力现代化的进程中,在其中发挥着联动联防联调联治的重要功能。监狱是实现刚性管控、柔性服务、理性调和的特殊领域。在刚性管控方面,通过标准化、精细化的管控筑牢安全底线;在柔性服务方面,全方位提供法律服务,多渠道开展普法教育;在理性调和方面,调和罪犯与社会之间的矛盾、改造与被改造之间的矛盾。

3. 充分发挥监狱在现代社会治理中的担当作为

一是铸牢维护大局安全稳定的"保险柜"。要构建预防预警防控体系、构建联动联处格局、打造智慧监管大脑,严防狱内风险外溢,切实维护国家安全和社会稳定。二是打造化解社会尖锐矛盾的"净水池"。要以公正执法树立正气,消除戾气;以高质量改造罪犯,转化思想,矫正恶习;以社会共教重塑信心,回送新人,充分发挥"过滤""净化"的积极作用,向社会注入更多"清流"。三是构建司法行政联动治理的"推动极",通过资源互通、优势互补、协同互助,推动刑罚执行共同发展;通过延伸普法边界、丰富普法内涵、创新普法方式,推动普法宣传协同发力。要通过建立狱地联合调解机制、设立罪犯调解委员会、建起"和合"工作室,完善"和事佬"机制,推动人民调解深化合作;通过加大与戒毒系统和各地司法局的协作,推动禁毒防艾交流互通,横向构建共治同心圆,纵向打造善治指挥链。四是培育一支法治建设的"生力军",通过政法队伍教育整顿,深化党史学习,在示范引领上充分发挥政治优势,在共建共治上充分发挥体量优势,在能力担当上充分发挥专业优势,充分发挥社会治理"生力军"作用。

(三)践行新时代监狱工作使命的现实路径

1. 转变治理理念

一是以安全本位向价值功能本位转变。监狱安全是"1",但不是监狱全部。安全本位对监狱发展造成了极大影响,削弱了监狱的整体建设发展。价值功能本位是要回到监狱作为社会公器的角度,体现应有的功能价值,安全仅是其中一部分。职能履行是一个生态链,各部分相互作用,互为促进,过于强调一个方面,甚至发展到本位主义,客观上易导致次生效应,甚至畸形发展,长时间必然形成治理困境。所以,监狱上下应转变治理理念,增强对监狱本质功能的理性认识,把监狱作为社会公器去治理而非仅是安全工具。

二是从传统封闭向现代开放的治理模式转变。封闭现状的造成有些是客观的,比如地域性、执法的末端性、社会职能的单一性;有些是主观派生造成的,如社会职能的削弱,就监内治理谈监内治理的局限等。封闭模式中,监狱警察的职能是监内秩序的维护者;开放模式中,监狱警察的执法是刑事司法链条中的一环。封闭模式中,监内执法状况缺乏透明、公开和监督,是自我体内循环;开放模式中,监内执法状况是社会治理的一个部分,与社会价值和社会的信息流相统一。因此,监狱应当在人流、物流、信息流等诸方面构建开放渠道,加强监地融合的体制机制建设。

三是从单一治理主体向协同治理主体转变。首先,监狱是刑事司法全链条中的最后环节,现实中法院、检察院、公安机关的政策已经对监狱治理产生重大影响,所以刑事执行环节应当构建统一的治理平台。其次,罪犯改造仅凭监狱力量是薄弱的,远远不够的,罪犯毕竟是社会的罪犯,社会力量有序参与改造是世界行刑的潮流与趋势。最后,罪犯刑释后回归社会,必须依靠社会体系的保障和支持。以上三个方面监狱应当改变治理理念,发挥主体参与协调协同作用,推进构建监狱新的治理体系和治理生态。

2. 提升治理效能

一是用好标准化的基础性作用。标准化是管理科学发展的重要成果,其体现的规范性、精细化、专业化特征直接促进了管理的可控性、可复制性,对推进监狱工作科学化十分有利,可以真正起到固底板、补短板、锻长板、强弱项、擦亮点的功能。目前全系统标准化工作有序推进,但对标准化的科学认识尚待提升,实际管理工作中的应用还有一段路要走。当务之急是要加大面向基层调查研究的力度,提高标准制定的接地性、科学性和可操作性。

二是用好数字化赋能。没有数字的管理不能称其为现代管理。监狱管理中一方面数字效能十分不够,另一方面大量数据处于沉睡状态。要以标准化为基础,加大数据开放,要以信息化为平台,加大数据应用。要在罪犯管理、监狱治理和服务社会等方面,提高数据使用率。

3. 创新治理模式

一是探索以处遇为中心的罪犯管理科学架构。罪犯管理有良好的传统优势,但也存在散、乱的问题,缺乏有效的科学体系。处遇既是对罪犯的惩罚,也是罪犯改造绩效的体现,是罪犯管理的牛鼻子。应以此为主干,构建立体、多维的管理构架,形成高效、科学、管用的管理体系,并且罪犯的处遇制度、处遇状况可以向社会公开。

二是探索从入监到出监的阶段式罪犯改造体系。罪犯改造是一个复杂的过程,从监狱安全和教育改造两个维度看,构建阶段式罪犯改造体系既有利于安全管控,也有利于教育改造的有序实施和绩效评价。目前罪犯的改造体系有横向面,缺乏纵向面,因而教育改造的效能未充分发挥。应从教育学角度结合监狱改造特征,研究构建罪犯改造体系。

三是探索以修心教育为特色的罪犯教育浙江实践。[①]修心教育是治本之策,从实践看,修心教育符合罪犯教育改造中的应用。要从修心教育的原理进行研究,构建修心教育的学科特色和体系,探索完善修心教育实现路径,从而构建以修心教育为特色的罪犯教育改造浙江体系。

4. 加强文化治理

一是加强文化治理规划。让监狱文化正本清源,发挥好文化的源头活水效应,从源头上进行监狱文化治理。监狱文化应该是从其基本功能价值上生发延展出来的,要从治理的高度加强文化建设规划,形成文化治理的基本格局和对策。可利用发挥好陈列馆优势,设置开放型监狱,建设监地融合法治小镇等,形成若干文化组团,打造文化治理金名片。

二是建设美好职业。文化建设一个重要的落脚点,是职业价值的体现,是职业吸引力的提高。要厘清职业建设对于当下监狱民警职工队伍建设和行业建设的重要意义。虚功要实做,前提是要清楚虚功的实际意义。要从硬件、软件、管理等多方面设计规划美好职业建设。注重在职业建设上做好加减法,切实使浙江监狱在职业建设上走在全国前列。

三是加强理论学术建设。思之不深则行而不远。理论是旗帜,指导行动。加强理论学术建设既是监狱学建设发展的需要,也是培养优秀干部队伍、提升日常行政水平的需要。要构建理论学术建设体系,打造层次清楚、实用管用的理论学术组织体系,发挥利用好警院作用;抓紧培养干部队伍的理论思维和素养,支持鼓励开展监狱学研究创新。

---

① 陆铭峰:《中国监狱工作"母胎期"研究》,《犯罪与改造研究》2022年第5期。

刑罚执行

"八劳"会议前后减刑假释制度的变化与启示

朱曙光[*]

1981年8月18日至9月9日,公安部在北京召开了第八次全国劳改工作会议,时任中共中央书记处书记习仲勋到会作了重要讲话。这次会议根据党的十一届三中全会和六中全会精神,回顾了新中国成立以来的劳改工作,肯定了成绩,初步总结了正反两方面的经验,确定了新时期劳改工作的任务,提出了加强劳改工作的措施。会议指出,要根据犯人的表现和悔改程度,实行奖惩严明的政策。对于确有悔改或有立功表现的,要依法减刑、假释。伴随着刑法、刑事诉讼法的施行、改革开放深入推进、依法治国方略实施和司法体制改革,减刑假释制度不断趋于完备,减刑、假释制度已经发展成为我国刑事执行变更的重要制度,在当前的刑事执行中具有举足轻重的地位。

一、"八劳"会议前减刑假释制度(1949年10月—1981年)

(一)初创阶段

新中国成立初期,百废待兴,法制建设从零开始,作为刑事基本法律的刑法、刑事诉讼法尚未制定,这一时期的30年间,减刑假释制度主要来源于各大行政区的内部规定、国务院行政法规和司法机关文件精神,减刑假释的依据是刑事政策,其中比较主要的、有代表性的如下。

1. 军政委员会内部文件。新中国成立初期,由于国家尚未制定统一的减刑假释制度,减刑假释的办理依据由各大行政区自行规定。如1950年中南区军政委员会司法部制定的《对本区部分犯人减刑与假释报告的初步意见》提出:减刑假释由监所提出意见上报原判法院,转由上级法院批准,监所无权决定减刑假释。判断改造成绩,要根据罪犯的思想、学习、劳动和生活等情况的好坏来

---

[*] 朱曙光,广东省东莞监狱副监狱长。

决定；反革命犯不得减刑假释；一般罪犯的假释，无期徒刑需执行10年以上，有期徒刑的必须执行起宣告刑期的二分之一以上。这是新中国成立初期最早形成的减刑假释刑事政策，为后来的立法所借鉴、吸收。

2. 国务院行政法规。为适应监狱、劳改工作形势发展需要，当时的政务院颁布了《劳动改造条例》（以下简称《条例》），这是新中国第一部较为系统的监狱法规，它把减刑假释必须具备的实体条件、报请程序以法规的形式确立下来，标志着我国减刑、假释法律制度正式建立。例如，"确有悔改表现"首次在《条例》第68条中出现，规定了可以根据罪犯不同表现，给予表扬、物质奖励、记功、减刑或者假释奖励。这些规定后来发展成为悔改表现、立功表现的主要渊源。

3. 最高法、最高检、公安部、司法部文件规定。由于《条例》对减刑假释的规定比较笼统，甚至有些规定比较模糊，为此，1954—1979年期间，最高法、最高检、公安部、司法部先后以批复或者联合发文的形式，不断完善减刑假释有关制度。据查阅广东省高级人民法院审判监督庭1998年收录的《审理减刑、假释案件法律法规汇编》一书，在此期间，最高法单独发文批复的有6份，最高法、最高检、公安部、司法部以通知形式联合发文的有5份。为加深对那个时期减刑假释制度的了解，现将部分文件内容摘录如下：

——关于剥夺政治权利刑罚减刑问题。1957年8月27日，最高法以法研字第18306号函复新疆军区生产建设兵团军事法院，规定对于判处有期徒刑并剥夺政治权利若干年的罪犯，在徒刑减刑时，剥夺政治权利部分也可以减刑。对于判处死刑缓刑或无期徒刑并剥夺政治权利终身的罪犯，在减刑为有期徒刑时，也可以将剥夺政治权利终身减为剥夺政治权利若干年。

——关于减刑假释案件由哪一级人民法院批准的问题。1957年5月11日，《最高人民法院、最高人民检察院、公安部、司法部关于对劳改犯减刑、假释的批准问题的联合通知》规定，对于原由高级人民法院判决和现在依照案件管辖应当由高级人民法院判决的案件，批准减刑、假释，仍应该由高级人民法院进行。由中级人民法院进行批准的地区，可由劳动改造机关将减刑、假释案件报送与中级人民法院相适应的公安机关审核后，由公安机关送中级人民法院。

上述规定，为后来立法提供了参考或者被立法吸收。例如，《全国法院减刑、假释座谈会纪要》（法办发〔1989〕3号，简称"89纪要"）规定，死缓、无期徒刑的减刑假释，由服刑地高级法院管辖，有期徒刑减刑、假释，由服刑地中级人民法院管辖。

——关于死缓首次减刑幅度问题。1964年4月7日,《最高人民法院、最高人民检察院、公安部关于死缓罪犯减刑问题批复》规定,对于死缓罪犯,缓期二年的期限已满,确有真诚悔改表现的,可按以下原则办:对表现一般的可减为无期徒刑;对少数表现较好的和表现特殊好的(有立功表现的),可分别减为二十年以下十五年以上有期徒刑,此规定后来被刑法吸收。

(二)中断阶段

"十年动乱"(1966年5月至1976年10月)期间,全国政法机关和法治建设遭到严重破坏,减刑假释工作无法正常开展。大量判处死刑缓期执行的罪犯服刑十年以上未得到及时处理,有的甚至服刑二十年以上。对于判处无期徒刑的罪犯,服刑在五年以上尚未减刑的数量也非常多,约占无期徒刑的75%,其中服刑二十年以上的占38%。这种情况,违反了党和国家的有关政策法律,不利于罪犯的改造。[1]

(三)恢复阶段

党的十一届三中全会后,我国进入了改革开放时期,法制建设得到全面恢复和发展,1980年1月1日,《中华人民共和国刑法》(本文统一简称"1979刑法")、《中华人民共和国刑事诉讼法》同日实施,开创了我国刑事基本法律建设的新纪元,减刑假释制度开始纳入了法制化建设轨道,进入全面恢复阶段。突出体现在,"1979刑法"减刑假释的实体条件写进了刑法典专节,把减刑假释的条件以立法形式确定下来,体现了刑事立法对减刑假释的重视,使减刑假释政策上升为法律意志。如该法第71条规定了减刑的法定条件,首次以法律的形式规定悔改或者立功表现才可以获得减刑。

二、"八劳"会议后减刑假释制度

(一)减刑假释法律规范更加完善

"八劳"会议后,随着社会经济的发展和改革开放的深化,新的问题、新的情

---

[1] 参见黄永维:《中国减刑假释制度的改革与发展》,法律出版社2012年版,第20页。

况不断出现,例如1997年,我国对"1979刑法"进行了全面修订,修订后的刑法于1997年11月8日施行,减刑假释也作了相应补充和完善,变化比较大的有:一是规定了六种情形为重大立功表现,具有重大立功表现的应当减刑。二是对限制假释的对象作了刚性规定,规定了"对累犯以及因杀人、爆炸、抢劫、强奸、绑架等暴力性犯罪被判处十年以上有期徒刑、无期徒刑的犯罪分子,不得假释"。此外,规定了特殊假释必须呈报最高人民法院核准等。

(二)减刑假释法律体系更加健全,司法解释文件开始指导、规范减刑假释工作

"1979刑法"施行后,最高人民法院先后发布了"89纪要"、《关于办理减刑、假释案件具体应用法律若干问题的规定》(以下简称"91司法解释")、《关于办理减刑、假释案件具体应用法律若干问题的规定》(以下简称"97司法解释")。这些司法解释文件的出台,丰富和完善了减刑假释制度,主要体现在以下几个方面。

——明确了"确有悔改表现"和"立功表现"的标准。由于"1979刑法"、"1997刑法"对"确有悔改表现"和"立功表现"没有规定具体的情形,为统一适用标准,"89纪要""91司法解释""97司法解释"先后对此作了细化。同时,"91司法解释"把"省级劳动改造积极分子"视为立功表现,丰富了"八劳"会议关于立功的情形,在激励罪犯改造中发挥了重要作用。

——规定了从严从宽减刑、假释的对象。对反革命犯、犯罪集团首犯、主犯、累犯、惯犯减刑、假释从严掌握;对犯罪时未成年的罪犯减刑、假释,规定了可以依法适度放宽幅度和相应缩短间隔;对老年和身体残疾(不含自伤致残)罪犯的减刑、假释,应当主要注重悔罪的实际表现,这些规定后来被最高人民法院《关于贯彻宽严相济刑事政策的若干意见》(2010年2月8日发)吸收。

——完善了假释的适用条件。增加了把"不致再危害社会""具有特殊情节""具有特殊情况""实际执行刑期""减刑后又假释的间隔时间"作为假释的适用条件,并对"特殊情节""特殊情况"作出补充解释。

——统一了刑期执行时间的计算标准。有期徒刑执行原判刑期1/2以上、无期徒刑实际执行刑期不得少于10年、死缓实际执行刑期不得少于12年的起算时间在司法解释中得到了明确。

——对剥夺政治权利的减期作出了规定。规定了死缓、无期徒刑、有期徒刑减刑时,附加的剥夺政治权利可以酌情减期。

——明确了死缓、无期徒刑、有期徒刑案件管辖。除了"1979 刑诉法"第153 条第二款规定原判死缓的罪犯,首次减刑由执行机关报请当地高级法院裁定外,"89 纪要"对无期徒刑、有期徒刑案件管辖作出了明确规定,即由中级人民法院管辖。

——统一规定了死缓、无期徒刑、有期徒刑减刑、假释起始时间、间隔、幅度。由于"1979 刑法"、"1997 刑法"对减刑的间隔、幅度没有作统一规定,为避免操作上的随意性,"89 纪要"、"91 司法解释"、"97 司法解释"对此作出了相应规定,详见表1、表2、表3。

表1 "89 纪要"减刑假释条件、幅度、间隔一览表

刑期	首减服刑时间	第二次减刑间隔（一般）	改造表现与对应幅度（一般）			
			悔改表现	立功	悔改并立功	重大立功
死缓	二年期满以后	1 年以上	无期		15—20 年	
无期	服刑二年以后	1 年以上	18—20 年	18—20 年	13—18 年	
5 年以上	一般 1 年 6 个月以上	1 年以上	1 年以下	1 年以下	2 年以下	不受限制
不满 5 年	比照上面适当缩短	1 年以上	1 年以下	1 年以下	2 年以下	不受限制

表2 "91 司法解释"减刑条件、幅度、间隔一览表

刑期	首减服刑时间	第二次减刑间隔（一般）	改造表现与对应幅度（一般）			
			悔改表现	立功	悔改并立功	悔改表现突出
死缓	二年期满以后	1 年以上	无期		15—20 年	
无期	服刑二年以后	1 年以上	18—20 年	18—20 年	13—18 年	
5 年以上不满 10 年	一般 1 年 6 个月以上	1 年以上	1 年以下	1 年以下	2 年以下	
10 年以上	一般 1 年 6 个月以上	1 年以上	1 年以下	2 年		2 年,另加立功的,可以减 3 年
不满 5 年	比照上面适当缩短	1 年以上	1 年以下	1 年以下	2 年以下	

表 3 "97 司法解释"减刑条件、幅度、间隔一览表

刑期	首减服刑时间	第二次减刑间隔（一般）	改造表现与对应幅度（一般）				
			悔改表现	立功	悔改并立功（一般）	悔改表现突出	重大立功
死缓	二年期满以后	1年以上	无期	/	/	/	15—20年
无期	服刑二年以后	1年以上	18—20年	18—20年	/	/	13—18年
5年以上不满10年	一般1年6个月以上	1年以上	1年以下	1年以下	2年以下	/	一般不超过2年
10年以上	一般1年6个月以上	1年以上	1年以下	不超过2年	≤2年,另加立功的,≤3年	/	≤3年
不满5年	比照上面适当缩短	1年以上	1年以下	1年以下	2年以下	/	一般≤2年

（三）减刑假释更加严格规范

"97 司法解释"施行后的 15 年间,我国减刑假释制度处在一个较为稳定的时期。但是这一时期的减刑假释制度在设计上存在一定的缺陷,例如,"长刑犯减刑幅度大、短刑犯减刑幅度小",出现了长刑犯服刑时间短、短刑犯服刑时间长现象,刑罚的惩罚、教育功能没有得到真正发挥。又如一些"减假暂"腐败案件引起了社会公众强烈反应,如广东张海、云南孙小果、北京郭文思等减刑腐败案件,内蒙古巴图孟和"纸面服刑"腐败案件等,严重影响了司法公信力。为了回应社会公众对刑罚执行的关注,迫切需要从立法上、制度上、程序上对减刑假释制度进行完善。

1. 加强了顶层设计

——2011 年 5 月 1 日起施行的《刑法修正案（八）》,对刑罚结构作了重大调整,延长了无期徒刑最低服刑期限（不能少于 13 年）,对属于"8＋1"重罪的死缓犯增设了限制减刑规定,对原判死缓的减刑幅度作出了更加严格规定（死缓减为无期徒刑后再减刑的,不能少于 25 年）。

——2014 年 1 月 21 日,中共中央政法委员会发布了《关于严格规范减刑、假释、暂予监外执行切实防止司法腐败的意见》(以下简称"中政委5号文"),指出要从严把握"三类罪犯"减刑假释、暂予监外执行的实体条件,完善减刑、假释、暂予监外执行的程序规定等,"三类罪犯"由此开始成为司法术语。

——2014年10月23日,第十八届中央委员通过的《中共中央关于全面推进依法治国若干重大问题的决定》指出,要完善刑罚执行制度,统一刑罚执行体制。

——2015年11月1日起施行的《刑法修正案(九)》,对职务犯罪增设了终身监禁制度。

——2021年6月15日,中共中央发布了《关于加强新时代检察机关法律监督工作的意见》,指出要健全对监狱、看守所等监管场所派驻检察与巡回检察相结合的工作机制,有效防止和纠正违法减刑、假释、暂予监外执行。

2. 完善了相关配套制度

——减刑假释司法解释密集出台。《刑法修正案(八)》、《刑法修正案(九)》、"中政委5号文"施行后,最高人民法院先后出台了三部减刑假释司法解释,分别是《关于办理减刑、假释案件具体应用法律若干问题的规定》(2012年7月1起实施,以下简称"12司法解释")、《关于办理减刑、假释具体应用法律的规定》(2017年1月1日起实施,以下简称"16司法解释")、《最高人民法院关于办理减刑、假释案件具体应用法律的补充规定》(2019年6月1日起实施)。三部司法解释出台后,减刑假释的实体条件更加严格,程序更加规范。

此外,2021年12月1日,两高两部联合印发了《关于加强减刑、假释案件实质化审理的意见》(法发【2021】31号,以下简称"31号文"),对监狱计分考核罪犯工作、证据材料收集和保全、办案审查、举证责任等提出了更高要求,对确保案件审理公平公正,预防纸面服刑具有重大意义。

三、减刑假释制度变化发展的特点

回顾"八劳"会议前后我国减刑假释制度的发展历程,经对比和分析,我国减刑假释制度主要有以下特点。

(一)减刑假释制度与国家法制建设同步发展

新中国成立初期,我国法制建设几乎空白,随着刑法、刑事诉讼法的施行,减刑假释制度建设迈上了法治化轨道,成为刑罚执行变更的重要方式。"1979刑法"把减刑假释纳入总则的专节。此后的"1997刑法"、刑法修正案(八)与(九)继续对减刑假释作了修改补充,并以相关司法解释的形式,对减刑假释的实体条件加以完善。同时,减刑假释的法定程序在刑事诉讼法执行部分予以确定。"1979刑事诉讼法"颁布后,经过1996年、2012年、2018年的三次修正,促进了减刑假释制度程序的发展和完善,实现了从单一到成体系的变化。

(二)减刑假释制度是党的主张和人民意志的体现

党中央、国务院历来重视刑罚执行工作。特别是中共十八大召开以来,习近平总书记多次对减刑、假释工作作出重要指示,要求严格规范减刑、假释,充分体现司法公正,杜绝司法腐败,提高司法公信力。由此,党的十八届三中、四中全会对严格规范减刑、假释程序,完善刑罚执行制度提出了明确要求。同年1月21日中央政法委出台《关于严格规范减刑、假释、暂予监外执行切实防止司法腐败的意见》,积极回应人民群众对"有权人、有钱人"减刑、假释、暂予监外执行案件的关注,对可能出现的司法腐败问题进行制度上的严格约束。同时,坚持一盘棋战略布局,2014年10月23日通过的《中共中央关于全面推进依法治国若干重大问题的决定》,对如何保障包括减刑、假释公平公正在内的司法公正作出了更加深入的部署。

可见,减刑假释制度具有政治属性,是党的主张,是新时代人民群众对公平正义的意愿和期待。

(三)减刑假释制度随着国家刑事政策变化而调整

2006年10月11日,中共中央十六届六中全会通过了《关于构建社会主义和谐社会若干重大问题的决定》,明确提出要实施宽严相济的刑事司法政策。2010年2月8日,最高人民法院下发了《关于贯彻宽严相济刑事政策的若干意见》(以下简称《意见》),指出宽严相济刑事政策是我国的基本刑事政策,贯穿于刑事立法、刑事司法和刑罚执行的全过程。该《意见》被《刑法修正案(八)》、"12司法解释"、《刑法修正案(九)》、"16司法解释"吸收。特别是2011年11月1日《刑法修正案(八)》施行后,刑罚结构发生了重大变化,减刑假释制度更加严格、更加规范,突出表现在减刑幅度收紧、延长重刑犯服刑期限,延长21类罪犯减刑考核期、间隔期等。

四、启示

启示一:减刑假释是国家刑事奖励,不是罪犯的权利、福利。

对于减刑假释的理论基础,有"奖励说"和"权利说"的不同观点。"奖励说"是我国刑罚制度的基础。[①]我国减刑假释制度自创制以来,就一直以刑事奖励性质延续至今。早在 1951 年 5 月 15 日,第三次全国公安会议通过的《关于组织全国犯人劳动改造问题的决议》中,就将减刑规定为最高奖励。而后,"1979 刑法"第 71 条规定,有期徒刑、无期徒刑的犯罪分子,在执行期间,如果确有悔改或者立功表现,可以减刑。"2016 司法解释"第 1 条直接规定,减刑、假释是激励罪犯改造的刑罚制度。"八劳"会议再次明确了要根据犯人的表现和悔改程度,实行奖惩严明的政策,对于确有悔改或有立功表现的,要依法减刑、假释。

正确理解减刑假释制度的法律定位,才能更好发挥制度的激励作用。长期以来,由于宣传教育不到位,绝大多数罪犯认为减刑假释是自己的权利,一旦不能达到目的,就胡搅蛮缠,甚至以抗改、自杀相威胁,这是各监狱管理罪犯过程中长期面临的共同难题。在当前民警执法免责机制缺失的大环境下,监狱出于维稳考虑,在减刑假释上往往作出"妥协",也可以说是"合法向不法让步",违背了减刑假释立法的初衷。如何解决这个老难题?我们应当把问题思考和体系思考有机结合起来,一方面要推动顶层设计,建立监狱人民警察执法免责机制,让广大监狱人民警察执法管理更加有底气,让刑罚的牙齿更加坚固、锋利;另一方面,要加强内部管理,对达不到减刑假释目的而对抗管理的罪犯,露头就打,不能因为罪犯扬言自杀就什么都"好商量""给他报减算了"。

启示二:加强减刑假释制度研究。

从立法层面上看,我国刑法关于减刑假释的规定仅在总则中体现,而且比较原则、抽象,减刑假释制度在立法考虑上先天不足。而现实中遇到的许多问题只能通过司法解释、规章、地方部门自己制定的工作制度来补充,导致减刑假释制定过于分散、权威不足,这实质上过度扩充了刑法典条文主旨,削弱、动摇

---

① 参见黄永维:《中国减刑假释制度的改革与发展》,法律出版社 2012 年版,第 3 页。

了刑法典的中心地位,还会导致刑法典被边缘化的危险,这在历史上是有教训的。例如,通过案件倒查30年,发现有些省份在1990年到2000年期间,违法违规办理了一些"单突案件""双突案件",主要因为刑法、司法解释条文比较笼统,被地方过度理解、过度扩充所致。

进入新时代,现有的减刑假释制度已经不能适应刑罚执行工作需要,迫切需要一部更加权威、集中、统一的减刑假释法律规范(刑事执行法)。长期以来,我国重视刑事研究的机构、学者很多,而研究减刑假释制度(刑事执行)的却少之又少,属于冷门领域,所以有赖于我们主动去作为、主动去研究。

一要从机构设置、人员保障上推动减刑假释制度研究。没有机构、没有人员配置,一切都是空谈。毋庸置疑,当下绝大多数省份监狱的理论研究主要依靠监狱学会,而监狱学会则挂靠在某个部门,人员以兼职为主(1—2人),有些甚至是借用的,可以这么说,监狱的理论研究仅仅依靠一个岗位在运行,而不是一个机构。可见,理论研究的力量是很薄弱的,我们希望上级部门积极争取编办支持,充实研究机构和人员。

二要顺势而为。2018年3月十三届全国人大作出了重组司法部决定后,党中央赋予了司法行政机关新的使命,负责有关法律和行政法规草案起草、立法协调和备案审查。司法行政机关增设的新职能,对加强新时代监狱系统理论研究来说,无疑是一个重大机遇。所以,我们应当审时度势,加强理论研究力量,与司法行政机关、政法院校合作,开展减刑假释制度研究,推动顶层设计。

启示三:要加强宏观研究,探索减刑假释程序改革。

减刑、假释制度改革是贯彻落实中央全面深化改革和全面推进依法治国要求的重要内容,十八届三中全会通过的《中共中央关于全面深化改革若干重大问题的决定》指出,要"严格规范减刑、假释、保外就医程序,强化监督制度"。在这个大背景下,我们不妨延伸思考,围绕中央深化司法体制改革,结合监狱系统近几年因减刑假释问题在社会上产生的一些负面影响,有必要从立法上探索减刑假释程序改革,通过修改刑事诉讼法,减刑假释按照刑事案件公诉程序来进行,由监狱将符合减刑假释法定条件的案件移送检察机关审查,然后由检察机关向审判机关起诉。长期以来,监狱集管理罪犯、减刑假释提请于一体,社会公众普遍认为监狱权力过大,尤其是减刑假释方面。尽管监狱在狱务公开这方面做了大量工作,但始终无法消除公众质疑。我们认为,监狱管理权与减刑假释提请权剥离,一方面可以消除社会公众质疑,经过公诉的案件更加有说服力;另一方面更加符合两高两部《关于加强减刑、假释案件实质化审理的意见》精神。所以,探索减刑假释程序改革,构建"执行—起诉—审判"的减刑假释诉讼程序,体现了刑事诉讼"分工负责、互相配合、互相制约"的立法精神。

　　风雨砥砺,岁月如歌,风物长宜放眼量。进入新时代,我们重任在肩,使命光荣,信心满怀,我们将继续坚持以习近平法治思想为引领,笃定前行,在继承中发展,在发展中创新,为完善具有中国特色的减刑假释法律制度、促进司法公平公正作出应有的贡献。

上海监狱"三分工作"发展历程研究

冯立章[*]

分押、分管、分教工作(本文简称"三分工作")是监狱根据罪犯的犯罪类型、刑期长短、改造表现以及性别、年龄等不同情况,实行分类关押、分类管理和分类教育的狱政管理方式。新中国成立初期,上海监狱系统"三分工作"初具萌芽,组织过部分反革命犯、烟毒犯集中编组,针对他们的共性问题进行集中教育。20世纪六七十年代,提篮桥监狱作过对反革命犯及其他刑事犯分类教育的探索。后来由于各种原因,罪犯的分类教育工作暂时中断。直至在第八次全国劳改工作会议(以下简称"八劳"会议)后,上海监狱系统重启三分工作,并发生突飞猛进的发展,取得令人瞩目的成绩,开创了全国监狱系统"三分工作"的先河。

一、新中国监狱"三分工作"发展历程概述

(一)新中国成立初期的状况

新中国成立之初,公安部门注重对罪犯的犯罪性质和罪刑轻重的划分。1954年,政务院颁布的《中华人民共和国劳动改造条例》,规定:"对已判决的犯人应按照犯罪性质和罪行轻重,分设监狱、劳动改造管教队给以不同的监管。"明确了监狱、劳改队和少年犯管教所各自关押的对象,同时强调可以设立混合监、单人监、女监和病监。1956年,公安部十一局《关于对犯人实行分类分押制度中的几个问题的通知》规定:"对犯人实行从严、一般、从宽三种不同管理制度","以按照犯人的案情性质和刑期长短以及适当照顾犯人在劳动中改造的表现",对罪犯实行分类处遇。这段时间内,我国罪犯分类制度有了一定的发展,但随着"文化大革命"运动的发动,国家法制及司法体制被破坏,罪犯分类改造

---

[*] 冯立章,上海市监狱管理局办公室四级调研员。

也被迫停滞。①

（二）"八劳"会议后的创新与发展

十一届三中全会后,监狱工作再次走向正轨。1981年8月18日至9月9日,"八劳"会议召开,会议总结了当时劳改工作的主要问题,指出改造质量下降、罪犯逃跑增加、刑满释放后重新犯罪情况比较严重。特别指出:有的劳改单位改造工作很差,成为"传习所"和"黑染缸"。为此公安部制定相应的制度性文件,旨在提高罪犯改造质量。1982年公安部制定的《监狱、劳改队管教工作细则》专列"分管分押"一节,明确规定对反革命犯、普通刑事犯、累犯、惯犯、偶犯、过失犯实施"分管分教、区别对待"。1989年,司法部劳改局颁布了《关于对罪犯试行分押分管分教的实施意见》,逐步形成了"分押、分管、分教"的罪犯分类与处遇模式。1991年,司法部修订了《对罪犯实行分押分管分教的试行意见》,开始尝试罪犯分押、分管、分教的"三分"试点工作,明确了"横向分类、纵向分级、分级处遇、分类施教"的原则。当时,罪犯的分类问题再次受到整个监狱系统的关注,对"三分工作"进行了进一步细化。在分类关押上,对监狱设置分类,对罪犯分类。在分类管理上,依据罪犯的犯罪史、犯罪性质和主观恶习等,进行分类和实行相应管理措施。在分级处遇上,分三等五级。"三等"即普管、宽管和严管,"五级"即严管级、从严级、普管级、从宽级、宽管级。②1994年,《中华人民共和国监狱法》颁布施行,其第39条规定:监狱对成年男犯、女犯和未成年犯实行分开关押和管理,对未成年犯和女犯的改造,应当照顾其生理、心理特点。监狱根据罪犯的犯罪类型、刑罚种类、刑期、改造表现等情况,对罪犯实行分别关押,采取不同方式管理。第61条:教育改造罪犯,实行因人施教、分类教育、以理服人的原则,采取集体教育与个别教育相结合、狱内教育与社会教育相结合的方法。

（三）新时期的新发展

进入21世纪,为维护监狱安全稳定、提高罪犯改造质量,对罪犯的分类工作有了新的要求。为此,我国开始了罪犯分类的新探索,如北京、上海、天津等省市监狱系统加大了监狱基础分类工作,建立了新收犯监狱、出监犯监狱等,完

---

① 参见张宇程:《我国监狱罪犯分类制度的反思与变革》,苏州大学硕士学位论文,2015年,第2—3页。
② 参见张宇程:《我国监狱罪犯分类制度的反思与变革》,苏州大学硕士学位论文,2015年,第3页。

善监狱功能,在罪犯分类与处遇方面更加细化和具体,推动了监狱工作的发展。2005年,司法部提出监狱按照戒备等级进行分类,主要依据监狱狱政警戒设施、监管技术装备、警力配备、管理方法、活动范围、劳动方式等因素,分为高度戒备、中度戒备和低度戒备三个等级,分别关押具有相应危险程度的罪犯,建立相应的管教模式,我国的罪犯分类的探索不断深入。①

二、上海监狱"三分工作"历程研究

20世纪80年代,上海监狱系统为贯彻落实"八劳"会议的精神,同时也是顺应当时严打工作的要求,进一步提高罪犯改造质量,先开展试点,逐步在全局推开"三分工作"。

(一)试验阶段(1984—1988年)

1. 部分单位的先行试验

1984年1月,上海监狱系统对"严打"集中行动以后新捕、新判罪犯进行调查,以作为开展分类教育的依据。同时,提篮桥监狱开展反革命犯的分类教育;第二劳改总队(现白茅岭监狱)对流氓、抢劫、盗窃等类型罪犯尝试分类教育;第三劳改总队(现军天湖监狱)对48名盗窃犯试行分类教育;少年犯管教所(现未成年犯管教所)成立分管分教研究小组,作为指导全所分类教育的专门部门。

2. 局层面的试点推进

1985年4月,上海市劳改局转发司法部《关于加强对累犯、惯犯改造工作的意见》。少年犯管教所组织部分中队按性犯罪罪犯、经济犯、流氓犯等三大类,分别编班,试行分类教育,各有侧重地开展有关法律知识的教育。

1986年2月,上海监狱系统提出各劳改单位以大队、中队为单位进行分类教育的具体试点意见:市内各劳改单位有1种犯罪类型罪犯达30人的,皖南地区的第二、第三劳改总队有2种犯罪类型罪犯达60人的,即可组织实施分类教育。6月,第二劳改总队率先确定分类教育试点单位3个。其中,第三劳改大队对累惯犯、2次以上判刑罪犯试行分类教育;第七劳改大队对盗窃、流氓犯试行分类教育;直属劳改中队对出入监罪犯试行分类教育。7—10月,第二劳改

---

① 参见张宇程:《我国监狱罪犯分类制度的反思与变革》,苏州大学硕士学位论文,2015年,第3页。

总队相继对罪犯进行调查摸底,把重点放在流氓犯、盗窃犯和2次以上判刑的罪犯上面;对干警进行分类教育业务培训,组织第七劳改大队编写性犯罪罪犯分类教育教材近10万字,举办首期为期2个月共80名性犯罪罪犯参加的分类教育集训班。

1987年2月,第二劳改总队召开分类教育经验交流会,深化分类教育,扩展试点成果。9月,第三劳改总队集中124名盗窃犯进行分类改造试点。12月,第二劳改总队成立分管分教研究会,进一步深化和发展分类改造工作。至12月底,提篮桥监狱、少年犯管教所、第二、第三劳改总队等单位在对反革命犯、性犯罪罪犯、流氓犯、盗窃犯教育中摸索到一些规律,初步形成一些针对性的教材。提篮桥监狱还对短刑犯实施分类教育,对重刑犯进行短期集中教育。

3. 进一步推广试点工作

1988年初,上海监狱系统在7家"两劳"单位建立12个分管分教试点,分类教育由点到面在全局推开。1988年11月,第二劳改总队实施课堂化分类教育,并以罪犯恶习程度深浅、文化程度高低为编班依据,实施二班四级的分类教育模式。1988年3月,局管教处、犯罪改造研究所与第二劳改总队联合筹建实验劳改大队和教导大队。其中,实验劳改大队的主要任务是探索改造工作的新途径,允许在法律规定范围内作一些大胆实践,可以打破各种条条框框,吸收各种先进经验,试行分级管理、分类教育等多种教育改造方式和狱政管理措施,逐步建成具有中国特色的一流的劳改大队。大队分别对性犯罪罪犯、盗窃犯的改造作了六个方面的探索。一是开展调查研究,为分类改造提供依据。二是探索合理编班,开展针对性教育。1988年11月对受过性犯罪罪犯矫治教育的22名刑释人员(其中60%已刑释六个月以上)跟踪调查,除1人因打架赌博受过行政拘留处罚外,其余21人都能较好地遵纪守法。三是探索分层次管理,使罪犯在希望中得到改造。到1987年年底,根据罪犯的改造表现,实行分级管理,区别对待,调动了罪犯的改造积极性,全大队形成了宽(总队宽管、大队宽管、中队宽管)、严(中队严管、大队严管)、一般的"三级六等"分类管理的格局。四是探索分类管束,强化行为矫治。1988年11月,大队制定《盗窃犯行为管理规则》和《性犯罪罪犯行为管理规则》,将罪犯行为规范要求分为基本行为和特殊行为,纳入对罪犯的双百分考核,并与奖惩挂钩,充分发挥管理的强制性的矫正功能和潜移默化的养成功能。五是探索分类劳动,鼓励罪犯在劳动改造中寻求自我实现。经过两年的分类教育,这些罪犯因踏实改造、成绩显著被大队表扬的有 50 人次,记功 18 人次,减刑 8 人,假释 1 人。

(二)初步发展阶段(1989—1991 年)

1. 出台激励措施

1989 年,上海监狱系统将分类改造列为上海劳改工作的攻关项目,作为当年管教工作的重点之一,并出台《1989 年分类改造工作的考核规定》,提出:一是对总队、支队、监狱、少年犯管教所的分类改造工作进行考核,考核分类改造意识、工作计划、分类改造机构和专职干警的设置、分押的发展,分管分教取得的成效,试点工作的开展情况。二是对各劳改单位的分类改造试点工作进行检查考核,标准是基础工作方面、试点工作方面,其中要求分类改造的对象要占中队押犯数的 90% 以上,人数不少于 80 人。三是考核、验收办法,采用"听、看、查"办法逐个单位进行检查考核。四是奖惩办法。对分类改造工作取得突破、总结出成功经验的,或者工作有较大进展,基本达到考核要求,并在某一方面取得显著成效的单位和试点单位,分别给予荣誉称号或通报表扬。对敷衍应付、进展不大、不符要求的单位,区别情况给予通报批评或发《管教工作建议书》,限期整改。对在分类改造工作中积极探索、总结出具有一定推广价值的经验的干警,给予记功;对作出重大贡献的干警,给予记大功,直至授予"优秀管教员"称号。

2. 取得初步成效

上海监狱系统开展分类教育的经验,得到司法部的肯定。1989 年 7 月 4—8 日,司法部在上海华夏宾馆召开全国监管改造工作会议。部长蔡诚主持会议,副部长金鉴作工作报告。会议期间,市委副书记吴邦国到会讲话,各省(自治区、直辖市)的司法厅(局)长、劳改局长等 120 余人与会,7 月 11—12 日,金鉴率部分与会代表赴白茅岭、军天湖农场参观考察。大会向全国推广了上海监狱系统开展分类教育的经验。当时上海监狱系统性犯罪罪犯、盗窃犯的分类教育内容趋向定型。此后,上海监狱系统采取了一系列卓有成效的举措,点上深化,面上推开分类改造工作,并取得了较大进展。1989 年 12 月,第二劳改总队实验劳改大队确定盗窃犯、性犯罪罪犯分类教育周期为 3 年,并把盗窃犯的悔罪、性犯罪罪犯的认罪作为分类教育重点。

提篮桥监狱自 1986—1991 年,持续 5 年对反革命犯开展分类教育,把社会主义教育作为分类教育的主线,针对新时期反革命犯的思想特点,由浅入深,循序渐进,形成以社会主义教育为中心,以认罪服法教育、爱国主义教育和辩证唯物主义教育为基本内容,形势时事政策教育贯穿始终的分类教育体系。这些经验,在1991年9月全国劳改单位分押、分管、分教经验交流会上作了交流。

提篮桥监狱九大队是上海集中关押女犯的场所,时押犯507名,其中性犯罪女犯57名,占女犯总数的11%。1989年3月,九大队对在押的57名性犯罪女犯集中编队,分为已婚和未婚两个小组,实施分类改造。分类改造措施具体为:一是深入分析和掌握性犯罪女犯的情况和特点,为实施针对性分类改造打好基础;二是针对特点,进行以教育为主、以观念转变为主的系统矫治;三是用科学方法,探索心理矫正和病理治疗新途径,提高分类改造的科学性、有效性。经过分类改造,这个一度表现极差的不良群体开始发生转变。其中,有60%的女犯受到记功、表扬,11名女犯获得减刑。

1990年3月,少年犯管教所分别对农村盗窃案由的犯罪少年和外省籍盲流案由的犯罪少年进行分类教育。5月,第二劳改总队教导大队确定惯、累犯分类教育周期为5年,分3个阶段:第一阶段1年,为入监及法律常识等基础教育;第二阶段3年,为哲学、伦理学矫正罪犯畸形思维等专题教育;第三阶段1年,为回归社会教育。根据罪犯刑期长短,适当延长或缩短教育周期,增减教育时间和内容。

(三)迅速发展阶段(1992—1993年)

1. 抓好业务培训和教材编写

1992年2月,上海监狱系统举办由各单位分管改造工作领导参加的第一期分类改造干部研修班。局管教处下发《关于对盗窃犯、性犯罪罪犯、暴力犯、经济犯等四种类型罪犯分类教育的暂行规定》,明确了主要类型罪犯分类教育的工作要求。当年全局系统共有679名干部接受了分类教育方面的实务培训。1992年初,受司法部劳改局委托,上海监狱系统组织11名干警编写了《盗窃罪犯矫治教材》。全书在总结各地盗窃犯分类教育实践经验的基础上,从法制观、道德观、消费观等各方面系统阐述对盗窃犯分类教育的方法、内容。该书印数达10万册。

上海监狱系统的改造单位在开展罪犯分类教育中,陆续编写各种分类教育教材60万字。第二劳改总队在性犯罪罪犯分类教育中形成教材《性罪错矫治》10余万字;少年犯管教所在盗窃犯、性罪错罪犯分类教育中,分别编写教材

15万字。1991年2月,局组织编写《性犯罪罪犯分类教育》《盗窃犯分类教育》提纲,为两类罪犯分类教育提供教材。12月,提篮桥监狱还试编《新收期间心理问题100例》,为新收罪犯分类教育提供教材。局职能部门和犯罪改造研究所联合展开分类教育多项课题的研究。

2. 扩展分类教育覆盖面

1992年1月,局分类教育扩展至性犯罪罪犯、盗窃犯、暴力犯、经济犯、反革命犯以及累惯犯、老残犯、近期犯等21种类型,并开始注重教育系统性。3月,局依据罪犯的构成状况,将罪犯分为四大类:财产型罪犯、性犯罪罪犯、暴力型罪犯、过失罪犯及渎职罪犯。根据上述4种类型分类关押,并根据罪犯恶习程度深浅和文化程度高低,进行合理编班,开展分类教育,进一步深化和规范罪犯分类教育。第三劳改总队针对不同性格表现的暴力型罪犯设立"自控疏导教育室",进行行为养成教育等,特色明显。提篮桥监狱根据反革命犯的特点开展针对性较强的活动,动员罪犯亲属帮教,促使罪犯思想转化,效果明显。

3. 出台分类教育意见

1993年6月8日,局印发《对在押的盗窃型、暴力型、性犯罪、经济犯罪四类罪犯实施分类教育的意见》,对分类教育的对象、时间、基本要求及注意事项提出明确意见,首次就全局罪犯分类教育进行规范。当年,各劳改单位针对各种类型罪犯的不同特点,相继按犯罪性质,把罪犯分成盗窃犯、性犯罪罪犯、经济犯、暴力犯和反革命犯等,在分别关押、分级管理的基础上实施分类教育。

至1993年11月,全局对97.5%的罪犯实施分类管理和分级处遇。随着罪犯分类标准的拓展,全局逐步形成按罪犯的犯罪类型、恶习程度、刑期阶段、改造表现等情况进行分押的格局,形成几种主要类型(即盗窃犯、经济犯、累惯犯、外省籍犯等)罪犯的分类改造模式。上海这一时期的分类教育出现了"面上推广,点上深化"的新格局,分类教育的覆盖面迅速由1992年的45%上升到1993年的68%。而且各单位都总结出一些分类教育的经验。分类教育除开展正规化的课堂教育外,还运用多种矫治手段提高分类教育的效果。提篮桥监狱在对盗窃犯的分类教育中,充分发挥劳动过程管理的改造功能,提高分类教育的效果;在对反革命犯的时事形势教育中,引入读书活动;在对性犯罪女犯的分类教育中,开展"夫妻交心"活动、美育教育等。第三劳改总队在对暴力犯的分类教育中,设立"自控疏导教育室",进行情感和行为的自我调控,促进暴力犯遵守监规及良好行为习惯的养成。

(四) 曲折发展阶段(1994—1995年)

这一时期,分类教育的内容已相对定型,进一步深化工作难度加大,在如何更科学分类问题上进行新的思考、探索和实践明显滞后。同1993年相比,分类教育的覆盖面有所下降,每月平均实施分类教育的课时数为6.4节课时左右。这一时期除了暴力犯、盗窃犯、经济犯、诈骗犯、反革命犯、性犯罪罪犯等按照犯罪的性质分类教育仍在进行,并有所发展外,探索非犯罪性质为分类标准的分类教育正逐步推开,如以地域分类的外省(市)籍罪犯的分类教育,以文化程度分类的知识分子罪犯的分类教育以及按身体条件分类的老残犯的分类教育等,在不少单位得到发展。提篮桥监狱从1994年开始,根据建立市场经济体制的新要求,大力改革对出监犯的分类教育。如从过去以认罪、悔罪、补课教育为主的出监教育体系,改变为指导罪犯刑释后适应社会、融入社会、立足社会的回归教育体系。由于引入就业指导、求职咨询等,分类教育内容取得较好效果。

1995年9月起,上海市监狱系统将罪犯分类教育纳入现代化文明监狱创建考核内容。11月,局领导与各监狱负责人共同签订分类改造工作目标责任书,由各单位自定攻关课题。其中,有罪犯再分类标准,外省籍犯的改造,盗窃犯、性犯罪罪犯、暴力犯三大类型罪犯的分类教育。之后,相关监狱相继开展非案由罪犯分类教育,但没有继续深化。[①]

(五) 创新阶段(1996年至今)

1. 开展布局调整,纯化监狱分类

1996—2001年,上海市先后建成女子监狱、新收犯监狱等,监狱局继续对押犯关押布局作适度调整。原关押于提篮桥监狱的女犯,除保留1个女犯中队,全部移押至女子监狱;外国籍犯也由提篮桥监狱移至青浦监狱关押;对涉毒犯和从事恐怖活动的罪犯实行定点关押。2001年5月,新收犯监狱全面承担新收罪犯接收任务,收押全市各看守所判决生效后移送监狱执行的,死刑缓期2年执行、无期徒刑,以及剩余刑期在1年以上有期徒刑的成年男性罪犯。2007年7月,随着专门关押老病残犯的南汇监狱建成和投入使用,上海监狱的

[①] 参见《上海市地方志》编纂委员会:《上海市志·公安司法分志·监狱卷(1978—2010)》,上海人民出版社2020年版,第258—260页。

分类趋于合理、完善。

2. 建立入监、出监教育机制

2016年,出台《上海市监狱管理局教育改造工作管理办法》,规定新入监罪犯,余刑一年及以上的应集中接受为期两个月的入监教育,余刑一年以下的应集中接受为期两周的入监教育,通过教育帮助罪犯明确权利义务、掌握服刑常识、养成行为规范、树立身份意识,适应服刑生活。成年男犯(除外国籍罪犯、邪教类罪犯和危安犯)入监教育由新收犯监狱负责实施,女犯和未成年犯入监教育分别由女子监狱和未成年犯管教所实施。监狱建立出监监区,对即将服刑期满的罪犯实行集中管理和教育。通过出监教育,罪犯了解社会发展、就业形势、社会保障等方面的情况,掌握和遵循安置帮教工作政策,增强就业谋生和回归社会的能力。罪犯实际服刑时间一年以上的,集中出监教育时间为三个月;实际服刑时间一年及以下的,集中出监教育时间为二周。深化五角场监狱出监教育"示范点"建设,根据相关规定,对全局符合集中收押条件的部分临释罪犯集中管理和教育。

三、对上海监狱"三分工作"的评价

(一)是科研与实践的完美结合

1984年,上海监狱系统在全国监狱系统率先成立罪犯改造研究所,并成立市罪犯改造学学会(后改名为市监狱学会),开展群众性科研活动。市罪犯改造学学会、罪犯改造研究所和行政职能处室分别牵头,组成课题攻关小组,从多方面、多角度对"两劳"工作进行探索,开展科研活动。1988年,实验劳改大队在第二劳改总队成立。该大队由罪犯改造研究所与第二劳改总队共同试办,主要任务是在坚持和发扬成功经验的基础上,进一步探索改造工作的新经验、新途径。实验劳改大队成功进行罪犯分级管理探索,对罪犯实行"三级六等"管理。

上海监狱系统的理论研究成果可以及时转化,并通过实验劳改大队等"试验田"进行实践,起到了理论与实践相互促进的作用,从而使一段时间以来上海监狱系统的"三分工作"得到了大力发展,甚至走在全国监狱系统的前列。

（二）在全国起到改革创新的示范作用

随着改革开放的深入和监狱工作的发展，监管改造工作需要有新的突破和创新。1986年，上海市第二劳改总队率先进行分类改造的试点。1989年，全国监管改造工作会议肯定并推广了上海市第二劳改总队和其他试点单位的经验，将这些单位提出的单项措施，集中表述为分押、分管、分教工作，正式列为新形势下强化监管改造工作的重大措施。会后，司法部劳改局制定印发了《关于对罪犯试行分押、分管、分教的实施意见》。各地监狱系统根据会议精神，不同程度地制定了"三分工作"规划，进行了试点，涌现出上海市第二劳改总队、河北省一总队、山东省第三监狱、辽宁省瓦房店支队、云南省光明园艺场等一批"三分工作"先进单位。当年全国有29个省（直辖市、自治区）制定了"三分工作"规划；有77个押犯单位（其中监狱9个，劳改支队63个，少年犯管教所5个）和68个大队、243个中队进行了试点工作。

上海作为全国改革开放的排头兵，监狱工作走在全国的前列。上海监狱系统的"三分工作"的创新与发展，顺应了上海地方的整体工作进程，在全国起到了很好的示范作用，同时也为维护上海平安、促进改革开放起到了重要的保驾护航的作用。

（三）促进了监狱法治化的进程

在上海监狱系统和其他省市监狱系统的试点和推广下，中国监狱的"三分工作"得到大力发展，并在《中华人民共和国监狱法》的修订中，以法律条文的形式予以确定。《中华人民共和国监狱法》第39条和第61条，分别对罪犯分类关押、分类管理及对罪犯分类教育作出明确规定。

"三分工作"写入法律，以法律条文的形式予以固定，提高了"三分工作"的地位。这说明"三分工作"是经过实践检验的理论，具有可操作性和可复制性，这无疑凝聚着各省市监狱特别是上海监狱系统的探索创新精神。

"八劳"会议视域下短刑犯管理路径研究
——以马鞍山监狱短刑犯数据为研究对象

范 明[*]

1981年8月,第八次全国劳改工作会议在北京召开。会议总结了新中国成立以来监狱工作的成绩与经验,并对监狱工作中出现的新情况、新问题、新挑战进行了研讨,特别是对监管对象的变化做出了较为准确的分析和定位,指出在押改造对象逐渐呈现"三多一少"的现象,即"出身于劳动家庭的多、青少年犯多、刑期较短的普通刑事罪犯多、反革命罪犯减少",并由此提出了新时期监狱工作的重点任务,为监狱工作的精细化、标准化明确了发展方向。

当前,刑事案件轻型化和扫黑除恶常态化背景下,法治中国的建设正面临"八劳"会议时期类似的历史难题,逐年激增的短刑犯群正一步步威胁着现代监狱健康生态,考验着治理体系的"弹性"与治理能力的"刚性"。

一、问题的提出

根据党的十一届三中全会和六中全会精神,第八次全国劳改工作会议回顾了新中国成立以来的劳改工作,分析、研判社会发展形势和监狱工作客观情况的变化,加强了较短刑期罪犯的改造力度,并着手从法规层面来规范、克服短刑犯监管瓶颈。1982年公安部颁布的《监狱、劳改队管教工作细则》第一次将"分押分管分教"纳入章程,将短刑犯监管、教育、劳动独立成篇,进一步阐明了"八劳"会议对短刑犯改造的纲领性指导意见。

2013年1月1日,新修订的《刑事诉讼法》正式颁布施行,"被判处有期徒刑的罪犯,余刑在3个月以上的必须送往监狱执行刑罚",将监狱收押范围从原来的余刑1年以上扩大到余刑3个月以上。此后,监狱在押短刑犯比重逐年激增,给现代监狱管理带来了严峻考验。以马鞍山监狱为例,2018—2021年,原

---

[*] 范明,安徽省马鞍山监狱第四监区四级警长。

判刑期 3 年以下的新犯已连续 4 年超过新入监押犯数半数以上(见图 1),并且仍以高位递增。

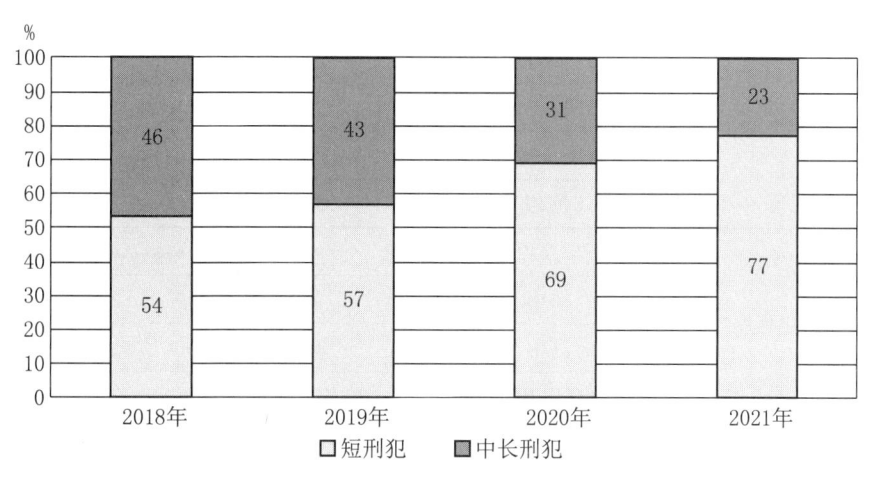

图 1　2018—2021 年马鞍山监狱新入监短刑犯占比图

2021 年 12 月 1 日,四部委联合印发《关于加强减刑、假释案件实质化审理的意见》,进一步规范了减刑假释的门槛,又一次压缩了短刑犯减刑假释的空间,由此衍生的短刑犯改造困境,俨然成了当前监管形势下亟须解决的问题。

二、短刑犯的基本情况

截至 2022 年一季度末,马鞍山监狱在押短刑犯 1 398 人。为更好地提取短刑犯群基本信息,本文采取"个别谈话+调查问卷+民警调研"的方式,选取原判刑期 3 年以下犯群作为调研对象,以入监年龄、文化程度、犯罪类型、有无前科作为分析研判的 4 个维度(见表 1),充分利用执法执勤平台的数据处理功能,结合短刑犯群生产劳动、"三课"学习及行为养成情况,详细了解当前短刑犯群的服刑心态和改造需求,进而有针对性地因材施教,旨在切实解决现代监狱实际管教困境。

经过统计不难发现,在押短刑犯呈现出"两低两高"外象特征。

一是入监年龄趋于年轻化。随着刑事案件轻型化和扫黑除恶常态化,相较于传统监狱"梯度分布、层层兼顾、老少均衡、正态分布"的押犯结构,现代监狱面临的更大挑战来自刑期短、年纪轻、恶习深、个性强的短刑犯群。如图 2 所

表1 马鞍山监狱短刑犯统计数据

	分 布	人数(个)	占比(%)
入监年龄	20岁以下	237	17
	21—30岁	293	21
	31—40岁	391	28
	41—50岁	265	19
	51岁以上	212	15
文化程度	小学及以下	422	30.2
	初中	756	54
	高中	197	14.1
	大学及以上	23	1.7
犯罪类型	财产型	696	49.8
	暴力型	421	30.1
	淫欲型	119	8.5
	其他	162	11.6
有无前科	无前科	1 015	72.63
	有前科	383	27.37

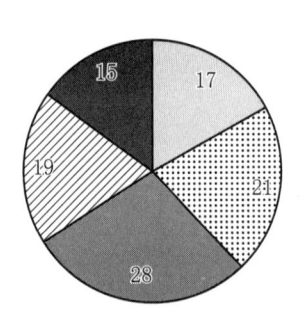

□20岁以下　⊞21—30岁　■31—40岁　◪41—50岁　■51岁以上

图2 马鞍山监狱短刑犯入监年龄分布图(单位:%)

示,短刑犯群体中,20岁以下人群占比17%,21—30岁人群占比21%,31—40岁人群占比28%,41—50岁人群占比19%,50岁以上人群占比15%。综合可见,40岁以下短刑犯占比高达66%,短刑犯群年龄分布逐渐呈现金字塔形。

二是文化程度呈现低端化。观察问卷可以看出,多数短刑犯入监之前没有稳定的收入来源,这也是导致他们铤而走险实施犯罪的主要诱因。究其根源,在于其受教育程度偏低,谋生技能欠缺。部分短刑犯在完成九年义务教育阶段后,随即进入社会。调研中,初中以下文化程度短刑犯占比84.2%(见图3),这不仅反映出在押短刑犯学历教育偏低,也侧面体现出他们法治理念薄弱、法纪观念缺失,直接危及现代监狱健康生态的恒定。

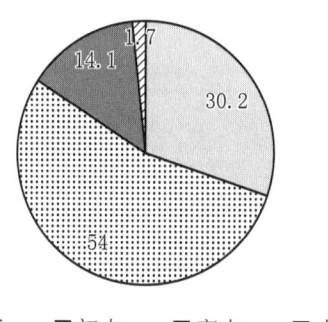

图3 马鞍山监狱短刑犯文化程度分布(单位:%)

三是犯罪类型逐渐集中化。为了体现调研结果的均衡性与客观性,笔者在设计调研问卷时,特地将"犯罪诱因"纳入谈话体系中,旨在"刺破"调研对象的痛处,引导他们坦然、真实地描述内心世界。由图4可以看出,财产型、暴力型犯罪是当前短刑犯中最主要的犯罪类型,占比达到79.9%。这一结果也与文化程度低导致的收入来源不稳定遥相呼应,印证了现代监狱在短刑犯针对性管教领域的疏漏,进一步阐释出部分短刑犯"被动犯罪"的时代之殇。

四是重新犯罪凸显高危化。重新犯罪率的高低便是衡量法治监狱工作成

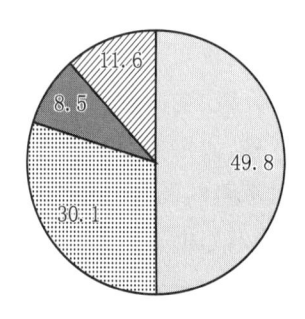

图4 马鞍山监狱短刑犯犯罪类型分布图(单位:%)

效最直接、最明了的"度量衡"。据统计(见图5),虽然目前无前科短刑犯占比仍保持在有前科犯群的两倍以上,达到72.63%,但从教育层面来看,短刑犯群中二次及以上犯罪人数占短刑犯总数的27.37%,其中不乏三进宫甚至数进宫的顽固犯,侧面反映出现行短刑犯管教体系实为普适教育,即并未针对短刑犯特征制定切实有效、因人而异的施治方略,从而未能从根源上扼制住短刑犯死灰复燃的犯罪心理,一定程度上背离了现代治监理念的初衷。

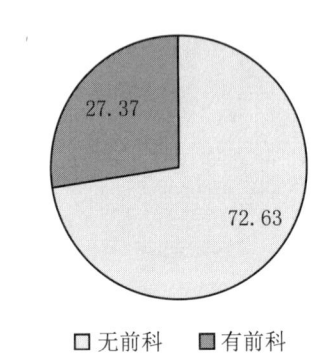

图5 马鞍山监狱短刑犯前科统计图(单位:%)

三、短刑犯的改造特征

基于调研数据,我们发现在押短刑犯群具有五项特征。

一是服刑意识趋于淡化。部分短刑犯由于刑期较短、社会危害有限,对自己的违法行为不做理性思考,对刑罚威严体会不深,在改造中很难真正做到深挖犯罪根源,缺乏认罪服法与悔罪改过的觉悟,缺乏意识层面的罪恶感,认为法院"小题大做",往往将犯罪原因归咎于客观环境、外界压力与他人驱动,很少从主观溯源。同时鉴于短刑犯刑期较短,基本没有减刑假释的机会,导致大部分短刑犯对现行狱政奖励、处遇分级、功奖服积等中长刑期罪犯趋之若鹜的奖励视如"草芥",普遍存在混刑度日、偷懒耍滑的情况。在个别谈话和民警调研环节中,有近4/5的短刑犯表示不愿向民警汇报情况,不愿对身边的违规违纪行为进行检举揭发,存在"多一事不如少一事"的心态。

二是身份意识界定不清。年龄较轻、文化较低、刑期较短等"三低"状态下的短刑犯群,在面对民警管理教育时,他们时常抱着"大错不犯,小错不断"的错误观点应付日常改造,或是采取敷衍了事的软对抗,或是软硬不吃、公开抗拒改造任务。更有甚者根本无视监狱管理要求和惩处规定,我行我素,将社会恶习带入监内,成为威胁监狱健康生态的"污染源"。此外,部分短刑犯社会习气较重,对监规队纪缺乏敬畏感,在执法愈发人性化的今天,他们可能会"误判"形势,把民警的宽容谅解当作是民警软弱无能、妥协让步,借机得寸进尺,有恃无恐,打着维权旗号,公开顶撞、辱骂、威胁甚至袭警,以此获取同犯的尊敬与崇拜。

三是畸形维权意识膨胀。现代治监理念倡导"立法人性化、司法公正化、执法文明化",加之短刑犯群普遍量刑较轻,认罪悔罪意识不足,在改造中出现本末倒置、重权利轻义务现象自然也就不足为奇。日常改造中,少数短刑犯处心积虑搜罗规章制度上的漏洞和民警工作中的疏忽,借以"要挟"民警获取特殊利益,当"不当得利"得不到满足时,常假借维权之名,转而对监狱执法进行寻衅、指责甚至恶意控告。极少数个体甚至以自伤自残来威胁民警,逼迫民警就范,以达到个人目的。诸如此类的畸形维权、恶意举报,在容错机制未能完善的监狱执法领域,无疑已经干扰到了正常执法工作,平添了执法者的心理压力,严重危害了狱内正常改造秩序。

四是违法违纪行为多元。从上述图表可以看出,财产型犯罪是短刑犯人数激增的主要原罪,侧面反映出大部分短刑犯入监之前没有稳定的收入来源,加之其原生家庭或是疏于管教、无视法度,或是听之任之、放任自流,使得他们没有形成良好的规矩意识和价值观念。入狱前他们好逸恶劳、游手好闲,入狱后面对规章制度的管束与纪律条款的规范,难免无所适从、消极应对。同时由于刑期较短、减刑无望、违纪成本低、管理手段欠缺等多元因素介入,导致他们缺乏服刑动力、自我约束松散,这也成了此类犯群违纪行为频发的主要原因。以2021年马鞍山监狱重要违纪罪犯刑期结构来看(见图6),各类重要违纪共发生37起,主要集中在5年以下罪犯22起,占比59.5%,5—10年罪犯8起,占比21.6%;10年以上罪犯7起,占比18.9%;剩余刑期12个月以下罪犯违纪18人次,占比48.6%(其中13人无减刑机会)。其中值得特别注意的是10起禁闭中,其中有2起罪犯发生打架斗殴时,余刑不到4个月。

五是改造效能普遍较低。相较于中长刑期罪犯,短刑犯在服刑中更具功利性与投机性。由于刑短罪轻,调研中的短刑犯普遍存在改造目标模糊、改造动力不足、改造态度随意、改造行为慵懒等"四改弊端"。短刑犯群中,得过且过、混刑度日、消极怠工的氛围越来越浓,给监管改造形势带来了严峻挑战。据统计,在押短刑犯中,获得劳动一级工的人数不足百人,仅占押犯总数1.7%,远远

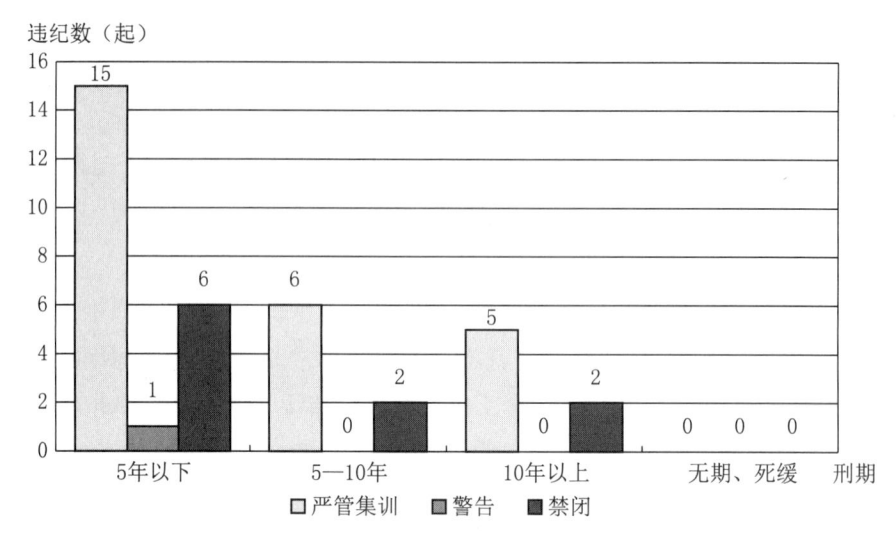

图 6 2021 年马鞍山监狱重要违纪罪犯刑期结构

低于 20% 的平均比例。不仅如此,"三课"学习中的短刑犯也普遍流露出"被动学习"情绪,缺乏主动性,改造效能可见一斑。

四、短刑犯管理中存在的问题

监管实践中,短刑犯管理教育呈现出成因多维、问题多元、事态多变等特征,但综合考量,制度层面、执法者层面和服刑者层面存在的问题,毋庸置疑是造成短刑犯监管困境的重要因素。

(一)制度层面

1. 刑事与行政激励机制不尽合理

现行刑事政策下,有期徒刑罪犯的减刑考验期一般以一年为界,并至少需要获得两个行政奖励,即 1 200 分,这个标准对于原判刑期 3 年以下的短刑犯是不适合的。此外,扣除看守所关押刑期以及 3 个月的考察期,真正参与计分考核的剩余刑期已经所剩无几,不要说有意减刑者有心无力,甚至是否减刑对于他们来说都意义不大。且在现行刑罚执行制度趋严的态势下,监狱考虑到减刑比例的硬性规定,大多数情况下也会将短刑犯"游离"于减刑、假释之外,极大压缩了大多数短刑犯减刑、假释的空间,促使其丧失改造的动力。

2. 处遇与物质激励机制标准僵化

现行狱政管理体系下,罪犯处遇被分为"严管—普管—宽管"(考察级不纳入考核)三级。各级处遇晋升周期长、升降级差小,加之硬性考察期和逐级晋升机制的设置,导致部分短刑犯即使服刑表现优异,也较难在刑满前享受宽管待遇,弱化了处遇政策对短刑犯群体的激励作用。不仅如此,为体现公平原则,处遇分级政策的竞争机制受到限制,不同处遇对应待遇差距有限,导致短刑犯不仅"看不到"宽管处遇,也"看不上"宽管待遇。

3. 管教与威慑惩罚机制偏软偏弱

现行违规违纪惩戒制度中,除去加刑和禁闭集训外,扣分、警告甚至记过等方式对于减刑无望的短刑犯群来说,惩戒实效极其有限。在有限的刑期内,一边是循规蹈矩、按部就班以普管处遇释放,一边是混刑度日、得过且过,在无视扣分与警告中熬过刑期,短刑犯群在面对选择时,也会审"时"度"势",根据监管形势与民警态度"打游击"。但总体来说,管教手段的短缺和执法政策的掣肘给现阶段短刑犯的监管造成较大困扰。

4. 教育体系与培训内容存在短板

当前的监狱教育,在课程设置与教学安排上,未能依据刑期长短合理分班教学。实际教学中,由于人员变动、课程调整等多元因素的影响,很多短刑犯刑满时尚未完成一个周期的学习内容。对于短刑犯来说,提高谋生能力与竞争力才是当务之急。但监狱运行的职业技能培训体系设置前并未充分进行市场调研,以致基础性、滞后性、理论性的职教课程无法激发短刑犯群的积极性和主动性,不仅造成了教学资源的浪费,也磨灭了多数短刑犯的学习热情。

5. 分类管理与差异关押难以施行

虽然分管分押制度实施多年,但受各级监管条件的制约,大部分监狱未能对罪犯分类管理、按期关押。混押模式的弊端是明显的,一方面,犯群容易出现交叉感染情况,长刑犯利用短刑犯传话、捎带,短刑犯依附长刑犯获取保护、方便等违纪事件屡见不鲜;另一方面,普适型的管教手段与矫治方案缺少针对性、实效性,对短刑犯群的改造成效尚待考量。

(二)执法者层面

1. 认知上贴有难管标签

相较于中长刑期罪犯,少数民警认为短刑犯减刑机会少,自然难以管理,即使未对新分流短刑犯进行谈话了解,就已经在思想上先入为主地给所有短刑犯贴上了难管"标签"。这种片面的、武断的管理思维不仅会直接影响民警的管理方式与管教重心,也会潜移默化地对短刑犯起到不良的心理暗示,一定程度上增加他们在日常改造中的抗拒性。

2. 管理上缺少实用手段

针对日益增长的短刑犯群体,少数民警对当前改造工作中涌现的新情况、新问题、新挑战认识不足,管理理念、工作方法、业务水平、责任意识、执法能力跟不上新形势的发展,出现"老方法不管用、新方法不会用"的尴尬局面,尤其是在短刑犯的管理上,部分民警"不愿管、不敢管、不去管",长此以往,便陷入民警不管、罪犯不听的恶性循环。

3. 执法上存在畏难情绪

当前监狱执法监督日益严格,执法容错机制尚不健全,民警执法稍有不慎就可能面临被审查风险。面对高压形势,少数民警在处理事件时左右为难,畏首畏尾,更有甚者为规避个人风险与责任追究,对罪犯尤其是短刑犯采取不管、少管来自我保护,致使该部分罪犯有恃无恐,散漫成性。

4. 观念上凸显价值误解

监管一线工作纷繁复杂,部分民警认为,短刑犯服刑时间短,危害程度低,即使在其身上开展大量管理教育工作,也难以短时间内体现出工作成效,应当将主要精力放在"危、重、顽、病、残"五类罪犯管教上,故而短刑犯的管理在实践中往往被民警"忽视"。具体来看,文化教育方面,针对性教育仍然不足,多数集中于认罪服法、刑事政策等改造类教学内容,既无法解决短刑犯群的实际困境,也不能从根源上转变犯群的价值诉求;心理矫治方面,受民警业务水平、从业资历、干预经验等因素的局限,现阶段监狱矫治尚处于初级阶段,仅限于"诊断""治愈"短刑犯的"皮外伤",相较于中长刑期罪犯,短刑犯的矫治疗程不足,可能尚未触及他们内心渴望就已经刑满释放。

(三)服刑者层面

一是短刑犯群呈现年轻化,遇事易冲动,性格不稳定。如上文所述,短刑犯中年轻者居多,以马鞍山监狱为例,2022年新分流罪犯中"90后"比例达13%,其中不乏"00后"作为新生代短刑犯进入监狱服刑。这部分罪犯大多抗压能力差,易受挫折,自控力差,遇事易冲动,被迫害妄想人格明显,是狱内违规违纪的重点易发人群。

二是受教育程度偏低,认知能力欠缺,教育难度较大。根据对马鞍山监狱的调查统计,在原判刑期3年以下的短刑犯中,具有高中以上文化程度仅为15.8%,绝大多数短刑犯只有初中或小学文化,受教育程度较低,认识能力差,缺乏正确的世界观、人生观和价值观,多崇尚低俗的金钱与权势观念,且接受改造的意识和能力较弱,给监狱实施教育改造增加了难度。

三是捕前多为无业,好逸恶劳成性,具有难改特性。从调研数据得知,79.1%短刑犯在捕前没有稳定职业,他们中的大多数在社会上长期游手好闲,形成好逸恶劳、好吃懒做的个性。且当前收押的短刑犯中有不少为独生子女,多娇生惯养、任性乖张。这些短刑犯自身恶习一般都根深蒂固,缺乏基本的法治观念,环境适应能力较差,对监狱严格的管理具有较强的抵触心理。

五、短刑犯管理工作的对策建议

短刑犯的管教是现代监狱面临的"新三难"之一,必须突破传统思维,从顶层设计、机制创新、矫正塑造、教育改革、激励措施等多维角度进行系统矫正才能取得实质成效。

(一)设置专门的短刑犯监区

腐朽的、消极的东西往往具有较强的感染性和破坏性。罪犯在接受监狱改造的同时,也在接受来自同犯传递的亚文化的影响。实务中,存在服刑几年的罪犯,恶习反而比入监测评时加重的情况,这就是交叉感染在作祟。短刑犯整体恶习不深,相较于中长刑期罪犯,前者所实施的犯罪行为无论是从作案手段上,还是在社会危害上往往都有所不及,如果将长、中、短刑期罪犯混合关押,那么极有可能出现短刑犯与长刑犯之间相互交流犯情、捎带信息,长刑犯向短刑犯传授犯罪技能、灌输消极观念的风险,从而增加短刑犯出狱后再犯罪以及狱内诈骗的概率。因此,为防止混押导致的"交叉感染",可在监狱内部设置专业性、针对性的短刑犯监区,实现长短刑期罪犯之间的生活分离、改造分离。

(二)完善容错机制,树立执法权威

在新型治监理念框架内,积极探索民警管理效能和业务考核的科学机制,将民警执法的自觉性、规范性与严肃性纳入年度测评。同时,建立健全执法容错机制,保障民警正常执法、大胆执法、从容执法,对罪犯辱警、袭警等严重违纪行为和捏造事实恶意控告的诽谤行为,要严肃查处,坚决打击,消除一线民警执法时的思想顾忌。此外,逐步推广执法记录仪的普及与运用,实现监控全覆盖,提升民警执法勇气、底气、锐气。

(三)推进个别化矫正新举措

针对短刑犯因原生品行和继生环境导致的对监规队纪的敬畏感缺失,要运用木桶原理,结合循证矫正技术,循"证"溯"源",找出埋藏在其心中的顾虑所在,对症下药、因材施教,从而收到事半功倍的效果。比如,若享乐型罪犯不服从管理,可以采用限制娱乐、禁止消费等方式加以矫正;如果好吃的罪犯抗拒改造,则可以使用降低伙食标准的手段加以惩戒。此外,应根据短刑犯的犯罪类型、成长经历、思维认知、心理需求等差异化因子建立矫正模型,动态跟踪,以此探索养成式教育模式。同时,针对短刑犯改造动力不足、服刑意识淡薄的思想现状,一方面要进行个别化教育,"循证溯源、科学分析、分类引导、定期矫正",循着短刑犯的薄弱点"各个刺破";另一方面,要注重引导短刑犯群,充分挖掘其人性积极面,如果说中长刑期犯群适用的"熬粥式"教育方略更像中药疗程一样寻求标本兼治,那么,短刑犯群适用的"快餐式"教育方式则更加看重西药施治的药到病除,将病症祛除放在首位,在管教中激发后者主动改造、价值塑造的内驱力。

(四)职业培训突出实用性教育

针对短刑犯普遍文化程度较低、刑期时间短、谋生技能欠缺的特点,现代监狱改造体系应该因地制宜,在符合现代治监理念的基础上,主动接轨市场,做好犯群调研,引入一些社会需求较大、罪犯关注度高、普适性较强的技能培训课程(见图7),革新狱内职业培训体系,摒弃以往"引而未学、学而未精、教而无用"的形式化职业培训内容,提高培训的实用性,比如汽车保养、物流运输、家政保洁等。除了依据学习表现进行日常考核,还应将反馈机制、双选机制进行试点应用,打破传统观念中罪犯以学促改的表象服刑机理,转而将"提升罪犯谋生手段、教授实用技能、消除再犯罪病因"作为现代监狱管教的立足点与出发点。特别是短刑犯的职业培训,必须一手抓"实效",一手抓"时效",在保证安全治监的基础上与时俱进,合理满足受众需求,提升短刑犯群参与职业技能培训的积极性与主动性,既让他们力有所施,减轻狱内违纪风险,又提升他们回归社会后的谋生力与竞争力,有效降低再犯罪概率。

□汽车保养 ▪物流运输 ▪家政服务 ▫农林牧渔
▪互联网周边 ▪机械自动化 ▪金融管理 ▫其他

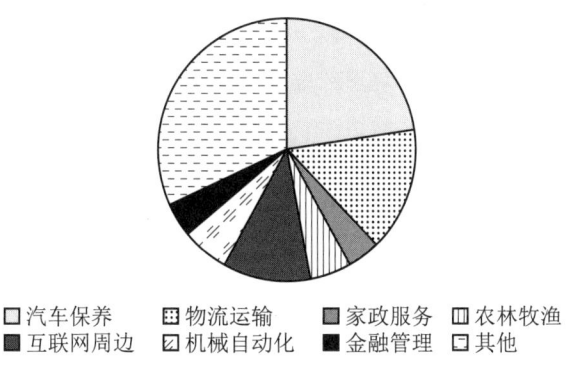

图7 马鞍山监狱短刑犯培训需求统计图

各级监狱在积极实施"请进来"的同时,也要齐抓共管,大力打造"走出去"的通道。拓宽社会化工作渠道,完善监社对接机制,充分利用社会资源对刑释短刑犯进行衔接教育,[①]并做好职业培训与就业推介等后续工作。可利用"安帮码""安帮网"等平台,实现监狱与社区矫治、帮教企业、罪犯家庭的"无缝对接",使得短刑犯刑释后,能轻松实现"监狱人"向"社会人"的转变。

(五)推行改造激励新机制

1. 优化顶层设计,完善刑事政策

客观来看,短刑犯原罪性及危害性一般都要比长刑犯小,理应比长刑犯更能获得减刑假释等刑事奖励机会,但现实情况恰恰相反,短刑犯很难获得刑事奖励机会,这不仅有悖国家刑事奖励政策的设计初衷,也不符合社会公平、正义的要求。在面对短刑犯的减刑诉求上,监狱、检察院、法院三者应结合工作实际,加强沟通协作,对现行罪犯刑事奖励制度进行调整,细化完善短刑犯的减刑假释制度,扩大短刑犯刑事获奖的比例,积极探索动态日减刑制度,减刑幅度可以按天考核,每日量化。针对短刑犯服刑周期短、减假机会小的现状,设置短刑犯刑事奖励简易呈报审核程序,缩短减刑假释呈报审核流程。此外,公检法司可以联合出台《短刑犯减刑假释考核办法》,进一步细化短刑犯管理,将短刑犯

---

① 许海峰:《我国监狱罪犯改造手段优化研究》,华侨大学硕士学位论文,2017年,第56页。

群羁押期间和出入监期间的改造表现计入减刑假释考核期,延伸短刑犯的服刑考核周期。

2. 发挥激励正效应,扩大待遇级差

优化现有处遇评定机制,建立健全"激励为主、惩戒为辅"的制度平台。赋予行动处遇、信息处遇、消费处遇等多维领域更加丰富多样的内涵与功能,比如人为拉开处遇级差。宽管级别的短刑犯,除了现阶段亲情会见、亲情电话、消费限额方面给予一定的优待,也可适度打破常规,在条件允许情况下定期组织宽管级别短刑犯参加社会公益劳动,形成标杆效应,引导短刑犯群"创优争先"的服刑意识。此外,在提高激励正效应的同时加大惩戒性处遇力度,尤其是身份意识淡薄、服刑观念较差的短刑犯群体,对其中违纪抗改、屡教不听的顽固分子,视其情节,给予程度不同的惩戒处遇,可采取限制购物、延长学习时间、限制会见、取消亲情电话、限定活动空间、刑满当日延迟释放等措施,提高短刑犯抗改、违纪的成本。对反改造分子和严重扰乱监管秩序的该起诉的起诉、该加刑的加刑,坚决打击短刑犯违规违纪的嚣张气焰,提高法律法规和监管制度的威慑力。

3. 强化激励正能量,落实物质奖励

相较于分级处遇施治难、流程多、见效慢的弊端,物质奖励对于短刑犯群来说才是"看得见""摸得着"的实惠。首先,劳动补偿方面。适当提升短刑犯劳动补偿标准,以弥补其因为刑期短而丧失的减刑假释机会成本。其次,物质奖励方面。不仅体现在劳动报酬的分配上,也要在物质奖励层面向表现较好的短刑犯做出一定倾斜,让态度端正、表现良好的短刑罪犯得到真真切切的实惠。

(六)试行差异化教育新模式

在教学设置上,改变以往长短刑期罪犯同班授课、课程类同的现状,开发符合短刑犯共性特征的教育形式和教学内容,在服法意识、守纪观念等浅层教学思维上,增设以价值塑造、心理矫正为主,文化教育、劳动改造为辅的核心人格重塑课程。针对短刑犯刑期短的特点,在抓"实效"的基础上,更要突出"时效"教学,梳理教育改造全过程,完善"入监—服刑—出监"全方位教育流程,引进VR技术辅助回归教育。同时,进一步拓宽掘深"监狱管理、亲情感化、社会帮教"三方联动机制,丰富亲情感化形式,着重培养短刑犯的责任观、家庭观与社会观,激发其内生改造动力,提升监狱教育实效。

教育改造

"八劳"会议以来罪犯劳动教育质量提升的研究
——以上海监狱系统为例

汪德超[*]

1981年8月18日至9月9日,公安部召开了第八次全国劳改工作会议。会议回顾了新中国成立以来的劳改工作,肯定了成绩,初步总结了正反两方面的经验,确定了新时期劳改工作的任务,加速劳改工作改革开放,开创了新的局面。[①]当前,监狱对罪犯劳动教育的要求不断提高,新的问题也不断涌现,如不能及时解决,就难于实现监狱教育质量的突破。回顾"八劳"会议后上海监狱系统罪犯劳动改造的发展,分析劳动教育现状,可为探索提高罪犯劳动教育质量路径提供借鉴。

一、"八劳"会议以来上海监狱系统劳动改造的发展

《监狱、劳改队管教工作细则》提出对罪犯实施政治思想教育和文化技术教育,将劳动教育作为政治思想教育的内容之一,把技术教育独立出来,培训罪犯学习生产技术。上海监狱系统劳动生产分为工业生产、农业生产、劳务加工三大类。

(一)工业生产的发展

20世纪80年代以后,市劳改系统在工业生产过程中,继续将劳动机械厂、劳动钢管厂、平板玻璃厂、劳动轴承厂及早江服装厂等,作为组织罪犯进行工业生产劳动的主要场所,组织罪犯生产手工工具、钢管、玻璃、轴承、服装等产品。90年代后期,政法机关不再经商后,随着工业企业的移交、破产和监企分开,全局罪犯生产劳动全面转入狱内劳务加工生产[②](见表1)。

---

[*] 汪德超,上海市提篮桥监狱一级警长。
[①] 中国监狱工作协会编:《新中国监狱工作五十年:1949.10—2000》,法律出版社2019年版,第193—197页。
[②] 参见上海市地方志编纂委员会:《上海市志·公安司法分志·监狱卷(1978—2010)》,上海人民出版社2020年版,第405—418页。

表1 "八劳"会议后监狱工业生产主要发展情况

序号	生产项目	主要发展情况（摘录）
一	手工工具	1981年,军天湖农场劳动轴承厂部分转产扳手。1983年后,劳动轴承厂转入轴承生产。1988年6月,劳动机械厂制定的活扳手标准被申江企业总公司确定为企业标准。1998年12月,劳动机械厂被移交杨浦区,手工工具改由民星劳动工具有限公司继续生产。2009年12月,公司停止生产工具产品。自此,市监狱系统不再生产手工工具。
二	玻璃制品	1981年,平板玻璃厂新建钢化平板玻璃生产线。1983年起,新增中碱球和培养皿生产。2006年,新增无甲醛环保离心玻璃生产线。2009年3月,平板玻璃厂被移交南汇区,市监狱系统不再进行玻璃棉制品生产。
三	钢 管	1981年,纵剪车间投产,可对钢板卷纵切分条,满足小规格高频接钢焊管和冷轧车间供坯之用。1983年,产品注册"银河"牌商标。1991年,半浸转盘式热镀锌生产线投入和平,年生产能力达4.5万吨。2008年2月起,钢管生产停止,商标权转让至劳动钢管有限公司,市监狱系统不再从事钢管生产。
四	"LD"牌轴承	1981年,劳动轴承厂调整轴承生产,专门生产"3"型轴承。1990年,"3"型轴承注册商标为"LD""盾"牌。1996年2月,劳动轴承厂与磕山轴承厂、磕山轴承二厂联合组建磕山轴承总厂。1999年11月,总厂被移交宝山区罗南镇政府,市监狱系统不再生产轴承。
五	服装与印刷	服装、印刷产品为市监狱（劳改）系统罪犯狱内劳动的传统产品。1978—2010年,服装产品均由市监狱（提篮桥监狱）申江服装厂生产。2010年搬迁至青浦监狱。1979—2007年11月,印刷产品由市监狱（提篮桥监狱）长阳印刷厂生产,12月起,调至五角场监狱。2010年4月停产。
六	反光材料	1983年,研制成功生产专用机械4台,年反光膜生产能力达1万平方米。1988年2月,生产77-2工程型逆向反光膜符合国际ISO-3864(1984)标准。1993年,市监狱华隆反光材料厂核准成立。
七	汽 车	1985年6月,劳动机械厂的"象"牌汽车改由万象汽车厂生产。1990年3月,万象汽车获司法部特种车定点生产厂资格。1999年移交上海电气（集团）总公司。市监狱系统不再组织生产汽车。

（二）农业生产的发展

20世纪80年代以后,市劳改系统白茅岭、军天湖农场押犯占全局押犯总数的60%以上,也是局组织罪犯从事农场生产劳动的主要场所,以粮食生产为主,农副业全面发展,主要开垦荒滩、荒山、改良土壤、平整土地,兴修农田水利,进行粮食、油料作物等生产。1995年布局调整后,从事农业生产的罪犯陆续转入狱内劳务加工[①](见表2)。

表2 "八劳"会议后监狱农业生产主要发展情况

序号	生产项目	主要发展情况(摘录)
一	粮食生产	1978年,白茅岭、军天湖农场均组织罪犯进行水稻、三麦(大麦、小麦、元麦)、大豆、山芋、玉米、杂粮(荞麦、绿豆、蚕豆、豌豆)生产。1986年后,农场种植杂粮面积不大,为零星种植,供自己食用。1990年后,各农业单位均不再种植山芋。1995年后,市监狱系统无规模性玉米种植。2010年起,停止大麦、小麦生产。
二	经济作物生产	1978年,白茅岭、军天湖农场继续进行绿茶、棉花、油料作物(油菜、油茶、蓖麻、芝麻)生产。1981年起,两农场开始机械化管理。1999年起,市监狱系统停止种植油菜。
三	林木果蔬种植	1. 1978年后,白茅岭、军天湖农场继续在荒山开展植树造林活动。1998年10月起,军天湖农场划拨26.5平方公里土地安置安徽省港口湾库区移民,区内金湖林场承包的7 784亩林地随之划拨。此后,白茅岭、军天湖农场不再荒山造林。 2. 1980年,两农场由于劳动力紧缺,鲜果生产与粮食生产生产矛盾,并面临果树衰老问题,水果种植面积开始减少。1999年起,市监狱系统不再种植果树。 3. 1980年,白茅岭、军天湖农场加大蔬菜种植,并建蔬菜塑料大棚。2009年起,两农场社区蔬菜基地进入常态化生产,至2010年未变。
四	畜牧养殖业	1. 1978年前,白茅岭、军天湖农场组织罪犯以圈养方式饲养生猪。至2001年,两农场养猪场废弃或承包给社会经营。2002年起,两农场恢复生猪饲养,但均无罪犯参加与饲养。1980年后,由于农业机械化的普及,白茅岭、军天湖农场饲养牛数量大幅度减少,2001年起,市监狱系统不再养牛。1978年前,白茅岭、军天湖农场均组织罪犯养羊,由于受到牧场限制,2003起不再养羊。1978年白茅岭、军天湖农场均饲养兔子,1991年起不再饲养。 2. 1982—1984年,白茅岭、军天湖农场建成新养鸡场,1995—2004年,由于受到罪犯收监改造等因素,两农场均不再集中饲养家禽。2005起恢复家禽饲养,但无罪犯参与。1983年起,白茅岭、军天湖农场建立鱼苗养殖场。1995年,市监狱系统停止淡水养殖。2007年,两农场社区开始恢复淡水养殖,延续至2010年。

---

① 参见上海市地方志编纂委员会:《上海市志·公安司法分志·监狱卷(1978—2010)》,上海人民出版社2020年版,第433—449页。

(三) 劳务加工推进情况

20世纪80年代以后,市劳改系统组织罪犯从事劳务加工的单位主要为市监狱和少年犯管教所,第二、第三劳改总队由于罪犯农业劳动力富余,便利用农业季节性特点,组织部分罪犯从事狱内劳务加工生产,以增加收入,弥补农业生产不足。90年代中期开始,随着计划经济向市场经济转变,原有工业门类和产品逐渐失去市场竞争能力,并逐一淘汰,市监狱(劳改)系统不断调整产业产品结构,以适应生产发展的需要。同时,从事狱外农业劳动的罪犯逐步收监后,由于无正规产业,开始组织罪犯从事狱内劳务加工生产劳动,并逐步发展成为狱内罪犯生产劳动的主要形式[①](见表3)。

表3 "八劳"会议后监狱劳务加工项目情况

生产项目	主要发展情况(摘录)
玩具、服装、鞋帽、箱包、电子、纸品等	1. 1978年,市监狱继续组织罪犯从事印刷、服装等加工项目生产,少年犯管教所继续组织少年犯从事板刷、麻绳、热水瓶竹壳等加工项目劳动。 2. 1980年,市监狱劳务加工项目主要有涤纶男女裤、劳防工作服、手表钢底与钢壳等。1999年,市监狱管理局所辖11所监狱中有9所监狱分别组织罪犯从事来料(件)加工和来样加工,主要涉及服装、印刷、玩具及各类手工制品。 3. 90年代中期,市内新建监狱相继开展劳务加工生产。1999年市监狱管理局所辖11所监狱中有9所监狱分别组织罪犯从事来料加工和来样加工。 4. 2010年,各监狱按照有利于罪犯劳动改造、有利于监管秩序稳定、有利于培养罪犯劳动技能的原则,选择劳务加工项目,调整生产结构。其中,电子类39%,服装类18%,鞋类8.7%,纸品类7.8%,箱包类7.5%,沙发套类5.3%,玩具类5%,其他类8.7%。

二、"八劳"会议以来上海监狱系统劳动教育的情况

(一) "八劳"会议后劳动教育相关制度变化

经"八劳"会议讨论修改,1982年颁布的《监狱、劳改队管教工作细则》明确

---

① 上海市地方志编纂委员会:《上海市志·公安司法分志·监狱卷(1978—2010)》,上海人民出版社2020年版,第450—452页。

规定了我国监狱的性质、任务,重申了改造第一的工作方针,对各项工作分别作了具体规定,使我国监狱立法向规范化方向迈出了一大步。其中,第五章第一节中提出:"监狱劳改队应当结合劳动生产,对犯人实施政治思想教育和文化技术教育。"在第五章第二节中提出:"政治思想教育主要包括:坚持四项基本原则教育,法制和认罪教育,人生观教育,劳动教育,道德品质教育,形势教育,政策前途教育。"[1]1994年颁布的《中华人民共和国监狱法》第四条提出:"监狱对罪犯应当依法监管,根据改造罪犯的需要,组织罪犯从事生产劳动,对罪犯进行思想教育、文化教育、技术教育。"第六十四条中提出:"监狱应当根据监狱生产和罪犯释放后就业的需要,对罪犯进行职业技术教育,经考核合格的,由劳动部门发给相应的技术等级证书。"第七十条中提出:"监狱根据罪犯的个人情况,合理组织劳动,使其矫正恶习,养成劳动习惯,学会生产技能,并为释放后就业创造条件。"

综上所述,从制度变化的过程中发现,1982年颁布的《监狱、劳改队管教工作细则》,明确我国监狱教育改造工作中劳动教育作为政治思想教育内容之一的规定。1994年颁布的《中华人民共和国监狱法》,明确提出了劳动教育的内容。这些从制度层面标志着监狱劳动教育工作进入了法治化的新阶段。

(二) 罪犯劳动教育工作的成果

1. "八劳"会议以来监狱工业生产成果

通过对上海监狱系统劳动改造项目发展的回顾可以看到,在工业生产方面,一些手工工具、钢管、离心玻璃棉以及仪表等产量达到国际标准或国际先进水平,救生设备逆向反光材料、浮法玻璃等产品达到国内先进水平,"工程型逆向反光膜"生产企业标准被批准为市企业标准[2](见表4)。

2. "八劳"会议以来监狱农业生产成果

在农业生产方面,至2010年,白茅岭、军天湖农场累计生产水稻24 944.81万公斤、麦类947.81万公斤、油料作物615.14万公斤、茶叶3 661.49万公斤,并产出大量的林木、果品、家畜、家禽、水产品等,实现囚粮、肉蛋和蔬菜供应自给

---

[1] 上海市地方志编纂委员会:《上海市志·公安司法分志·监狱卷(1978—2010)》,上海人民出版社2020年版,第433—449页。

[2] 参见上海市地方志编纂委员会:《上海市志·公安司法分志·监狱卷(1978—2010)》,上海人民出版社2020年版,第405—418页。

表4 "八劳"会议后监狱工业生产成果

序号	生产项目	主要成果情况(摘录)
一	手工工具	1991年,劳动机械厂开始生产中高档活络扳手。1994年,劳动机械厂30公斤扭力扳手、双头高级梅花扳手形成小批量生产能力,200毫米鲤鱼钳试生产。
二	玻璃制品	1991年12月,浮法玻璃生产线竣工投产,生产工艺填补国内空白。1992年1—3月,分别试拉6毫米、5毫米、3毫米、2毫米、1.6—1.7毫米玻璃成功。1995年9月,对四机窑平板玻璃生产技术改造,生产能力居全国之首。1999年,对原浮法玻璃生产线进行扩建,天然气替代裂化工程,是全市第一批使用天然气作为玻璃生产燃料的单位之一。
三	钢管	1986年,"H680"高频焊接机组生产,生产50—100毫米大口径钢管,满足用户规格上的配套需求,并填补华东地区生产上的空白。2001年,产品全国市场占有率3%,新产品上海市场占有率20%,浦东国际机场、秦山核电站、江阴长江大桥等国家重大工程均使用该产品。
四	"LD"牌轴承	1996年2月,产品种类包括"0""1""3""7"四大类轴承270多个规格,年产轴承能力达26万套。是年,工艺装备技术改造后,产品质量达80年代末或90代初水平。1997年12月,工艺装备技术改造项目竣工投产,近62%的产品达SKF90年代中期水平。
五	服装与印刷	1985年,生产的服装有15个品种,在全市服装同行业漏检率评比中获第一名。1996年,被公安部列为警服、标志等指定生产厂。2001年,申江服装厂服装生产被纳入政府采购目录。1998年8月,印刷厂被列为省(自治区、直辖市)级书刊印刷定点企业,产品多次获得国家新闻出版署、市新闻出版局优质产品奖,在各类图书印刷质量评比中多次获得名次。
六	反光材料	1990年6月,研制成功救生设备用逆反光材料,填补国内空白。1994年,试制成功中国第一台反光测试仪。
七	汽车	1987年4月,"象"牌SX630空调轻型旅行车填补上海地区空白。1988年10月,"象"牌SX630空调轻型旅行车获"中华杯"奖。1990年,"象"牌汽车被指定为北京亚运会用车。1991年10月,在首届市科技博览会上,SXC6601A、SXC6601N轻型客车获银奖。

自足,略有结余。通过组织罪犯参加农业生产劳动,既解决了罪犯"坐吃闲饭"问题,又为国家创造了巨大财富,还使绝大多数罪犯通过农业生产劳动,学会农业生产技能①(见表5)。

---

① 参见上海市地方志编纂委员会:《上海市志·公安司法分志·监狱卷(1978—2010)》,上海人民出版社2020年版,第433—449页。

表 5 "八劳"会议后监狱农业生产成果

序号	生产项目	主要成果情况(摘录)
一	粮食生产	1981年,劳改局印发《推广农业增产技术和科研成果的意见》,不断推广粮食、三麦的增产技术。1991年起,继续完善"丰产方、创高产"竞赛活动,各农场农业生产由产量型逐步过渡到产量效益型。1998年10月,白茅岭、军天湖农场实施"水稻机械化直播栽培技术示范推广""水稻三高栽培技术示范推广""水稻旱育稀植栽培示范"、"优质米引种试验"等项目。
二	经济作物生产	1991年,军天湖农场生产的"天湖"牌"云螺"茶分别获杭州国际茶文化奖和农垦部名茶奖。白茅岭农场茶厂生产的"雪花球"茶被评为部优产品。
三	林木果蔬种植	1. 1986年春,军天湖农场在龙狮山造林500亩。其中,杉树、外国松各250亩。马村分场补栽杉树苗14 000棵。 2. 1983年3月,白茅岭农场试行罪犯"承包"种菜,将50亩菜地"包"给25名罪犯种植,年生产蔬菜12万公斤。1984年起,军天湖农场对蔬菜生产实施联产承包责任制,规定每个劳动力种菜地2亩,全年产量为5 000—6 000公斤,产值不低于250元。
四	畜牧养殖业	1990年,市劳改局生猪养殖纳入市"菜篮子"工程,为市"菜篮子"工程提供生猪13 000头。1991年起,军天湖农场作为市"菜篮子"工程生猪供应基地,饲养生猪8 633头,上市5 067头,毛重43.28万公斤;外销市"菜篮子工程"2 459头,毛重19.42万公斤。

3. "八劳"会议以来监狱劳务加工成果

在劳务加工方面,上海监狱系统劳务加工项目涉及玩具、服装、鞋帽、箱包、电子、纸品等多个品种,各监狱在劳务加工中相继形成一些好的管理经验,并取得较好经济效益。1996—2007年,狱内劳务加工实现收入145 021.7万元;2008—2010年,劳务加工总产值累计56 279万元[①](见表6)。

表 6 "八劳"会议后监狱劳务加工成果

生产项目	主要成果情况(摘录)
玩具、服装、鞋帽、箱包、电子、纸品等	2002年,全局劳务加工工项目有服装、印刷、鞋帽20余种。针对范围广、批量小、劳动项目不稳定等情况,局通过调整生产项目,优化产品结构,逐步淘汰一些劳动强度大、污染严重、经济效益差的项目,形成一批人机结合率高、市场稳定、经济效益好、有利于培养罪犯劳动技能的生产项目。

---

① 参见上海市地方志编纂委员会:《上海市志·公安司法分志·监狱卷(1978—2010)》,上海人民出版社2020年版,第450—452页。

综上所述,"八劳"会议后上海监狱系统加大了对劳动改造项目的发展,通过劳动生产和教育,许多罪犯逐步培养起积极的劳动态度,将刑期当学期,努力掌握劳动技术。实践证明,劳动教育有力推动了罪犯参加劳动的积极性,帮助罪犯树立正确的世界观、价值观、人生观,进一步促使罪犯从被动到主动地去融入社会,对降低重新犯罪率起到一定的效果。

三、罪犯劳动教育工作发展的现状分析

劳动教育工作的发展资源匮乏、劳动教育工作的发展定位模糊、劳动教育工作的要素整合乏力、劳动教育工作的价值认同偏低。

(一)劳动教育工作的发展资源匮乏

在监狱劳动改造项目资源短缺与社会生产项目不断发展的背景下,劳动教育工作面临发展资源单一现象。从监狱劳动改造项目发展来看,从20世纪80年代初到90年代中期的十多年时间里,上海监狱系统的劳动改造从工业、农业、劳务加工三大劳动改造,逐渐归拢为以劳务加工为主的劳动改造;从手工工具、钢管、离心玻璃棉等工业生产项目,到粮食、经济作物、林木果蔬、畜牧等农业生产项目,再到以纸品、电子、服装等劳务加工为主的劳动改造项目。劳动教育工作发展资源的单一化意味着劳动教育工作逐步脱离社会发展情境,从而导致劳动教育工作的整体水平收效甚微。从社会劳动生产项目发展来看,当前社会经济结构调整和产业转型升级,劳动力供求结构性矛盾突出,只有扩大劳动力供给规模,才能提高劳动参与率,而狱内劳动改造发展很难跟上地域经济社会发展对求职者的要求,间接地造成社会资源与劳动教育工作的价值错位,导致多数监狱刑释人员都会面临出狱就要待业的尴尬处境。

(二)劳动教育工作的发展定位模糊

监狱劳动教育工作容易受监狱劳动生产影响,从而将劳动教育工作的发展定位偏向于纯劳动端,甚至劳动改造也受监狱劳动生产的影响而呈出单一劳动培养的局面。劳动教育除了组织对罪犯实施劳动知识和劳动能力外,还包括劳动价值、劳动观念和劳动纪律等内容。[①]目前,劳动教育存在某种"技能化"路径

---

① 参见司法部监狱管理局:《中国监狱百科辞书》,法律出版社2015年版,第127页。

的依赖,在开展劳动教育时都存在偏向劳动技能培训,只注重罪犯劳动技能的培养,认为只要罪犯学会技术,出狱后就能实现就业。从监狱劳动改造发展来看,无论是过去的工业劳动、农业劳动,还是现在的劳务加工,其中很少开展劳动思想教育,忽视了罪犯的劳动态度和习惯的形成,导致劳动教育发展规划缺乏精神内核,使得有些罪犯助长了一定的惰性,对劳动教育不能够正确认识,态度上不够端正,思想上排斥参与劳动教育,甚至不愿意参加劳动,最终在罪犯的劳动价值观教育的培养上留下了隐患。

(三)劳动教育工作的要素整合乏力

在劳动知识创新层面,由于受民警的劳动知识素养及劳动项目本身独特性的限制,导致劳动知识创新局限于狭小的范围之内,较少能联动新兴劳动项目而开展跨项目知识创新,导致当前劳动知识创新的综合性和社会适应性偏低,制约着劳动知识生产的质量。在制度创新层面,由于劳动教育处于整个监狱教育改造的边缘而难以获得较多政策和制度倾向,导致切合劳动教育的制度体系未能及时构建。虽然,《监狱法》中提出根据罪犯的个人情况,对罪犯进行技术教育,合理组织劳动,矫正恶习,养成劳动习惯,学会生产技能等相关劳动教育工作的内容,但在法律条款中没有具体体现出劳动教育的详细条款,造成开展劳动教育的实践过程中缺乏法律依据,难以形成全面、系统的罪犯劳动教育工作体系。在师资建设创新层面,监狱通常会采取直接聘请狱外职业教师和狱内民警相结合的方式组成师资队伍,但遇到特殊时期,比如监狱处于封闭管理时,就会面临师资后劲不足的困境。

(四)劳动教育工作的价值认同偏低

受制于罪犯整体教育的影响,劳动教育难以用量化来衡量教育的成效,加之劳动教育工作的发展仍处于探索期且缺少成熟的理论,导致劳动教育工作缺乏价值认同。从监狱层面来讲,与社会上的企业生产相比较,监狱生产具有劳动的特殊性特征,即劳动力是罪犯,且生产项目只能侧重于科技含量较低、附加值较低的生产项目。①此外,与劳动教育相配套的措施未能及时跟进,严重制约了劳动教育的成效。从民警层面来讲,绝大部分民警认为罪犯劳动只是依附在监禁功能中的

---

① 参见郑伊哲:《监狱工作管理实务与突发事件应对处置手册》,法律出版社2017年版,第370页。

一项内容,只要组织罪犯定期参加劳动,罪犯就能在劳动中完成自我改造,而无需重点开展劳动教育。从罪犯层面来讲,罪犯对于劳动价值取向也发生了明显的变化,罪犯的劳动等级工分是整个减刑过程中重要的一项内容,多数罪犯认为参加劳动改造就是获得劳动改造积分和劳动报酬,价值取向表现功利化。

四、罪犯劳动教育质量提升的建议

通过对罪犯劳动教育工作发展的现状分析,我们提出构建劳动教育资源的渠道吸纳体系、明确劳动教育工作的发展定位、增强劳动教育工作的要素整合、培养劳动教育工作的价值共识等提升路径。

(一)构建劳动教育资源的渠道吸纳体系

1. 完善劳动教育经费的制度体系

首先,拓宽劳动教育经费筹措主体范围,联动社会劳动产业部门及高校达成劳动教育建设的战略合作项目,将劳动教育项目经费筹措与监狱教育改造产学研平台项目相融合,推动劳动教育发展、劳动教育人才培养、劳动项目孵化的螺旋式发展。其次,吸纳来自相关劳动文化产业领域的经费或场地资源,鼓励民警申报劳动教育项目类课题,充分挖掘民警在争取研究经费上的主体性和能动性,为民警课题申报提供学术和制度上的支持,进一步改善劳动教育工作发展资源匮乏的局面。

2. 与狱外劳动教育建立战略合作渠道

首先,监狱可以联动社会产业界或院校达成罪犯劳动教育合作协议,为监狱改造罪犯提供劳动教育,为罪犯劳动和刑释后适应社会提供真实的情景,帮助罪犯加快融合课堂教学与实践,培养罪犯对劳动的认同与热爱。其次,利用狱外合作模式合理选择罪犯劳动项目,从实际出发把罪犯劳动项目转变为服务他人、教育他们,服务自己、教育自己的劳动实践过程,通过狱外战略合作渠道带给罪犯更适应社会要求的思维方式、思想观念、就业技能。

(二)明确劳动教育工作的发展定位

1. 实施劳动教育社会化定位

首先,监狱要吸纳社会力量,通过与社会部门的沟通,来获得社会各方面支持。突出罪犯在劳动改造中的人生规划、法制观念、道德水平、价值信念等内容,培养罪犯通过劳动教育不仅仅停留在单一劳动的技术层面上,还要进一步适应社会需要的行为与能力。其次,监狱要对劳动教育社会化管理进行方案设计与指导,通过理论结合劳动生产的各个环节,充分运用在劳动实践过程中,将劳动改造的积极因素化为罪犯思想意识的一部分,使劳动生产中获取的物资利益转化为改造中的精神财富。

2. 实施劳动教育个性化定位

首先,在日常管理中,监狱可利用狱务公开、罪犯家属会见、帮教、社会接待、外界参观等活动来展示监狱劳动教育的水平,掌握舆情主动权,采取有效方法和措施,增进与社会媒体的交流与沟通,从而进一步发挥劳动教育个性化的特点。其次,监狱要结合不同劳动项目,在罪犯从事不同劳动项目上强化劳动过程教育,在罪犯的劳动过程中考察其表现与态度,使罪犯在劳动过程中得到启发,激励罪犯在劳动中不断提高对自己的要求,帮助罪犯培养正确的劳动观念。

(三)增强劳动教育工作的要素整合

1. 增强劳动教育知识整合

将劳动教育与劳动技能培训、职业生涯规划教育、职业道德教育、职业安全和保障教育、监内职业教育、社会就业形势教育等方面的教育知识融合,体现新时代就业、职业、事业的劳动教育的文化内涵。同时,以罪犯刑期划分为标准,形成按不同刑期从事不同劳动生产的分类劳动教育,体现多层次劳动教育文化定位,以满足各个刑期层次的罪犯需求。

2. 重视劳动教育制度整合

坚持劳动改造制度的科学定位,强化劳动改造的理论自信和制度自信,在遵循监禁、惩罚、强制的属性基础上,进行制度建设,使劳动教育发挥"改造人"的潜能。同时,强化劳动教育制度在教育改造制度建设过程中的重要地位,形成教育改造建设共同体,明确劳动教育制度建设的各职能部门权责,确保沟通顺畅,有效生成劳动教育建设的制度合力,避免因烦琐的程序影响到整合效果。

3. 增强师资队伍的多维整合

对狱内教师队伍的年龄结构、专业结构、职业发展进行多维整合,确保教师队伍年龄结构符合"梯度化"、专业结构切合多学科领域共存、职业发展拥有多渠道路径。同时,对外聘教师的队伍结构、聘用规划进行多维整合,使队伍结构和外聘规划顺应社会就业发展需要。

(四)培养劳动教育工作的价值共识

1. 制定劳动教育发展规划

首先,监狱要针对劳动教育规划相对较少的不足,请相关专家学者和监狱管理者,结合罪犯劳动教育内容要求,设定具体的学时标准,综合运用社会学、心理学等相关学科知识与理论,积极探索并拟定《罪犯劳动教育发展规划纲要》,发挥制度的强制性、规范性和认同性价值。其次,监狱各业务部门要统筹安排,积极推进罪犯劳动教育工作的开展,深入研究制订符合罪犯劳动教育工作的机制,将监狱罪犯劳动教育纳入罪犯教育改造长期计划中,形成系统的规划体系。

2. 加强劳动教育的宣传引导

首先,充分借助监狱内部网站、监狱电台、监狱电子报刊、微信公众号、数字化宣传栏等信息传媒平台宣传罪犯劳动教育潜在的价值,通过开展罪犯劳动教育研讨会、劳动教育咨询会、劳动教育推进会、劳动教育发展论坛等活动,提升民警对罪犯劳动教育的认同度和理解力,进一步增强对劳动教育内涵及特质的把握度。其次,健全劳动激励机制,增强劳动教育的归属感和认同感,根据罪犯接受劳动教育后的表现,落实分级处遇措施,考核罪犯劳动报酬,让罪犯直接参与劳动成果的分配,引导罪犯改变对劳动的认识,养成自觉劳动的习惯,将劳动习惯转变为日常的改造行为。

历史观照与现实演进：
监狱办特殊学校由来、进程与深化

周荣瑾*

1981年8月8日至9月9日召开的全国第八次劳改工作会议(以下简称"八劳"会议)是近代中国监狱发展史上具有里程碑意义的一次重要会议。"八劳"会议对过去30年劳改工作进行了经验总结,提出了很多新思想、新观点,并对后续劳改工作进行了宏观谋划与战略部署。1981年12月,中共中央国务院转发的"八劳"会议《纪要》中,首次提出要把劳改场所办成改造罪犯的学校。本文围绕监狱办特殊学校这一主题,对我国监狱过去40年办学理念演变与过程变迁作一探讨。

一、溯源考察：监狱是特殊学校的定义由来

新中国成立前多处可见解放区监所是特殊学校的记载与报道。如《晋察冀边区行政委员会工作报告》(1938—1942)谈到监所时,指出"在边区抗日民主政府下的监所,却真正是感化教育使人向善的学校"。《太岳区政府工作报告》(1945年)指出,"教育所不是监狱,而是特种教育的学校","是改造自新人的特种学校"。[①]1945年1月16日《解放日报》在报道高等法院监狱工作时指出,犯人进监狱,"就他们所过的教育生活来说,入监狱就是入学";犯人在狱中有三大课程,即生活教育、政治教育、文化教育,"其中文化教育的主要内容是教识字、讲卫生、学算术、阅书报、写墙报和社会常识等,其目的在于增强犯人的文化知识"[②]。

毛泽东主席对新中国的监狱工作有许多精辟的论述。如1960年10月

---

* 周荣瑾,浙江省未成年犯管教所七大队大队长,四级高级警长。
① 中国监狱工作协会编：《新中国监狱工作五十年：1949.10—2000》,法律出版社2019年版,第17页。
② 中华人民共和国司法部编：《中国监狱史资料汇编》(下),群众出版社1988年版,第304页。

22日,毛泽东在会见美国记者斯诺时指出,"我们的监狱,不是过去的监狱,我们的监狱其实是学校,也是工厂,或是农场"。毛泽东这一远见卓识为我国监狱后面几十年发展提供了思想指针。20世纪80年代,把监狱办成特殊学校,成了体现我国社会主义法治建设先进性与优越性的一大思想路线,成了我国劳改工作改革与发展的一大行动纲领,在全国监狱系统得以贯彻实施、落地生根。

党的十一届三中全会后,国家有关部门在政策与法治层面,对监狱办学工作进行了多方面规设。1982年1月,中共中央在《关于加强政法工作的指示》中强调,"劳改、劳教场所是教育改造违法犯罪分子的学校"。同年2月,公安部下达《关于对罪犯教育改造工作的三年规划》中,明确提出"组织罪犯学政治、学文化、学技术"。1985年6月,司法部、教育部、劳动人事部联合发布的《关于加强对劳改、劳教人员文化、技术教育的通知》中,首次将劳改场所的办学工作纳入当地教育、劳动部门的统一规划之中。

1989年12月,司法部出台《关于劳改场所特殊学校开展上等级活动的实施意见(试行)》,明确特殊学校分为部级优秀特殊学校和省级优秀特殊学校两类,并对等级标准、考核指标、评比内容、申报审批、奖励办法等做出了规定。受此影响,全国各地相继出现了一批办学成果显著单位。1992年1月,司法部召开全国劳改系统首批特殊学校命名大会,辽宁省瓦房店劳改支队、山东省第三监狱、河南省第一监狱等三个单位被命名为部级优秀特殊学校。1993年2月,又有浙江省第一监狱等四个单位被命名为部级优秀特殊学校。时任中共中央政治局常委、国务院总理李鹏欣然题词"特殊学校,造就新人",极大地鼓舞了全国劳改场所的办学活动。

二、价值考量:监狱办特殊学校的存在要义

(一)监狱办特殊学校的思想逻辑

监狱办特殊学校,彰显了中国改造罪犯的模式之善。20世纪60年代,毛泽东回答美国记者斯诺时,用了监狱"其实是学校"的表述,表明了我国监狱是学校式的人民民主专政工具。刘少奇同志曾说"无产阶级专政,国家是教育机关"[①]。

---

① 王明迪等:《监狱工作与监狱理论研究二十年改革述评》,《犯罪与改造研究》1999年第1期。

这些阐述,鲜明地指出了监狱机关的教育属性。而教育机关其使命担当,是以传承人类的文明成果为依托,以造就社会有用人才为目标,以促进个人身心健康全面发展为己任。从某种程度上而言,教育过程是一种高层次的善,其本质是一种智慧善,它通过知识传递使个体拥有智慧,找到自我发展的方向,又通过知识传递使社会充满智慧,找到社会相互团结的力量,促进社会利益最大化。[1]在监内开办特殊学校,显现的是行刑理念与制度之善,符合教育之善的内在涵义。

监狱办特殊学校,契合了改革开放初的社会教育语境。十一届三中全会后,全国监狱系统因受十年"文革"冲击,急需革故鼎新、重振基业,面对百业待兴的社会发展态势,监狱系统迎来了全新的发展机遇。开创监狱工作新的伟业,实现监狱工作新的辉煌,迫切需要构建一套符合当时语境的监狱管理体制与机制。在监狱中办特殊学校,深刻贯穿了教育人、改造人的思想导向,契合当时百业俱兴、教育为上的社会价值取向。20世纪80年代,我国监狱对罪犯开展的以政治思想教育为核心、文化知识教育为基础、职业技术教育为重点的行刑教育改造体系,突破了一般意义上的社会文化、技术学校办学模式,得到了社会各界的高度认可与广泛赞誉。

监狱办特殊学校,顺应了社会对国家建设者的多维需求。新中国成立后,出于特定的历史年代国防战备等需要,我国监狱参与了一系列国家与地方的重点工程建设,为国家国防、经济与社会发展作出了不可磨灭的贡献。罪犯作为特殊群体,经过政府的教育改造,其回归社会后也是社会经济的建设者和社会秩序的维护者。如何变消极因素为积极因素,变破坏力量为建设力量,这是摆在广大监狱机关面前的重要现实命题。监狱办特殊学校,有利于改变整个罪犯群体的思想观念、知识层次与技能结构,是监狱向社会输送人才的一条特殊渠道。[2]很多罪犯通过特殊学校的综合教育,实现了文化与法律知识上的扫盲,获得了回归发展的谋生本领,为社会工业、农业与第三产业蓬勃发展发挥了独特的建设性力量。

(二)监狱办特殊学校的价值追求

搭建学文平台,弥补罪犯学习乏力。很多罪犯入狱时文化基础薄弱,人生

---

[1] 参见王洪才:《教育是何种善——对教育善本质的思考》,《教育纵横》2011年第5期。
[2] 参见王明迪等:《监狱工作与监狱理论研究二十年改革述评》,《犯罪与改造研究》1999年第1期。

观、世界观、价值观扭曲,法律知识了解甚少。新世纪以来的一些监狱的调查很能说明问题。如云南省西山监狱2005年调查发现,在押犯2 450人中,文盲占29.1%,小学文化占39.4%,高中及高中以上仅占7.9%。①行刑机关虽然主责主业是惩罚和改造罪犯,但是最终目标是将罪犯改造成为合格的守法公民,为罪犯再社会化顺利过渡打好基础。这就需要高度正视罪犯的文化贫瘠与学历短板问题,努力在开展文化基础教育、提升文化综合素质方面做些有价值的探索与实践。精心创设教书育人的学习环境,认真搭建学文长智的求知平台,这是行刑机关教育人、改造人的题中应有之义。据统计,到2000年,全国罪犯累计有311.6万余人次获得各级文化结业、毕业证书。②

传授职业技能,增长罪犯谋生信心。新世纪初,江苏司法警官学校曾对两个监狱和一个未管所共800名罪犯进行过问卷调查,从中得知:罪犯对文化教育,愿意学者占73.5%,不愿意学者占26.8%;对技术教育,愿意学者占90.25%,不愿意学者占9.8%。③可见,相比文化教育,罪犯对职业技术教育更充满期待。四川监狱局曾对全省监狱即将刑满释放人员进行过抽样调查,发现有45.71%的罪犯对重新回到社会感到迷茫,40.59%的罪犯无谋生技能,42.35%的罪犯希望出狱前能学到一技之长,58%的罪犯希望出狱后能自主创业。④大量调查表明,在监内开设职业技术教育,合乎大部分罪犯的改造诉求,顺应大部分罪犯的改造心声。借助监内特殊学校这一办学模式,开设各种形式的职业技能教育,有利于更好地发挥教育改造的"溢出效应",使罪犯从"监狱人"向"社会人"过渡过程中,更好地完成认知、角色与行为上的转变。

创设自考语境,提升罪犯知识含量。很多罪犯入狱,集文盲与法盲于一身。他们在贪婪、从众、侥幸等心理投射与引诱下,陷入了犯罪的沼泽地不能自拔。很多人走上犯罪,归根结底是个人"三观"上出现了重大偏差,而这很大程度上需要德育、法纪、自律知识的根植与积累。在监内创造自考环境,引导罪犯主动参加自考,是将罪犯变"刑期"为"学期"的重要方式。实践证明,组织罪犯参加自学考试是监管安全的"稳压器",是罪犯心灵的"净化器",是罪犯改造的"助力

---

① 参见周诏英等:《狱内自杀事件的分析与思考》,《中国监狱学刊》2005年第2期。
② 参见中国监狱工作协会编:《新中国监狱工作五十年:1949.10—2000》,法律出版社2019年版,第226页。
③ 参见宋行:《监狱改造状态调查报告》,《犯罪与改造研究》2003年第3期。
④ 参见吴忧等:《四川监狱强化对服刑人员的职业技能培训 帮刑释人员走好回归路》,《四川日报》2018年8月31日。

器",是罪犯走向新生的"导航器",是罪犯回归社会的"加速器"。很多罪犯通过参加自学考试,既提升了思想境界,拓宽了知识视野,还让单调的改造生活变得有些充实,让原本十分遥远的大学梦变得十分清晰。

弘扬传统国学,激发罪犯文化自信。监狱是惩恶扬善的场所,是规训教化的机构。在监狱中,对罪犯进行优秀传统文化的传承与施教,是构建中国特色社会主义行刑教育体系的重要依托,是彰显中国监狱教育改造的文化自信。借助监内特殊学校这一功能性设施与场域环境,进行传统文化的灌输与习诵,能启发罪犯的思想认知,提升罪犯的文化修养,矫正罪犯的监禁人格。事实证明,通过传承经典传统文化这一思想魔方,让广大罪犯有了更好的精神寄托,心灵深处有了更多的切身感悟,从而在修身律己、积极改造上有了更好的言行操守。

三、行动遵循:监狱办特殊学校的实践推进

(一)监狱早期教学探索

毛泽东关于监狱"是学校,也是工厂,或是农场"的指示精神下达后,浙江劳改系统一些大队积极探索对罪犯的文化教学工作。1974年,浙江乔司支队二大队率先开展对罪犯的文化教育。接着,浙江蒋堂支队一大队(1978年)、浙江十里丰支队六大队(1979年)先后启动和恢复对罪犯的文化与技术教育。1981年,浙江第五监狱成立了犯人文化技术学校,开设扫盲、初小、高小、初中、医卫等15个班级,入学人数占总数的83.6%。1984年,浙江省少管所成立了"浙江省育新学校",设立了五个教研组,谱写了校歌,制作了校服,创办了校刊《育新报》。1986年,浙江省女子监狱成立了校务委员会,挑选16名民警担任"三课"教师、10名女犯担任文技教员,建立了学籍管理、班主任职责、教员(学员)守则、文明班级评比等制度。与此同时,浙江其他监狱单位也悉数跟进狱内文化与技术教育工作。20世纪80年代初,受中央改造政策指引与各地教育改造目标导向所致,绝大部分省份监狱均开展了对罪犯的文化与技术教育工作,全国监狱呈现出了大兴教育的热潮。

(二)部局的引导和推动

20世纪八九十年代,司法部劳改局(以下简称部局)先后召开了六个会,专

门部署、研究与推进特殊学校办学工作。如 1982 年 10 月,部局在山东潍坊召开全国劳改单位办特殊学校现场会,向全国推广潍坊劳改支队办特殊学校的经验。1986 年 5 月,部局在苏州监狱召开办学现场观摩汇报交流活动,指出劳改场所办特殊学校是实现监管改造方针、政策和任务的重要途径。同年 9 月,在贵州平坝农场召开的十五省农业劳改单位办学工作座谈会,提出监内教学要遵循"全面规划,逐队办学,由少到多,由点到面,由量变引起质变"的规律。1988 年 11 月,部局在江南第五劳改支队召开技术教育经验交流会,重点研究技术教育的作用、内容、形式和方法。1990 年,部局在福建武夷山监狱召开电化教学经验交流会。1991 年 1 月,部局在天津市召开罪犯政治思想教育座谈会,重点研究政治思想教育的地位、作用、内涵、外延、方法和措施。这些会议的召开,给全国监狱系统监内办学工作以有力的思想支持与实践参照。在部局的大力推动下,全国监狱系统监内办学工作取得了突破性的进展。据统计,截至 1991 年底,全国监狱文化教育平均入学率为 92.35%,累计获得各类文化结业、毕业证书 90.2 万份,其中获得函授电大或自学高考毕业或结业证书 2.3 万份;全国监狱技术教育平均入学率为 83.18%,累计获得各类技术等级证书 54.7 万份,其中劳动部门发证 21.7 万份。①在监狱办学总数方面,截至 1997 年底,全国办成特殊学校的监狱已达 653 个,占全国监狱总数的 94%。②

(三)监狱和社会的教学合作

1. 注重在学历教育上开拓创新

为提高罪犯的文化修养,很多监狱立足省情、市情、狱情,大力开展与社会院校的联姻办学活动。如 2007 年 3 月,湖南省星城监狱与湖南科技职业学院联合开办了针对在押罪犯的三年全日制成教大专学历班,此举开创了全国监狱系统全日制高等教育的先例。③2010 年 10 月,江西旅游商贸职业学院在江西省女子监狱设立普通中专办学点,面向罪犯开设学制为三年的旅游服务与管理、酒店服务与管理、服装设计与工艺、数控技术应用等四个专业。④过去十年,全

---

① 参见刘国钰:《坚持改革 努力办好特殊学校》,《犯罪与改造研究》1992 年第 4 期。
② 参见余言:《新中国监狱工作的回顾与展望》,《犯罪与改造研究》1998 年第 11 期。
③ 参见喻昌远、陈韧翔:《关于出监监狱建设之实践》,《中国监狱学刊》2008 年第 1 期。
④ 参见赵文涛:《省女子监狱设立普通中专办学点》,资料来源:https://newedu.jxnews.com.cn/system/2010/1108/011513962.shtml,访问日期:2022 年 4 月 16 日。

国监狱系统在与社会院校合作办学方面呈遍地开花之势,为新时期中国诠释特殊学校教育职能提供了丰富的东方经验。

2. 注重在技术教育上勇创新篇

三十多年来,为使罪犯增强出狱后的谋生信心,全国监狱系统十分重视对罪犯的职业技能教育与培训。如2010年,河南监狱系统积极推进中等职业教育,与20多所院校签约共同办学,全年有6 465名罪犯考取国家职业技能资格证书。[①]2011年8月,锦江监狱成立了"四川省锦程职业技能培训总校",之后与成都职业技术学院、四川烹饪高等专科学校、成都纺织高等专科学校、乐山师范学院等四所高校达成联办协议,开设了陶艺、烹饪、电工、服装、蜀绣、种养殖、汽车美容、动漫设计等八个技能培训项目。[②]过去十年,对罪犯开展职业技能培训,已成为全国监狱系统教育改造中的常规动作与应然选择。

3. 注重在自学考试上牵线搭桥

20世纪90年代,全国很多监狱经过争取纷纷开设监内自学考试点。如1985年5月9日,浙江省高等教育自学考试办公室首次在监狱即省五监设立考场。从1986年下半年开始,北京市监狱、清河监管分局、第二监狱、延庆监狱、良乡监狱等先后开设特殊考场。个别省份为了鼓励罪犯完成自学考试学业,还设立了助学基金。如2003年4月,青海省监狱局设立"服刑人员自学考试助学基金";[③]2009年10月,河南豫东监狱每年拿出5万元,建立服刑人员奖学金制度。[④]

4. 注重在传统国学上传承移植

十年前,太原第一监狱就在罪犯中开展了以"善"为原点、以"孝"为切入点的国学教育,并把《弟子规》作为教育改造罪犯"第一规"。2011年,安徽铜陵监狱建立了"国学"讲习堂,通过持续开展各类国学教育,教育罪犯懂得"本善心、恭敬心、羞耻心、感恩心、悔改心"。有的省份在挖掘、提炼区域文化特色基础上,打造了一系列"高大上"的差异性文化改造品牌。以山东监狱系统为例,济

---

① 参见《省司法厅承诺做好8件实事 服务中原经济区建设能力》,资料来源:https://www.henan.gov.cn/2011/03-24/308459.html,访问日期:2022年4月16日。
② 参见王小兵等:《创新监狱教育改造 让罪犯适应回归社会》,资料来源:https://www.human-rights.cn/cn/zt/qita/rqzz/2013/2/t20130608_1052068.htm,访问日期:2022年4月28日。
③ 参见青海省地方志编纂委员会:《青海省志·监狱管理志》,青海人民出版社2021年版,第132页。
④ 参见余红军:《河南省豫东监狱为服刑人员设立奖学金》,资料来源:https://news.ifeng.com/c/7fYW5SYXBxq,访问日期:2022年4月28日。

宁监狱的"学儒育新"、邹城监狱的"读孟润新"、滕州监狱的墨文化、淄博监狱的孝文化、烟台监狱的道文化等,都产生了较大的社会反响,特别是山东运河监狱创办的中国第一所监狱大学"孔子函授大学",开创了运用儒家文化和传统美德教育改造罪犯的先河。

四、机制再造:监狱办特殊学校的路径深化

(一)着眼认知重构,为监内特殊学校办学工作厘正思想"座标"

监狱办特殊学校作为一种因教育改造而生的行刑工作方略,在新时代传承与发展,必须重构三种基本的思想认知:一是着眼解释性重构,科学认识特殊学校在监狱发展全局中的定位与职能。要清醒认识到监内教学场所和监管场地、劳动车间,都是改造罪犯的重要阵地,都是为完成监狱机关教育人、改造人的职责和使命而服务。作为一大从属性功能载体,监内特殊学校运作不能脱离监狱惩罚与改造罪犯这一本质属性。二是着眼恢复性重构,充分认识特殊学校在犯罪预防与社会治理中的建设性作用。监狱工作方针政策,其根本目标是造就数以万计的合格的社会新人,这需要多种改造机制与手段的综合运用。特殊学校其存在价值,很大程度解决了罪犯入监前的部分认知缺陷以及刑释后再社会化的一些生存障碍。监狱通过办特殊学校,创设具有社会化的教学场域,有利于弥补罪犯因不知法、不懂法而生的文化贫瘠与法制盲区,同时也为社会综合治理与犯罪特殊预防打下一定的基础。三是着眼反思性重构,理性认识特殊学校在教育改造罪犯方面效能的受限性。监狱是刑罚执行机关,其功能定位决定了监狱办学过程中存在着先天上的缺陷与困惑。监狱其独特的环境与人员构成使得监内特殊学校与社会正规教学机构在效能发挥上有较大差异,但不可否认的是,由于监狱管理上的相对优势使得监内教学愿景设计较社会上一些普通中等职业院校会更清晰和务实。

(二)紧盯机制优化,为监内特殊学校办学工作开辟全新"脉象"

2003年监狱体制改革启动后,全国监狱工作职能日趋回归本原,教育改造作为一大根本性手段日趋得以巩固和发展,监内特殊学校办学工作由此进入了一个新的发展时期。新时期,要遵循监狱发展的内在规律,着力在特殊学校机制建构上不断有实质性的作为。一是要精心营造大墙教育"磁场",开创罪犯义务教育的新天地。有条件的监狱单位,特别是未管所、短刑犯监狱,要通过和社会院校间的互利合作,积极开设针对罪犯的文化课堂、法制讲堂、德育论堂、启智书堂,努力打造有区域特色的识文启智训育管教新模式。二是要密切关注社会就业"导航",开创职业技术教育的新领域。要加强和社会主管部门、行业商会、用工单位的沟通和联络,着眼当前区域经济发展态势与社会用工需求倾向,努力开设有广泛就业前景、谋生发展希望的职业技术教育项目,让每名罪犯出监时都有谋生"名片"。三是要认真研判罪犯群体"病因",开创罪犯心理教育的新视域。近代犯罪学家严景耀曾指出,犯罪是社会的疾病,犯人是社会的病者。[①]专业调查表明,绝大部分罪犯都有或轻或重的心理障碍,需要进行各种形式的心理辅导与干预。因此,要把心理健康教育作为一门必修课程贯穿特殊学校教育始终。四是要理性弘扬传统文化"精要",开创思想品德教育的新境地。要充分依托监内教学场所,让中华经典传统文化的思想旗帜在监内高高飘扬,通过专家讲解与点拨,让广大罪犯能享受到传统文化的精神盛宴,让传统国学所凝结的思想要素、智慧成分和德性涵养得以入耳入脑入心。

(三)加大服务保障,为监狱特殊学校办学工作加注发展"动能"

确保监狱特殊学校办学工作健康有序持续发展,必须提高政治站位与担当意识,克服厌倦情绪和懈怠心理,按照既有的办学模式和教学规程,细致做好人员摸底、课程编排、师资调配、后勤保障等工作。当前,要重点做好以下几项保障工作:一是加大教学设施保障。要结合监内教育改造与教学工作需要,及时做好电脑类、课桌类、器材类添置、更换与维保工作,有条件的单位应因地制宜建好图书室、活动室、电脑室、音乐室等功能性场地,确保监内学校教学功能的正规化。二是强化专业师资保障。要坚持本土培养与外引师资相结合,构建具有监狱学、教育学、心理学等多学科涵养的民警师资队伍,加大文化、技术、音乐类师资参与社会教育培训力度,不断提升民警师资的综合素质。要通过基地共建、资源共享,促进监狱特殊学校与监狱周边院校间的交流与合作。三是注重文体活动保障。要积极借鉴义务教育学校开展体育课、运动会的模式与经验,力所能及地组织罪犯开展一些有氧运动、抗阻运动、柔韧运动等,通过每年举行

---

① 参见严景耀:《严景耀论文集》,开明出版社1995年版,第71页。

竞技性、趣味性运动会,增强罪犯的集体观念和运动技能,强化身体健康机能。四是探索职业认同保障。应适时引入高等院校中的讲师机制,通过营造独特的监内教育场效应,完善民警讲师聘任与管理机制,为特殊学校各类民警教师发光出彩提供平台和机会。一旦有了关联民警职称评定方面的政策制度导引,必将会驱使更多的民警爱岗敬业,不断厘正自己的职业价值坐标,并在日常教学工作中不断追求完美和卓越。

（四）注重智能集成,为监狱特殊学校办学工作安上智慧"引擎"

从当前教育发展趋势看,以碎片化、交互性、嵌入式为特征的"云教育""移动学习""泛在学习"等新型教学方式日渐兴起,智慧教育将成为未来教育的制高点与突破口。[①]"互联网＋"给社会教育带来四种大的"变迁",即资源形态的变迁、教学形态的变迁、学校形态的变迁和社会形态的变迁。[②]办特殊学校二十余年来,全国很多监狱在教学理念、教学机制、教学设施、教学方式、教学评估等方面,借助信息化工具与智能化引擎,实现了一次又一次的飞跃。如监狱教育改造专网的铺设,罪犯改造与回归网的创办,优质网上教育资源的引入,自主性教育学习场景的设计等,让广大服刑罪犯有了更为便捷、高效的学习环境。新时代,监内特殊学校办学工作要围绕智能集约这一主题,注重在以下环节有所突破:一是在教学资源取舍上,要通过和社会院校的战略合作,大量引入院校中的优质教育课件,或与知名自媒体网站进行对接,大量引进融知识性、趣味性、实用性的慕课资源,不断充实罪犯的"三课"教育内容。二是在教学方式变更上,要改变传统的课堂型教学模式,充分发挥监内教育改造专网、触摸式学习屏、点击式学习投影仪等设施,实现数字化教学,让罪犯有更多的自主学习选择权。三是在教学内容安排上,要整合监内公用电脑与个人电脑中的学习资源,适时根据罪犯对知识与技能的需求,进行栏目的调整切换与内容的有机更新,确保监内专题教育、常规教育、提升教育、自考教育在资源享用与时间安排上更趋合理。

（五）强化考核激励,为监狱特殊学校办学工作指引发展"航向"

监狱特殊学校办学工作经过几十年的发展,成绩可圈可点,经验可传可书。

---

① 参见王济军:《智慧教育引领教育的创新与变革》,《现代教育技术》2015 年第 5 期。
② 参见杨银付:《"互联网＋教育"带来的教育变迁与政策响应》,《教育研究》2016 年第 6 期。

赓续特殊学校几十年积淀的优秀教学基因,在新时代有更好的目标追求与实践借鉴,需要建立起一套适应当前监狱工作发展的考核激励机制。具体可围绕三个维度进行架构:一是着眼罪犯层面,建立罪犯学习成效与个人改造处遇挂钩机制。要把罪犯学习态度、学习体会、学习成绩等在日常考核中予以量化体现,作为改造生活处遇兑现与刑事奖励优先呈报的一个重要参照,让他们切实感受到学知识光荣、学技术自豪这一质朴的道理。二是着眼民警层面,建立民警教学评估与个人实绩考评挂钩机制。要通过教学公开观摩、备课笔记参阅、教学成绩评判等方式,建立一套适合监狱教学的考评体系;要引入第三方评估机构,营造公平公正的监内教学考评机制,不断提升民警教师的教学认同感。三是着眼监区层面,建立教学量化评估与教育优胜单位评比挂钩机制。要把罪犯整体入学率、参加率、考试合格率、考试获证率作为重要参评指标,建立若干个监内德育、文化、技术与心理教育试验基地及示范单位,在教育经费拨付、教师外出培训、教育能手评比方面适当予以倾斜,以深刻显现监内教育战线民警的荣光,推动监内特殊学校在法治的框架下良性发展。

1981—2021年GS省监狱特殊学校建设的回顾与反思

牟九安[*]

1981年8月18日至9月9日,公安部召开第八次全国劳改工作会议(以下简称"八劳"会议)。会议提出,"把劳改场所办成改造罪犯的学校","要设置教育机构,配备专职教员,增加教育设备和经费,健全教学制度,进行系统的教育"。自此,我国监狱罪犯教育改造尤其罪犯思想、文化和技术教育(以下简称"三课"教育),通过特殊学校这个载体迈入系统化、规范化和课堂化的轨道,使数百万罪犯在监狱这所特殊学校里变刑期为学期,转变不良思想,学习文化知识,掌握职业技术,不断增强释后谋生就业能力,从而使罪犯教育改造焕发勃勃生机。"以史为鉴,可以知兴替。"本文通过回顾和反思1981—2021年GS省监狱特殊学校的创办,一方面再现地处不发达经济地区的特殊学校创办历程,坚定监狱办好特殊学校的信心;另一方面反思不足、汲取教训,为促进办学高质量发展贡献力量!

一、回顾

(一)停滞缓慢(1981—1984年)

此阶段由于该省一些劳改场所干警受"左"倾思想的束缚,加之受1983年劳改工作由公安部向司法部移交的影响,作为"八劳"会议改革创新举措之一的特殊学校创办工作显得停滞缓慢。1982年1月13日,中共中央作出的《关于加强政法工作的指示》强调:"劳改、劳教场所是教育改造违法犯罪分子的学校。它不是单纯的惩罚机关,也不是专搞生产的一般企业、事业单位。"该指示再次为"八劳"会议提出的"把劳改场所办成改造罪犯的学校"

---

[*] 牟九安,甘肃省监狱学会金昌监狱分会副秘书长,中国监狱工作协会会员。

观点鼓劲撑腰。正由于党中央的大力支持,作为当时主管劳改工作的公安部对创办特殊学校部署安排可谓是"紧锣密鼓"。2月18日,公安部印发《关于对罪犯教育改造工作的三年规划》,对学校机构设置、管理制度等方面作出具体规定,使特殊学校的创办从号召落到实处。10月,公安部劳改局在山东省潍坊劳改支队召开现场会,交流办学经验。11月,命名该支队为共和国第一所特殊学校。[①]自此,全国劳改系统创办特殊学校工作全面展开。就在全国各地各部门积极传达会议精神、消除长期以来的"左"倾思想、酝酿改革创新措施的同时,1981年12月6日,该省召开全省劳改工作会议,传达贯彻"八劳"会议精神。会议指出,在党的工作重心转移和阶级变化的新形势下,针对罪犯阶级成分变化和青少年犯、刑事犯多的特点,树立教育人、感化人、挽救人的观点,加强罪犯"三课"教育。于是从1982年起,该省劳改押犯单位开始增设教室、教学器材及电视、收录机等教学设备,但对创办特殊学校规划创办尚未提到议事日程。随着从1983年开始的"严打"斗争向纵深开展,该省劳改押犯单位押犯剧增,致使其监舍不足、警力紧张。为缓解押犯住宿和看押警力紧张的局面,该省一些劳改押犯单位把部分教室临时改做监舍,一些劳改押犯单位停止技术教育。1984年,该省一些劳改押犯单位开展罪犯"三课"教育课堂化试点工作。年底,该省劳改押犯单位文化教育入学率为45.1%;技术教育随着监舍扩建恢复,入学率为11%。

(二)全面起步(1985—1990年)

此阶段由于劳改工作的移交完成、一些干警"左"倾思想消除和上级机关对劳改押犯单位办学的强力推动,使办学各项决策部署在该省得到较好的贯彻落实,从而使全省劳改押犯办学工作全面起步。1985年初,召开的全国司法厅局长会议上提出,要在三五年内基本上把全国劳改劳教场所办成特殊学校。6月11日,司法部、教育部、劳动人事部印发《关于加强劳改劳教人员文化技术教育的通知》(以下简称《通知》),首次提出将办学工作纳入当地教育、劳动部门统一规划之中。6月25—28日,司法部召开全国劳改劳教场所办特殊学校经验交

[①] 参见中国监狱工作协会编:《新中国监狱工作五十年:1949.10—2000》,法律出版社2019年版,第222页。

流会,提出办学工作"五条标准"。①7月29日,该省司法厅等四厅局在转发《通知》时要求限期把全省劳改场所办成教育人、改造人的特殊学校。8月21日,该省劳改局召开办学专题会议,制定办学规划。自此开始,该省劳改押犯单位的办学工作全面起步。9月14日,该省第一所特殊学校即"LZ育才学校"成立。特殊学校实行一级办学、两级管理的原则,设立校务委员会,监区设教学组;校务委员会下设教务处,加挂在教育改造部门,负责办学日常工作;教务处下设政治、文化、技术教研室;大队设教学领导小组,管理和实施本单位的教学工作;教学班设班主任1名,由民警担任;配备一定数量的专兼职教员,其中政治教员由民警担任,文化技术教育除挑选一些改造表现较好、有一定文化技术专长的罪犯担任外,也聘请有技术特长的监狱民警、职工以及外协(聘)人员担任。年底,该省建成特殊学校5所。是年,该省劳改单位增辟教室,添购桌凳、书刊等教学设施设备,提高教育改造经费,并对其单立户头,专款专用,为开展办学提供财物保障;每周教学课时:工业单位16小时,农业单位10小时。从是年开始,该省罪犯文化教育入学率超过80%。从1986年开始,该省劳改局把办学工作纳入全省劳改押犯单位改造生产双承包责任制考核目标体系,从而使办学任务由"软"变"硬"。1990年7月,全省17个押犯单位中有15个创办特殊学校。当时,该省劳改局根据不同类型(如矿山农场、工业等)押犯单位下达不同的"三课"入学、统考和取证率考核指标。

(三) 巩固提升(1991—2009年)

此阶段该省劳改押犯单位以办学上等升级活动为载体,完善体制,夯实基础,推动办学由办成向办好发展。办学上等升级活动虽然司法部早在4年前就有部署,②但由于地处西部经济不发达地区,该省劳改押犯单位劳改生产经营

---

① 中国监狱工作协会编:《新中国监狱工作五十年:1949.10—2000》,法律出版社2019年版,第222页。五条标准:有一个重视符合干部"四化"标准、重视办学工作的领导班子,有一支具有一定政治文化素质、纪律严明队伍;监管工作实现法律化、制度化,落实文明管理"八件事";有健全的教学管理机构和合格的师资队伍,有必要的教学场所、设备和教学制度,"三课"教育实现正规化、系统化(完成教学大纲规定的总课时,罪犯入学率占应入学人数的90%,及格率达到70%以上);办学提高了企业素质,促进了监狱生产;提高了罪犯改造质量,有一批得到社会公认的改造好的典型,重犯罪率降到5%以下。

② 1987年4月24日至5月11日,司法部在昆明召开的劳改劳教特殊会议上首次提出办学上等级活动;12月,司法部印发《关于劳改场所特殊学校上等级活动的实施意见(试行)》,分部级和省级两个层次验收命名优秀特殊学校,并倡导全面办学、整体办学、长期办学,对"三课"教育考核由老三率(入学率、到课率、及格率)转为新三率(升级率、统考率、取证率),标志着特殊学校由办成向办好发展。参见中国监狱工作协会编:《新中国监狱工作五十年:1949.10—2000》,法律出版社2019年版,第222页。

遭遇到前所未有的困难,囿于财力不足等因素,在办学上等升级活动上相较于全国尤其是东南沿海经济发达地区兄弟省市来说显得迟缓。1991年5月16日,该省司法厅成立特殊学校升级考评委员会,负责学校的升级审批和对升级为省级学校的复查工作。1992年1月,该省要求全省劳改押犯单位搞好电化教学。1994年1月4日至8日,召开的全国司法厅(局)长暨监狱、劳教局长会议上,司法部明确提出要坚定不移、量力而行地逐步将全国监狱建设成为现代化文明监狱。自此以后,司法部将办学作为创办现代化文明监狱的重要内容之一,使办学工作与创办现代化文明监狱休戚相关。25日,该省司法厅授予3所劳改场所为省级优秀特殊学校。3月2日,该省劳改局通知全省劳改押犯单位,每周六下午安排为罪犯教育时间;农业单位可根据农业生产的特点安排罪犯教育时间。不过当时该省劳改押犯单位为改善经济"窘境",全面铺开罪犯外役劳务生产。为解决罪犯外役劳务生产尤其是"早出晚归"零星分散移动外役劳务生产挤占罪犯参加"三课"学习时间的问题,该省劳改押犯单位实行"忙时少学,闲时多学"等做法(此现象一直持续到2007年9月30日该省罪犯外役劳务生产全面结束)。10月28日,"GS省YD育新学校"挂牌成立。至此,该省劳改押犯单位全部办成特殊学校。12月29日,颁布实施的《监狱法》将办学工作作为监狱的法定职责。自此开始,办学工作迈入法治化轨道。1995年3月14日,BY监狱JY育新学校被该省司法厅授予省级优秀特殊学校。9月14日,司法部印发《关于创建现代化文明监狱的标准和实施意见》,将创办特殊学校作为创建现代化文明监狱工作的重要内容之一。自此以后,该省未再进行专门特殊学校上等升级活动。11月8日,司法部、国家教委、劳动部发布《关于进一步加强对罪犯的文化职业教育和技能培训的通知》,要求有关部门定期分配大专院校毕业生充实罪犯教学岗位,并列入计划,委托培养一批师资力量,定向分配。1997年9月8日,该省DX监狱荣获司法部、国家教委联合颁发的第二届"中华扫盲奖"。1998年8月31日,该省监狱局要求全省监狱特殊学校至少配备3名专职政治教师,文化、技术教师不少于应入学人数的2%,并统一使用司法部监狱局组织编写经国家教委中小学教材审定委员会审定的《育新教育初中教材》。是年,该省监狱局为解决教师数量少、素质低的问题,要求全省监狱成立电教室,监区设立播放点,形成完整的电教网络。针对当时因监狱经费紧张导致的挤占挪用教育经费的现象,1999年2月23日,该省监狱局要求全省监狱对教育改造经费由教育改造部门统一使用,同时从罪犯劳动补偿费和外役劳务收入中各提1‰用于补充教育经费。2000年1月上旬,该省监狱系统第一个电教室在少管所投入使用。从是年起,该省监狱罪犯文化教育由省监狱局统一组织闭卷考试,并陆续为监狱配备罪犯教育所需的编辑机、摄像机、电脑等设备。2001年,该省监狱在罪犯文化教育中注重双基训练,要求文盲、半文盲的粗识字每年达1000字左右,小学班注重拼音教学,初中班加强阅读能力和写作能力的教学。2003年6月13日,司法部发布《监狱教育改造工作规定》,要求尚未完成国家规定的九年制义务教育、年龄不满45周岁、能够坚持正常学习的罪犯,应当接受义务教育。2004年2月2日,针对全省押犯文盲多的押犯构成特点,该省监狱局要求全省监狱加大罪犯脱盲力度,保证两年内全部脱盲。是年、2005年和2006年,全省监狱罪犯学习用房中危房分别占51.47%、50.89%和21.50%。2005年11月4日,全省监狱尚缺课堂桌椅4500套,缺黑板100块,缺授课桌100张。2009年2月2日,该省监狱局出台教育改造罪犯工作考核考评细则,规范统一全省监狱"三课"教育考核工作。11月19日,该省要求全省监狱应当坚持每周5天劳动、1天学习教育、1天休息的"5+1+1"作息模式。是年,该省统一规范监狱特殊学校的教育内容、时间安排和教材,建立罪犯学籍管理制度,由省监狱局建立试题库,并为10所监狱配备教育改造罪犯所需的计算机。

(四)统一集约(2010—2021年)

此阶段由于随着该省监狱体制改革的初步完成、监狱布局调整的基本完成和农业矿山型监狱产业由矿山农业全部转向工业(来料加工),从而使全省监狱罪犯均在狱内、室内从事来料加工生产,罪犯"三课"教育受季节性影响相对于农业生产较少,从而为办学统一集约化创造了有利条件。2010年9月6日,为充分发挥现代信息网络技术在教育改造罪犯中的作用,该省YD监狱建成教育信息网。2013年10月17日至19日,该省监狱局举办一期非线性电教节目编辑系统使用培训班。是年,该省监狱局投入专项经费828万元,购买教学设备、订购"三课"教育教材,充实图书室藏书量等。通过此次投入,该省监狱教育改造设施设备保障水平虽较前有大为改观,但与全国相较整体上偏低。2017年5月底,该省15所监狱中仅有8所监狱建有独立的教学设施,其余监狱采用临时搭建的彩板房或暂时借用其他场地来完成教学工作;技术教育没有专门的技能培训用房,缺乏正规系统的教学大纲与培训教材,缺少专业化的技术教育师资队伍,未开展全面系统的技术教育。2018年8月2日,该省司法厅、教育厅、财政厅印发《关于将罪犯文化教育纳入全省教育规划的意见》。自此开始,全省监狱主动出击,与地方教育部门共同制定实施方案,从而使办学进入新的发展时期。①11月7日,该省WW监狱多媒体教育建设项目通过验收。从2019年2月起,该省监狱局通过视频督察等方式严禁监狱在"教育改造日"进行生产劳动。是月,确定3所监狱为视频教学系统建设试点单位。2020年,全面推进监狱视频教学系统建设。2021年7月,该省召开全省监狱罪犯网络视频教育中心建设观摩推进会,总结借鉴和推广建设、使用经验。是年,该省监狱局建立满足不同类型罪犯教育改造的"课程库"1 000余课时,教育日线上播放教育视频1 500余场次,线下课堂教学1 600余课时。是年底,一些监狱的文化技术教育纳入驻地市州规划。

二、反思与展望

(一)深化思想认识,切实增强办学的责任感和使命感

思想是行动的指南。我们只有认识到特殊学校这个载体在教育改造罪犯中的重要作用,才会不断增强办好特殊学校的责任感和使命感,才会主动改变特殊学校"说起来重要,做起来次要,忙起来不要"的边缘化地位,才会主动将人、财、物向创办特殊学校倾斜集结,才会主动消除谋求监狱生产盈利等给特殊学校教育带来的不良影响,才能彻底消除在特殊学校创办上"走秀"的做法……一言以蔽之,才会把特殊学校当作学校来办。那么,特殊学校在教育改造罪犯中到底起什么样的作用呢? 从某种意义上讲,罪犯是一个人社会化不合格的产物。监狱工作的主要任务是对其重新社会化,使其刑满释放时最大限度地符合社会发展的需要即成为"一个守法公民"和一个具有一定职业技能的劳动者。而要对罪犯重新社会化尤其要转变犯罪思想、补习文化知识、培养新的技能,则需要一个运用专业力量通过专业手段在一定时期内有计划、有组织、有系统地实施足以影响罪犯身心发展为直接目标的重新社会化的载体。这个载体就是

---

① 资料来源:https://www.gsfzb.com/index.php? m = content&c = index&a = show&catid = 195&id=66729,访问日期:2022年4月12日。

特殊学校。只有办好特殊学校,才会加快罪犯重新社会化进程和提高罪犯重新社会化质量,从而为社会增加一份和谐因素,为公众增加一份安全保障,为数百万个罪犯家庭增添一份"破镜重圆"的机会。不难看出,办好特殊学校,不仅是贯彻落实党的监狱工作方针的根本需要,也是监狱民警大力践行执法为民宗旨的生动实践。正因为如此,共和国成立以来,党和国家一直注重办学工作。如1960年毛泽东主席接见美国记者斯诺时说:"我们的监狱不是过去的监狱,我们的监狱其实是学校,也是工厂,或者是农场。"当然不可否认的是,由于对监狱工作方针认识上的错误和执行上的偏差,以及监狱工作遇到的自身难以克服的困境(如20世纪八九十年代,监狱工作因经费不足陷入"难以为继"的境况),在某些时期一些监狱的办学工作不尽如人意。目前,随着国家对监狱工作财政保障逐渐到位、高素质优良人才的招录引进、监狱布局调整的基本完成和监狱体制改革的全面深化,给办学工作高质量发展提供了一个千载难逢的机会。为此,建议司法部会同教育部、财政部、住建部、国家发改委结合当前监狱布局调整重新对办学工作进行规划,切实改变办学工作因缺乏顶层科学设计发生的目标短期化、部署碎片化、进展失衡化的现象,充分发挥特殊学校教育这个载体在教育改造罪犯方面的重要作用,最大限度地加快罪犯重新社会化进程,提高罪犯重新社会化水平,为社会最大程度地输送"和谐"因素。

(二)加大投入力度,不断改善办学的硬件基础建设

"工欲善其事,必先利其器。"学校的硬件基础设施如教室、桌椅、黑板、多媒体教学设备等是开展教育教学的基础和必备条件。我们不难发现,安静整洁的教室环境能使学生在阅读书籍或自习的过程中更专心、更有效率;先进的教学设施(如投影仪等)使学生在听课时注意力更集中,课堂气氛更活跃;整洁的狱园环境、漂亮的大楼等有助于提高生学习的自信心。如果说我们在20世纪创办特殊学校时囿于国家财政保障不到位、监狱经济不景气等因素的制约和影响,"因陋就简"还情有可原,那么时至2017年5月底,还发生如前所述的一些监狱采用临时搭建的彩板房或暂时借用其他场地来完成教学工作,技术教育没有专门的技能培训用房的情况就非常的不应该了。毋庸讳言,学校的硬件基础设施建设的滞后,在一定程度上影响和制约教育教学质量,最终影响监狱向社会输送"守法公民"的质量。为此,建议司法部会同教育部、财政部、住建部、国家发改委在建立监狱经费正常增长的财政保障机制的同时,全面审视监狱内部

布局,若发现有内部功能不完善、设施尤其是教学基础设施不配套的监狱,应通过迁建、改建等途径进行完善;鼓励监狱在用好传统教学设施设备的同时,积极采用现代信息手段如现代网络视频传输技术、触摸查询系统等激发罪犯的好奇心和求知欲,切实增强教学效果,努力提高办学质量。

(三)依法选用教师,打造一支素质优良的师资队伍

唐代韩愈曰:"师者,所以传道授业解惑也。""师傅不高,徒弟落腰",教师是一项专业技能,不是什么人都能胜任的。要进一步推动新时代监狱特殊学校办学工作高质量发展,就需要建设一支高素质的专业化师资队伍做支撑。目前,监狱特殊学校师资建设上存在以下问题:一是专业教师缺乏。如前所述,至2017年5月底GS省监狱"缺少专业化的技术教育师资队伍,未开展全面系统的技术教育"。二是管理机制不善。目前,在对监狱民警按照国家公务员管理的"大一统"模式下,监狱民警成为"万金油",看守、管教、生产"一肩挑"。在此模式下,监狱难免用普通的行政手段来管理专兼职师资民警队伍,加之对其工资待遇体现不出专业技术工作的价值含量,从而在一定程度上影响了专兼职师资民警队伍的积极性和主动性。三是选拔机制不良。目前,监狱师资选拔存在"矮个中选高个"的现象,即监狱从现有民警(大多未经过教育培训)中选拔一些民警作为师资,其虽工作经验比较丰富,但教学经验缺乏,难以确保专兼职师资民警队伍的质量。外聘师资则多为临时性的,其对授课对象不甚了解,教学效果可想而知。四是"非法"施教。既然对罪犯开展的扫盲教育、小学教育和初中教育是依法开展的,那么其师资就必须具有教师资格证。然而在特殊学校的办学中,有多少民警教师具有教师资格证?让没有教师资格证的罪犯担任罪犯文化、技术教育的教员,教学效果如何尚且不论,其身份是否能担任教员都值得商榷(限于篇幅,不再予以讨论)。国际上大多数罪犯文化技术教育由社会专业机构承担,如意大利《监狱法执行细则》规定:"教学组织和上课由有关公共教育机构负责。监狱提供适当的场所和设备,并督促犯人参加学习。"[1]为此,建议司法部会商教育部、财政部、人社部、国家发改委,明确罪犯扫盲、小学和初中教育的师资力量由当地教育部门负责,职业技术教育由当地人社部门负责,监狱只给教师施教提供教学方便和人身安全保护,并督促罪犯参加学习;思想教育师

---

[1] 司法部编:《外国监狱法规条文分解》(下册),社会科学文献出版社1990年版,第295页。

资队伍由具有思想政治专业背景的民警和监狱驻地教育部门派遣的教师共同组成。这样一来,既能缓解目前监狱警力不足的问题,又能实现提高罪犯教学师资力量的专业化水平,更能使罪犯教学实现依法施教。

(四)尊重客观规律,严格按照成人教育特点安排教学

教育学原理告诉我们,学习之后就会产生遗忘,遗忘过程是先快后慢,遗忘数量是先多后少,尤其是刚学完后是忘得最快和最多的时期,而及时复习可以巩固记忆。可以这样讲,复习比学习更重要。古人所说的"学而时习之""温故而知新",说的就是这个道理。正因为如此,我国为了让学生及时巩固所学的新的知识,有连续多日复习安排。让罪犯占用劳动时间集中参加一段时期的教育,这在国外并不鲜见。如英国"对于囚犯中的文盲,必须加以特别关注,在必要的情况下,可以利用劳动时间教授他们学习"[1]。又如德国《刑罚执行法》规定"授课应在劳动时间进行"[2]。意大利《监狱法执行细则》也规定"义务教育课程也可在劳动时间进行"[3]。为此,建议司法部、教育部、人社部应明确规定"罪犯参加扫盲和义务教育以及技术教育,应参照中小学学期等教学时间进行,实行"6天学习,1天休息"的作息模式。这样一来,既解决罪犯学习精力和时间不足的问题,又能因一段时期的连续学习提高学习效果,更能因每周多学1天缩短学期相对地增加劳动改造时间,确保办学取得实实在在的效果。

(五)多措并举,调动罪犯参加学习的积极性和主动性

外因要靠内因起作用。教育的作用固然与教育者施加的力度有一定相关,但它主要决定于受教育者的主观愿望和智力因素。心理学认为,强制的作用能够引起主体的心理畏惧,从而产生与强制意向相一致的意识和行为,但这种意识和行为仅是主体权衡利弊的决定,因而有可能是形式化和暂时的。因此,受教育者是否有接受教育的主观愿望是教育能否取得效果的很重要的因素。目前,我国监狱罪犯文化技术教育的情形是怎样的呢?强调课堂式,注重灌输,忽略特殊学校属于成人教育的特殊性和罪犯自身的学习兴趣,从而使课堂教学缺乏感染力和吸引力。一些监狱技术教育不是围绕增强罪犯释后谋生就业能力,

---

[1] 司法部编:《外国监狱法规汇编》(二),社会科学文献出版社1988年版,第161页。
[2] 司法部编:《外国监狱法规汇编》(二),社会科学文献出版社1988年版,第227页。
[3] 司法部编:《外国监狱法规汇编》(二),社会科学文献出版社1988年版,第294页。

而是围绕监狱生产展开,干啥学啥,缺乏系统性、稳定性,这势必造成技术教育内容单一、科目狭窄,使罪犯所学的技能在释后谋生就业时实效性不强。一些监狱至今对"5+1+1"没有完全落实,监狱生产加班加点的现象尚未根本消除,使罪犯没有充裕的时间复习所学知识,使一些罪犯将学习认为是一件"苦差"。加之将学习效果与罪犯减刑假释等切身利益挂钩,有可能因考试不及格影响其减刑假释,使参加学习成为一项有风险的活动,罪犯心底对参加学习有抵触心理。要提高罪犯的学习兴趣,应做到:一是加大激励力度。通过发放津贴、免除劳动义务来激励罪犯参加学习的做法,国外也不鲜见。意大利《监狱法执行细则》规定"对于参加职业培训者,按照部颁命令确定比例发给计时津贴"①。德国《刑罚执行法》规定"犯人参加职业培训、转学他业或上课,并为此目的的被免除劳动义务的,可领取培训补助费"②。故我国也应对参加扫盲和义务教育以及职业技术教育的罪犯,除对其参加教育时间视同参加生产劳动时间外,还可视学习成绩情况发放一定的补助费,最大限度地调动罪犯参加学习的积极性和主动性。二是创新方式方法。要改变"台上一人讲,台下大家听"等传统教学模式和方法,采取交流讨论式、发言互动式、现场模拟式等形式,运用先进教学设施设备让教学形式新鲜多样、教学内容形象生动,提高教育吸引力、感染力,切实提高教学质量。三是将技术教育的重点放到增强刑释后适应社会能力上来,培养罪犯自主创业精神,提高创业生存能力。建议在罪犯刑释前6个月,监狱与人社部门应根据罪犯择业意愿,举办为期不少于6个月的市场需求量大、技术含量不高如塔吊操作工、机动车辆驾驶等职业技能培训班,让罪犯一出监门就能找到"生存之道"。

(六)开门办学,充分发挥相关部门办学的职能作用

罪犯是社会公民,罪犯没有因其犯罪被社会剥夺其受教育培训的权利。社会帮教,对监狱来说,是利用社会资源为罪犯服务的一种方式;对社会来说,它不仅是社会教育资源的整合,更是社会实现自身目标的重要途径。正因为如此,我国历来重视社会力量在教育改造罪犯中的作用。如1982年2月18日,公安部印发的《监狱、劳改队管教工作细则》中将"监内教育与社会教育相结合"

---

① 司法部编:《外国监狱法规汇编》(二),社会科学文献出版社1988年版,第316页。
② 徐久生、田越光:《德国监狱制度——实践中的刑罚执行》,中国人民公安大学出版社1993年版,第257页。

作为对犯人教育应实行的方法之一。1987年,中央综治委提出劳改工作的"三个延伸"(即向前、向外、向后延伸),大力肯定社会帮教在教育改造中的作用。1994年12月,颁行的《监狱法》将帮助监狱改造罪犯作为国家机关、社会企事业单位和部队的义不容辞的责任。多年来,监狱充分运用社会资源,积极建立多层次、全方位的社会帮教体系,不仅加快了罪犯改造进程,也起到了警示社会、预防犯罪的作用。然而由于种种原因,社会帮教尤其教育、人社部门参与罪犯教育改造的职能作用发挥不够充分,在一定程度上影响和制约了社会办学的高质量发展。当然原因是多方面的,笔者认为《监狱法》立法技术的不成熟(立法语言模糊)是其主要原因。如《监狱法》第63条规定:"……由教育部门发给相应的学业证书。"第64条规定:"……由劳动部门发给相应的技术等级证书。"上述两条中规定的"教育部门""劳动部门"是指监狱所在地的县级行政区域,还是指地级行政区域,谁也不清楚。这不但使监狱在联系此方面业务时无所适从,也使地方各级教育部门互相扯皮。同样,《监狱法》第66条中规定的"……应当列入所在地区教育规划"的"所在地区"同样令人百思不得其解。总之,这些"有关""所在地区"等模糊的立法语言,使之缺乏可操作性。为此,建议相关部门在将来修改《监狱法》时,应对参与帮教的哪一级教育、人社部门予以明确。这样一来,既可强化有关部门和地区参与罪犯教育改造的责任,又可明确监狱联系协调帮教事务的对象,从而为促进监狱办学高质量发展提供坚实的组织保障。

"八劳"会议与监狱行刑改造罪犯思想的反思

莫林发 蓝 甲[*]

"八劳"会议总结了30年来劳改工作正反两方面的经验,建立了监狱管理体制,对监狱行刑改造罪犯产生了深远的影响。

一、"八劳"会议的简要回顾与反思

(一)"八劳"会议的简要回顾

第八次全国劳改工作会议于1981年8月18日至9月9日在北京召开,这次会议根据党的十一届三中全会和六中全会精神,回顾了新中国成立以来的劳改工作,肯定了成绩,初步总结了正反两方面的经验,确定了新时期劳改工作的任务,提出了加强劳改工作的措施。

"八劳"会议做出的规定,提出的措施,为新时期监狱工作提供了强有力的制度保障措施,奠定了重要的政策保障。主要解决了如下八个问题:一是科学界定监狱工作的社会地位和历史使命;二是总结了30年来监狱工作正反两方面工作经验;三是深入分析新情况、新问题,明确提出新的理念、政策和方法;四是首次确定依法保障罪犯权利;五是初步提出办特殊学校的构想;六是调整留放政策,妥善处理历史遗留问题;七是对劳改工作干部给予高度评价,并对解决干警实际困难做出重大决策;八是建立健全管理体制,调整、整顿劳改生产。

"八劳"会议对我国劳改方针、政策的系统化、科学化、制度化作出了重要贡献,为我国劳改法学理论研究与劳改工作科学发展提供了实践经验和奠定了理论基础,为开创劳改工作新局面起到重要的促进作用。这次会议的指导思想和基本精神,至今对劳改工作仍然有着指导意义。

---

[*] 莫林发,广西壮族自治区贵港监狱副监狱长;蓝甲,广西壮族自治区贵港监狱劳动改造管理科一级警长。

（二）"八劳"会议的反思

"八劳"会议是党的十一届三中全会后经过较长时间的筹备后召开的一次重要会议。这次会议之后伴随着1994年《监狱法》的颁布实施，劳改的称谓被监狱的称谓所取代，全国劳改工作会议制度也改称全国监狱工作会议制度。意义重大的全国"八劳"会议给了今天的监狱工作诸多的启示。

1. 国家中央高层领导重视

党和国家领导人非常重视劳改工作，尤其第一至第六次全国劳改工作会议，毛泽东、刘少奇、朱德、周恩来等党和国家领导人亲自讲话、作指示。"八劳"会议上，习仲勋副委员长作了三个小时的重要讲话。中央领导非常了解劳改工作的实际情况，劳改工作中出现的问题和工作难点都能够及时反映到最高决策层，因而都能够得到政策指导和制度性解决。而现在，全国监狱工作会议规格较低，最高也就停留在司法部层面，达不到国务院的高度。从监狱工作来讲，监狱行刑工作绝对不是只应由监狱层面、司法部层面关注的事项。从国家主权的层面来看，国家主权包括对内和对外两个方面，对内方面在法律上就是刑事管辖权。刑事管辖权的最后一个环节便是刑罚执行权，而监狱是行使刑罚执行权的主体之一。因此监狱行刑工作应该是国家层面关注的事项，而不是地方层面或一个部门关注的事项。

2. 全国各行各业积极配合

监狱对犯罪人执行刑罚，而监狱执行刑罚需要全社会各行各业的积极支持。从第一次全国劳改工作会议到第八次全国劳改工作会议的会议纪要大都由中央和国务院批转全国各单位，从而使得劳改工作得到全国各行各业的了解和支持协助。犯罪是全社会的问题，犯罪的实施主体是全社会各行各业的人，犯罪的生成因素其中就包括社会因素，因此治理犯罪也是社会的责任，改造犯罪服刑人需要得到全社会各行各业的积极配合。

二、关于监狱行刑改造罪犯思想

（一）监狱行刑改造罪犯思想

中国劳动改造罪犯的成功经验为世人所瞩目，成功的奥秘在于监狱劳动改造罪犯思想的正确指导。监狱劳动改造罪犯思想是以毛泽东同志为代表的中国共产党人,根据马列主义基本原理,结合中国的具体实际,在总结新中国成立前和新中国成立以来改造罪犯经验的基础上形成的。监狱劳动改造罪犯思想从劳动改造罪犯的出发点,到自由刑的体制、劳动改造法律制度,归结到劳动改造的目的,一环紧扣一环,构成了合乎逻辑的科学的理论框架。

1. 行刑改造罪犯的出发点——监狱行刑改造罪犯思想最基本的着眼点

行刑改造罪犯的出发点包括两个方面,一是相信罪犯是可以改造的,二是坚信罪犯是能够改造的。新中国的缔造者们在多种场合、多次指出罪犯是可以改造好的,尤其是毛泽东同志根据马克思主义的基本原理,提出了人是可以改造的思想。1965年他在接见外国代表团时曾指出:"犯了罪的人也要教育,动物也可教育嘛!……为什么人不可以教育他有所进步呢?"①监狱行刑改造罪犯思想中所指的罪犯是指一切罪犯,不仅包括俘虏、战犯,而且包括反革命犯、普通刑事犯罪罪犯。

1958年4月15日,毛泽东在《介绍一个合作社》中说:"过去的剥削阶级完全陷落在劳动群众的汪洋大海中,他们不想变也得变。至死不变、愿意带着花岗岩脑袋去见上帝的人,肯定有的,那也无关大局。"过去的剥削阶级中有至死不变、愿意带花岗岩脑袋去见上帝的人,在劳改机关服刑的罪犯何尝没有至死不变、愿意带着花岗岩脑袋见上帝的人。1963年11月15日毛泽东接见阿尔巴尼亚总检察长阿拉尼特·切拉谈话时指出:"我们相信人是可以改造的,在一定的条件下,在无产阶级专政的条件下,一般说是可以把人改造过来的。只有个别的人改造不过来,那也不要紧,刑期满了放回去,有破坏活动就再捉回来。有的放出去一次,他照样破坏;放二次他再破坏;放三次他再破坏。只有这样的人,那我们只好把他长期养下去,把他关在监狱的工厂里工作,或者把他们的家属也搬来,有些刑满了不愿回去的,就把家属也接来。"②正是基于这样的实践和理念,毛泽东认为罪犯中有一些人是难以改造的,他们是要带着花岗岩去见上帝的,那也无关大局。

我国是社会主义制度,实行的是人民民主专政,劳动产品实行按劳分配,人

---

① 1965年8月8日毛泽东接见几内亚教育代表团、几内亚总检察长的谈话,转引自杨世光主编:《劳动改造基础学理论》,社会科学文献出版社1990年版,第51页。
② 1963年1月15日毛泽东接见阿尔巴尼亚总检察长阿拉尼特·切拉的谈话,转引自杨仁忠主编:《改造罪犯过程方法》,中国物价出版社1998年版,第86页。

们相互之间没有根本利害冲突,执行刑罚既保护了国家和人民的利益,也符合罪犯自身的利益。人民民主专政是对人民实行民主,对敌人实行专政,在人民民主专政条件下,法律面前人人平等。国家为了维护社会秩序,保障经济发展,必须打击违法犯罪活动,必须将罪犯关押起来,以防止其继续危害社会,犯人只有低头认罪接受改造才能获得新生。

2. 自由刑制——毛泽东行刑改造罪犯思想确立的改造罪犯的基本行刑制度

1949年2月28日,中共中央发布《关于废除国民党的六法全书与确定解放区的司法原则的指示》明确指出,国民党全部法律只能是保护地主与买办官僚资产阶级统治的工具,是镇压与束缚广大人民群众的武器。在无产阶级领导的工农联盟为主体的人民民主专政政权下,国民党的六法全书应该废除。人民的司法工作,不能再以国民党的六法全书为依据,而应该以人民的新的法律作依据。在人民新的法律还没有系统地发布以前,应该以共产党政策以及人民政府与人民解放军所发布的各种纲领、法律、条例、决议作依据。根据劳改法规的规定,我国自由刑的变更措施有减刑、加刑、假释与特赦。其中,加刑以罪犯违反监规纪律和犯罪为条件的,发挥遏制罪犯违反监规纪律和犯罪的作用;减刑、假释、特赦是以罪犯悔改为前提条件的,尤其是减刑是我国司法实践的独创并且发挥了鼓励罪犯积极自我改造的促进作用,体现了"让罪犯在希望中改造"和"给出路"的政策精神。

劳改机关执行刑罚惩罚改造罪犯必须严格遵守的准则主要包括六项,即惩罚和改造相结合、行刑人道主义、行刑个别化、行刑社会化、行刑科学化和行刑效益化。行刑基本原则紧紧围绕罪犯而展开,使劳改工作中心明确,反映了监狱行刑改造罪犯思想的又一特色。惩罚与改造相结合贯穿于刑罚执行的全过程,在刑罚执行过程中惩罚与改造紧密联系不可偏废,这是由我国自由刑具体内容所决定的。惩罚在于以国家强制力为后盾,对罪犯隔离监禁、管理控制、打击违法违规行为,促使其自觉改造,改恶从善,重新做人。行刑人道主义是在行刑过程中保证满足罪犯的基本生存需求,尊重人格,使罪犯切身感受到党和国家的挽救,从而增强改造的信心和决心。行刑个别化是指依据服刑罪犯的不同情况采取针对性的惩罚改造措施。罪犯的案由、恶习程度、犯罪成因等各不相同,惩罚改造就应"对症下药,因人制宜",在关押、监禁、监管控制、劳动、教育改造、生活安排上区别对待。这是党和国家区别对待政策的具体化。行刑社会化是指行刑过程中为罪犯创造改造环境,使之养成社会接受的思想行为模式。行刑科学化是指行刑过程中积极运用最新的物质精神文明成果,使刑罚工作符合客观规律,提高改造质量。行刑效益化是指尽可能以最小的投入取得最大行刑效益,避免人财物的浪费。行刑涉及国家的人财物,关系到罪犯人身自由,要求公正准确,讲求效益,充分发挥惩罚改造的作用,要根据罪犯的综合改造表现,该减刑则减刑,该假释则假释,以体现刑罚的激励功能。

3. 行刑规制——毛泽东行刑改造罪犯思想的战略战术

行刑规制包括四个方面,其一劳改工作方针政策,其二改造罪犯的基本手段,其三劳改工作队伍建设,其四专门机关与社会群众相结合。劳改工作的行刑方针是指导劳改工作前进方向和目标,即"改造第一,生产第二。"把劳动作为改造罪犯手段之一,由此就产生了劳改经济问题。《监狱、劳改队管教工作细则》明确规定要贯彻执行"改造第一,生产第二"的方针,要求劳改生产的经济利益必须服从改造罪犯的社会效益。

劳改工作政策即行刑政策,行刑政策是劳改机关完成行刑任务而制定的行为准则,包括惩罚管制与思想改造相结合,劳动生产与政治文化技术相结合,严格管理与教育感化挽救相结合。惩罚管制是对犯罪的谴责和制裁,政治思想教育目的在于消除犯罪思想;文化教育则是提高罪犯的认识能力的重要途径,技术教育则是有利于促进劳改经济发展和罪犯刑释时掌握正当谋生手段,严格管理有利矫正罪犯放荡不羁的行为习惯,养成遵纪守法的行为模式。它们相互构成有机整体,使劳改工作健康发展,完成劳改工作的历史使命。

新中国成立初期,一大批犯罪分子投入劳改,对这些人由谁来改造,毛泽东同志极为关注。他认为劳改工作出现许多问题的一个重要原因是劳改工作干部素质差,搞好劳改工作,干部是关键,必须加强干部队伍建设。在批阅文件、在与中央其他领导的谈话、在接见外宾等各种场合,毛泽东多次强调加强劳改干部队伍建设并做出一系列的指示。新中国的改造罪犯工作之所以取得了令世人瞩目的成就,其重要原因之一就是因为劳改工作中有一支政治坚定、业务精通、作风过硬、纪律严明的劳改干部队伍,这支队伍是在以毛泽东同志为核心的党和国家第一代领导人的关注下建立起来的。

在监狱劳动改造罪犯思想中,劳改工作队伍建设成为重要一项内容。劳改工作是由劳改干部具体落实的,在劳动改造罪犯的各种条件中,包括罪犯和干部在内的人是第一因素,其中具体落实和能动的因素是劳改干部。因此必须加强劳改干部队伍建设。加强劳改干部队伍建设主要有两项措施，一是对劳改干部进行培训教育，二是加强劳改单位的领导班子建设，以提高劳改干部的业务素质。劳改干部的任务艰巨，不仅要把罪犯改造好，还要把生产管理好，更要把自己管理好，因而，需要对劳改干部进行培训教育，需要加强劳改单位的领导班子建设，以提高政治觉悟、掌握专业知识、政策和法律，做好教育和改造工作，做好劳动生产管理工作。

1963年10月下旬，时任公安部长的谢福治在杭州向毛泽东主席汇报诸暨县枫桥区在"社教运动"中，通过依靠群众说理斗争，制服了四类分子，全区没有捕人的情况时，毛主席说这叫矛盾不上交就地解决，并指示要好好总结枫桥的经验。1963年11月22日，毛泽东同当时的公安部副部长汪东兴谈话时说："群众工作做好了，可以减少反革命案件。"1964年1月，毛泽东同志在同阿尔及利亚代表团谈话时指出："光靠监狱解决不了问题，要靠人民群众来监视少数坏人，主要不是靠法院判决和监狱关人，要靠人民群众多数来监视、教育、训练、改造少数坏人。监狱里关很多人不好，主要劳动力坐牢就不能生产了。"枫桥经验在全国推广取得了良好的效果，1964年是中华人民共和国成立以来，捕人、判死刑最少的一年，治安情况比历年都好。1965年1月15日，公安部党组在向中共中央的一个报告中说，中央和毛泽东主席关于矛盾不上交、依靠群众监督、就地改造敌人的指示，在实际斗争中已大见成效。以上理念和实践表明，打击反革命分子，维护社会治安，不仅要依靠法律、依靠警察和劳改机关等专门机关，更应该依靠人民群众的力量就地改造反革命分子和破坏分子，这是非常有效的。改造罪犯，不仅要依靠劳改机关，也要依靠社会群众，要全社会改造罪犯即"社会改造"，是毛泽东在革命和建设时期提出并完善的理论，构成毛泽东改造罪犯思想的重要内容。

4. 行刑目的——劳改机关依法行刑的目标是毛泽东行刑改造罪犯思想的归宿

毛泽东依据马克思主义关于无产阶级专政的理论，结合中国具体实际，形成了具有中国特色的无产阶级专政——人民民主专政的思想。他指出："人民民主专政有两个方法。对敌人说来是用专政的方法，就是说在必要的时期内，不让他们参与政治活动，强迫他们服从人民政府的法律，强迫他们从事劳动并在劳动中改造他们成为新人。"① 中国共产党建立新中国后，在社会主义革命和

---

① 中共中央文献编辑委员会编：《毛泽东选集》（第6卷），人民出版社1999年版，第81页。

建设时期,重要任务之一就是改造反对社会主义制度的反革命分子和危害社会的各类刑事犯罪分子,对这些人的改造是通过刑罚执行来进行的。新中国成立使社会焕然一新,党和国家领导人明确指出,要把反革命分子、战犯、各类刑事犯罪分子改造成为新人。所谓"新人"是指经过行刑改造脱胎换骨,抛弃过去的意识和行为模式而代之以新的意识和行为模式者。他们必须具有两点,一是遵纪守法、自食其力,二是社会主义建设的有用之材。遵纪守法、自食其力的守法公民容易做到,更重要的是使之成为"社会主义的有用之材",变消极因素为积极因素,变破坏因素为建设因素。

(二)监狱行刑改造罪犯思想的反思

1. 关于行刑改造罪犯的出发点

相信罪犯是可以改造的,这是新中国成立前后在实践基础上得出的正确结论。马克思主义唯物论认为,物质第一性,意识第二性,社会存在决定社会意识,社会意识具有相对独立性、具有反作用,它们之间的关系是辩证的。人的社会意识是由社会生活条件、社会关系、社会存在决定的。人的社会意识会发生改变,所以,要改变一个人的思想或意识,就应当先改变其生活条件、社会关系、社会存在,使之生活在与之前完全不同的环境中。当然,仅仅这样做还不够,因为意识具有独立性和反作用,人的思想的转变在短期内绝不可能自然发生,还必须通过外部灌输的方式,采取教育、劝说和说服的方法促使其变化。

2. 关于监狱的行刑结果,应强调监狱执行刑罚是有时效的,行刑效力只及于刑期

理论与实践证明,罪犯是可以改造的,但这并不意味着监狱罪犯服刑期满回归社会后就绝对不会再犯罪。那么该如何理解、认识和看待监狱行刑结果这个问题呢?从根源来看,需要强调指出的是,罪犯是可以改造是与不可改造相反相成的,罪犯可以改造同时也意味着不可改造。在实践中罪犯个体的改造有反复、罪犯群体中有顽固不化就是证明。当然,罪犯是可以改造的,也就是说人是可以改造的,其逻辑前提是人是可以变化的。人是可以变化的,人的变化有两种方向,第一种是向坏的方向变化,第二种是向好的方向变化。人的这两个变化方向,也就导致了服刑期满罪犯从监狱释放回归社会,有的会重新犯罪,而有的一直遵纪守法。

不能因刑满释放人再犯罪就否认监狱的行刑效果,即使刑满释放人全部再犯罪也不应该否认监狱的行刑效果,因为监狱执行刑罚是有时效的,刑罚效力只及于刑期。在 20 世纪 60 年代,针对刑满释放人再犯罪的问题,毛泽东主席指出:"只有个别人改造不过来,那也不要紧,刑期满了放回去,有破坏活动就再捉回来。"罪犯中有一些人是难以改造的,他们是要带着花岗岩脑袋去见上帝的,那也无关大局。

3. 关于监狱改造罪犯与社会相结合,强调"社会改造"

监狱是执行刑罚的国家行政机关,国家把刑罚执行职能赋予监狱,执行刑罚这项权只能由监狱行使而绝不能让渡。在这个层面上,执行刑罚权仅指惩罚只能由监狱实施,对罪犯的惩罚是绝对不能由其他任何机关单位组织实施的。而改造则不同,改造是社会上所有机关企事业单位的职能,甚至是包括行为人自己在内的所有公民的职能。所有机关企事业单位都有权利要求相关人员符合本单位的要求。在这里改造与教育同义,即社会上所有机关企事业单位都有教育职能,这是为社会尽义务。因此,改造人或教育人是全社会的义务。

人是社会的人,要从人所处的具体社会制度、具体的社会结构和社会关系中,认识人的具体本性和社会性质。同样,对犯罪和罪犯改造,也必须从社会的角度全方位地进行思考、理解和认识,这样才能正确认识犯罪产生的原因并制定出对罪犯进行改造的科学政策和方法。改造形形色色的罪犯,维护社会治安,巩固人民民主专政政权,不仅仅是监狱一家的工作,不仅要依靠法律,依靠公安机关、法院、检察院和监狱等专门机关,更要依靠人民群众的力量。只有动员全社会的力量积极支持并参与改造工作,才能取得最好效果。改造罪犯工作专门机关与社会相结合,强调"社会改造",追求的是监狱与社会形成合力,收取改造效果最大化。

几十年的监狱工作实践证明,社会不发生犯罪现象是绝对不可能的,监狱行刑功效绝对不是万能的,但没有监狱是万万不能的。监狱不可能以一己之力来解决人犯罪的社会问题,监狱执行刑罚惩罚犯罪人是监狱的法定职责,改造罪犯是全社会的任务。人是否改造好,最终取决于他本人。

"八劳"会议与我国罪犯教育模式的改革创新

张要平　石志恒[*]

党的十一届三中全会后,全国监狱机关在党的领导下,大力拨乱反正,恢复整顿监狱场所、加强改造工作,取得了很大成绩。由于国家大形势的变化,监狱工作出现了诸多新情况和新问题,主要表现在:一是监狱的关押改造对象发生了很大变化,出现了"三多一少"的现象,即"出身于劳动人民家庭的多、青少年犯多、普通刑事犯多、反革命犯减少";二是监狱工作的矛盾由单一的敌我矛盾为主,向以人民内部矛盾为主、多种矛盾并存的方向转化和发展;三是监狱工作法治建设还不成熟,处于探索发展阶段;四是关押改造的罪犯年纪轻、刑期短、文化低、案情不重,既有盲动性、破坏性、难改造的一面,又有可变性大、可塑性强、易于接受教育的一面;五是监狱运作经费庞大又不能全额到位,改造质量与生产任务、执法效果与经济压力之间的矛盾仍然十分突出。监狱工作如何适应新形势,完成新任务,需要从理论与实践的结合上予以解决,经过充分调研与精心酝酿,公安部于1981年8月18日至9月9日召开了第八次全国劳改工作会议(以下简称"八劳"会议)。

"八劳"会议根据党的十一届三中全会和六中全会精神,回顾了新中国成立以来的劳改工作,肯定了成绩,初步总结了正反两方面的经验,确定了新时期劳改工作的任务,提出了加强劳改工作的措施,开启了我国监狱工作改革发展的新征程。会议期间,中央书记处书记、全国人大常委会副委员长习仲勋同志受党中央委托到会作了重要讲话,强调做好劳改工作的重要意义,进一步阐明了在新时期劳改工作的方针、政策和任务。

"八劳"会议提出,"对犯人中出现的问题要作具体分析,不要把犯人的一切问题都看成是阶级斗争的反映和反改造的行为,要相信绝大多数罪犯是可以改造成为新人"。特别是对待青少年罪犯,要"像父母对待患了传染病的孩子、医

---

[*] 张要平,新疆生产建设兵团第六师五家渠监狱四级高级警长;石志恒,新疆生产建设兵团第六师五家渠监狱四级高级警长。

生对待病人、教师对待犯了错误的学生那样,做耐心细致的教育、感化、挽救工作"。在这种新理念的引导下,广大罪犯教育工作者逐步冲破传统观念束缚,在罪犯教育实践中把尊重人、关心人、教育人的理念贯穿在罪犯教育的全过程,在依法惩罚和严格管理的基础上注重对罪犯的人性化教育,注重罪犯的人性复苏和回归,注重罪犯健康人格的重塑,从而开启了我国监狱罪犯教育模式改革创新的新征程。

一、提升教育地位,优化教育方式

"八劳"会议《纪要》首次提出"要加强对罪犯的教育改造,把劳改场所办成改造罪犯的学校"。根据"八劳"会议精神,1982 年,中央和公安部先后就设置机构、配备教员、增加设备、保障经费、健全制度和考核(试)发证等方面,对加强罪犯的政治思想教育和文化技术教育做出具体部署。1982 年 2 月公安部下达教育改造"三年规划"。同年 10 月,公安部劳改局在山东省潍坊劳改支队召开现场会,交流办学经验,劳改系统办学活动由此起步,在全国开始推广。劳改工作移交司法部后,1985 年 6 月,司法部在北京召开全国办学经验交流会,提出"改造思想,造就人才,面向社会,服务四化"的办学指导思想。会议明确"三课"教育以政治思想教育为核心,以文化教育为基础,以职业技术教育为重点。经过四十年的探索和实践,罪犯教育方式逐步科学化。

(一)保障罪犯权利,注重人性回归

"八劳"会议《纪要》提出"对罪犯行使申诉权、辩护权、控告权,罪犯不受刑讯体罚、虐待侮辱,私人合法财产不受侵犯等权利也要依法给予保障"。同时提出"要实行革命人道主义,把犯人当人看待,纠正打骂、体罚、虐待罪犯等违反政策、违法乱纪的现象;改革不符合社会主义精神文明的管理方法"。这大大促进了监狱对罪犯权利的保障。罪犯作为社会上的特殊群体,由于他们的权利受到国家刑罚的制约,他们的现实权利往往低于法律的预设。监狱工作者要重视罪犯权利保障,采取人性化的教育措施。作为教育者应消除对罪犯的偏见,用发展的眼光去看待、去评价罪犯,而不以一两次错误对罪犯有偏见,要对罪犯寄予希望,多欣赏、多鼓励。标签理论认为,一个人被贴上"标签",是与周围环境中的社会成员对他及其行为的定义过程或标定过程密切相关的。[①]因此,监狱工作的一个重要任务就是要通过一种重新定义或标定的过程来使那些原来被认为是有问题的人恢复为"正常人"。罪犯教育即对罪犯贴普通人的标签,注重人性教育及人性的回归。

(二)理顺教与育的关系,注重教育的互动性

"八劳"会议后,罪犯教育工作者逐步打破传统的教育中教育者主动而被教育者被动的局面,课堂教育和谈话教育模式发挥了作用。罪犯作为受教育者,虽然法律地位特殊,但在教育方面具有平等性。要想取得好的教育效果,就得发挥罪犯学习的主动性。罪犯不是附庸,要讲平等尊重,要讲理解引导,不讲包办代替、强制命令;要尊重罪犯人格,保护罪犯隐私,维护罪犯合法权益。

要理顺罪犯教育中教与育的关系。教即传授知识,育即培育人才,包括对罪犯的道德教育、习惯养成教育、心理教育、个性培养,总之是关于教罪犯如何做人的教育。罪犯教育的最终目标是培养全面发展的社会合格公民而非单纯传授书本知识,这一教育目的决定了"育"的诸多内容较之"教"的知识更重要。在这种理念的引导下,课堂提问、课堂讨论、现场咨询与解答等情景互动式教育也要融入罪犯教育之中。

二、拓展罪犯教育内容,实现多元化教育

"八劳"会议《纪要》提出:"要教育罪犯在服刑期间必须遵守法律、法令、监视,服从军事管制,积极劳动生产,接受政治、文化、技术教育。"重视罪犯教育改造工作是新中国监狱同旧中国监狱、现代西方国家监狱的本质区别,彰显了"改造人"的监狱工作宗旨,是党和人民赋予监狱机关的重大历史使命。以此为契机,经过几代罪犯教育工作者不懈努力,罪犯教育的内容逐步拓展,实现了多元化。

(一)注重角色定位,强化责任意识

在罪犯教育实践中发现,相当一部分罪犯无罪责感,没有意识到应承担的

---

① 参见陈士涵:《人格改造论》,学林出版社2012年版,第76页。

法律责任,更没有意识到接受惩罚是刑罚的本质要求。也有一部分罪犯淡化改造义务,对于自己给他人、家庭、社会的危害缺乏忏悔之意和赎罪之行。罪犯群体的责任意识缺失问题是一个不容忽视的问题。首先,罪犯自我责任意识水平参差不齐,较明显的是新入监的罪犯刚经历了从普通公民到罪犯身份的转变,存在"主体我"和"客体我"、"理想我"和"现实我"之间的种种矛盾。另外,即将出狱的罪犯,面临重新适应社会、回归社会的问题,就业所面临的压力,步入社会后可能受到的冷遇等,常常使他们建立的"自我意识"与"自我概念"变得摇摇欲坠,主观自我与他观自我的不平衡,生理、心理与社会自我发展的不平衡。其次,罪犯的家庭责任意识缺位,许多罪犯家庭责任观念淡薄,只愿享受家庭的爱与照顾,不愿承担家庭责任,只愿过养尊处优的生活,不愿为家庭有所付出。再次,罪犯的社会责任意识淡化。在社会价值追求日渐多元、多样的时代背景下,罪犯群体中,社会责任意识淡化现象较为突出,他们重物质实惠轻理想目标,重个人本位轻社会本位。相当一部分罪犯把目光定格在个人的目标实现上,凡事从"我"出发,以我为中心,重自我实现轻社会责任,过于强调自身利益的实现。

针对上述情况,要在罪犯教育中引入赎罪教育、责任感教育、服刑意识教育,引导罪犯认识负责任、尽义务是认罪伏法、积极改造的重要体现。要使他们明确并履行好三大责任:一是法律责任,即接受刑罚惩罚;二是服刑责任,包括严格遵守法律法规和监规纪律,服从管理、参加劳动;三是家庭社会责任,对父母、对配偶、对子女、对家庭负起应负的责任。

(二)侧重罪犯能力、动机、自尊等方面的培养

"八劳"会议提出:把罪犯改造成为拥护社会主义制度的守法公民和社会主义建设的有用之才;对罪犯的改造应当实行惩罚管制与思想教育相结合、劳动生产与政治文化技术教育相结合、严格管理与教育感化挽救相结合的政策和方法。这对新的历史时期教育改造工作的理论与实践都产生了重大影响,罪犯教育的侧重点也逐步发生了变化。

1. 注重能力的培养

当罪犯入监服刑后,因监管制度而使其处于繁杂的干涉之中,其主见性和决策能力遭到破坏,出于一种被动顺从和依赖的状态,这将成为罪犯未来生活和工作的巨大障碍。问题的主要根源在于两个:监狱工作者在太多的方面代替罪犯做决定,让罪犯习惯了被安排,因此,要注意培养罪犯自主自立能力。只有

具有较强的自主、自立能力,才能发挥一个人的能动性和创造性。自主、自立不仅仅表现在自己照顾自己、自己处理自己的事情这些具体的能力上,更重要的是精神自立,当遇到重大挫折和困难的时候,不是首先想到向别人求助,而是先独自面对、独自分析,当然并非绝对的不向别人求助,而是始终把解决问题的基点放在自己而不是别人身上。

2. 注重成就动机的培养

成就动机是人们希望从事对自己有重要意义、有一定困难的、具有挑战性的活动,并获得成功而超越他人的动机。培养罪犯正确的成就动机要注意以下几点:

一是激发并帮助罪犯建立适当的成就动机。设定的改造目标应该是大多数罪犯经过努力可以达到的,而不是高不可攀的;是明确具体的,而不是模糊抽象的。引导罪犯根据自身实际情况,树立正确的目标定位,即"跳起来够得着"的目标。二是罪犯在活动中遇到困难,一时达不到既定目标时,要帮助他们分析原因,找出问题,同时要肯定他们已经取得的成就,增强罪犯达到目标的信心和勇气。三是当罪犯在某种活动中获得成功,他们往往感到满足。这种满足可以起到自我强化的作用,使他们追求更高的成就,但由于他们水平所限,不一定能树立恰当的目标,要及时兑现奖励并帮助他们设立新的目标。

3. 注重自尊教育

一般来说,心理健康的人自尊感比较高,认为自己是一个有价值的人,并感到自己值得别人尊重,也较能够接受个人不足之处。[1]形成自尊感的要素有安全感、归属感、成就感等,这些因素都与个体的外在环境有关。自尊的心理品质,不是天生的,而是在生活、学习和工作中逐步培养起来的。要培养罪犯正确的自尊心,需要做到以下两点:一是要寻找罪犯个人自尊的支点(支点指自己突出的优点和长处);二是要有正确的方向(培养个人的自尊,应当懂得把个人的自尊上升为集体、国家的自尊)。

(三)改革课程结构,创新教学方法

在"八劳"会议对罪犯教育工作规范的基础上,为进一步推动、深化办学工作,1988年12月25日司法部下发了《劳改场所特殊学校开展上等级活动的实

---

[1] 参见王道俊、王汉澜:《教育学》,人民教育出版社1999年版,第138页。

施意见(试行)》,并于次年开展办学上等级活动,分部级和省级两个层次验收、命名优秀特殊学校,并倡导全面办学、整体办学、长期办学,对"三课"教育考核由老三率(入学率、到课率、及格率)转为新三率(升级率、统考率、取证率),使办学工作迈上新台阶。之后罪犯教育工作者在实践中逐步实行"适当压缩必修课,增开选修课,规范劳动技术课,丰富活动课"的改革思路,将课程设置改为必修课、选修课、活动课三个板块。

各监狱在搞好选修课的同时,建立了管弦乐队、合唱团、罪犯剧社、艺术体操训练队等兴趣活动小组,让每个罪犯在不同的兴趣小组里都能找到自己的位置。新的课程结构体系适应了罪犯主体发展的需要,有助于发展罪犯个性、开拓罪犯视野、陶冶罪犯情操、培养罪犯能力。

(四)拓宽渠道,教育向社会延伸

监狱行刑实践证明,在教育改造罪犯的过程中,广泛运用开放、文明的改造手段和改造方式,对预防和矫治罪犯的心理问题有着特殊的作用。同时,教育的成功不应该仅仅体现在狱内课堂,更应该向社会延伸。要积极创造条件,引导社会力量进入监狱,组织罪犯参加力所能及的专项学习、社会实践、社会公益、规劝感化等活动,让罪犯在与社会的接触中感受和学习,帮助罪犯认识自我、认识社会,这是罪犯教育成功必不可少的条件。实践证明,动员社会力量对监狱服刑罪犯进行帮教这一做法是正确的、行之有效的,但由于主客观因素的影响,当前监狱社会帮教工作还存在不足,首先是社会和监狱在社会帮教工作上的思想认识不高,重视不够;其次是社会帮教面窄,帮教形式单一。

三、完善奖惩机制,激励改造动机

"八劳"会议《纪要》提出:"要健全监管法规,从收押到释放,逐步实现监管工作的法律化、制度化。……要根据犯人的表现和悔改程度,实行奖惩严明的政策。对于确有悔改或有立功表现的,要依法减刑、假释。"广大罪犯教育工作者逐步将罪犯教育改造和刑事激励机制相融合,科学的罪犯教育机制逐步形成。

（一）注重刑罚理性化，把握惩罚适度性

刑罚的惩罚应当避免盲目性、本能化、非理性化，而应当有明确的目的，并能预见行刑的结果。正确认识运用刑罚惩罚，要把适用刑罚的过程看作是教育人、挽救人的过程，看作是化消极因素为积极因素的过程，通过采用人性化的执法方式，使惩罚对罪犯的改造功能扩大到最大的程度，同时使惩罚对罪犯人格的负效应降低到最低程度，不断扩大和谐稳定的社会基础。

在具体操作过程中，特别要把握惩罚的"度"，要因材施"罚"。惩罚是双刃剑，必须因人而异、适度，要顾及对方的承受力、尊严。

（二）建立激励机制，正确实施强化教育

根据心理学原理，真正能够激发和调节人行为的是人的自主性需要及其满足。越是自觉的行为，就越是能够使人全身心地投入任务和负起责任。反之，如果感到在某种控制下行为，就会产生压力。当奖励作为控制的因素出现时，受奖励者从奖励中感受到的是被控制，所以行动的热情就会下降。

对罪犯的奖励要特别注意减弱监视的意味，最好不要通过物质许愿、金钱刺激等方式，这样容易模糊努力目的，从长期来看反而容易降低前进热情。奖励的标准不要仅仅只看最后的结果，而是重在肯定他的努力程度、进步幅度、能力的提高以及成绩的"含金量"。最好选择激励式奖励，激励不能停在口头表扬或物质表扬，流于形式的奖励起不到真正的作用。奖励要包含信任和期望，又要提出更高的要求。奖励除了要注意对具体事情的表扬以外，还需要把具体的事件上升到某一高度，要以小见大，见微知著，为罪犯的进步指明方向和目标。

（三）激发兴趣，引导罪犯自我教育

以人为本的罪犯教育是以尊重罪犯的主体性和主动精神、注重发掘人的智慧潜能、注重形成人的健全个性为特征的教育。在罪犯教育实践中要创设良好的学习情境，激发罪犯强烈的探索兴趣，使罪犯学会求知，学会做事，学会共处，学会做人，学会自我成长。

四、建立多元化的教育评价机制

"八劳"会议《纪要》提出:"当前,劳动改造对象的情况已经发生很大变化,大多数是劳动人民家庭出身的、年轻的刑事犯罪。很多人,特别是青少年,是由于受无政府主义、极端个人主义思想的影响,受国外资产阶级腐朽思想和生活方式的侵蚀而走上犯罪道路的。还有一些人的问题,本来是属于人民内部矛盾,但由于种种原因,矛盾被激化而犯罪。我们必须根据改造对象的这种新情况,总结新经验,争取把绝大多数罪犯改造成为拥护社会主义制度的守法公民和对社会主义建设的有用之材。"原有的罪犯教育评价制度包含着两大观念:一是统一性,二是教育效率。这种教育评价,实际上是以统一性为基础,以固定成型的教育模式对教育的效率进行评价,这种以统一性为基础的教育评价模式针对单一类型的罪犯是管用的,如新中国成立初期对战犯的改造。到"八劳"会议召开前,劳改对象的情况和过去比较发生了很大变化,单一的教育评价模式已不能适应监狱的实际情况,以人为本的教育应发挥评价的教育和发展功能,关注非预定结果,关注过程性评价,引导罪犯自我评价,做到评价标准、评价内容、评价主体和评价方法的多元化。

要注意给予罪犯多元化的评价,不能把学习成绩作为评价一个罪犯好坏的唯一标准。要通过创建系列文化活动,让罪犯在形式多样的文化活动中展示自我,在活动中培养高品位的人文精神,[1]使每个罪犯都有机会参与活动。除了开办艺术节、体育节、读书节和科技周等,还可以组织各类活动,比如体育类的足球赛、篮球友谊赛、排球联赛,文艺类的卡拉 OK 大赛、集体舞篝火晚会,艺术类的摄影、美术、书法、篆刻比赛。罪犯有许多平时不易被发现的才华和潜能,通过这些活动可以得到展示。多样化的评比,使每个罪犯都有机会体验成功,也为其发展拓开了广阔的成长空间。体育之星、艺术之星、音乐之星、礼仪之星、文明十佳……一年一度种类繁多的评比,让不同层次的罪犯在各种不同的荣誉中发现自己的价值,找到自尊和自信。

---

[1] 参见中国监狱工作协会编:《新中国监狱工作五十年:1949.10—2000》,法律出版社 2019 年版,第 195 页。

五、重视回归,出监教育日趋完善

"八劳"会议《纪要》对释放政策做出重大调整,规定对刑满人员回归捕前所在地或直系亲属所在地。当地公安机关凭释放证给予落户,由原工作单位,当地劳动部门,街道或社、队负责安置就业。这就使得罪犯回归教育成为监狱工作极其重要的一环。

(一) 普及心理教育,重塑健康人格

使罪犯重新回归社会成为合格的社会公民,需要实现罪犯的重新社会化。然而监狱作为刑罚执行机关,有着不同的管理体制及人文环境,罪犯长期处在监狱环境中,存在着罪犯监狱化现象,对罪犯的心理健康造成一定的影响。

罪犯心理健康教育是罪犯心理矫治的基础性工作。罪犯心理健康教育,要求教育者和罪犯之间必须建立一个良好的人际关系,要求罪犯全面认识自身不良心理产生的原因、过程、现时状态及对自己的危害,从而自觉地调整心理状态,以健康的心态正确地面对监狱环境和服刑生活,提高自我教育和接受改造的自觉性,提高消除障碍的能力,逐步达到恢复或重塑健康心理目的,增强社会适应能力。罪犯心理健康教育工作的好坏,直接关系到矫治工作的效率。[①]大部分监狱已将心理健康教育列入对罪犯正规系统思想教育范畴,并制定了具体的工作规范。

(二) 推行情感情境教育,强化情感培养

对罪犯的教育改造,必须重视对罪犯情感的培养和干预,以发挥情感培养在罪犯教育改造中的独特作用。对罪犯的情感培养,必须以改恶从善为中心,以净化过去延续的犯罪情感为重点,逐渐培养罪犯积极的情感。

情感有情景性特点,情境中的各种因素对情感的培养具有促进作用,为了唤起、培养和强化罪犯的积极情感,应该有意识地创设相应的情境,创造适当的气氛,如通过开展"受害人控诉""假如我是受害者"等讨论,激发他们的罪责感

---

① 参见李豫黔:《中国共产党领导下中国监狱改造罪犯的初心和使命》,资料来源:www.moj.gov.cn/pub/sfbgw/jgsz/jgszzsdw/zsdwzgjygzxh/zgjygzxhxwdt/202106/t20210625_428859.html,访问日期:2022 年 5 月 12 日。

和赎罪感,同时,让他们多参加一些有意义的集体活动,培养健康心理,达到以境育情的目的。

(三)强化职业技能教育,提升就业能力

要加强罪犯职业技能培训和出监后与社会的无缝衔接。监狱要依托社会资源,开展分层次、分类别的继续教育和培训,如成立职业技术教育中心、技能鉴定所等机构,还可将罪犯职业技能培训纳入当地职业技能培训总体规划。要加强与罪犯户籍所在地安置帮教部门的协作,经常开展对即将出狱人员的就业指导,邀请社会企业、职业介绍中心等单位到狱内召开罪犯刑释就业推介会,由社会企业到狱内进行现场招工,签订聘用意向,使罪犯在走出监狱前能够与社会"零距离"接触,找到工作,增加其感受社会和正确定位自我的机会,为顺利回归社会创造条件。

"八劳"会议是新中国成立以来罪犯改造工作历史上一次极其重要的会议。"八劳"会议确定的新时期教育改造工作任务及教育改造工作措施,为教育改造工作的改革发展奠定了基础。

队伍建设

"八劳"会议与新中国监狱(劳改)工作
——以队伍建设为研究视角

秦心福[*]

1981年8月18日至9月9日,公安部召开的第八次全国劳改工作会议是一次承前启后、继往开来的会议。会议总结了新中国成立30年来我国劳改工作正反两个方面的经验和教训,建立、健全了新中国劳改工作管理体制,对改革开放新时期乃至新时代监狱工作都产生了深远的影响。[①]

中共中央办公厅、国务院办公厅在批转这次会议的纪要中特别提出:"广大劳改工作干警为劳改事业作出了很大贡献,应当受到全党、全社会的尊重。劳改工作干警要认真学习党的十一届六中全会一致通过的《关于建国以来党的若干历史问题的决议》,继续肃清'左'的思想影响,同时要克服涣散软弱状态,深刻认识新的历史时期赋予劳改工作的新任务,增强自豪感,振奋精神,兢兢业业,努力工作,争取在较短时间内,做出新的更大成绩。"同时,中共中央办公厅、国务院办公厅批转的《全国第八次劳改工作会议纪要》(以下简称《纪要》)中还对劳改工作干部队伍建设提出许多富有积极意义的政策举措。正是这次具有历史意义的会议,为新时期我国监狱(劳改)工作实现新发展、树立新理念、打开新局面,奠定了指导思想、队伍建设和制度体系的基础,也对新时代我国监狱工作高质量发展产生了深刻的影响。

一

通过系统学习和研究,我们认为"八劳"会议对我国监狱(劳改)工作干部队伍建设的历史贡献集中体现在以下五个方面。

---

[*] 秦心福,安徽省合肥监狱二级高级警长。
[①] 参见王明迪:《一次承前启后、继往开来的历史性会议——纪念第八次全国劳改工作会议召开30周年》,《中国监狱学刊》第4期。

（一）革命化建设

"八劳"会议《纪要》对当时的劳改工作干部队伍"纯洁性"进行了公正客观的分析和研判，并一针见血地指出：干部队伍在思想上、组织上、作风上的不纯比较突出，有的干部贪赃枉法，腐化堕落，贪污盗窃，有的甚至与犯人勾结干坏事，影响极坏。同时，干部缺额较大，"老化"现象严重，与当前担负的任务很不适应。《纪要》指出："要进行法制教育，整顿纪律作风，对严重违法乱纪的要严肃处理。"正如司法部邹瑜部长曾严肃指出的，劳改工作干警是一支着装的、带枪的国家武装行政力量。忠于党、忠于国家、忠于人民、忠于法律是人民警察永远不变的警魂。进入改革开放新时期，2002年司法部制定并下发了《2003—2005年监狱劳教人民警察队伍建设规划纲要》，明确提出了大力推进监狱人民警察队伍革命化、正规化、专业化的建设目标。进入新时代，针对社会大众对刑事执行的期许不断增加的情况，党和政府提高了监狱工作的相关标准，塑造一支高素质的监狱民警队伍是所有工作中的重点内容。在中央政法工作会议中，习近平总书记提出："要按照政治过硬、业务过硬、责任过硬、纪律过硬、作风过硬的要求，努力建设一支信念坚定、执法为民、敢于担当、清正廉洁的政法队伍。"这一明确指示对于监狱民警队伍建设以及高素质民警队伍的培养有着重要指导作用。指示中明确了未来监狱人民警察队伍的发展方向以及发展目标。2020年8月26日，中共中央总书记、国家主席、中央军委主席习近平向中国人民警察队伍授旗并致训词，代表党中央向全体人民警察致以热烈的祝贺。他强调，我国人民警察是国家重要的治安行政和刑事司法力量，主要任务是维护国家安全，维护社会治安秩序，保护公民人身安全、人身自由、合法财产，保护公共财产，预防、制止、惩治违法犯罪。新的历史条件下，我国人民警察要对党忠诚、服务人民、执法公正、纪律严明，全心全意为增强人民群众获得感、幸福感、安全感而努力工作，坚决完成党和人民赋予的使命任务。这标志着新时代人民警察队伍革命化建设内涵有了极大的丰富和系统性发展。"训词"成为指导我国监狱人民警察队伍加强革命化建设的根本遵循和行动指南。

（二）正规化建设

《纪要》对劳改工作干部队伍建设提出了具体且富有实效的建设措施。如："公安机关要把劳改工作摆到重要议事日程，切实加强领导。各地劳改局的组织机构和干部配备与工作任务不相适应的要调整、充实、加强。""要加强政治思想工作,全体劳改工作干部必须认真学习《关于建国以来党的若干历史问题的决议》和中发〔1981〕30号文件,统一思想,增强团结。要按照中央关于选拔中青年干部的标准,搞好各级领导班子的调整和建设。对少数不适合做劳改工作的干部,要调离劳改机关。"时任中共中央总书记的胡耀邦同志对"八劳"会议的召开给予极大支持,对从事监狱(劳改)工作的干部队伍正规化建设寄予厚望。[1]1990年全国首届个别教育能手表彰大会在北京人民大会堂隆重召开,时任人大常委会委员长的乔石亲切接见了会议代表。如今岗位能手评选成为基层民警队伍建设的一项重要内容并向多领域发展。如队列指挥能手、讲评教育能手、个案写作能手、风险防控安全能手、警体技能能手等。2017年1月,司法部印发《2016—2020年监狱戒毒人民警察队伍建设规划纲要》(以下简称《纲要》),对当前和今后一个时期监狱戒毒人民警察队伍建设工作作出部署。《纲要》指出,要加强正规化建设,一是深入推进执法规范化建设,加强执法检查和督察,健全完善重点执法岗位和关键环节工作制度,深化狱(所)务公开,充分运用现代信息技术加强执法管理,进一步规范执法行为,提高执法水平。二是规范编制管理和警力资源配置,改进警察值班备勤模式,推行扁平化管理。三是扎实推进纪律作风建设,狠抓"双六条禁令""六个一律""六个绝不允许"等铁规、禁令的贯彻执行,持之以恒贯彻中央八项规定精神,健全完善纪律作风建设长效机制,实现纪律作风建设的常态化、长效化、制度化。当然,警察队伍正规化建设是一个系统工程,它包含监狱人民警察队伍组织、培训、装备、执法程序、职业道德、执法监督、基本素质、个体绩效、警务保障等建设标准,因此正规化建设必须持之以恒、一以贯之。

(三)专业化建设

新中国监狱(劳改)干部队伍专业化建设肇始于"八劳"会议。《纪要》提出,要加强干部的教育训练,除了个别劳改单位少的地方以外,省、直辖市、自治区都应创办劳改工作学校,招生指标列入地方统一招生计划。在"八劳"会议精神鼓舞下,经过全国高校和地方劳改工作科研院所的不懈努力,迅速构建了完整

---

[1] 参见王明迪:《深情缅怀胡耀邦同志——追忆胡耀邦对监狱工作拨乱反正的重大贡献》,《中国监狱学刊》2006年第1期。

的劳改干部队伍知识结构体系。全国各省市也相继创立了劳改法学研究会和罪犯改造研究所。中国法学会劳改法学研究会于1985年7月宣告成立。越来越多的法学工作者、高校、研究院所和专业学校的教学研究人员以及来自监狱、劳改队实务层面的广大劳改干警,纷纷加入劳改科研队伍中。新中国劳改法学呈现出一派繁荣景象。1982年9月公安部十一局召开了劳改干训工作会议,提出在已建立的三级干部教育训练网基础上,举办师资培训班,逐步把劳改工作干部学校建设成为带有师范性质的中专或培养警官的专业学校。

（四）科学化建设

劳动改造罪犯工作,是无产阶级解放全人类伟大事业的一部分,"八劳"会议首次确立了我国劳改事业已经发展成为一门新型的综合性社会科学。"做好劳改工作,不仅要借鉴历史的经验,而且要掌握劳改法学的新知识、新方法、新技巧"。《纪要》指出,为了加强劳改工作政策和罪犯心理的研究,公安部要依托一两个办得好的劳改场所,成立精干的劳改工作研究所。关于劳改干部队伍建设中的"从优待警"问题,《纪要》做出明确的规定,最早将"从优待警"举措列入队伍科学化建设的一项主要内容。[①]1982年1月13日,中共中央在关于政法工作的指示中重申:"劳改、劳教工作是我们党改造人、改造社会的光荣的事业的一部分,是巩固我国人民民主专政不可缺少的一项工作,也是减少社会犯罪的一个很重要的措施。从事这项工作的同志辛勤努力,工作有成绩,是无名英雄,应该受到尊重,对他们工作中的困难,要切实帮助解决。"1983年5月18日,中共中央就我国劳改劳教管理体制改革问题,在批转全国公安工作会议的两个文件的通知中再次明确指出:"移交后,劳改、劳教单位的干部、民警仍然是一个警种,着装、工资和岗位津贴等待遇一律不变。""劳改、劳教工作是一项十分重要、十分繁重而复杂的工作,领导力量必须充实和加强。"

（五）法制化建设

新中国成立之初,为加强劳改法制建设,中华人民共和国政务院第222次会议于1954年8月26日通过了《中华人民共和国劳动改造条例》(以下简称

[①] 参见中国监狱工作协会编:《新中国监狱工作五十年:1949.10—2000》,法律出版社2019年版,第197页。

《条例》),同年9月7日公布实施。这是新中国成立后国家颁布的具有完整意义的第一部刑事法律。《条例》实施30年来,有力地指导了我国劳改工作实践,取得了巨大的成就。为了更有效地实施《条例》,1962年第十二次全国公安工作会议讨论通过了由公安部起草的《劳动改造管教队工作细则(试行草案)》(以下简称《细则(草案)》),于同年12月4日下发全国监狱、劳改队、少管所执行。《细则(草案)》共八章55条。特别是在干部一章中明确要求:劳改工作干部除必须认真执行"党政干部三大纪律、八项注意"和"公安人员八大纪律、十项注意"外,①还必须遵守"六个不准"工作纪律。《细则(草案)》首次对劳改中队工作和中队建设做出比较详细的规定,对中队建设起到了很大的作用。"八劳"会议作为改革开放新时期一次极其重要的会议,重申"加强劳改干部队伍建设",并作为新中国成立30多年来我国劳改工作的一条重要的经验写入会议。会议还审议通过了由公安部总结制定的《监狱、劳改队管教工作细则》(以下简称《细则》),该《细则》有效地指导着我国监狱工作实践,也深刻地影响着新中国监狱立法精神和立法原则,并为后来的《中华人民共和国监狱法》的制定奠定了基础。

二

"八劳"会议对我国监狱(劳改)工作干部队伍建设的影响是长久的、深远的。为适应改革开放新时期我国监狱(劳改)工作规范化、法制化、科学化发展需要,重视队伍建设成为监狱(劳改)工作良性循环发展的首要任务。十八大以来,党和国家更加高度重视政法队伍建设,十八届四中全会对法治专门队伍建设明确提出"正规化、专业化、职业化"的新要求。此后,中共中央印发《关于新形势下加强政法队伍建设的意见》(以下简称《意见》),再次强调"坚持中国特色社会主义政法队伍正规化、专业化、职业化方向"。通过20年的持续努力,我国监狱人民警察队伍"革命化、正规化、专业化、职业化"建设取得重大成就,但也有不足。成就与不足主要表现在如下几个方面。

---

① 参见谢嘉勋:《怎样做一个管教干部》,群众出版社1984年版,第77—78页。"八大纪律"是:1.服从领导服从指挥;2.遵守政策遵守法律;3.不准泄露国家机密;4.不准侵犯群众利益;5.不准贪污受贿;6.不准刑讯逼供;7.不准包庇坏人;8.不准陷害好人。"十项注意"是:1.立场坚定敌我分明;2.坚决勇敢沉着机警;3.多办好事服务人民;4.说话和气办事公平;5.敬老爱幼尊重妇女;6.注重礼貌讲究风纪;7.尊重群众风俗习惯;8.纠正违章不准刁难;9.执行政策做好宣传教育展示;10.劳动学习全面锻炼。

一是年龄结构老化状况得到根本改善。新中国监狱是全国解放后建立起来的,由于监狱环境、体制方面的原因,监狱管理人员构成具有一定的特定性,老龄化的问题较突出,虽然近年来都招录了一些公务员,但受编制的限制,新警察比例不大,导致部分监狱警察年龄结构趋向老化。以安徽某监狱 2018 年为例,35 周岁以下青年民警 116 人(按民警总数 325 人计算),占比 35.7%,其中男性青年民警共 102 人。以浙江省十里坪监狱 2018 年为例,在职民警 1 137 人,35 岁以下民警 610 人,占 53.65%。①就当前形势来看,近年来不断招录新警,使得我国监狱民警队伍的年轻化趋势日益明显,青年民警队伍已成为一支非常重要的力量。可以说,青年民警队伍是执行监管任务的生力军。

二是文化程度总体不高状况得到改变。改革开放之初,虽不断有大学生进入监狱工作,但所占比例并不大,经过司法部三年警察队伍素质教育和队伍规划纲要的实施,监狱警察通过各类在职教育,大专文化程度所占比例达到了 70% 以上。近年来随着队伍建设力度加大,队伍整体学历层次有了较大提升。据某监狱 2007 年底统计,研究生学历 10 人、本科学历 219 人、专科学历 162 人、中专学历及以下 15 人,具有大专以上民警 391 人,就占到监狱民警总数 96.3%。由此可见,现阶段我国监狱民警队伍整体受教育的文化程度获得了巨大的提升。

三是队伍专业化程度有所提升。我国监狱警察受过正规专业教育的并不多,大多数是半路出家或跨行业加入,虽然经过了短期培训,但总体来说专业水平并不高。近年来随着专业化要求在民警招录中逐步落实,各省市基本确立了警察精确需求体系,实施精确化招警,队伍专业化程度有较大的提升。但队伍总体结构依然不尽合理,尤其是犯罪学、社会学、监狱学、教育学、精神病学、心理学等六大核心专业的民警比例较低,队伍结构还不能适应监管改造新形势的需要。

四是民警进步动力不足现象显著改善。目前,我国监狱与政府机关、重点企事业单位甚至公安机关相比,行业准入门槛偏低、身份认同意识淡薄,科学规范的监所管理职业资格认证机制缺失,极大地影响了监所管理职业人才的职业发展前景与职业吸引力。近年来,随着党中央加大政法干警各项优待政策的落实,监所管理民警的政治待遇、经济待遇和成长空间均得到了显著提高和有效拓展,民警职业意识和职业自豪感有了较大提升,进步动力显著增强。

五是传统工作环境尚未得到根本改变。监狱人民警察由于其工作环境的

---

① 参见方守源:《"一体两翼"构筑新时代监狱强军梦》,《浙江监狱》2018 年第 7 期。

特殊性,与外界接触较少,思想相对较封闭。特别是一线警察,他们的日常工作常态就是值班、带班、管理、教育等,经常起早摸黑,月平均工作时间均在240个小时以上,整天泡在监舍和生产车间,经常加班加点,节假日通常也不能正常休息,年度休假也是一种奢望,加上近年来监管形势越来越严峻,无形地加大了民警的工作压力和责任风险,也不可避免地给警察造成很大的精神和心理压力。

六是警力资源配置不合理问题还有存在。警察人数配置不科学、一线执法警力不足、警囚比过低、部分监狱男女警力配置比例不科学等问题较为突出。培养一大批"下得去、留得住、管得好、善教育、有前途"的优秀全能教育管理警察,是有效缓解基层监狱分监区特别是偏远地区监狱警力结构性缺编的重要手段,也是推动监狱教育管理高质量发展的有效途径,更是建设高质量监狱改造罪犯体系的有力举措。

七是民警职业定力和实战化能力有待进一步提高。近年来很多民警是从高等院校毕业通过公务员招录或招警考试直接到监所管理岗位上的,没有经过艰苦的锤炼,且年轻民警大多数是独生子女,缺少吃苦耐劳的精神,造成个别青年民警怕苦怕累,不安心基层监区中队工作。另外,由于新入警的青年民警多数是由普通高等学校进入监所岗位,虽然经过一些岗前素质教育和岗位练兵,有一定的基本技能,但由于缺乏经常性的正规化的警体训练,监所管理警察的基本技能普遍不高,身体素质不强。

八是队伍职业化建设任重道远。职称序列以及职业资格认证体系是衡量一个行业人才职业化水平的最核心要素。目前我国监狱和戒毒系统还没有相关的专业职称序列,司法行政机关人民警察相关的职业资格认证体系以及与其相关的考试体系也没有完全建立起来。在现代人才管理机制中,职称以及职业资格与薪酬、聘任、晋升、培训、退休等人力资源管理环节紧密相关,是人才管理中的重要依托,职称以及职业资格显然已经成为刺激和激励人才成长内动力的主要载体。而我国一些省市监狱系统体制内聘任的矫正官,根本不具有完全意义上的职业职称,这一方面的缺失直接影响了司法行政人民警察的职业化。

三

锻造一支政治坚定、本领高强、有职业情怀的新时代过硬人民警察队伍,是赓续"八劳"会议精神,完成党和人民赋予新时代监狱人民警察新使命新任务的根本保证。

第一，推进革命化建设，是新时代监狱人民警察队伍建设的鲜明特质。

我国监狱（劳改）领导体制是在新中国成立之初，根据中央关于在劳改部门按照军事化组织原则，加强政治工作的要求，参照人民解放军的领导体制建立起来的。[①]新时代必须坚持以习近平总书记关于政法队伍建设、人民警察队伍建设的一系列重要指示、训词为根本，以习近平总书记关于监狱工作的一系列重要指示、批示、讲话精神为行动指南，矢志不渝推进监狱警察队伍革命化建设。必须坚持党对监狱人民警察队伍建设的全面领导，必须锤炼对党忠诚的品格，必须涵养廉洁自律的操守。

第二，推进正规化建设，是新时代监狱人民警察队伍建设的鲜明特点。

监狱人民警察正规化建设，就要求建立科学的管理机制、有效的监督机制、严格的责任追究机制。要分类制定民警执法管理的权力清单、责任清单，明确各类执法组织、管理人员职责权限，构建权责清晰的执法责任体系。要完善执法责任追究制度，建立符合执法规律的民警惩戒制度。正规化建设还要求队伍素质整齐，纪律严明，作风过硬。要严格落实国家统一法律职业资格制度，健全符合执法职业特点的统一招录、分类招录、特殊招录机制。

第三，推进专业化建设，是新时代监狱人民警察队伍建设鲜明的特色。

监狱人民警察专业化建设是队伍履职能力建设的必然要求。首先要加强专业标准建设，建立健全各类执法人员岗位素质能力基本标准。其次要加强履职能力建设，强化能力和业绩导向，提高执法专业能力。再次要加强专业能力建设，创建学习型组织。

第四，推进职业化建设，是新时代监狱人民警察队伍建设鲜明的特征。

监狱的人民警察职业化建设，首先应当把培育监狱警察的职业精神放在首位。"良好的责任心是每个人必须具备的品质。它是一个人的崇高荣誉，每个拥有良好品质的人必须靠这种持久的责任心来维系。"[②]应深化以忠诚、责任为主要内容的职业价值观教育。

[①] 参见李均仁：《劳改工作管理体制研究论文选集》，群众出版社1991年版，第196页。
[②] ［英］萨缪威尔·史密斯：《品质书》，林峰译，民族团结出版社2001年版，第137页。

"八劳"会议对加强新时期监狱民警队伍建设的启迪

——以贵州省未成年犯管教所为视角

胡仕荣　吴玉进[*]

本文以贵州省未成年犯管教所(以下简称贵州未管所)为视角,结合新时期党和国家对监狱工作的新要求,就如何加强新时期监狱民警队伍建设进行思考,提出相关改进建议。

一、"八劳"会议指出干部队伍建设的重要意义

"文革"期间,我国监狱工作遭受严重的干扰和破坏。随着1978年12月党的十一届三中全会胜利召开,中国改革开放的巨轮正式起航。按照中央的部署,必须全面地进行拨乱反正,追本溯源,彻底肃清"文革"流毒和影响,使监狱工作重新回到正确的轨道上来,完成监狱工作的历史性转折。1981年召开的第八次全国劳改会议(以下简称"八劳"会议)总结了新中国成立以来的监狱工作发展经验,规划了监狱工作发展的新方向。[①]

"八劳"会议中有关队伍建设方面的内容主要有:一是在总结三十年劳改工作的六条基本经验中,明确提到"加强劳改工作队伍的建设",即要建设一个革命化的、团结的、年富力强的领导班子。根据劳改工作的性质和任务,劳改工作干部必须有高度的政治觉悟,有专业知识,懂政策,懂法律,会做教育改造工作,会管理生产。二是在新的历史时期劳改工作的主要任务中,明确提到"加强领导和干部队伍建设",并具体指出:"公安机关要把劳改工作摆到重要议事日程,切实加强领导。各地劳改局的组织机构和干部配备与工作任务不相适应的,要调整、充实、加强。要进一步整顿和建设劳改工作干部队伍。要加强政治思想

---

[*]　胡仕荣,贵州省未成年犯管教所党委书记、所长,一级高级警长;吴玉进,贵州省未成年犯管教所教育改造科副科长,助理社会工作师,贵州省监狱学会会员。

[①]　参见李豫黔:《中国监狱改革发展40周年回顾与思考》(上),《犯罪与改造研究》2019年第1期。

工作,全体劳改工作干部必须认真学习《关于建国以来的若干历史问题的决议》,统一思想,增强团结。要按照中央关于选拔中青年干部的标准,搞好各级领导班子的调整和建设。对少数不适合做劳改工作的干部,要调离劳改机关,要进行法制教育,整顿纪律作风,对严重违法乱纪的要严肃处理。要加强干部的教育训练,除了个别劳改单位少的地方以外,省、市、自治区都应当创办劳改工作学校。招生指标,列入地方统一招生计划。"[1]

综上,"八劳"会议认为我国劳动改造罪犯的工作之所以成功,正是以加强劳改工作队伍的建设作为根本保障的。同时,"八劳"会议对于开创改革开放新的历史时期劳改工作任务,又鲜明地指出要加强领导和干部队伍建设,并提出具体的工作要求。可见,加强队伍建设是过去干好工作的保证,更是改革开放新的历史时期继续干好监狱工作的基本要求。

习近平总书记说:"今天我们回顾历史,不是为了从成功中寻求慰藉,更不是为了躺在功劳簿上,为回避今天面临的困难寻求借口,而是为了总结历史经验,把握历史规律,增强开拓前进的勇气和力量。"[2]所以,回顾"八劳"会议对劳改工作干部队伍建设的时代意义,有助于我们促进新时期监狱民警队伍建设的开拓进取。

二、我国监狱民警队伍建设的历史经验

伴随着新时代的伟大进程,我国改造罪犯工作在党的坚强领导下,始终不忘初心,虽经艰难曲折,却又神圣而光荣。坚持以人民为中心,坚守安全底线,严格公正执法,践行改造宗旨,促进社会和谐稳定,这正是新中国监狱工作者的"初心"和"使命"。[3]

1949年10月1日中华人民共和国成立后,新中国监狱工作彻底废除了为国民党统治时期服务的旧监狱制度。在全面总结解放区、根据地监狱工作经验

---

[1] 中共中央办公厅、国务院办公厅转发《第八次全国劳改工作会议纪要》,资料来源:http://www.110.com/fagui/law_1822.html,访问日期:2022年3月18日。
[2] 习近平:《在庆祝中国共产党成立95周年大会上的讲话》,资料来源:http://www.xinhuanet.com/politics/2016-07/01/c_1119150660.htm,访问日期:2022年3月20日。
[3] 参见李豫黔:《中国共产党领导下中国监狱改造罪犯的初心和使命》,资料来源:http://www.moj.gov.cn/pub/sfbgw/jgsz/jgszzsdw/zsdwzgjygzxh/zgjygzxhxwdt/202106/t20210630_429492.html,访问日期:2022年3月15日。

的基础上,监狱工作以毛泽东等老一辈无产阶级革命家创立的改造罪犯理论为指导,紧紧围绕党和国家的中心工作,坚持正确的方针、政策,逐渐形成了具有中国特色的社会主义监狱制度,并在实践中不断加以完善和发展,取得了举世瞩目的伟大成就,为维护社会的和谐稳定作出了重大贡献。1954年9月,政务院公布施行《劳动改造条例》,表明我国监狱法规制度进入有序规范发展新阶段。1994年12月《监狱法》的公布实施,监狱工作又获得了突飞猛进的发展。2014年5月,习近平总书记对监狱工作提出了明确的指示要求,近几年又多次对监狱工作作出明确的指示批示,为新时代构建具有中国特色的监狱工作发展道路指明了前进方向。[1]

从表面上看,我国监狱走过的每一个历程,似乎都是平顺的,然而背后却是一代又一代的监狱人民警察不怕吃苦、敢于牺牲的结果。以贵州省监狱工作历史为例,新中国成立初期由于西南地区曾一度匪患猖獗,贵州更是面临20多个县城被反动武装夺走的极为严峻局面。1953年贵州省总监建成,同年又建成4个分监,初步形成了重刑犯集中关押的格局。据资料,1953年底第一分监有劳改工作干部40人,关押罪犯1 080名,其中特务10名、反动党员10名、恶霸120名、反动会道门16名、土匪607名、刑事犯136名,反革命犯84名,其他97名。[2]从数据上看,警囚比例3.7%,且都是重刑罪犯,这在今天简直是无法想象的。

我国监狱在党的领导下,各项工作取得了重大进展和巨大成就,为维护国家的政治安全和社会稳定作出了历史性的重大贡献,积累和形成了做好监狱工作的基本经验,为我国监狱工作站在新时代的历史起点上实现新的发展和跨越奠定了坚实的基础。其最主要的经验,一是坚持党对监狱工作的绝对领导;二是坚持监狱工作应服从、服务于社会稳定和改革开放大局;三是坚持以人民为中心的发展思想;四是坚持不断强化监狱机关自身职能履行;五是坚持不断深化监狱工作的改革创新;六是坚持打造过硬队伍,不断提高监狱人民警察的履

---

[1] 参见李豫黔:《中国共产党领导下中国监狱改造罪犯的初心和使命》,资料来源 http://www.moj.gov.cn/pub/sfbgw/jgsz/jgszzsdw/zsdwzgjygzxh/zgjygzxhxwdt/202106/t20210625_428859.html,访问日期:2022年3月15日。

[2] 资料来源:贵州省公安厅第一分监1953年工作总结,存放于贵州省未成年犯管教所文书档案室中的贵州省第二监狱档案资料。

职能力。①

我国监狱发展历程表明,监狱民警是一支特别能战斗、特别能吃苦的队伍。从1981年"八劳"会议对新中国监狱工作30年的回顾,以及改革开放以来走过的历程来看,加强队伍建设,打造过硬队伍,是监狱工作战胜不同时期困难、挑战的主要经验。

三、贵州省未管所发展历程

贵州省未管所成立于1956年4月25日。建所初期,由贵州省公安厅三处直接领导,属区级建制,经费由财政部门拨付,实行独立经济核算。始建时全所有工作人员20余人,泥巴砖监房二栋400余平方米。1956年6月,开始接收犯罪少年。1956年至1971年,由沙子哨农场代管党务和政治工作。"文革"军管期间于1971年3月撤销,1972年11月在原址恢复。1983年7月,经贵州省政府批准将原省第二监狱改建为贵州省少年犯管教所,单位级别由区级变为县级事业单位。

进入20世纪90年代以来,随着《监狱法》《人民警察法》《未成年人保护法》等法律法规的相继颁布实施,少管所各项工作逐渐步入了法制化、规范化、制度化的轨道,并相继开展了"特殊学校办学上等级""医院上等达标""创建文明监区"等为主要内容的活动,着力推进少管所的工作健康向前发展。

贵州省未管所紧紧围绕构建"平安监狱""依法治监、从严治警、开拓进取、争创一流"工作目标,以监管安全为核心,多管齐下不断推进"平安工程",精心打造成该所三大品牌:一支能打胜仗的"民警队伍"品牌、安全稳定品牌、教育质量品牌。曾先后被中央宣传部、全国人大内司委、团中央、国家教委、司法部联合授予"全国未成年人保护工作先进集体",被司法部授予全国监狱工作先进集体、全国监狱系统规范化管理年活动先进集体,被中共贵州省委、省政府授予"抗凝冻、保民生"一等功,被省司法厅授予集体二等功。继2014年12月荣获2012—2014年度全省精神文明建设工作"先进单位"后,2017年12月又荣膺

---

① 参见李豫黔:《中国共产党领导下中国监狱改造罪犯的初心和使命》,资料来源:http://www.moj.gov.cn/pub/sfbgw/jgsz/jgszzzsdw/zsdwzgjygzxh/zgjygzxhxwdt/202106/t20210630_429492.html,访问日期:2022年3月15日。

2015—2017年度"全省文明单位",2020年11月经复核继续保留"全省文明单位"。2021年1月,被司法部授予全国司法行政系统抗击新冠肺炎疫情集体二等功等荣誉;2021年7月,被中共贵州省委员会授予"全省先进基层党组织"。①

贵州省未管所完成了每一个时期党交给的工作使命,其经验是打造一支不怕吃苦、作风优良、能打胜仗的民警队伍"品牌"。当然该所也曾与全国绝大多数监狱一样,没能脱逃"文化大革命"的挫折,被撤销过。可是在党的正确领导下,这支队伍都经受住了考验,完成了使命。

四、新时期监狱民警队伍的新使命

尽管加强监狱民警队伍建设是关系监狱工作长治久安、是当前切实提升教育改造罪犯质量的重大课题,但是有关这方面的研究相对不多,或者研究的深度不够。如何镕、罗丽明的《论新时代监狱人民警察队伍建设》②,符慧君的《新时期监狱人民警察队伍建设中存在的问题及对策探究》③,张银锋、王彬安、汪益的《监狱民警队伍专业化建设的实证探析——以四川省为样本》④,唐依的《监狱人民警察队伍专业化建设路径探讨》⑤等成果,在我看来,理论高度还不够。郭明教授在《近二十年中国监狱学研究的主要进展述评》中关于警力资源管理研究指出:这个方面日益受到关注,但迄今为止具有相对完整知识体系的专题研究成果,仅有严浩仁的《警力资源管理》。⑥丁祖胜、方卫胜发表的《新时代监狱人民警察队伍"四化"建设初探》,围绕"四化"建设的探讨具有重要参考价值。⑦为准确把握新时期监狱民警队伍新使命,我们从以下两个方面进行梳理。

---

① 贵州省未成年犯管教所陈列馆正式开馆,资料来源:http://www.moj.gov.cn/pub/sfbgw/jgsz/jgszzsdw/zsdwzgjygzxh/zgjygzxhxwdt/202107/t20210714_431269.html,访问日期:2022年3月6日。
② 何镕、罗丽明:《论新时代监狱人民警察队伍建设》,《法制与社会》2020年第12期。
③ 符慧君:《新时期监狱人民警察队伍建设中存在的问题及对策探究》,《法制与社会》2020年第26期。
④ 张银锋、王彬安、汪益:《监狱民警队伍专业化建设的实证探析——以四川省为样本》,《犯罪与改造研究》2021年第5期。
⑤ 唐依:《监狱人民警察队伍专业化建设路径探讨》,《科技风》2020年第2期。
⑥ 郭明:《近二十年中国监狱学研究的主要进展述评》,《犯罪与改造研究》2022年第5期。
⑦ 丁祖胜、方卫胜:《新时代监狱人民警察队伍"四化"建设初探》,《中国司法》2021年第2期。

（一）党和国家提出的新期待

党中央、国务院历来高度重视监狱工作。党的十八大以来,习近平总书记等中央领导多次对监狱工作作出重要批示指示,为监狱工作指明了方向。如在2019年中央政法工作会议上,习近平总书记的重要讲话指出:"加快推进政法队伍革命化、正规化、专业化、职业化建设","努力打造一支党中央放心、人民群众满意的高素质政法队伍"。这对建设过硬政法队伍提出了明确要求。中央政治局委员、中央政法委书记郭声琨提出,要推动全面从严治警常态化、制度化,锻造忠诚干净担当的政法铁军,在新时代新征程上更好地肩负起党和人民赋予的职责使命。[1]2020年11月6日,司法部党组通报指出,着力推进司法行政队伍"四化"建设,努力打造让党中央放心、让人民群众满意的司法行政铁军。[2]

然而,当前我国特色社会主义进入新时代,社会处于经济发展转型期、深化改革攻坚期、社会矛盾叠加期,主要矛盾发生历史性变化,监狱工作正面临新的形势、新的挑战和新的任务。[3]紧要关头,中办、国办《关于加强和改进监狱工作的意见》的出台,为抓好监狱工作提出了具体的要求。

归纳以上内容,可知监狱民警队伍作为政法队伍的重要组成部分,以"四化"建设为前提,锻造一支让党中央放心、人民群众满意的铁军,是党和国家的新期待。

（二）队伍教育整顿提出的新要求

经党中央批准,2020年至2021年,开展的全国政法队伍教育整顿[4],让全国监狱民警接受了一次革命洗礼。全国政法队伍教育整顿领导小组组长郭声琨强调:"要永葆自我革命精神,推动全面从严管党治警向纵深发展。要坚持把政治建设放在首位,始终在思想上政治上行动上同以习近平同志为核心的党中

---

[1] 参见《郭声琨在全国政法队伍教育整顿总结会上强调　总结巩固深化政法队伍教育整顿成果 推动全面从严管党治警向纵深发展》,资料来源:http://www.gov.cn/xinwen/2022-01/17/content_5668965.htm,访问日期:2022年4月7日。

[2] 参见《中共司法部党组关于十九届中央第四轮巡视整改进展情况的通报》,资料来源:https://www.chinanews.com.cn/gn/2020/11-06/9332255.shtml,访问日期:2022年3月16日。

[3] 参见李豫黔:《新中国监狱70年改造罪犯的成功发展之路》,《犯罪与改造研究》2019年第10期。

[4] 参见《全国政法队伍教育整顿总结会解读》,资料来源 https://www.sohu.com/a/517960789_121106869,访问日期:2022年3月16日。

央保持高度一致。要全面彻底肃清流毒影响,坚定不移推进政法队伍党风廉政建设和反腐败斗争,深入整治执法司法突出问题,提升政法队伍素质能力。要完善政法队伍监督管理和执法司法制约监督制度体系,强化制度执行。要加强组织领导,构建齐抓共管的工作格局。"①

在全国司法行政系统队伍教育整顿总结会上,司法部部长唐一军指出:"要勇于进行自我革命,深入推进全面从严管党治警,持之以恒抓好司法行政队伍建设。持续提升素质能力,不断增强干警履职尽责的本领,着力锻造一支忠诚干净担当的新时代司法行政铁军。"②

贵州省委书记谌贻琴在省政法队伍教育整顿总结会上指出:"全省政法战线要切实把思想和行动统一到习近平总书记重要指示精神和党中央决策部署上来。着力锻造忠诚干净担当的新时代政法铁军。"贵州省政法队伍教育整顿总结会强调:要加强专门力量建设,依靠群众发动群众、加强顶层设计和夯实基层基础、久久为功和乘势而上,全面加强政法队伍建设、全面推动政法工作高质量发展。③贵州省监狱系统队伍教育整顿总结会提出:要持续加强政治建设、深化全面从严治党、严格依法规范公正执法、强化建章立制、推进干部队伍"四化"建设,为推动贵州监狱高质量发展提供坚强保障。④

全国队伍教育整顿的深入开展,让监狱民警队伍接受了一次革命性锻造。把政治建设放在首位,始终在思想上政治上行动上同以习近平同志为核心的党中央保持高度一致,推进干部队伍"四化"建设等具体要求,特别是锻造一支让党中央放心、人民群众满意的铁军,是新时期监狱民警队伍的新使命。

五、"八劳"会议对加强监狱民警队伍建设的启迪

李豫黔在《中国共产党领导下中国监狱改造罪犯的初心和使命》一文中指

---

① 《郭声琨在全国政法队伍教育整顿总结会上强调 总结巩固深化政法队伍教育整顿成果 推动全面从严管党治警向纵深发展》,资料来源:http://www.gov.cn/xinwen/2022-01/17/content_5668965.htm,访问日期:2022年4月7日。
② 《唐一军在全国司法行政系统队伍教育整顿总结会议上强调 持续巩固教育整顿成果 着力锻造司法行政铁军》,资料来源:http://www.moj.gov.cn/pub/sfbgw/zwgkztzl/2021nzt/zw20210910jyzd/jyzd2021910zjts/202201/t20220119_446697.html,访问日期:2022年3月10日。
③ 参见《贵州省委政法工作会议暨全省政法队伍教育整顿总结会召开》,资料来源:https://k.sina.com.cn/article_2810373291_a782e4ab020029rbf.html,访问日期:2022年3月20日。
④ 参见《省监狱局召开2022年全省监狱工作会议暨监狱系统队伍教育整顿总结会议》,资料来源:http://jyglj.guizhou.gov.cn/xwzx/gzyw/202201/t20220128_72443702.html,访问日期:2022年3月20日。

出,大力加强监狱人民警察队伍建设,坚持把思想政治建设放在首位,狠抓队伍的思想政治建设、业务能力建设、组织建设、作风建设和纪律建设,坚持加强领导班子建设和监狱基层基础建设,着力提高监狱人民警察的监管能力、执法能力、改造能力和应急处置能力,坚持从严治警、从优待警、科技强警,切实提高队伍建设水平,不断提高队伍的凝聚力、战斗力,打造一支信念过硬、政治过硬、责任过硬、能力过硬、作风过硬、敢于担当、奋发有为的监狱人民警察队伍,这样才能为监狱工作有效、正确履行职能和改革发展提供强有力的组织保障和动力支持。①可见,新时期监狱民警队伍建设目标已明晰,接下来缺的并不是方向,而是以怎样的态度、工作作风来实现这个目标。从社会治理层面而言,无论多么优越的管理机制,如果不注重执行,仅偏执于展示制度的美妙,无异于乌托邦再现。因此,以"八劳"会议为借鉴,我们提出相关建议如下。

(一)定期回顾全国监狱工作成效

新中国成立以来,从全国层面召开监狱工作会议的次数是屈指可数的。1981年的"八劳"会议,是30年的第八次会议,近四年才开一次会议,而且召开的时间是跨度不一的,这显然重视程度不够,甚至多少有点边缘化的味道。改革开放以来,虽然开了不少的全国监狱工作会议,但是从影响力上而言的确有待加强。实践是检验真理的标准,可是光有实践而不注重对真理的总结提炼,这样时间一长了难免导致好坏难分。正如教育孩子那样,对他做得好的方面积极鼓励,不好的方面及时纠偏,这样才不至于让他是非不分。所以,在设定了监狱民警队伍建设目标之后,特别有必要定期召开全国监狱工作会议,在回顾中总结监狱民警队伍建设的经验和做法,改进存在的不足。

(二)发扬求真务实工作作风

近年来,基层监狱作为司法行政系统的重要组成部分,参加了全国性、全省的各类司法行政等会议不计其数。上文提到的全国监狱工作会议,虽然很少有基层监狱领导参加,但总归是对监狱工作的定期总结。至于这些会议究竟是否取得什么效果,解决了什么现实问题姑且不说。在此,笔者更为关注的是会前

---

① 参见李豫黔:《中国共产党领导下中国监狱改造罪犯的初心和使命》,资料来源:http://www.moj.gov.cn/pub/sfbgw/jgsz/jgszzssdw/zsdwzgjygzxh/zgjygzxhxwdt/202106/t20210630_429492.html,访问日期:2022年3月15日。

的全面、深入充分的调研,因为这正是"八劳"会议召开的前提。王明迪老局长在回忆"八劳"会议时说:"1979 年 9 月李石生从云南省调回公安部任劳改局局长后,把筹备'八劳'会议当做一项重要任务紧抓不放。他与几位副局长分别带队去基层调研,召开片会,深入了解情况,倾听地方同志意见。1980 年,我随蒋瑞方副局长带队的工作组去四川,先后到监狱、少管所、劳改农场等单位调研。"[①]值得一提的是,王明迪老局长曾 3 次来到贵州省少管所,并提出"军营式管理、校园式教育、花园式环境"理念,为 20 世纪 90 年代少管所的发展指明了方向。原司法部副部长金鉴,在中国监狱学会任职的 18 年间,走遍了全国 200 余所监狱,几乎四分之一的时间都在基层调研。为此,在新时期应该秉承、发扬先辈们敢于求真务实的工作作风。如果允许,特别有必要在深入基层、充分倾听民声的基础上,来一场全国监狱工作"新八劳"会议。

(三)统一监狱场所标识体系

进入公安基层派出所,十分显眼的不仅是颜色分明、整齐威严的布置,还能看到"人要精神、物要整洁"等醒目的标语。到工商、建设等银行办事也都能看到统一的行业文化标识,让人一目了然这是什么场所,同时伴以文化和人文气息。尽管司法部出台了相关《监狱建设标准》,但由于各种原因,目前全国各地的许多监狱几乎都是各具特色的"百花齐放"。作为刑罚执行机关至少要有行业共性的文化底蕴,简单点就是不能把监狱建成了学校、工厂,要使罪犯感受到刑罚的威严,让犯人感到法律是不容亵渎的。特别是要通过统一的监狱场所标识体系,润物无声地督促民警掌握严格执法的标尺,法律面前不容许有可操作的真空地带。要在共性的监狱场所文化基调上,不断挖掘监狱自身优良作风、探索改造罪犯新思路。

(四)推动监狱文化自信

监狱管理者被法律赋予了履职的权力,但是行使职能又离不开社会属性。加强监狱民警队伍建设时,可吸取马斯洛需求层次理论的合理成分。特别是要在将民警队伍打造成政法铁军的过程中,强调政治属性的同时,也要照顾到民

---

① 王明迪:《一次承前启后、继往开来的历史性会议:纪念第八次全国劳改工作会议召开 30 周年》,《中国监狱学刊》2011 年第 4 期。

警的社会人属性、精神需求,在大力推动从优待警的时候,通过推动监狱文化自信软实力的补给,升华民警队伍的精神世界,让这支特别能吃苦、特别能战斗的监狱民警队伍,解放思想、与时俱进,迎接新时代的考验。

(五)注重史料的搜集

从事监狱工作十多年以来,笔者无意之间发现了这样一个现象,某省监狱系统或者监狱,越重视监狱志书的编纂,这些省份或某个监狱的工作就越发做得出彩,这一点尤以四川省监狱系统、江西省未管所为代表。注重史料的搜集和志书的编纂,是地方政府的工作内容之一,监狱作为与县政府同级的一级组织,更是应该主动作为,毕竟,不能奢望一个连自家家底都不清楚的人,会把家园建设得有多么漂亮。

以上建议,初看似乎与加强监狱队伍建设无关,但是实际上正是归纳总结"八劳"会议,借此助推监狱工作走向成功的深层思考。回顾"八劳"会议,也是希望监狱工作能够走向更加美好的未来。

推动民警队伍"四化"建设
助力监狱事业蓬勃发展
——"八劳"会议队伍建设回顾与展望

孙 博 宿静波[*]

伟大的斗争、宏伟的事业,需要高素质的干部。1981年8月"八劳"会议提出要加强劳改工作干部队伍的建设,要建设一个革命化的、团结的、年富力强的领导班子。根据劳改工作的性质和任务,劳改工作干部必须有高度的政治觉悟,有专业知识,懂政策、懂法律,会做教育改造工作、会管理生产。自党的十八大以来,习总书记也在不同场合多次强调全党同志要不断提高实现伟大目标迫切需要的各种能力,强调办好中国的事情,关键在党、关键在人、关键在干部队伍。

一、回溯过往,监狱民警素质逐渐提高

新中国成立初期监狱干警没有全国统一服装,也没有监狱民警这样的身份称谓,那时叫"劳改干部",监狱也多呈现为"劳改农场"。农场监狱主要是在20世纪50年代末响应国家建设专门建立的劳改单位,建成初期条件艰苦,基本上是从无到有的过程。

由于诸多因素,当时的民警队伍也存在一些问题。1981年8月的"八劳"会议认为,干部队伍在思想上、组织上、作风上的不纯比较突出,有的干部贪赃枉法,腐化堕落,贪污盗窃,有的甚至与犯人勾结干坏事,影响极坏。同时,干部缺额较大,"老化"现象严重,与担负的任务很不适应。针对此问题,会议要求建设"革命化的、团结的、年富力强的领导班子"。

会议以后,随着社会经济、文化的快速发展,监狱民警队伍建设顺时而动,

---

[*] 孙博,江苏省镇江监狱教育矫治支队副支队长,三级警长;宿静波,江苏省镇江监狱三监区四级警长。

积极探索"革命化的、团结的、年富力强的"民警队伍。全体劳改工作干部认真学习《关于建国以来党的若干历史问题的决议》,统一思想,增强团结,按照中央关于选拔中青年干部的标准,搞好各级领导班子的调整和建设。对少数不适合做劳改工作的干部,调离劳改机关,对严重违法乱纪的严肃处理。此外还对监狱民警的福利待遇对比公安干警进行了调整。一系列措施的推出极大地改善了监狱民警队伍,民警综合素质不断提升。

"八劳"会议直到2005年《中华人民共和国公务员法》颁布,监狱工作走向了规范化、法制化、专业化,监狱民警队伍建设也同步推进。1981年统一配发警用制式服装,改称为人民警察,统称为"干警"。1994年12月颁布《监狱法》,正式明确监狱管理人员为监狱人民警察,统称为"民警"。1999年5月,监狱民警归入公务员队伍序列。2005年颁布《中华人民共和国公务员法》,首次以法律形式将监狱民警纳入国家公务员的行政范畴,明确职业身份为国家公务员,监狱人民警察队伍简称"监狱民警队伍"。

以苏南某监狱为例,1983年随着"严打"斗争开展,押犯激增,警力严重不足。为适应新形势工作要求,在省劳改局统一安排下,根据江苏省核定的招录干部指标,经过文化考核、政治审查、体格检查三个程序,将符合条件的在职青年工人直接转为国家干部,纳入民警编制,当年增加新干部57人。其中也有少数干部来自地方行政机关或江苏省公安学校、江苏省人民警察学校毕业生。1983年工人转干13人,1984年工人转干11人,1985年工人转干10人,1993年工人转干8人,1997年工人转干4人。1986年,有干部301人,经过法律专业培训或江苏省司法、警察学校劳改专业毕业的干部有25人,占干部总数的9.7%。1988年干部总数达354人,其中1970年后参加工作的128人,占总数的36.16%。1983年以来国家统一分配的大中专毕业生55人,占15.5%;军转干部67人,占18.92%;从地方行政机关调入50人,占14.12%。1997年,从地方大中专院校引进人才16人,纳入警察编制。随着公务员制度的逐渐规范和"凡进必考"要求,从1998年底开始从社会院校招录的大中专毕业生不再直接取得警察身份,必须通过公务员招录考试才能取得警察身份。2001年起,从警察院校内部和社会上进行"并轨"招录。经过公开招录,改善了民警队伍结构,特别是解决了诸如医疗、计算机、心理学、教育学以及其他工程类等紧缺专业人才。

2019年在中央政法工作会议上,总书记对建设过硬的政法队伍提出了明确要求:"加快推进政法队伍革命化、正规化、专业化、职业化建设","努力打造一支党中央放心、人民群众满意的高素质政法队伍"。从"革命化的、团结的、年富力强的"到"政法队伍革命化、正规化、专业化、职业化建设",点明了新时代监狱民警队伍的建设要点。

二、立足当下,基层民警的执法现状及存在问题

监狱作为社会的有机组成部分,其工作的关键在于监狱基层民警。基层民警是监狱刑罚的执行者,具有法律赋予的权力和义务,而其数量庞大,是监狱单位的中坚力量。多数基层民警从一开始上班就已经战斗在教育改造罪犯第一线,可能直到退休也奋斗在一线,为稳定社会秩序和经济发展作出了自己的贡献。但是当今世界局势风云变幻,国际环境日趋复杂,西方国家对于我国的人权、民主无端攻击、污蔑现象加重,随着信息化和互联网时代的到来,基层民警执法需要应对新形势、新情况,新的问题也随之诞生,主要表现在以下几个方面。

(一)罪犯管教基础能力不足

1. 狱情摸底不深,缺乏主动性

目前多数民警掌握狱情方式方法单一,主要是通过谈话了解,谈话教育不够及时深入,致使罪犯的深层次思想动态掌握不够,突发狱情无法预防,未能做到防患于未然。

2. 存在管理畏难情绪,不想管、不敢管

在对于罪犯的处理上,有些民警处置时缺乏经验,原则性充足灵活性不足,容易导致小事变大,大事演烈。突发事件处置时有些民警缺少敏锐性,处置不及时。有些民警思想上存在懈怠,认为"管和不管一个样",不想管,甚至不敢管。

3. 教育管理罪犯的业务知识缺少

有些不了解民警执勤规范制度,只是靠经验和习惯执法;三大现场不同,规范要求不同,有些不熟悉监狱规章制度,执行起来存在偏差。

4. 老中青民警衔接传承不够

青年民警上手较慢,管理罪犯经验缺乏;中年民警实践经验丰富,但由于长

期带值班,缺少时间和精力,基本没有脱产再学习深造,理论知识有所欠缺。由于以师带徒成效甚微,多数青年民警需要"自学成才",导致青年民警无法快速上手工作,有时处理罪犯狱情简单粗暴,从而进一步滋生矛盾,产生不安定因素,影响监狱安全底线。

(二)公正文明执法水平不高

1. 执法理念偏差,重惩罚轻管理,重管理轻教育

罪犯考核不是目的,管理和教育罪犯以营造良好的罪犯改造秩序,从而保证监管安全稳定才是民警执法需要达到的目的。但在实际工作中,民警以罚代管、以管代教的情况严重。主要表现在:一是发现问题不指出不调查只考核。罪犯三大现场出现轻微违规违纪行为,执勤民警并未当场指出也未调查,而是直接记录扣分、严加考核,导致当事罪犯一头雾水、满腹牢骚甚至于仇视民警。二是虽指出问题也考核惩罚罪犯但事后教育并未跟上。民警不能及时掌握罪犯的思想动态,没有深入的分析,没有消除罪犯的不良情绪,未能从根本上解决罪犯的实际问题,更没有对于罪犯的改造作出指导和建议,埋下安全隐患。

2. 斗争经验不足

近10年新招录的民警占据了青年民警的大半,绝大多数是社会招聘即公务员考试招录的,这类民警大多数年纪轻、文化水平较高,学习的积极主动性高,且对于监狱工作具有一定的新鲜和好奇,工作干劲也充足。但是这些年轻同志不曾实际接触过监狱工作,对敌斗争经验缺乏。笔者根据监狱的押犯结构进行过往、现今统计比较发现,犯罪类型已发生变化,目前已经以诈骗、贩毒为多数。这类罪犯实属"老油条",欺骗性强,隐蔽性高,迷惑性大,缺少身份意识、服刑意识,喜欢和民警攀亲友、道老乡、套近乎。年轻民警在与罪犯的长期接触中,习惯和罪犯的日常打交道,容易逐渐陷入罪犯的圈套,严重者带来执法不严不公,甚至走上违法犯罪的道路。

(三)思想意识有待提高

1. 职业认同感较差

监狱人民警察与公安等其他警察在本质上是一样的,都是人民民主专政的工具,可据实际调查,监狱民警队伍中约有30%的人(其中多数为青年民警)认为"公安"才是真正意义上的警察①。监狱青年民警中不少人在入职初始是一张白纸,充满自豪感和使命感,而在长期的封闭执勤、每天面对形形色色的罪犯和负能量中,逐渐地丢失了警察的身份感,安于现状,丧失进取心。加之平时监狱民警教育改造罪犯居多,体能训练较少,身体素质较之公安民警稍差,缺乏与罪犯正面斗争的经验。种种问题,制约了监狱民警思维的进步,在一定的程度上降低了对于自己职业的认同感。

2. 事业心不强

部分民警只是把监狱人民警察的职业当作最基本的就业、谋生手段,在内心深处一直没有把它当作一份平凡而光荣的事业,对监狱事业发展漠不关心。有的从警之前怀揣警察梦想、斗志昂扬,可当真正走上工作岗位、从事基层一线教育改造罪犯的工作时,梦想与现实的差距对他们的认识造成了冲击,对监狱工作产生倦怠情绪,甚至"干一行恨一行"。有的在工作中存在个人主义,与同事之间缺乏协作与分担的团队意识,仅满足于完成自己本职工作。②又基于多种原因,监狱位置相对处于较为偏僻的市郊,环境封闭冷清,工作单一、枯燥,也导致一些监狱民警的事业心逐步减弱。

3. 自我要求放松

少数民警自认为从事工作多年,对于监狱业务、技能都很熟悉,没有持续的学习念头。而对监狱布置的新任务、新要求不以为然,觉得自己没有什么政治前途了,得过且过。由于平时不加强业务学习和训练,真正考验执法业务能力的时候无所适从。

三、综合分析,查找问题存在的原因

一是培训形式单一、体系不完善。少数监狱对青年民警入职教育培训形式化,只是简单地请监区一线民警口头讲述经验,没有实际带领新民警实地考察学习。有的青年民警只是为应付培训考试而学,考试过后所有学习的内容又还给老师,忘在脑后。还有的本就没有学习过监狱相关专业知识,对于监狱工作很陌生,虽然通过培训也有了一些心得体会,但也只是一知半解,无法真正在工

---

① 参见梁志佳:《监狱民警队伍管理研究——以宁德监狱为例》,福建农林大学硕士学位论文,2017年,第25—26页。

② 参见龚才华:《监狱青年民警队伍能力建设研究》,苏州大学硕士学位论文,2014年,第22—23页。

作实际中运用。

二是法律知识薄弱，业务知识掌握不深。多数民警没有接受过系统的法律知识教育和学习，缺乏必要的法律知识，少数民警执法过程不注重细节、不严谨，面对形形色色的罪犯，容易让罪犯抓住"漏洞"。

三是监管任务繁重压力大，警力不足。疫情来临后，监狱执行封闭管理，执勤模式发生巨大变化，民警需要轮换执勤，也就意味着大多数监狱民警要扮演"万能角色"，既承担管教任务，也承担生产管理任务，有时还要承担教育教学任务。

四是岗位工作单一，缺乏开拓创新意识。监狱工作比较封闭，缺少与外界沟通，久而久之民警思维固化，缺乏开拓创新意识。少数民警认为学习不学习都一样，反正也是一线值班，逐渐丧失了积极学习的动力，滋生出当一天和尚撞一天钟的想法。

四、寻求对策，推动"四化"建设

（一）聚焦政治引领，增强"内生动力"

1. 结合监狱工作，推动政治学习学深学细

监狱民警要紧跟时代步伐，不断学、深入学、持久学，掌握监狱工作的真谛。要苦心钻研马克思主义理论创新成果，要把学习习近平新时代中国特色社会主义思想作为首要政治任务，准确理解其核心要义、精神实质、丰富内涵、实践要求，努力增强四个意识，坚定四个自信，做到两个维护，坚持和捍卫两个确立。要做到知其言更知其义，知其然更知其所以然，在学懂弄通中树立远大理想信念。比如开展党员上党课评比，开展讲好身边故事演讲，创建支部品牌，通过不同形式、不同内容，不断创新学习方式方法。坚持集体学习和自主学习相结合，实行领导带学、个人自学、集体研学、部门评学、实践检学；通过用好红色资源、精品党课、短视频讲故事传经验等方式让学习内容变得更生动，更贴近工作实际。

2. 坚持问题导向，找出薄弱短板

开展批评与自我批评，以开展三会一课、党员大会、民主生活会、党小组会等为载体，广泛征求各层次人员意见和建议，进行问题大查找、大调研，让民警充分认识到当前监狱工作存在哪些不足，认识到改革和自我革新的必要性与紧迫感。要强化"不进则退"的危机意识,让民警敢于"亮剑",进行自我革新。

3. 强化政治建警,树立先锋典型

一方面要发挥好现有的革命传统教育基地作用,进行多种形式的参观学习,在参观学习的过程中帮助民警重温党的光辉历程,激发爱党情怀,推进社会主义核心价值观建设;另一方面,要表扬先进,学习典型,宣传基层民警在推动监狱事业中的生动实践,加大先进典型、最美人物和警察故事的宣传力度。同时定期组织开展党员专题组织生活会,邀请专家、老一辈革命同志分享经验和故事,激励广大党员继承和发扬党的光荣传统,激发民警的爱国热情和投身监狱事业发展建设的荣誉感与职业自豪感,从而更深刻地认识到自身的责任感和使命感,进一步坚定为党的事业奋斗终身的勇气和决心。

(二)聚焦业务技能,克服"本领恐慌"

1. 坚持素质育警,做好通用培训

制定出台有关教育培训工作规定、规划等规章制度,明确开展教育培训的措施、规划和工作要求,使教育培训在实际工作中更具操作性和规范化。要有针对性开展实战练兵,重点培训应急处置、擒拿格斗、处理罪犯违规违纪和矛盾调处等方面内容。要创新培训形式,单位内部培训与聘请专家教授授课相结合,学历教育与自学成才相结合,岗位练兵与业务竞赛相结合,业务培训与科技强警相结合,定期开展针对性的职业资格考核、技能考核。

2. 注重因岗施教,提供个性化培训

民警的岗位不同、职能不同,对于职能要求也不同,每位民警的知识结构、技能水平也因人而异,因此要利用好内部网络、根据岗位分工的不同,分类提供不同岗位的学习视频、教材,以便民警主动学习,提升自我。同时坚持"干什么、学什么、缺什么、补什么"的原则,探索设立岗位资格准入制度,认真开展岗位职业能力训练,开展岗位资格准入考试,无资格不得上岗,从源头解决监狱警察职业基础技能不专、不强的问题,确保所有监狱民警都有明晰的岗位职责要求、职能任务和职业能力训练标准。

3. 打造警营文化,提升综合素养

选择合适地点打造"书香警营""强警园地"即阅览室、运动场、健身房等场所。阅览室内书籍要涵盖监管业务、法律法规、文学名著、政治党建、历史地理等内容,保证专业性和趣味性兼具,满足民警的多元化阅读需求。健身房内要有各类健身器械,定期邀请健身助教协助指导民警健身,增强民警健身兴趣与体魄,改善身体素质,缓解心理压力。还可开设警营兴趣协会,按照不同兴趣爱好将民警分成各个兴趣小组,以便开展多姿多彩的警营文化活动,在培养民警兴趣的同时提升队伍的凝聚力。

(三)聚焦从优待警,解决"后顾之忧"

1. 畅通选拔任用渠道,完善人才激励政策

建立"能上能下"的人事管理机制,提供合理公平的晋升渠道,推行竞争上岗、倒逼上岗、动态调岗,以德、能为主定位,双向选岗,优中选优。建立人才需求目录和人才储备库,完善警察日常执勤评价标准及考核实施办法,建立累积评比表彰制度、业务技术非领导职务待遇制度、绩效奖励正负激励制度等。实现职级并行和累积晋升政策,坚持向基层一线倾斜,拓展监狱人民警察职业发展空间。

2. 关爱民警生活,打造温情警队

民警工作时间长、任务重,居家时间较短,不仅影响身体健康,甚至影响家庭和睦。要从细节入手,将"手"伸得长一些,解决民警普遍存在的问题,比如邀请老师为民警子女举办暑期夏令营兴趣班,为民警的子女看护问题排忧解难。要妥善解决民警执备勤用房,完善体检、休假、疗养、抚恤、保险、帮扶等制度。

3. 运用科技惠警,减轻执勤压力

加大科技产品的资金投入,借助科技设备替代警力投入,完善民警警务执勤装备,配备执勤平衡车、巡逻车,减轻民警执勤巡逻的工作强度;构建智能巡更系统,夜间动态掌握服刑人员的生命体征情况,缓解民警夜间值班的压力。

4. 创新宣传形式,增强职业认同

在做好保密工作的前提下,通过抖音、微博、新闻媒体等平台,大力宣传监狱民警在教育改造罪犯、维护社会稳定、保障国家安全中发挥的不可替代的作用。增加监狱与社会的互动,打造监狱开放日,引导外界参观了解监狱,让社会了解监狱民警工作,增加监狱警察的社会认同感与职业认同感。

(四)聚焦从严治警,保障"职业底线"

1. 坚持制度律警,规范标准执法

将民警的执勤规范、思想政治、党建、基本工作等规章制度汇编整理,形成

《一日执勤规范》《思想政治管理制度》《应知应会汇编》《民警职责分工清单》并印制成册,严格落实到不同岗位的民警,用制度实现管理,用制度监督考核。持续推进民警依法履职保护工作,在依法履行职责、行使职权时最大限度保障民警的合法权益不受侵害。

2. 党风、警风、家风共建,形成良好作风

向民警家属发放廉洁从警倡议书、家风建议书,引导家属参与其中,小家促大家,协助监狱共建廉洁自律的职业底线。常态化开展警示教育、廉政教育、专项督查整改活动,提醒民警以案为鉴,严守底线,不断锤炼忠诚干净担当的警风。

"革命化、正规化、专业化、职业化"建设是习近平新时代中国特色社会主义思想中关于政法队伍建设的重要精神,它的提出与"八劳"会议中的"革命化的、团结的、年富力强的精神内涵"一脉相承。加快推进"四化"建设,对于我国监狱事业发展具有深远的意义,要在实践中探索、总结、完善,全面锻造新时代监狱警察"四化"队伍,打造招即战、战必胜的司法铁军,助力监狱事业蓬勃发展。

改革与发展

不忘安边固疆初心 践行改造宗旨使命
——由从严治犯到从严治警重大历史演变的回顾与启示

杨玉峰 王 健[*]

新中国成立至今73周年,新疆生产建设兵团(以下简称兵团)监狱事业取得巨大发展。据相关史料和回忆录记载:兵团监狱工作在2000年以前经历了"文革"前"改造历史反革命分子为主"转向严打后"以改造刑事犯罪分子为主"的两个时期四个阶段,即经历了"初创组建、成立壮大、重创撤销和重建发展"四个阶段。笔者在重建发展阶段参加监狱工作,历经和见证了兵团监狱重建发展阶段的砥砺奋进与卓越历程。在"百年党史"学思践悟的伟大历史时刻,回顾和总结兵团监狱重建发展阶段由从严治犯到从严治警的沧桑巨变和经验启示,有利于坚持以习近平法治思想为指引,大力推进新时代法治监狱建设,着力提升兵团监狱工作法治化水平和执法公信力,为实现新疆社会稳定和长治久安工作总目标作出更大贡献。

一、兵团恢复安犯初期(1983年10月至1989年)

(一)基本现状

1983年9月,中共中央、国务院批准新疆生产建设兵团承担劳动改造罪犯的任务。遵照全国"八劳"会议"把改造罪犯与开发新疆、发展兵团相结合"的决策,新疆兵团承担了17个省(市)遣疆调犯的改造任务,及时有效地缓解了"严打整治"后内地部分省(市)劳改场所押犯承载量过大、监管改造任务繁重等矛盾。自1984年4月至2000年前后,兵团劳改工作管理局成立后,劳改工作大致可分为接犯安置、规范化建设和创建现代化三个时期。1986年,新疆兵团按

---

[*] 杨玉峰,新疆生产建设兵团第六师芳草湖监狱政委,一级高级警长;王健,新疆生产建设兵团第六师芳草湖监狱生活卫生大队主任科员,一级警长。

照司法部"调整布局,相对集中,成立支队,相对独立"的指示,压缩了15个安犯团场,成立劳改支队,独立执行刑罚。1988—1990年暂停调犯。这个时期处在一个整体调整、磨合、理顺关系、打好基础的阶段。

新疆兵团劳改支队由于是内地"严打整治"遣疆调犯,形势紧、任务重、要求高、节奏快,致使安犯工作仓促应战,加之缺乏一定的实战经验,准备工作难免不够周全,给后续繁重的监管改造工作带来诸多的困难和挑战。

（二）面临困境

兵团监狱在安犯初期,建监大多地处戈壁荒滩,远离兵团、师(市)和农牧团场,交通闭塞偏僻,基本上是"三到头"(水到头、电到头、路到头)的境地。看押居住场所大多是地窝子和铁丝网,南疆有的劳改支队饮用的还是涝坝水,干警营房和罪犯监舍简陋陈旧,经费保障渠道时常不通,改造资源相对匮乏,劳改立法体系尚在逐步完善之中。干警队伍人员主要由兵团军垦后代、复转军人和当地有志热血青年仓促组建,文化素质参差不齐,按当时的警囚比例配备,警力严重不足。由于经费保障依托兵团国有农场薄弱的经济基础,保障力明显不够,时常需要干警远离劳改点自行武装看押罪犯从事田间农业生产。因此,"三防"(防脱逃、防自杀、防狱内案件)工作形势异常严峻,监管安全固有隐患较多,干警自身安全风险较大,尤其是从事农业生产劳动的押解途中和劳作现场应对处置突发事件给看押和执勤民警的监管安全带来冲击和考验。当时,从严治犯的主导思想是迅速发展农业经济,提高生产效益,解决经费保障严重不足问题,通过自给自足改变劳改支队经济窘迫的现状,劳动改造在罪犯管教模式中占据重要地位。最初重点是亟须解决罪犯"住有房,吃有粮,生产有对象"的问题。

（三）管教合一

兵团劳改支队绝大部分是内地"严打整治"的遣疆调犯,大多来自经济发达省(市),家境优越,好逸恶劳,贪图享受,惧怕劳动,逃避改造思想严重,面对艰苦的改造环境难以适应。在此期间,兵团劳改局狱政工作确立了"以三防为中心,以防逃为重点"的工作目标,根据在押犯的犯罪类型、文化程度、刑期结构和年龄层次等不同现状分类编班、划分等级、因人施教、区别对待。坚持集体教育和个别教育相结合,思想改造与劳动改造相结合,职业技术教育与辅助教育相结合,在犯群中开展《兵团屯垦戍边史》学习教育活动,宣扬艰苦创业、屯垦戍边的兵团精神,痛批不劳而获的惰性思想,鞭策和激励犯群积极投入劳动改造。通过全警的不懈努力,犯群劳动改造积极性不断提高,狱内改造秩序持续稳定。

(四)传承兵团精神

既要通过生产劳动解决监狱经费保障的不足,还要实现"以三防为中心,以防逃为重点"的工作目标,是在当时的监管改造形势下的突出问题。为解决上述突出问题,兵团劳改局及劳改支队认真履行党和国家赋予的神圣职责,从兵团精神中吸取艰苦创业的深厚力量。全警不畏艰难困苦,舍家坚守、迎难而上,毅然主动放弃休假,长年累月征战在监管改造第一线,既肩负着改造罪犯的神圣使命,还承担着生产劳动的繁重任务。由于监管设施简陋,生活条件艰苦,部分干警身患疾病仍然坚持长期工作。在确保监管安全的前提下,有的干警同犯群一道亲自参加生产劳动,动之以情,晓之以理,手把手给罪犯传授生产劳动技能,这种热爱边疆、无私奉献、艰苦创业、开拓进取的兵团精神激发和调动了罪犯劳动改造积极性,在很大程度上提高了生产效率,有效地缓解了改造经费不足的困难,监管设施也得到了较大程度的改善,警囚生活水平有了显著提高,劳改工作整体呈规范化趋势运行。

二、规范化建设时期(1989年9月至1994年)

(一)规范化建设稳步推进

兵团劳改工作在从严治犯的探索实践中,不断总结、改革和创新,率先推行"三分"(分押、分管、分教)工作管教模式,不断完善分类分级分管、动态流转的梯度管理模式和差异化的改造激励约束机制,认真贯彻司法部5号、11号、12号、17号部令,坚决执行《罪犯改造行为规范38条》《劳改劳教干警工作行为准则47条》等法规,推进执法规范化建设。经过6年的不懈努力,有67.5%的劳改支队、88%的劳改中队成为兵团级规范化达标单位。兵团劳改场所的监管设施得到了较大程度改善、警队执法素质与罪犯改造质量有了显著提高。1991年重新恢复调犯。

（二）立法体系逐步确立和完善

随着《监狱法》《劳动法》《人民警察法》和《公务员法》等法律法规的颁布实施，罪犯对服刑期间依法享有的权利和应尽的义务有了基本的了解，对干警的岗位职责、执法权限和执法责任也有了进一步认识。罪犯熟知服刑期间的改造行为受法律保护后，在履行6项义务的同时，不断争取享有的11项权利。反之，干警的执法执纪处处受到法律法规的约束和限制。由于兵团监狱的特殊体制，各种司法保障体系尚未健全，多元化和常态型的教育改造体制机制尚未形成，以往劳动改造占主导地位导致思想改造内力不足的管理模式有悖于法制环境下的时代需求，进而使从严治犯遇到了前所未有困难和挑战。既要管教罪犯完成应尽的义务，还要保障罪犯享有的权利，是干警面临的挑战。罪犯权利和义务的统一性和双重性势必要求警队提高综合性执法素质、提高专业化管教水平，因此，在这个历史时期，从严治警迫在眉睫、时不我待。

三、创建现代化文明监狱时期（1994年12月以后）

（一）依法治监

《监狱法》颁布实施后，各单位名称由劳改支队更名为监狱，中队更名为监区。兵团监狱系统按照司法部部署，认真落实从严治警各项管理规定，尤其是党的"十五大"之后，兵团监狱系统在全面依法治国基本方略的指引下，依法治监，从严治警，不断提升警队职业素养、专业技能和实战本领，监狱工作开始步入法治化、科学化、社会化的崭新阶段。自此，兵团监狱改造秩序趋于稳定，狱政警戒设施逐步改善，罪犯改造积极性明显提高，监狱生产经营持续发展，监狱办成了"改造人，造就人"的特殊学校。

（二）押犯结构变化带来新挑战

兵团监狱遣疆调犯已有39年历史，调犯的结构不断在更新和变化。由于内地监狱各方面保障体系优于兵团监狱，押犯结构呈现出以下特点：思想较为活跃，有一定的文化水平和法律常识，对兵团监狱的改造环境持悲观态度，惧怕劳动改造，强调享有的权利，轻视应尽的义务，减刑欲望强烈，渴望职业技术教育,对刑释回归社会后的安置就业较为关心。

兵团监狱受制于体制影响,经费保障体系尽管在不断健全和完善,但相比内地省(市)监狱还有一定差距,在摆脱经费不足的窘迫现状中,劳动改造依旧需要发挥经济杠杆的助推作用。部分干警在从严治犯过程中,由于对押犯结构变化没有进行潜心分析研究,对兵团监狱特殊体制缺乏清醒认识,还是一味强调劳动改造的主导地位,这已不能满足犯群结构不断变化下的改造需求。部分罪犯对劳动改造持消极态度,渴望丰富多彩的狱园文化充实自己,期盼能在职业技术培训和社会帮教的援助下为刑释回归社会就业生存获得一技之长。由于单调僵硬的体制不能与时改观,狱内罪犯思想波动起伏在所难免,因此,提高改造质量,确保狱内安全稳定,就必须提高干警驾驭罪犯教育改造的能力,必须通过从严治警,提高警队综合管教技能,拓展教育改造的载体、渠道和空间,以适应调犯结构更新和变化的管理需要。

(三)"五无"攻关目标实现新突破

兵团监狱为了深化职能作用,树立良好的执法形象,体现以人为本的改造宗旨,确立了年度"五无"攻关目标(无罪犯脱逃、无重大狱内案件、无罪犯非正常死亡、无重大疫情、无重特大安全生产事故)。"五无"攻关目标的确立,既深化了从严治警的内涵,也扩大了监狱工作的外延(社会形象),又恰如其分地切入监狱中心工作的要害,加快推进了监狱工作法治化、科学化、社会化进程。解析五项指标,其最终的落脚点是管理教育罪犯,每项指标都与从严治犯息息相关。因此,"五无"攻关目标的核心内容是管理教育罪犯,责任主体是干警队伍。要实现"五无"攻关目标,就务必从警队建设入手,提高警队综合执法能力,推进"三化"建设工作。只有依法治监、从严治警,才能圆满完成"五无"攻关目标,达到内强素质、外塑形象的目的。"五无"攻关目标的确立,使从严治犯到从严治警转变的工作思路更清晰,方向更明确,意义更深远。这个"转变"在兵团监狱系统各级党组织的引领下、在全警的共同努力下进入了崭新的历史阶段。

四、总结回顾与经验启示

(一)用法治思维领悟由从严治犯到从严治警的历史演变

兵团监狱恢复安犯39年的发展历程,诠释了由从严治犯到从严治警的重大历史演变,彰显了法治化建设的显著成就。这个重大历史性演变是兵团监狱前辈们孜孜不倦地探索与追求,把美好青春播撒在监管改造的征程上,牺牲了几代人的天伦之乐而完成的,这个演变既有里程碑式的现实意义,也具有分水岭般的时代特征,更是兵团监狱法治思想顺应时代科学发展的历史使然。我们应牢记兵团监狱发展的历史渊源,深刻领悟这个历史演变的政治意义和法治内涵。

从建监初期的历史背景、硬件设施、押犯结构、经费保障、改造资源和警力配备等状况来看,从严治犯始终是管理策略上的必然选择。然而,从严治犯在兵团监狱法治化建设的进程中,遇到了前所未有的困难和挑战,监狱的保障体系,警队的执法理念、执法素养一度制约了从严治犯的进程和初衷。随着党的监狱改造方针的提出,监狱立法体系的不断完善,创建现代化文明监狱思路的进一步拓展,"三化"建设的稳步推进,由从严治犯到从严治警这个具有划时代意义的沧桑巨变带给我们众多的启示,值得我们认真的思索和总结。从严治犯必先从严治警,两者必须齐头并进、共同提高,这样才能确保兵团监狱事业薪火相传、科学发展。

(二)从科学的视角审视从严治犯与从严治警的辩证关系

从严治犯和从严治警都突出一个"严"字,两者的"严"都具备法律属性,都不能脱离法治的范畴。从严治犯有时被个别干警曲解,片面认为"严"就是"狠",往往采取过激方式惩戒罪犯,忽略了法制这个有力武器。所谓的从严治犯是指严格按照法律法规管理教育罪犯。这里的"严"既不能让法律尺度"缩水",也不能让其"透支",突出的是严格执行刑罚,维护法律的权威和尊严,杜绝个人行为取代法律意志,强调的是宽严相济、以理服人。从严治警指的是按照《监狱法》《人民警察法》和《公务员法》等法律法规管理民警队伍,这里的"严"同样受法律法规约束,其对干警的执法权限和应尽的义务都有明文规定,其目的是保证干警从严治犯有法可依、有章可循,使"从严"有尺度、有标准、有责任,具有合法性。因此,从严治警是基石和保障,从严治犯才是目的和落脚点。从严治犯必须先从严治警,从严治警决定从严治犯的成效和质量,"从严"出战斗力、出高素质、出执行力,因此,两者之间相辅相成、相得益彰,必须两手抓,两手都要硬。

（三）从严治犯与从严治警齐头并进

为进一步做好从严治犯工作,兵团监狱系统不断加大从严治警力度,各级党组织始终坚持把从严治警工作放在队伍建设的重中之重,每年坚持开展一系列内容丰富、人员齐整、目标明确、主题突出的教育培训工作。诸如集中教育整训,警体技能演练,轮岗、交流、挂职和各种专业岗位培训,丰富多彩的警营文化,警示教育活动,等等,旨在通过"三个提高"深化罪犯教育改造工作,确保监狱执法能力持续提升。随着从严治警工作的稳步推进,警队培训工作的针对性、目标性和计划性更加明确。各监狱根据在押犯的改造实情,干警的知识文化结构和不同的岗位职责等制定了短期和长期培训计划。除了完成兵团监狱管理局公共培训科目外,各监狱坚持突出干警岗位的专业性和针对性。在此期间,兵团警校相继开办了狱政管理、狱内侦察、罪犯心理咨询矫治、分类教育、刑罚执行、出监教育等一系列岗位技能培训,培训覆盖面达在岗干警的92.4%。与此同时,各监狱结合实际在罪犯"三大现场"开展岗位大练兵竞赛活动,诸如罪犯集体教育的队前讲评,面对背点名,听声识人,应知应会基本功考核,顽危犯个教转化率评定,"三防"演练,罪犯减刑、假释、保外就医庭审听证,狱务公开,职业技术培训等,真正做到"缺什么、补什么、弱什么、强什么",切实发挥"充电"和"造血"的功能。在这个历史时期,兵团监狱涌现出一大批狱侦能手、个教能手、心理矫治师和执法标兵等典型人物。由于理顺了从严治犯与从严治警的关系,监狱公正执法的社会影响力逐步扩大,警队的工作积极性空前高涨。

（四）推进执法教育整顿,把从严治警不断引向深入

开展政法队伍教育整顿,是以习近平同志为核心的党中央作出的重大决策部署,是政法机关营血卫气、扶正祛邪的重要途径和重大政治任务,更是监狱系统锻造新时代"四铁""五硬"队伍、深化全面从严管党治警工作的重大历史机遇,意义重大,影响深远。

兵团监狱系统自执法教育整顿活动开展以来,各级领导班子坚持全面从严管党治警,按照"五个过硬"要求,聚焦"四大任务",扎实推进"三个环节"和监狱综合治理,着力解决监狱系统重点领域突出问题。活动涉及各级党组织、领导班子及成员,覆盖到全体民警,旨在打牢监狱立警为公、执法为民的思想基础。然而,就活动开展的情况来看,部分民警还存在认识上的偏差、实践中的误区,

这已引起各级领导班子的高度警惕和重视,正下大力气加以改观。

个别民警对整顿活动开展的重要性和必要性认识不足,政治敏锐性不强,认为整顿活动是针对权高位重的领导干部,于己关系不大,甚至担心整顿活动会影响休假、发放福利等从优待警政策,对"四项教育"和"五查"举措持消极态度。因此,兵团监狱管理局党委审时度势,通过执法教育整顿活动,全面推进从严管党治警向纵深发展。特别是在查纠整改方面做到"四个早",切实整治六大顽瘴痼疾,坚持把从严治警工作贯穿于监狱工作的始终。

(五)寻根固魂学党史,依法治监担使命

兵团精神始终是兵团人的传家宝和精神旗帜,习近平总书记将兵团精神列入我们党精神谱系的组成部分,更激励着我们传承和发扬好兵团精神。

当前,党史学习教育正在兵团大地走深走实,兵团监狱管理局党委组织全体民警开展了特色鲜明、形式多样的党史学习教育活动,激发全体民警投身于监狱事业的壮志豪情。一是坚持学习党史与学习新中国史、改革开放史、社会主义发展史、新疆"四史"相结合,以史为本,学史明理。二是坚持把学习党史与兵团屯垦戍边史相结合,学思践悟,学史增信。三是把学习党史与兵团监狱发展史相结合,薪火相传,学史崇德。四是把学习党史与监狱执法教育整顿相结合,自我革命,学史力行。教育引导全体民警,铭记革命历史,传承红色基因,以寻根铸魂之心,继承和弘扬兵团精神、胡杨精神和老兵精神,将学习热情转化为对党忠诚、服务人民、执法公正、纪律严明的成效。

历史的卷轴,总是在砥砺前行中铺展;时代的华章,总是在不懈奋斗中书写。39年流金岁月,凝聚着兵团监狱先辈们的汗水和心血。其中,既有可歌可泣的动人事迹,也有谱写历史的辉煌篇章,更有深刻惨痛的经验教训值得我们认真反思和总结。我们要始终保持清醒的政治头脑,在新疆反恐维稳的新形势下,在兵团监狱安边固疆的特殊体制下,站在新的历史起点上,坚持以习近平法治思想为统领,坚守初心使命,践行改造宗旨,勇挑重担前行,前赴后继,高歌猛进,再创新时代兵团监狱事业蓬勃发展新辉煌,以不吃老本、再立新功的高昂姿态开启全面建设兵团现代化法治监狱新征程。

攀登十八盘的勇士

——追忆扎兰屯监狱建监 67 年

刘成基[*]

新中国成立初期,国民党残留的军、警、宪、特和土匪、恶霸对社会主义革命和社会主义建设进行大肆的破坏,为了维护刚刚诞生的人民民主政权,党中央在抓社会主义建设的同时,严厉地打击了反革命分子的破坏活动,大批的战犯和反革命分子、刑事犯罪分子被投入监狱。为了解决罪犯坐吃闲饭的问题,中央提出组织罪犯进行劳动生产,实行自给自足。1951 年,毛泽东同志主持修改审定的《第三次全国公安工作会议决议》指出:"大批应判处徒刑的犯人是一个很大的劳动力,为了改造他们,为了解决监狱的困难,为了不让判处有期徒刑的反革命分子坐吃闲饭,必须立即着手组织劳动改造工作。"大批被投入监狱的罪犯,开始从事参加生产劳动,在解决坐吃闲饭问题的基础上,还为国家创造了一定的经济价值,对新中国恢复经济和社会发展起到了积极的促进作用。同时,通过劳动改造的手段,成功地改造了一大批罪犯成为新人,他们刑释后,对社会主义革命和社会主义建设,发挥了积极的作用。

20 世纪 50 年代中期,有这样一群年轻人,他们响应党的号召,远离家乡,告别亲人,来到了呼伦贝尔大草原,在兴安岭的南麓、雅鲁河畔一个由蒙古族英雄——成吉思汗的名字命名的小村镇,开始了他们为之奋斗一生的伟大事业。他们为了新中国的劳改事业,流血流汗无私奉献,献了青春献终身,献了终身献子孙,一家人中,有两代人和三代人都成为新中国劳改(监狱)人民警察。他们用鲜血和生命,在呼伦贝尔大草原上树立起了新中国劳改事业的一座丰碑。转眼几十年过去了,当年来到这里创建新中国劳改事业的年轻人,绝大多数都已经长眠在这片沃土上,他们的英灵仍在守护着这片热土、这份事业。他们的后人从他们手中,接过了他们为之奋斗一生的事业,把新中国的劳改(监狱)事业,不断地推向新的高潮,来告慰他们。

---

[*] 刘成基,内蒙古自治区扎兰屯监狱警卫队一级警长。

我的父亲原名叫刘明泰，1929年出生，1948年参加革命，因当时家乡还在敌占区，组织担心父亲暴露真实名字，让家属遭受伤害，便为父亲更名为刘宗彦。父亲先后参加过解放华北，平津战役，保卫大同、太原战役，解放大西北战役等。1950年，赴朝参加抗美援朝。1955年，在志愿军司令部通讯大队服役的父亲，接到中央军委的命令，转业回国，在辽宁省海城县志愿军转建大队接受教育。就在学习快要结束的时候，他突然接到中央文件，内容是蒋介石要窜犯大陆，中央决定将沿海浙江、福建、广东三省的犯人全部调到内地的内蒙古和黑龙江，因为南方来北方的干部少，所以需要军转干部充实到内蒙古和黑龙江省的劳改单位。就这样，父亲来到了内蒙古呼伦贝尔大草原，开始了他为之奋斗一生的事业。

1955年，父亲转业到内蒙古自治区公安厅劳改局，参与绰尔河农场、成吉思汗农场的组建，历任成吉思汗劳改支队财务股长、管教股长、政治协理员、政工股长、政治处主任、支队副政委，并在成吉思汗劳改支队工作到离休。从小父亲就教育我们要热爱党、热爱社会主义新中国、热爱党的劳改事业。在父亲的影响下，我们兄妹六人中，除了弟弟大学毕业被分配到其他行业外，有五人从事政法工作，其中四人从事劳改工作，现在家族中的第三代中，也有一人考入内蒙古自治区第一女子监狱，成为一名光荣的监狱人民警察。父亲对我们要求非常严格，从不搞特殊。父亲当时作为分管政工和人事工作的领导，在工作分配上，有着绝对的话语权，但父亲从未利用手中的权力为家人谋私利。我母亲于20世纪50年代末期来到成吉思汗，直到2010年母亲去世的时候，还仍然是农场的一名家属。我们兄妹五人，父亲也都把我们安排在工人的岗位。我刚参加工作时，最初的分配方案是让我到一中队从事管教工作，在审核分配方案的时候，父亲在我的名字下写下"分配到五中队开拖拉机"。后来支队党委书记年海峰政委在党委会上提出，父亲身体不好，子女都不在身边，应该把我留在场部，以便照顾父母。这样，我被分配到供销科，当了一名装卸工。后来我通过了劳改局组织的招干考试，才成为一名光荣的劳改干警。

父亲在《新中国劳改事业在我们手诞生》（纪念扎兰屯监狱建监六十周年征文）一文中写道："1955年12月5日，内蒙劳改局东部劳改处建场筹备委员会主任苗帮坦和干部科长李向欣到转建大队去接我们分配到内蒙古劳改系统的转业干部，共计35名。首先召开分配去内蒙古的转业干部会，由苗帮坦、李向欣在会上介绍内蒙古劳改单位情况。12月8日苗帮坦、李向欣带我们35名转业干部从海城县南高台子车站乘火车北上内蒙古,经沈阳、长春、铁岭行程一天半到达哈尔滨,换乘开往满洲里的混合列车(三节客车厢,五节货车厢),下午三点上车,到车上一看,每节车厢只有三四十人,车厢破旧,车窗玻璃污垢遮得不透光,木座椅漆面斑斑点点地露出了木头原色,地板上泥土、杂物满地,暖气也不热,玻璃窗结成厚厚的冰,车灯暗淡,车内阴森森的。乘客有的戴着皮帽双手拂袖,有的揉搓双手,有的拂手缩脖在车厢的通道走动。总之车内的叫冷声、踢脚声、咳嗽声乱成一团。火车在下午三点十分开出哈尔滨车站,继续往西北方向驶去,车速越来越快,路两旁的树木和建筑物像箭一样往后闪过。车离开哈尔滨四五站后,村庄就越来越少了,房屋建筑也越来越破旧。到站上车的人也越来越少,车内也越来越冷,手脚冻得像被猫咬,根本就坐不住。乘客都在车厢内来回跺脚踱步。经过一夜行程后,第二天早晨三点四十分,到达劳改农场所在地——成吉思汗车站。当时那里也没电灯,打开车门外边一片漆黑,风雪扑面而来,下车后什么也看不见,雪一个劲地往脖子里刮,在中原长大的我,真实的感受到了北方的冰天雪地。"

听父亲讲,当时场部借用原荣军农场撤销后封存的一处宅院,有土木建筑北房五间,东厢房三间,西厢房五间,因年久失修,房顶的杂草长得有半人高,屋内外的墙泥皮残缺脱落。糊的纸棚,因房漏雨多处出洞,脱落的棚纸悬在空中,被风吹得来回游荡,总之办公用房破旧不堪。当时的成吉思汗农场,基本上是荒无人烟,走出去几十里地,看不到一户人家。刚建场时,父亲他住在草棚里,一边垦荒,一边建地窖子搭马架,很快,几个中队的建制就完成了。对几个中队的命名,也非常的简单,有房子的地方,就以房子的数量来命名,有马架的地方就以马架的数量来命名,没有房子和马架的地方,就以附近的参照物来命名。这样,就有了四所房、五所马架、七棵树、秀峰、城南、场北等地名。这些名字,一直沿用到现在。从这些名字我们不难看出,当时生活的环境有多么的艰苦。就是在这样的环境下,老一辈监狱人民警察克服困难,顺利地完成了中央下达的南犯北调的任务,成功地改造了一批又一批国民党战犯、军警宪特人员、土匪恶霸,为巩固新生的人民政权,作出了巨大的贡献。

当时干部队伍人员构成有军队转业的干部,有学校毕业的学生,还有投亲靠友过来的,很多人到农场后,看到环境十分的艰苦,在工作一段时间后,就纷纷办理了调转手续。农场开始收押罪犯后,大批福建、广东、浙江等沿海地区的国民党战犯和反革命罪犯被押送到成吉思汗执行劳动改造。由于当时农场的干部多数为热河省（现河北省承德地区）和辽宁省籍的军队转业干部，收押的罪犯多数是南方人，语言不通，当地的干部无法与罪犯沟通，管理罪犯也遇到了很大的问题。于是，内蒙古公安厅与福建、广东、浙江等省公安厅联系，除将参加南犯北调的公安部队的领导负责将战士带回原部队外，其他干部暂时留在成吉思汗，协助管理罪犯。在不到一个月的时间内，内蒙古公安厅协调各省厅并报中央军委批准，所有留在成吉思汗监狱协助管理罪犯的军队干部，就地转业，成为劳改农场的公安干警。

20世纪60年代初期，我出生在成吉思汗劳改农场，从我记事起，父亲总是很忙，每天早出晚归，经常下到各个中队去开展工作。那时候没有交通工具，多数下队是走着去，需要步行十几公里。有时候可以乘坐队里来拉粮食的马车，遇到上坡的时候，坐车的人都要下来帮着推车。到了70年代初期，农场的各农业中队才陆续配上胶轮拖拉机，而且都是外国的破旧杂牌车，有乌尔苏斯、尤特兹等，直到70年代的中期，才调拨进了新的国产东方红-40、东方红-28等。

当时农场的生活条件十分艰苦，工作环境也十分的差，收押的罪犯多数是国民党军警宪特人员和土匪恶霸。他们的思想非常顽固，有一些对国民党和蒋介石愚忠的激进分子，经常纠集在一起，进行反革命活动，多次阴谋暴狱，妄图配合蒋介石反攻大陆。老一辈劳改警察，他们凭借着对党、对祖国、对人民、对事业的热爱，在极端艰苦的环境下，与罪犯斗智斗勇，多次粉碎了罪犯的阴谋。这些案件的副卷，一直存放在农场公安分局（管教科）的档案室里。1985年，我转干后调入公安分局工作，在整理档案过程中，细致地研读了当年罪犯阴谋暴动杀害干部的卷宗，对父辈们在极端艰苦的条件下，用鲜血和生命保护新生的人民政权，产生了由衷的敬意。

听父亲讲，当时收押罪犯的时候，没有围墙和电网，没有监舍，更没有照明设备，只是在空旷的地方挖上几个地窖子或搭上几个马架，支几个草棚，外边立几个木桩子，拉上铁丝网，四周用木头搭建四个岗楼，到了晚上，就在铁丝网上挂几盏马灯。就是在这样世界上最简陋的监狱里，却关押着一大批妄图颠覆新中国的反革命分子和国民党战争罪犯。父亲和他的同志们，每天白天组织罪犯到田间开展生产劳动，晚上收工后，组织罪犯进行政治学习，罪犯休息后，他们又轮班的到岗楼上站岗放哨，日复一日，年复一年。后来，内蒙古公安厅劳改局将成吉思汗农场关押的罪犯调往其他劳改农场服刑，成吉思汗农场开始专门管理刑满释放留场就业人员。

"文化大革命"开始后,根据内蒙古自治区革委会的决定,1968年5月1日起,劳改权力移交各盟市。成吉思汗农场交由呼伦贝尔盟公安处管理。刚归属不久,军管会又宣布农场归呼盟农场局管理并改变劳改农场的性质,原有的留场刑满就业人员遣散,愿意回原籍的回原籍,不愿意回原籍的或无家可归的,下放到当地农村落户,并成立了遣散办公室负责遣散工作。经过一个多月的联系和遣送,585名刑满就业人员和其家属遣送完毕,又从盟农场局管理的各农场调入农业工人和下乡的知识青年500多人。由于生产人员的大变动,特别是从兴安岭北各机械化农场调来的农业工人不懂岭南耕种方法,知识青年又不会干农业活,体力不佳,造成大面积耕地严重草荒,大幅度减产。当年是风调雨顺,全布特哈旗各公社都获得了十年不遇的农业特大丰收,可是农场却造成十年未有过的人祸,当年连种子都没收回来,遍地都是一人多高的蒿草。吃粮靠国家返销,花钱靠贷款,成为农场局管理的三十多家牧场中唯一的亏损大户。正在山穷水尽之时,1969年7月5日,中央和国务院决定调整改变内蒙古行政区划,把呼伦贝尔盟、哲里木盟和昭乌达盟分别划归黑龙江、吉林和辽宁省。成吉思汗农场又恢复劳改企业性质,归属黑龙江省劳改局领导,开始迁出农业工人和知识青年,收回下放到当地农村的刑满就业人员。

70年代末期,成吉思汗农场恢复关押罪犯,组建了窑业大队,然后才有了相对标准的监舍、围墙、电网。罪犯的生产项目有种植、烧制红砖、畜牧养殖等。砖场是固定的生产场所,在砖场的外围,用木桩和铁丝网组成了警戒线,当时没有部队看押,按照内蒙古劳改局的规定,农场自己组建了负责武装看押的小分队,队员由知青和农场的工人组成。当时劳改干警的政治待遇和工作待遇都非常低,很多干警工作了一辈子,到退休的时候,仍然是科员。警服只发给从事管教工作的人员,大多数干警都不发放警服,上班只能穿便装,从远处看去,根本分不清楚哪个是犯人,哪个是干部。记得有一年夏天,正在砖场岗楼上执勤的小分队员发现有一个穿浅灰色服装的人靠近警戒线,因距离几十米,无法辨认出是干部还是犯人,便对其进行口头警告。该人置之不理,在穿过警戒线铁丝网时,小分队员鸣枪警告无效,便向其脚下射击,该人立即卧倒。听到枪声后赶来的干警,立即到达现场,发现是一名身穿劳动布工作服的工人,原来是他在上班的路上,发现固定铁丝网的木桩松动,便钻过铁丝网去上班,当时罪犯没有出工,岗楼上也没有小分队员站岗。下班的时候,他还想抄近道回家,好在小分队员严格执行枪支使用有关规定,才避免酿成大祸。为了避免之后这种情况的再次发生,同时教育警示其他人,大队根据实际情况,对这名工人给予了行政处分。同时,小分队每天组织人员对生产区的警戒线进行检查,发现存在的隐患及时进行整改。

老一辈劳改干警,虽然文化程度不高,但是他们用坚定的政治信仰和对党的劳改工作事业的忠诚,成功地改造了一批又一批的国民党战犯和刑事犯罪分子。何某,湖南省宁远县人,黄埔军校毕业生,曾跟随孙立仁将军的远征军赴缅甸作战,在抗日战争中立下了不少的战功。抗战胜利后,被委任为国民党某集团军的师长,授予少将军衔。在解放战争中,成为反共的急先锋,后来在淮海战役中被我军俘虏,50年代中期随南犯北调,来到了成吉思汗农场改造,刑满释放后留场就业。何某在服刑期间,一直坚持反动立场,经干警长期教育,思想转变不明显。刑满释放留场就业以后,干警继续对何某进行思想教育,并组织类似何某一样坚持反动立场的就业人员多次到附近的工厂和社队参观。通过干部的思想教育和耳闻目睹社会主义新中国发生的日新月异的变化,何某等人感受到了中国共产党的伟大,逐渐地转变了思想,由抗拒管理教育到认罪服法,后来又向其他就业人员宣传中国共产党的伟大和社会主义新中国十几年来取得的辉煌成就。1979年,何某被最高人民法院特赦后,被安排到某市任政协副主席,一直向亲友们宣传党的政策和新中国。特别是退休以后,何某多次到中国香港、日本和东南亚地区,拜会曾共事的原国民党高官,积极致力于两岸的和平统一。他的行为,引起了台湾国民党的恐慌。1990年,我去湖南省公出,特意去拜见了何老先生,他跟我说:"小刘,没想到有生之年还能看到我第二故乡的人,前年我在日本的时候,险遭国民党特务的暗杀,被驻日使馆的工作人员给救了。我为国民党出生入死,他们竟然要杀我。我的手上曾经沾满了共产党人的鲜血,到后来,竟然是共产党救了我。"我们的父辈成功改造国民党反动人员的案例还有许多许多。

王某,湖北省武汉人,自幼流浪社会,十来岁就拜师学习盗窃,长期流窜于京汉、京沈、京哈铁路,以"登大轮"(在火车上扒窃)为生,20世纪60年代因盗窃罪被判刑。刑满释放后,到成吉思汗农场留场就业。80年代中期,农场发生一起盗窃案件,我勘察完现场正准备走访群众时,王某来找我反映情况,为我提供了极为有效的线索,帮我们及时破获了这起刑事案件。后来在闲谈的时候,王某跟我说:"我这一辈子,前半生基本上就是在监狱里度过的,我蹲过国民党的监狱、蹲过日本人的监狱、蹲过伪满洲国的监狱,也蹲过共产党的监狱,没有哪个监狱像共产党的监狱,把我们当人看,让我们吃饱穿暖,刑满后,还给我们安排就业,不再为吃穿发愁,我再也不用去靠偷东西来维持生活了。"我在公安分局工作期间,多次收到齐齐哈尔铁路公安处、海拉尔铁路公安处等单位发来的表扬信,表扬王某在火车上主动抓获盗窃犯、保护旅客财产的事迹。我们的父辈,把这样一个以盗窃为生的人员,教育转化为反扒能手,这也是新中国改造史上的一个成功案例。

1981年,全国第八次劳改工作会议在北京召开,时任中共中央政治局常委、中央书记处书记、全国人大常委会副委员长的习仲勋同志参加了会议。会议对新中国成立以来全国的劳改工作进行了全面的总结,对全国的劳改工作取得的成绩给予了高度的肯定,对长期从事劳改工作、无私奉献的劳改工作者给予了高度的赞扬。时任中共中央总书记的胡耀邦同志称劳改干警是"攀登十八盘的勇士",是"重塑人类灵魂的工程师",是"特殊的园丁",对劳改干警的政治身份给予了确认。从此,劳改干警在社会上也得到了认可,干警的政治待遇、工作待遇都得到了较大的提高,所有在劳改队工作的干部,不管是否从事劳改管教工作,都配发了警服。所有从事改造和看押工作的工人、知青或以工代干者,也都配发了警服。

全国第八次劳改工作会议提出,在新的历史时期,劳改工作的主要任务是"在党中央、国务院和各地党委政府的领导下,继续坚持改造第一、生产第二的方针,改进管教工作,加强政治思想和文化技术教育,提高改造罪犯质量,调整和发展劳改生产,加强干部队伍建设,为维护社会治安、保卫社会主义现代化建设做出新的贡献"。会议提出对罪犯的管理,特别是对青少年罪犯的管理要像父母对待患了传染病的孩子、像医生对待病人、像老师对待犯了错误的学生一样,进行"感化、教育、挽救"。

按照全国"八劳"会议的要求,全国监狱劳改支队,纷纷成立了特殊学校,成吉思汗劳改支队也成立了育新学校,选派政治素质强、政策理论水平较高的干部担任育新学校的政治教员和法制教员,聘请农场子弟学校的教师担任育新学校的文化教员,同时聘请农场和社会的有关技术人员担任罪犯的技术教育教员。除开设政治教育和文化教育以外,技术教育主要有种植、畜牧养殖、土木建筑、机械修理等专业课程。80年代中期,我在成吉思汗劳改支队管教科(对外称扎兰屯市公安局成吉思汗牧场公安分局)工作,从事刑事侦查和治安管理,被支队指派为育新学校的法制教员,每周二、周五晚上到两个押犯单位为罪犯上法制教育课。

　　转眼60多年过去了,新中国第一代劳改干警绝大多数都已经长眠在他们为之奋斗一生的沃土中,用他们的英灵,守护着他们热爱的事业。他们的后辈,从他们手中接过了他们没有完成的事业,继续奋斗。扎兰屯监狱民警白壮的外祖父,是新中国第一代劳改干警,父亲白树生曾任成吉思汗劳改支队管教科科长。两位前辈为新中国的劳改事业奉献了一生。白壮同志的哥哥白宏,曾任成吉思汗劳改支队二大队大队长,长年工作在监管改造第一线,积劳成疾,三十多岁就英年早逝。白壮同志的弟弟白江是乌塔其监狱一名优秀的监狱人民警察,倒在了抗击新冠疫情的工作岗位上。一家三代人,为新中国的劳改(监狱)事业,献出了生命,白壮同志的侄子侄女,也工作在内蒙古监狱系统。一家四代都从事劳改(监狱)工作,像这样的家庭,还有很多很多。

　　全国"八劳"会议,是新中国劳改史上的一个转折点。"八劳"的召开,对提高劳改干警的政治待遇、工作待遇、维护监管安全稳定、不断提高教育改造质量等方面,都起到了积极的促进作用。80年代末期,我去司法部劳改局申请装备,与司法部劳改局生活卫生装备处的善处长、刘坤副处长及屠志轩同志谈到"八劳"会议后劳改工作取得的成绩时,他们说,从各省市上报的统计数据看,近几年,全国劳改支队(监狱)罪犯脱逃率比前十年有了较为明显的下降,恶性狱内案件也有了明显的下降。

　　1994年,《监狱法》颁布实施,劳改农场完成了其历史使命,全部更名为监狱,成吉思汗劳改农场也正式更名为扎兰屯监狱。"监狱法"颁布实施后,罪犯的改造经费和干警的工资及业务经费均列入国民经济预算,监狱的建设发生了翻天覆地的变化。特别是1998年,扎兰屯地区遭遇到百年不遇的洪水袭击,英勇的扎兰屯监狱干警职工,在上级党委的正确领导下,发扬一不怕苦、二不怕死,特别能战斗的精神,勇敢顽强,在确保人民生命财产安全的同时,维护了监管改造场所的安全稳定,并积极支援地方政府的抢险救灾工作。在雅鲁河三险大堤上、在被洪水冲垮的滨洲铁路抢险现场,处处都有扎兰屯监狱干警职工的身影,他们的抢险救灾行为,得到了地方政府和铁路部门的赞誉。1999年,扎兰屯监狱在上级党委的关怀下,拨出专款用于灾后重建和扩建,在原来城南大队(后更名为一监区)的旧址上,两幢监舍楼拔地而起,监院也比以前扩大了很多,大队的押犯也正式迁入,两个监区在一个监院内,更便于管理,同时,也节约出一部分警力充实监管改造第一线。监狱的生产实现了由大墙外向大墙内的转移,扎兰屯监狱的生产也由原来的日出而作、日落而息的靠天吃饭的农业生产,顺利地转为以劳务加工为主的工厂式生产。在这 20 年里,监狱先后在监内盖起了一幢教学楼、五幢监舍楼、一个标准化食堂、四期生产车间,先后引进了数千台缝纫机和上百台特种机。罪犯在宽敞明亮的生产车间内,进行习艺,在学习生产技能的同时,还能赚取劳动报酬,既为将来刑满释放后提供谋生的手段,还能为将来新生后创业积累一定的启动资金。

67 年的扎兰屯监狱(成吉思汗劳改支队)建监历史,奠定了新中国监狱事业的基础。"八劳"会议四十载,促进了劳动改造和监狱事业的向前发展,同时也将成吉思汗牧场(扎兰屯监狱)推向了一个全新的阶段。成吉思汗牧场(扎兰屯监狱),这个我生长和工作的地方,这个凝结了我太多情感的地方,虽然我没有亲历他的初建,但我随同他一起成长,见证了他五十多年的发展,特别是"八劳"会议 40 年来的快速发展历程。扎兰屯监狱天翻地覆的变化,不是三言两语能叙述清楚的,我只记录下这段与我父辈和我有关的记忆,来说明扎兰屯监狱几十年发生的变迁,同时,也祝愿我生长和为之奋斗的这片热土,不断地腾飞和发展。

在此,我以一名监狱人民警察的身份向战斗在监管改造第一线的监狱人民警察致以崇高的敬礼!特别是向第一代劳改工作干警致敬,你们用鲜血和生命,维护了共和国的安全稳定,你们用英灵守护着这片热土,你们是共和国的功臣,你们是攀登十八盘的勇士!

监狱变革发展史研究

——吉林省公主岭监狱历史分期研究

王文军　丁宁宁　王　庆[*]

公主岭监狱经历了初建、撤销、重建、更名、易址,以及隶属关系、体制、机制的变化,书写了一部自力更生、艰苦奋斗、负重前行的奋斗史。他们从粗放式管理到精细化治理、从劳改时代走向监狱时代,实现了从规范化到标准化建设的转变,推动了监狱企业转型升级,也带来了监狱事业的快速发展。

一、创建和初步发展阶段(1958年8月—1966年4月)

新中国的监狱工作是伴随着中华人民共和国的诞生而创立的。1951年5月公安部召开会议专门研究组织罪犯劳动改造的问题。根据《关于组织全国犯人劳动改造问题的决议》,各地建立了罪犯劳动改造机构,组织罪犯参加国家基本建设,从事手工业、副业、农业、工业等各项生产劳动。1954年9月颁布实施的《劳动改造条例》明确规定了我国监狱的性质、任务、组织机构,监狱工作的方针、政策,监狱的刑罚执行,改造罪犯的方法、手段。

随着我国社会主义革命和建设的发展,为满足工农业生产飞速发展的需要,多快好省地加快社会主义建设,1958年6月,经公安部、化工部批准,成立了劳改机关——吉林省公主岭轮胎厂。1958年8月8日,以当地党政有关领导和省内有经验的工作人员组成"地方国营吉林省公主岭新生轮胎厂筹建处"。吉林省公主岭新生轮胎厂筹建处的成立,标志着吉林省公主岭劳改支队的建立。轮胎厂建设规模为年生产能力25万套,以拖拉机、汽车轮胎为主,全部投资额为500万元。

在对罪犯改造的过程中,管教工作成立了联防办公室,进一步加强了内管

---

[*] 王文军,吉林省公主岭监狱政委,二级高级警长;丁宁宁,吉林省公主岭监狱办公室三级警长;王庆,吉林省公主岭监狱狱政科三级高级警长。

外戒,做到了人人做管教。1961年1月,针对在建厂热潮中,对罪犯管理所发生的实际问题,制定了《关于罪犯管理的各项制度的试行草案》,详细规定了《释放犯人制度》《收押犯人制度》《出入门办法》《犯人通信接见制度》《关于犯人劳动、生活、卫生、学习制度》。对罪犯的教育改造工作,以"改恶从善为纲,改造罪犯十六条守则为中心,开展教育改造工作"。支队的改造工作坚持"改造第一、生产第二"的方针。1962年4月,支队制定了《对罪犯改造考核暂行办法》,对罪犯的表现进行考核,即看他们在国际国内政治形势发生变化和发生重大事件时候的表现,在开展各项改造活动中的表现,在日常劳动中的表现。考核的主要方法是定期考核、季度评比、年终评比。支队押犯1 402名,主要关押反革命、坏分子和刑事犯。1963年,支队(原吉林省公主岭新生轮胎厂,改名为地方国营吉林省公主岭橡胶厂)随着企业规模的扩大,职工总人数增加到313名,其中干部205名,工人90名,就业工人18名。支队制定了《吉林省公主岭劳改支队管教工作汇编》,对中队管教工作制度、门卫室工作制度、罪犯考核制度、内看工作制度、收押释放制度、危险分子管理制度、对犯人使用范围暂行规定、接见制度、禁闭号看守工作制度、犯人集训队工作制度、犯人财务保管制度、禁闭号犯人纪律做出了详细的规定,罪犯的监管教育改造工作走向制度化、规范化。依据党的"惩办与宽大相结合、劳动改造与思想教育相结合"的政策,有效地使用了"压、鼓、破、立"对敌斗争的策略,对少数坚持反动立场继续与人民为敌、蓄意进行破坏活动的顽固分子给予了打击。劳改企业生产向规模扩大发展,注册了工业、农业、民用"双枪牌"轮胎商标,利润逐年增加。1963年,全年完成工业总产值640万元。

经过多年的艰苦奋斗,1965年支队(吉林省公主岭橡胶厂)达到关押犯人1 000名以上的规模,有生产定型橡胶产品的能力。生产经营中全体民警职工不断改进劳改企业的管理,不断调整产品结构,产品质量有所提高,九种轮胎产品的质量分别达到和超过了国家规定标准,工业总产值1 426万元,完成计划的108%,全年实现利润150万元。

有关改造工作,支队下发了《关于防逃和突发性监管情况处置方案》。当时的状况是:押犯剧增,敌情复杂,社会治安形势严峻。为防止罪犯逃跑、骚乱、劫持人质、纵火等事故发生,支队特制定了预案,还在办公室下设5个应急小组,任务是抓好"五到位,一建立"。五到位为研究敌情到位;搞好超前预测,掌握事件征兆到位;果断制止恶行,监管封闭到位;切断外部侵袭,加强依法防范到位;

搞好应急安排,坚持常抓不懈到位。一建立为建立起防逃应急措施和预案。

创建和初步发展阶段,监狱干警职工的文化水平虽不高,但实践经验很丰富,执行党的政策不折不扣,工作原则性强,监狱的制度建设得到逐步完善发展。他们凭着对党无限忠诚来抓罪犯改造,凭着对监狱事业无限热爱来搞好监狱工作,培养了一支能吃苦耐劳的监狱劳改人民警察队伍,同时对罪犯的管理教育具有典型的"人治"特点。

二、遭受破坏阶段(1966年5月—1976年10月)

1966年5月到1976年10月的"文化大革命"期间,监狱劳改工作受到摧残和破坏,在砸烂公、检、法的灾难中,监狱劳改工作遭到排斥,从中央到省、市的监狱劳改机构被撤销,监狱工作几乎处于停滞状态。作为保留单位的公主岭劳改支队干警职工继续坚守在工作岗位上。1968年中国人民解放军吉林省公主岭劳改支队军事管制小组进驻公主岭劳改支队。1970年3月支队更名为吉林省公主岭监狱。1973年5月吉林省公主岭橡胶厂更名为吉林省公主岭新生轮胎厂,同时确认吉林省公主岭监狱革命委员会委员组成人员。1973年11月吉林省公主岭监狱更名为吉林省公主岭劳改支队,企业为吉林省公主岭新生轮胎厂。1974年下半年押犯为1 718人,其中反革命犯为609人、刑事犯为1 066人、人民内部犯法分子为43人。为了更好地贯彻"思想改造与劳动改造相结合,改造第一、生产第二"的劳改工作总方针,所有罪犯投入劳动改造之中,生产汽车胎、马车胎、自行车胎、手推车胎等产品。

"文革"期间公主岭劳改支队依照刑罚执行的有关规定,对罪犯进行分管分押。根据罪犯案情性质、刑期长短、原职务高低、认罪服法态度好坏分别编队。又把政治犯和刑事犯、少年犯和青年犯分开,并编入入监队、出监队、青年队、轮训队。在管理上对反革命犯、惯窃犯、杀人放火犯、流氓犯、诈骗犯和人民内部犯法分子加以区别对待。将罪犯分别编队、分级管理、区别对待、因人施教,以达到全面体现劳改政策的目的,同时有利于改造罪犯,更有利于生产。为实行区别对待,支队在制品车间关押反革命,其他大中队关押坏分子、刑事犯,大队关押十年以上重刑犯,农园中队关押十年以下罪犯。流动性作业的犯人,余刑在五年以下的老弱罪犯,被编入农园中队参加轻微劳动。对于不安心改造、具有重新犯罪思想和行为的罪犯采取三种严管形式,即成立严管队、落后罪犯轮训队、危险分子包夹组,分四种教育:(1)思想政治教育、(2)文化教育、(3)技术教育、(4)室外教育。各项教育也给考核分。1975年,由各大队成立出监小队,对余刑在一个月以下的罪犯实行集中管理,重点进行巩固改造成果和形势前途、遵纪守法教育。

教育改造方面,组织罪犯学习毛主席著作,重点学习老三篇和《论人民民主专政》。同时,根据吉林省公安厅《关于贯彻第六次全国劳改工作会议精神,加强对三类分子改造工作的方案》,一是组织罪犯学习《改恶从善、前途光明》等文章,深挖犯罪根源。二是组织罪犯学习《红旗》杂志、《人民日报》刊载的文章,学习反映社会主义教育为中心内容的文章。三是进行社会主义建设伟大成就为中心内容的时事教育。四是对罪犯进行社会发展史、中国现代革命史,社会主义革命人生观为内容的系统理论教育。

遭到破坏的"文革"10年中,监狱经历了数次更名,隶属关系、体制机制也几经变化。军事管制小组进驻支队后,成立监狱革命委员会,监狱工作被全面否定,监狱工作的方针和政策不能得到有效落实,监狱法规遭到践踏,监管秩序遭到破坏,监狱企业不能得到有效生产经营。在这种极其困难的情况下,监狱干警和职工仍然坚守工作岗位,最大限度地减少"文革"所造成的损失。

三、拨乱反正阶段(1976年10月—1981年)

1976年10月"文革"结束,中国开始了全方位的拨乱反正,消除了各种错误思潮的不良影响,监狱工作的干扰随之有所排除,监管工作得到了一些恢复,但处于当时的历史条件下,监狱各项工作在发展上没有什么新的起色。

1978年12月,党的十一届三中全会恢复和发展了党的正确路线、方针和政策,从此,我国开始跨进了以社会主义"四化"建设为中心的新的历史发展时期。监狱工作经过恢复整顿,实现良性运转,逐步走上了全面发展的轨道。公主岭劳改支队坚持了加强党的领导,统一党委"一班人"的思想,及时总结经验,解决存在问题,通过大量的工作,为在"文革"时期受迫害的79名同志分别落实了政策,使广大干部群众受到了社会主义法制教育和党的优良传统教育。同时抓干部队伍建设,加强干部的业务学习,要求改造干部懂生产技术,生产干部懂改造业务,大力提倡和鼓励大练基本功,改造工作有较大程度的提高。

在对罪犯的监管上,以防逃跑、防破坏为主不断地进行监规纪律整顿,严密防范措施,堵塞漏洞,切实加强内管、外看、群众监督三道防线,保证了监管安全。教育目的是指一定社会对教育所要培养和造就的个体质量规格的总的设想或规定。[①]遵循这一目标,监狱在教育改造工作中以社会主义法治教育为中心,进行了形势、政策教育,使绝大多数罪犯明确了监狱政策与加速改造的关系。

1980年,在党的工作重点转移的新形势下,为了贯彻执行"改造第一、生产第二"的劳改方针,贯彻惩办与宽大相结合、劳动改造与思想教育相结合的政策,调动一切积极因素,促进罪犯思想改造,根据《劳动改造管教条例》第六十八条规定精神,制定了《吉林省公主岭劳改支队对罪犯改造考核奖励办法》。该办法规定考核内容以思想改造、劳动生产、监规纪律、安全卫生四个方面进行综合记分考核。记分考核标准:思想改造30分,劳动生产35分,监规纪律20分,安全卫生15分。在此期间按犯罪性质开始试行分押分管分教工作,总体构想是横向分类、纵向分级、分类施教、分级管理,通过规划定点、新收分流、先进后出、由杂而纯、逐步定型的具体步骤进行。

20世纪80年代初的恢复整顿,为今后正确贯彻和执行监狱工作方针政策打下了坚实的思想基础。1980年,企业完成工业总产值5 017万元,实现利润672万元。1981年6月22日,经吉林省省公安厅劳改局批复,将吉林省公主岭新生轮胎厂改称吉林省公主岭轮胎厂。

四、改革发展阶段(1981年至今)

公安部于1981年8月18日至9月9日召开了第八次全国劳改工作会议。根据党的十一届三中全会和六中全会精神,会议回顾了新中国成立以来的劳改工作,肯定了成绩,初步总结了正反两方面的经验,确定了劳改工作的任务,提出了加强劳改工作的措施。会议认为劳改工作的基本经验是:(1)正确贯彻执行"改造第一、生产第二"的方针,教育改造与劳动改造相辅相成,不可偏废。(2)采取正确的政策和方法,实行惩罚管制与思想改造相结合、劳动生产与政治文化技术教育相结合、严格管理和教育感化挽救相结合。(3)组织好劳改生产,进行科学的生产管理。通过生产劳动,使犯人养成劳动习惯,学会生产技能。

---

① 参见王道俊、王汉澜主编:《教育学》,人民教育出版社1989年版,第93页。

(4)实行革命人道主义,把犯人当人看待。要改善生活卫生条件,让犯人吃饱饭、睡好觉、有病及时治疗。(5)各方面的力量密切配合,在监管、教育、生产和刑满安置等方面必须取得有关部门的支持和配合。(6)加强劳改工作干部队伍的建设,要建设一个革命化的、团结的、年富力强的领导班子。

支队在新的历史时期的政治路线、思想路线和组织路线是贯彻执行党的劳改方针政策,落实执行全国"八劳"、全省"九劳"工作会议精神,用"六字"(教育、感化、挽救)方针和"三像"(像父母对待孩子、像医生对待病人、像老师对待学生)方法改造罪犯。这一时期,监管工作得到了进一步加强,"三个秩序"进一步稳定,教育工作不断深化,改造质量有很大提高。

1990年11月6日,司法部颁布了《监管改造环境规范》和《罪犯改造行为规范》,监狱工作逐步向规范化方向发展。1994年12月29日《中华人民共和国监狱法》颁布实施,标志着我国监狱进入了法律制度主导监狱工作的"法治"时期,确立了新的监狱工作方针。《监狱法》界定监狱的性质时没有采用《劳改条例》的说法,将之表述为"监狱是国家的刑罚执行机关",主要是考虑到法律语言的准确性,并不是说监狱的人民民主专政的政治属性不存在了。[1]《监狱法》对我国监狱管理从传统模式向现代法治的转型起到了良好的促进作用,但其缺陷性也是显而易见的,主要有:(1)与相关法律不衔接、不协调,(2)地位不高,缺乏普遍约束力,(3)条文过于笼统,可操作性不强。

把劳改场所办成特殊学校,是具有中国特色监狱的一个重要标志。1994年,公主岭监狱技术教育的入学率达90.2%,考试及格率达93.9%,文化技术教育累计获证已达1 400多人。其中有700人获得了初中毕业证书,有600人获得了不同等级的技术证书,有100人获得了各类自学考试结、毕业证书。10月27日,监狱申请晋升省级特殊学校,全年有44人获得定升级证书。技术教育坚持为劳改经济服务,为犯人刑释就业谋生创造条件,共开设橡胶、水电、针织、养殖等21种技术培训班,促进了犯人全面深入掌握技术。每人至少学会了一门生产技术,有的犯人还学会了三四种生产技能。

"八劳"会议以后到1994年《中华人民共和国监狱法》颁布,监狱工作先后推进了若干项重大改革,如行政管理权限由吉林省公安厅移交给吉林省司法厅管理,办特殊学校,分押分管分教,改造向前向后向外延伸,生产实行双承包制

---

[1] 参见杨殿升主编:《监狱法学》,北京大学出版社1997年版,第53页。

等。监狱法治建设得到发展,监狱民警的整体素质不断提高。

1994年以后,吉林省公主岭轮胎厂因经营管理不善,企业设备陈旧,产品销售不畅,不能清偿到期债务,造成严重亏损,于1996年被迫停产(2000年7月10日,吉林省公主岭轮胎厂破产),资产负债率为190%。企业处于停产状态,导致监狱经费严重不足,人员开支无法保障,监狱基础性、专项建设资金更是无从谈起,一些建设项目不能正常开展。

1997年3月监狱决定成立劳务大队,提出"以发展'两头在外'为主、多种经济形式齐头并进"的监狱经济工作发展模式,引进劳动密集型的"短、平、快"项目。当时引进的项目主要有花、鸟、签、弹簧扣等手工艺品加工项目,同时也引进了"傻大黑粗"的项目,如水泥电杆、汽车轮毂、水泥空心砖加工等机械化半机械化劳务项目。随后,有重点地引进有技术含量、工艺含量、技术附加值高的项目,如胶板、纸箱、服装、工艺车模加工等项目,使劳务创收净收入逐年提高。2003年3月,因"非典"疫情,省监狱局下令停止一切外役劳务,长达六年的外役劳务才告结束。2004年11月30日,于1997年成立的吉林省鸵鸟繁育开发中心更名为吉林省泰安工贸有限责任公司。泰安公司是为监狱改造罪犯提供劳动场所和劳动岗位的国有独资公司,经过18年的发展壮大,企业经济效益总体上呈稳步上升的趋势,人均日收入均超过吉新集团公司规定标准。2016年9月监狱改扩建项目进场施工,2018年监狱改扩建一期工程完工,同年9月5日完成了罪犯生产区和生活区的整体搬迁工作。现有服装、工艺车模等加工项目,可满足劳动密集型、来料加工等项目需求的人员和设备。

1994年12月30日《人民日报》《法制日报》正式提出了"依法治监"的法治理念,其目的是确保监狱各项工作制度化、规范化、法治化,最大限度地发挥监狱工作的职能,实现监狱工作的宗旨。1998年监狱根据《监狱法》和司法部474号《对罪犯实施分押、分管、分教的试行意见》及省监狱局《对罪犯分级管理细则》,下发《对罪犯分级管理分则》,根据罪犯改造表现、服刑时间、犯罪性质和恶习程度,把罪犯分成不同的级别实施管理,并给予相应的处遇,充分激励罪犯的改造积极性,最大限度地体现区别对待和给出路的政策,全程激励罪犯加速改造。

2007年12月制定的《罪犯奖惩办法》,2011年11月制定的《罪犯个别教育工作规范》《罪犯改造评审工作方案》,对罪犯的奖惩、个别教育、评审进行了具体目标、具体工作方面的明确规定。

2012年11月,党的十八大召开以来,公主岭监狱一是加强对罪犯的教育改造,努力把罪犯改造为守法的公民。二是狠抓监狱的执法规范化建设,依法保障罪犯的合法权益。三是认真落实宽严相济的刑事政策,对主观恶意不深的、对社会危害不大的人,按照法律的规定,放到社区当中去进行矫正。

2013年5月制定了《教育质量年活动实施方案》,监狱内开设亲情视频会见室,采取远程视频会见的方式,解决服刑人员家属因家庭经济困难或路途遥远、年老体衰等原因而无法来监狱会见的问题。同时建立了多媒体教室,采取现代化教学方式,提高服刑人员的学习兴趣,提升教学质量,从而提高罪犯教育改造质量。2016年,司法部下发《关于计分考核罪犯的通知》,其中规定计分考核内容分为教育改造和劳动改造两个部分,每个月基础分为100分。按照监狱管理规定,罪犯在服刑改造期间达到各项要求的,当月给予教育改造基础分65分。2017年,省局下发《吉林省监狱计分考核罪犯的规定》,要求计分考核按月进行,其中教育改造部分包括认罪悔罪、遵规守纪、接受教育三项内容,其中认罪悔罪15分、遵规守纪25分、接受教育25分。根据这些精神,2018年,监狱下发了《吉林省监狱计分考核罪犯实施细则(修订试行)》。

2019年监狱制定了《服刑人员劳动能力等级评估办法》《罪犯劳动改造部分计分考核办法》,并在监区和监舍安装大屏幕和触摸屏,方便罪犯查询考核分和相关政策。监狱的狱务公开、狱政管理、罪犯数据库、劳动管理、智慧监管指挥平台系统同年7月通过司法部"智慧监狱"建设验收,被命名为部级智慧监狱示范单位。

2019年3月,监狱派驻民警参与配合社区矫正机关开展对社区服刑人员的调查评估、重点人员的监督管控,对社区矫正中心及乡镇司法所的社矫工作人员进行业务指导和培训,还参与开展扫黑除恶专项斗争等工作。其间,共开展对社区矫正对象的集中教育33次,教育人数970余人;开展个别教育143人次,训诫61人次;开展危险及调查评估27件,建议收监4人;参与入矫宣告113人,解矫宣告64人;追查脱管漏管4人,取得了良好的法律和社会效果。

2021年以来,监狱教育改造工作主要包括以下内容:入监教育、思想教育、文化教育、职业技术教育、心理健康教育、个别教育、出监教育等。

吉林省公主岭监狱的历史是新中国监狱史的一部缩影,一代又一代监狱民警承载着厚重的历史责任,无私奉献、坚守不渝、心有所信、行稳致远,书写着改革的时代新篇章。以史为鉴,可把握未来,回顾65年走过的曲折的发展之路,对于建设现代化文明智慧监狱、振兴监狱事业具有重要意义。

谈"八劳"会议前后的闽西北山区监狱

黄 炜[*]

本文中的闽西北山区监狱是指"八劳"会议召开前后，在福建省龙岩、三明、南平三地市存在过的监狱、劳改支队和劳改独立大队，含曾经履行劳教职能后转为劳改职能及在劳改单位中设立劳教职能的省属单位。"八劳"会议是指公安部于1981年8月18日至9月9日在北京京西宾馆召开的，由各省（自治区、直辖市）公安厅局分管监狱和劳改支队工作的厅局长、劳改局局长、部分副局长、有关业务处长、基层监所劳改支队代表，及中央政法委、国家计委、财政部、人民银行、最高检、最高法、武警总部等方面代表参加的第八次劳改工作会议。

一、"八劳"会议前后的闽西北山区监狱概况

"八劳"会议召开前后，闽西北山区存在的监狱劳改单位有：福建省第一监狱（现闽西监狱），龙岩劳改独立大队（现龙岩监狱），福建省清流劳改支队（现清流监狱），永安劳改独立大队（现永安监狱），福建省第二监狱（现建阳监狱），福建省崇安劳改支队（现武夷山监狱），福建省宁化劳改独立大队（原宁化监狱前身，2000年撤场），福建省劳改局政和独立大队（原政和监狱，2004年撤场），福建省劳改局泰宁独立大队（或时称梅桥农场），楼前农场（或时称福建省第三劳改支队，1982年撤场），福建省沙县劳改支队（1984年组建，1985年撤场），福建省劳改局尤溪独立大队（或时称建新医院），永安入监队。1983年，统一将劳改单位移交给司法行政机关管辖时，福建移交的12个下属单位中，就有8个是闽西北山区监狱。现在的福建省女子监狱、建新医院（监狱医院）、女子强戒所（原女子劳改所）在"八劳"会议召开前后，都曾在闽西北山区驻扎过。现在的泉州监狱、漳州监狱、莆田监狱、宁德监狱都与闽西北山区监狱有着千丝万缕的联系。闽西北山区监狱在"八劳"会议召开后，经过撤、并、转、收、建、搬等布局和

---

[*] 黄炜，福建省永安监狱教育改造科科长，三级高级警长。

结构调整,蕴育了福建监狱系统的新垦精神、黄土精神,奠定了福建现代监狱发展的根基,可谓是福建监狱发展史上的"老母鸡"。

二、"八劳"会议对闽西北山区监狱的影响

"八劳"会议是在党的十一届三中全会召开以后,党和国家将工作重心转移到经济建设上来、实行改革开放的历史背景下召开的"一次承前启后,继往开来的历史性会议"[①]。"八劳"会议深入回顾总结了新中国成立32年来劳动改造工作正反两方面的经验与教训,提出了在以经济建设为中心的改革开放社会背景下,监狱和劳改工作的新任务、新目标、新政策、新举措。"八劳"会议奠定了新时代中国特色社会主义监狱制度的根基,开创了新时代中国特色社会主义监狱事业的新局面。"八劳"会议对在新中国监狱与劳改工作发展历程中的意义不亚于遵义会议和十一届三中全会在党和国家事业发展中的意义。闽西北山区监狱及整个福建监狱系统正是通过不断贯彻落实"八劳"会议精神,不断传承和弘扬老一辈监狱与劳改工作干警吃苦耐劳、自力更生、艰苦奋斗精神,不断进行布局调整、产业结构调整、思想观念更新等,走出了一条具有福建特色、山区监狱特点的发展之路。

1. "八劳"会议开启了闽西北山区监狱布局调整的新征程

闽西北山区监狱的设立有着厚重的"三线"建设和战备背景,选址基本上都在山高林密、交通不便、人口密度相对比较低的山坞里。产业基本上以稻、茶、果、畜等农业为主。闽西北山区监狱先后经历了5次比较大的布局调整,其中前3次基本上是在特定的社会大背景下,带有被动性质的调整,只有在"八劳"会议后的2次调整是出于监狱与劳动改造事业自身发展自发自主进行的调整。

闽西北山区监狱第一次布局调整,时间在1963年到1965年间,是在全部劳改单位归省级公安机关直接管理,以及出于战备需要,将沿海劳改单位全部内迁的大背景下被动进行的布局调整。该次调整,全省监狱劳改单位由创建初期的约450个,最终调整为29个,其中闽西北山区保留下来的监狱劳改单位有龙岩一监(含现在的闽西监狱、龙岩监狱及黄斜劳教农场)、建阳二监(含梁布、

[①] 王明迪:《一次承前启后,继往开来的历史性会议——纪念第八次全国劳改工作会议召开30周年》,《中国监狱学刊》2011年第4期。

小湖、永平农场)、清流劳改支队(新垦农场,含围埔分场)、明溪楼前农场(无法确定当时是否又称明溪支队)、泰宁独立大队(含弋口农场、朱口农场、梅桥农场)、松政劳改独立大队(东平农场,后来的政和监狱)、宁化独立大队(凉伞岗农场)、尤溪支队(建新医院)、永安独立大队(含文龙劳教农场和东坡砖瓦厂)、沙县官庄农场、三明大田广平水泥厂、建瓯白沙农场、南平延平西芹砖瓦厂、崇安支队(黄土农场)、永安入监队等15个单位,占当时福建劳改单位数50%以上。

闽西北山区监狱第二次布局调整,是在"砸烂公检法"和"左"的思想影响下,在对全省劳改单位实行军管,及"文化大革命"的背景下,于1969年前后被迫进行的调整。该次调整将监狱劳改单位纳入兵团管理,取消监狱劳改单位番号,对外统一称第几师第几团,福建省生产建设兵团司令部下设犯人管理处。有的监狱劳改单位有保留农场或厂(场)的名称,部分留场就业单位、劳教单位被撤销,部分铁路沿线的劳改单位的犯人被调到山区农业单位,部分单位改为完全由兵团战士劳作单位。经过该次调整全省的劳改单位只剩12个,基本上都在闽西北山区监狱,但闽西北山区中的沙县官庄农场、三明大田广平水泥厂、建瓯白沙农场、西芹砖瓦厂等被撤销,资产划归地方,省属的永安入监队被撤销,永安和南平两个劳改分局也被撤销。

闽西北山区监狱的第三次调整,是在恢复劳改单位建制的大背景下,于1972年至1975年间被迫展开。该次调整成立了省革命委员会劳改局,重新组建(恢复押犯)劳改单位中的9个,涉及闽西北山区的监狱劳改单位的有:于1974年收回永安大洲后砖瓦厂(原在永安市东坡,称永安东坡砖瓦厂,即原来的永安独立大队),并恢复龙岩和建阳的第一监狱和第二监狱;在产业上开始向工业转移,如第一监狱建龙岩机械厂,生产注塑机,第二监狱建化工配件厂等,并开始大量改建兴建机砖厂。

闽西北山区监狱的第四次调整,是在"八劳"会议召开前后,是监狱劳改单位在学习贯彻落实党的十一届三中全会精神,监狱劳改单位移交给司法行政部门管理的大背景下,监狱劳改单位出于自身发展需要,自主自发进行、由下而上开始的布局和产业结构调整,时间大约在1980年至1986年前后。由于是自内而外的调整,调整的速度比较慢,节奏也比较稳。此次调整对闽西北山区监狱劳改单位而言,撤销了泰宁梅桥农场(泰宁独立大队)、明溪楼前农场、尤溪医院(建新医院,搬迁和并入福州白沙省第三监狱);龙岩监狱从原省一监下属大队分离出来,成立省属的独立大队;女劳教从清流劳改支队剥离,单独建立监所;

沙县劳改支队的筹建与撤迁;省劳改局升格为二级局,在泉州市建第四监狱。因此,全省监狱、劳改支队在该次调整中总体呈扩张态势,闽西北山区监狱在该次调整中呈收缩态势,监狱劳改单位的产业也呈萎缩态势。

闽西北山区监狱的第五次调整,是在全社会开启社会主义市场经济体制建设、改革开放不断深入,以及《监狱法》的颁布实施、监狱工作方针调整、全面开展现代化文明监狱创建和监狱体制改革等大背景下展开的。这次调整时间跨度比较长,从1995年开始(计划与规划1992年开始制定),到2010年基本结束,全省监狱按照"三个转移、两个收缩、一沿一中心加两条线"的战略布局自主自发地展开布局和产业结构调整。该次调整加快推进了边远山区向沿海地区和省会中心城市、铁路和国道沿线转移,农业单位向工业单位转移,监外野外生产劳作向监内封闭劳务加工转移,收缩了基础条件差、监管设施低矮破旧、监管安全无保障的关押点,以及发展前景差、经济质量和效率低的生产单位。在该次调整中,全省撤销了100多个关押点,在沿海一线增设了漳州、福清、莆田、厦门等监狱;收缩了闽西北山区监狱中的宁化监狱、政和监狱,确保每个地级市两所左右的监狱,并收缩了保留下来的闽西北山区监狱分散的关押点,确保每所监狱只有一个中心关押点。如清流监狱先后将12个关押点收缩为6个,永安监狱将4个关押点收缩为1个,武夷山监狱也将4个关押点收缩为1个。产业从水泥机砖建材生产、机械制造、茶稻果木农业,逐步转向建桥修路、筑坝、建筑盖楼等外役劳务,再转向全封闭的来料加工。2010年后,福建监狱又开启了新的一轮布局调整,分别在宁德市设立并建成宁德监狱,在厦门市增建翔安监狱,在泉州市增建洛江监狱。

2. "八劳"会议加速了闽西北山区监狱教育改造功能的回归

从奴隶制度社会夏朝的"代天行罚、宗法礼治、幽闭思愆",到商朝的"代天行罚、宗法礼治、苦役惩罚",再到西周时期的"圜土聚教罢民,明刑以耻之,明德慎罚、宗法礼治、幽闭苦役";从春秋战国时期的"重刑轻罪,明法重刑",到大秦帝国的"弃礼用法,聚法严刑,广狱酷刑",再到两汉的"德主刑辅,德刑兼重,礼法并用,恩威并施";从魏晋南北朝时期的"务求平缓、礼刑兼用、以礼为主、以刑为辅",到隋唐时期的"崇尚惠政,慎狱恤刑,仁恕慎刑,以威治狱",再到宋元明清的"布德恤刑,明刑弼教";从"典服五刑"到"缇萦救父、废除肉刑";从"引礼入律",到"悯囚恤刑";从"三个为了"到"两个结合",再到"改造第一、生产第二",最终到惩罚与改造相结合、以改造人为宗旨,中华民族治狱思想的演变历程,表明了人类行刑制度从生命刑、肉刑到自由刑、矫治刑的不断演进;表明了中华民族治狱历程从野蛮走向人性、从残酷走向文明。新中国成立以来的监狱(劳改)工作方针也经过四次变革,特别是"八劳"会议后,对当时监狱(劳改)工作方针的思考、论证以及现行监狱工作方针的提出,不仅是对我国传统优秀治狱思想的传承与创新,也进一步表明了中国共产党依法治监思想日趋成熟与完善。

——"三个为了"方针。1951年5月15日,第二次全国公安会议决议确立了新中国第一个劳改工作方针:为了改造他们,为了解决监狱困难,为了不让判处徒刑的反革命分子坐吃闲饭,必须着手组织劳动改造工作。"三个为了"方针在深刻总结并传承中国共产党自土地革命以来,管理与教育改造苏维埃政府和抗日根据地"囚犯"的方针政策的基础上,结合新中国成立初期国家的主要任务和重要工作,将劳动改造罪犯确立为社会主义监狱的主要任务和教育改造罪犯的主要方式,要求从政治上改造罪犯,组织罪犯劳动改造,创造物质财富,减轻新中国成立初期国家的经济负担等。"三个为了"方针具有传承性、开创性和时代性,指明了新中国监狱教育改造工作的发展方向。

——"两个结合"方针。1954年政务院颁布的《中华人民共和国劳动改造条例》第四条确立"劳动改造机关对于一切反革命和其他刑事犯所施行的劳动改造,应当贯彻惩罚管制与思想改造相结合、劳动生产与政治教育相结合的方针"。"两个结合"方针是在特定的历史条件下对"三个为了"方针的提升,较好地阐明了刑罚执行与改造思想的关系,首次将惩罚管制、强迫劳动、思想教育确立为新中国改造罪犯、预防犯罪的基本方法。但从"两个结合"方针贯彻执行期间劳改单位参与"大跃进"等历史事件看,"两个结合"方针也在一定程度上造成了过度追求生产指标、过分加大罪犯劳动强度的情况,以及"教育万能论"等思想的滋生。

——改造第一、生产第二方针。1964年,第六次全国劳改工作会议提出了"改造与生产相结合,改造第一、生产第二"的监狱(劳改)改造方针。"第一第二"方针是在总结回顾"两个结合"方针经验教训,结合当时中央领导同志对劳改与监狱工作的批示指示精神的基础上提出的,其继承了"三个为了"和"两个结合"方针中教育改造、感化教育、改造思想、重塑灵魂、创造精神产品等优秀核心品质。

《公安部党组关于第六次全国劳改工作会议的情况通报》提出:"要做好劳动改造工作,须明确,改造是目的,劳动生产是改造的手段。必须实行'四个第一',即'改造与生产相结合,改造第一';'思想教育与军事管制相结合,思想教育第一';'教育说服与强制压服相结合,教育说服第一';'在教育说服中,抓活的思想第一'。""八劳"会议继续把"改造第一、生产第二"确立为监狱(劳改)工作方针,并提出教育改造与劳动改造是相辅相成的,不可偏废,只有这样,才能把罪犯改造成为拥护社会主义制度的守法公民和社会主义建设的有用之才。要实行惩罚管理与思想改造相结合,劳动生产与政治文化技术教育相结合,严格管理和教育挽救相结合。1982年2月18日颁布的《监狱劳改队管教工作细则》进一步明确,管教工作应当认真贯彻执行"改造第一、生产第二"的劳改工作方针。"改造第一、生产第二"的方针,造成了监狱和劳改队惩罚功能的弱化、淡化,以及认识上的歧义,不能正确反映和体现监狱和劳改队在国家机构体系、社会治理体系中的政治属性和社会属性,在国家法律与法治体系中的功能。

——惩罚与改造相结合、以改造人为宗旨的方针。第八届全国人大常委会第十一次会议于1994年12月29日审议通过的新中国第一部《监狱法》第三条规定:监狱对罪犯实行惩罚和改造相结合、教育和劳动相结合的原则,将罪犯改造成为守法公民。1995年2月,国务院国发[1995]4号文,将"惩罚与改造相结合、以改造人为宗旨"确立为监狱工作方针。新的监狱工作方针的确立,不仅传承了我国优秀传统法治文化中的厚德崇法、宽柔以教、不报无道、劝善惩恶、禁奸止邪、赏善罚恶、明刑弼教等狱治思想,而且准确反映了我国社会主义监狱的性质与职能、根本任务与基本特征,准确表达了毛泽东劳动改造罪犯思想的实质,展现了我国刑罚执行工作的先进性。社会主义监狱的惩罚不是奴隶社会、封建社会、资本主义社会的打骂体罚、刑讯虐待,而是在依法监管下的严格、文明、科学管理的惩罚,是具有惩戒规训、行为养成、思想矫治、引导激励功能和寓管于教、管教结合、管中有教的惩罚。"惩罚的目的是为了改造,改造是监狱的最终目的,监狱的一切工作都应该围绕'以改造人为宗旨'来开展。""监狱任何时候都必须把惩罚和改造作为首要任务,而组织罪犯从事生产劳动也是改造罪犯的必要途径之一,搞好监狱经济是为惩罚与改造罪犯服务的。"①

"八劳"会议深刻总结了新中国成立30年来,劳改工作六个方面宝贵经验,提出了新的历史时期加强和改进监狱、劳改工作五个方面的主要任务。其中关于教育改造工作的新任务、新要求主要有:(1)认真贯彻劳改工作方针政策,改

---

① 张秀夫主编:《〈中华人民共和国监狱法〉讲话》,法律出版社1996年版,第53页。

进管教方法;(2)对罪犯要严格管理,实行强迫改造;(3)要相信绝大多数罪犯是可以改造为新人的;(4)要恢复劳改工作的好传统、好政策,并根据新情况创立一些新的政策和办法;(5)对青少年罪犯,要像父母对待患了传染病的孩子、医生对待病人、老师对待犯了错误的学生那样,做耐心细致的教育、感化、挽救工作;(6)要认真组织罪犯学政治、学文化、学技术、学科学;(7)要教育罪犯在服刑期间遵守法律、法令、监规,服从军事管理,积极劳动生产,接受政治、文化、技术教育;(8)要加强对罪犯的教育改造工作,把劳改场所办成改造罪犯的学校;(9)要设置教育机构,配备专职教员,增加教育设备和经费,建立教学制度,进行系统的教育。

　　闽西北山区监狱"八劳"会议以来,不断创新教育改造罪犯方式,丰富教育改造内容,走出了一条由粗犷到精细、由模仿到自主的教育改造工作发展之路。闽西北山区监狱在"八劳"会议后,随着反革命犯逐步减少、普通刑事犯逐渐增加,以及文盲加法盲加流氓的押犯结构特点,特别是针对绝大部分罪犯受腐朽思想和生活方式的侵蚀,受无政府主义、极端个人主义思想影响,理想信念缺失、法律意识和守法观念淡薄、思想愚昧,因精神空虚走上犯罪道路的特点,以及在服刑改造中表现出为所欲为、任意横行、拉帮结伙、寻衅滋事、是非不分、遇事任性、劳动拈轻怕重、不服管教、无视监规,容易铤而走险、破罐子破摔等特点,[①]在教育改造内容上,由"八劳"会议前的以政治和形势政策感召宣教为主,逐步走向以政治教育为主,形势政策教育、文化教育、技术教育、法律常识、科学技术、理想信念、心理常识等多种教育改造内容并重的发展道路;在教育改造方式上,由"八劳"会议前的封闭集体教育为主、个别谈话教育为辅,逐步走向集体教育、电化教育、个别矫治、分类教育、心理咨询、行为规训、社会帮教、亲情感召、公益救助等多元教育矫治方式并举、齐头并进的教育矫治道路。

　　一是设立专门的教育改造机构。在1982年前后,将教育改造职能从原来的管教股中剥离出来,设立专门的教育改造科负责罪犯的教育改造工作,奠定了教育改造工作专业化发展的基础。二是从社会选调了一大批有社会教师经历的干部到监狱专门从事教育改造工作。三是于1986年前创办"特殊学校",并成立相应的教务处、教研室等教育教学机构,规范、系统开展扫盲、初小、高

---

① 参见中国监狱工作协会编:《新中国监狱工作五十年:1949.10—2000》,法律出版社2019年版,第196页。

小、初中文化教育,及各种专题专项与分类教育。如永安劳改支队时期的育新学校、清流劳改支队时期的新治学校、原省一监的龙岩培新学校等。四是比较正规系统开展"三课"教育。20世纪80年代开始,还把对犯人的技术教育正式列入监狱、劳改队的工作计划,并提出要培养场地两用人员,使犯人刑满后有一技之长。

3. "八劳"会议确立的劳改干部政策,为闽西北山区监狱发展提供不竭动力

闽西北山区监狱"八劳"会议前的干部职工队伍结构比较复杂,文化层次普遍比较低,而且还存在身份不明确、待遇无保障、警囚比例低等系列问题。闽西北山区监狱"八劳"会议前的干部职工队伍主要由六部分组成:一是参加过抗日战争、解放战争和抗美援朝等战争且战功卓越的军转战士、干部。二是新中国成立前后(含福建解放)参加土改的干部,以及参加剿匪的公安兵。三是1957年前后从地方调入的一批行政干部(大部分是劳改工作未收归省管时调入)。四是1963年至1964年大中专院校毕业分配到劳改单位工作的干部。五是1970年前后,劳改单位划归兵团管辖时,接收的一批"老三届"兵团战士。六是劳改干部职工的子弟,经入伍参军后退伍转业安置,或以补员、以工代干等方式参加劳改工作。

"八劳"会议及其调研筹备过程中确立的劳改干部队伍政策有:(1)劳改工作干部属公安人员,应按规定着警服。在调配、退休、离休、退职、死亡、抚恤等方面享受公安干警同等待遇。(2)劳改工作干部享受与公安民警同级同等工资待遇,即"略高于同级行政干部"。(3)符合一定条件(居住在农村的配偶和丧失劳动能力或未成年的直系亲属)的干部家属可以"农转非"和随迁到干部所在劳改单位落户。(4)加强干部队伍的思想政治工作和法制教育,进一步统一思想,增强团结,整顿纪律作风。(5)创立劳改劳教工作学校,加强干部教育培训,招生指标列入地方统一招生计划。(6)20世纪50年代押犯人到边疆等办劳改农场,现仍从事劳改工作的干部,离退休后可回原籍安置。

"八劳"会议后闽西北山区监狱干部队伍的结构得到了进一步优化,革命化、专业化程度得到强化。一是在1982年前后,尤其是"严打"后押犯不断增加、警力严重不足的情况下,充分发挥"农转非"政策优势,从社会调入一批行政、企业干部,这批干部或具有中小学教育经历,或具有乡镇村等地方工作经历,或具有社会企业经营管理经历,个别还具有公检法单位工作经历,有的还具有大中专学历,为监狱(劳改)工作的发展引进了一大批人才。二是1986年前后,在干部子弟(含"严打"后调入)中招录了一批"以工代干"(经批准在中队帮助或代替干部做管理工作)职工,这批职工后来陆续经考干,转为正式民警,有的成长为监狱或省局级领导。三是创办劳改劳教工作学校,培养和培训具有监狱、劳改工作专业知识的干部,为监狱、劳改工作发展提供了不竭的动力源泉。如福建劳改劳教工作警官学校于1985年成立,1986年开始招收高中毕业生,1988年首届毕业生毕业后,大部分分配到闽西北山区监狱工作。四是定期接收社会大中专院校毕业生,大批具有法学、行政管理学、农学、建筑学、心理学、教育学等与监狱工作或监狱企业所需专业相适应的大中专院校毕业生,被分配到闽西北山区监狱工作,丰富和改善了闽西北山区监狱民警队伍的知识与专业结构。如永安监狱和清流监狱1992年接收警校毕业生10余名,接收社会大中专院校毕业生30余名,专业包括师范、建材、水泥制造、建筑设计、中医、财会、茶叶机械等。再比如,闽西北山区监狱于1993年至1996年间先后接收了一大批原三峡工程学校毕业生,为三峡移民工程作出贡献的同时,一定程度上缓解了警力严重不足的问题。五是1990年前后接收一大批青海省监狱系统调来的民警职工,促进民警职工队伍结构进一步优化。六是接收部队转业干部成为常态。

1949 年以来甘肃监狱的变迁

席克让*

谨以此文向新中国成立以来为甘肃监狱事业发展作出贡献的所有前辈致以崇高的敬意!

——题记

一、居无定所

1949 年,随着甘肃全境相继解放,甘肃省先后接受原国民党政府甘肃高等法院所属监狱 4 所,分别为兰州监狱、天水监狱、平凉监狱和武威监狱,接受各县区监所 71 所。这些旧监所,目前还能看到的只有天水监狱保留的一段旧监墙,据说是用小米水加黏土修建的,异常坚韧、牢固。但在新中国成立初期,监狱大多是没有监墙的,当时的劳改队还是流动的,没有固定的居所。

1951 年 2 月 5 日,全省监狱和看守所由司法部门正式移交公安部门管理,甘肃省公安厅于 2 月 7 日设立劳改工作处。当时的兰州城,满目疮痍、遍地废墟,为了让这个城市在新主人的手中尽快焕发生机,按照毛主席"三个为了"(大批应判徒刑的犯人,是一个很大的劳动力。为了改造他们,为了解决监狱的困难,为了不让判处徒刑的反革命分子坐吃闲饭,必须立即着手组织劳动改造工作)重要指示,甘肃省公安厅将兰州市红山根原管训大队改名"甘肃省人民政府公安厅直属劳动改造大队",抽调 1 300 余名犯人,参与烧制砖瓦和石灰,对外称兰州新生砖瓦厂,这是甘肃成立的第一个劳改队。

今天的红山根已经找不到当年砖瓦厂的痕迹,但中铁局西北铁路设计院等建成于 20 世纪五六十年代的一些旧楼房,还能折射出兰州新生砖瓦厂的影子,其建筑用砖和石灰,都是这个砖瓦厂生产的。历经近 70 年的风风雨雨,这些旧建筑上青砖的棱角依旧分明、白灰的本色还没褪去……除了烧砖,当时的劳改

---

* 席克让,甘肃省监狱学会秘书长,二级调研员。

队还要承担更为艰巨的任务——修路。

1951年10月,天水南郭寺,这个被誉为陇右第一名刹的寺院里,先后分两次接待了一批特殊的人——陕西省公安厅直属劳改支队,这个押着5 000多犯人的劳改队,主要任务是支援甘肃修建天兰铁路。他们相继在南郭寺借宿后,徒步前往施工地点(武山县境内),以便和两个月前组建的甘肃省人民政府公安厅劳动改造支队(简称筑路工程队),共同完成天兰铁路路基的建设任务。

据《甘肃劳改工作志》记载:当时修筑铁路是流动作业,一年搬迁转移工地两到三次,都是背上行装徒步前往。路远的时候中途住宿,大多是在野外画地为牢,犯人住圈内,干部和看押部队住外围。

1952年8月,经过一年的披星戴月,陕、甘劳改支队完成了天兰铁路路基建设任务。1953年初,陕西公安厅直属劳改支队划归甘肃,为甘肃省人民政府公安厅第一劳改支队,甘肃省人民政府公安厅直属劳改支队为甘肃省人民政府公安厅第二劳改支队。至此,两个劳改队开启了长达4年的兰新铁路建设任务。

从兰州的河口跨越黄河,逆庄浪河而上,直至海拔3 000米处,冒着乌鞘岭的冰雪和寒风,顶着戈壁滩的风沙和烈日,两支劳改支队将铁路路基一直延伸到星星峡……在千里河西走廊,于严寒酷暑中风餐露宿的劳改队,书写着一个又一个的传奇!老同志曹文贵在《我在基层劳改单位的工作回忆》中写道:那里(乌鞘岭)无人居住,也无树木,我们在山旮旯中挖块平地,搭起单片帐篷住宿办公。犯人住的地方,利用山坡斜度挖个三面有墙的方形坑,上面搭上帐篷,正前面挖一个两米深两米高的壕沟,防止逃跑……有一次大雪下了一夜,天没亮帐篷被压塌了,我们起不来,相互叫着,还开玩笑说,被子厚了更暖和,等天亮了再起床揭"被子"……

当时的劳动,全凭人力抬、背、挑,干部带工的同时亲自参加劳动,同时还特别注重采纳劳改人员的意见和建议,比如由犯人摸索出的"葫芦炮",因省力省炸药,在铁路系统各施工队全面推广。

艰苦劳动之外,劳改队领导想方设法丰富业余生活,放露天电影、邀请秦剧团慰问演出,组织排球、乒乓球比赛,甚至还会在地坑子会议室里办舞会……

1955年7月,随着包兰铁路建设接近尾声,二支队又被转移至皋兰县,修建包兰铁路(兰银段)。这里可以在黄土层上挖窑洞居住,工作环境有所改善。今天,在兰州到白银的这条铁路沿线,还能看到当年劳改队修铁路时住过的窑洞,这些黑黝黝的窑洞和环境极为不协调,但当年却为劳改队遮了很多风,挡了不少雨。在工程推进到景泰至中卫段时,又住进了地窝子,还遇上了吃水难的问题,当时生活用水因碱性大,饮用后连大便都是黑的……

经过三年奋战,完成任务的二支队又转移到河西,修建嘉峪关到镜铁山的铁路。这段路线,异常险峻,劳改队又遇到了新的挑战,但二支队于1959年夏天完成任务。

据不完全统计,20世纪50年代,劳改队建成天兰、兰新(兰州至安西柳园)、包兰(兰州至宁朔)3条铁路干线及镜铁山等数条支线的路基2 000多公里,完成土石方2 100多万方……

随着铁路工程暂告段落,甘肃劳改队又开启了新的建设任务,参与修建水利工程。如1957年组建昌马水利工程队(后组建为第二水利工程队),参与民勤红崖山水库修建任务;1958年组建第一水工程队,参与修建安西双塔水库;1960年组建第三水利工程队,参与修建敦煌党河水库总干渠等。

今天,这些水库还为当地农业、工业以及生活用水发挥着极为重要的作用,面对这些在戈壁滩上创造出的奇迹,让人浮想联翩,思绪万千。

在甘肃劳改队修建的各大工程中,还有一个不得不提,虽然它建成于1972年,但劳改队为它的付出,完全可以和新中国成立初的基建工程相提并论,它就是岷代公路。

"世界上本来没有路,走的人多了便成了路",只是岷代公路这条路"走"得格外困难……如今这里不但是一条路,还是一个旅游景点,这条被标注"离天最近的路",已是甘南和陇南旅游线路中,最值得打卡的地方。沿着腊子口的峡谷向北挺进,巨石扑面、河流奔涌、绿荫叠翠,约30公里后,便到铁尺梁脚下。爬行数十个近360度的大转弯后,山巅上的白雪便映入眼帘,海拔3 500米处,当地政府打造了一个观景台。在此驻足,俯瞰这条从山下到山顶就走过了一年四季的盘山公路时,能令人顿生出一种难以名状的诧异!刻在观景台旁石壁上的诗句,似乎倾泻出了翻滚于内心的震撼与感动:深入骨髓的美,使目光很痛。这些春天里抽出的心,都被苦涩的秋霜惊醒,在不可磨灭的记忆中——燃烧……

诗是甘南本地诗人阿垅写的,斗大的红色的汉字,就是跳动在岷代公路上的永久音符。

二、走向集中

1952年,按照"长期打算、重点投资、有计划有步骤逐步走向集中的"方针,甘肃省成立了省、地两级劳改生产管理委员会,并召开甘肃省第六次公安会议和各专(市)区劳改处(科)长联席会议,有计划地在各地开荒种地,创建农场。当年,各专区公安处建成的农场就有临夏大西滩、靖远三合、永昌土佛寺等农场。

创建农场的主战场自然在河西,这个东西长千余公里、南北宽百余公里的走廊,有个永不枯竭的生命源——终年积雪的祁连山。疏勒河、黑水河与石羊河这三个来自雪山的河流,将冰莹洁净的雪水,源源不断地输送到河西走廊的西、中、东部,无私地滋养着这片黄河无法眷顾的土地。新中国的诞生,必将使这块热土焕发出新的生机。

由于水利设施的不断完善,在河西走廊这片热土上,当年的劳改队开垦的农场星罗棋布,四处开花。1956年开垦的地处玉门镇黄闸湾西北约4公里的饮马农场,南北约30公里,东西40公里,可耕地面积6万亩。加上之后置换来的饮马二场和三场,总耕地面积达17万亩。另外还有城郊农场、高台农场、新华镇农场、下河清农场、城湾农场、夹边沟农场、十二公里农场、黄泥堡农场,等等。今天,当我们在回头看这些农场时,有的已被当地政府改造为新农村,有的还以国营农场的方式运行,昔日的建筑已所剩无几,询问当地住户(大多是搬迁户)和职工,很少有人知道这些养育他们的土地,曾是劳改队开垦的。

在甘肃其他地方,劳改队也创建了不少农场,如合水县的庙咀子、兰州市的平安台农场,靖远县的陡城、三合农场,武都区的两水农场,宁夏州的大西滩农场等。另外,还有1958年划归宁夏回族自治区的潮湖、惠农、简泉、张亮广、马太沟、红疙瘩等农场。

为了加强对劳改工作的领导,1955年12月成立了甘肃省公安厅劳改管理局,两个月后又成立了甘肃省公安厅劳改管理局酒泉分局、银川分局。

除了垦荒,还要开矿,其中以1958年上马的马鬃山煤矿、公婆泉铁矿和1964年上马的天祝石膏矿最为典型。

天祝石膏矿位于天祝藏族自治县石门镇马营坡村,曾经是全国四大雪花石膏生产基地。1975年,省局在这里又建成了天祝水泥厂,为省第三劳改支队,于1982年和石膏矿合并,统称为第一劳改支队。2011年搬迁撤并,矿山以及整块底盘全部转让地方政府。

当时,劳改队在工业生产方面也是不甘人后。据统计,从1954年开始,全省先后共创建工业单位42个(包括矿山、基建队、面粉加工厂等),工业产品达22种,其中大中修汽车、青砖、布鞋、毛织口袋等产品于1963年纳入全省生产计划。1958年酒泉新生农具厂试生产出了第一辆"祁连牌"吉普车。酒泉监狱捐赠给省监狱陈列馆的一台机床,上面还写着酒泉新生机械厂生产,经考证它应该是"祁连牌"吉普车的生产车床。

有些工业单位,后来发展成为我省工业生产行业的佼佼者。其中有从兰州新生被服厂发展而成的兰州阀门厂,由武威新生机械厂和张掖新生机械厂搬迁临夏后发展而成的临夏液压件厂,从生产缝纫机到最后转型发展成生产机床的天水机床厂,从织布起步发展成生产医疗纱布以及橡皮膏的平凉卫生材料厂,还有后来发展为兰州客车厂的兰州新生汽车修理厂和定西新生机械厂,发展为定西起重机厂的酒泉新生农具厂(电动葫芦生产线),发展为平凉机床附件厂的平凉新生机械修配厂……这些工业单位中,兰州客车厂生产的仿解放牌载重汽车和L6110K型客车,酒泉电机厂生产的JO2系列、Y系列、H系列电机,定西起重机厂生产的H系列和CD系列电动葫芦,白银风机厂生产的金扇牌系列风机,临夏液压件厂生产的柱塞泵和工程液压元件,天水机床厂生产的BY系列牛头刨床,兰州阀门厂生产的电动阀门、液控阀门,平凉机床附件厂生产的KZ系列定心卡盘,平凉卫生材料厂生产的铁棒锤止痛膏等,都是甘肃劳改系统的拳头产品,其中有不少还是省优、部优产品。

1954年印发的《中华人民共和国劳动改造条例》,使劳改人员管理工作逐步走向正规。1956年省公安厅印发的《犯人积极分子委员会组织实施办法》中明确规定,在犯人积极分子委员会下设社会主义劳动生产竞赛委员、学习辅导委员、纪律维护委员、文娱体育委员、安全卫生委员、伙食供应委员。各委员都有明确的职责,其选举、工作方面的规定都很明确,为促进改造发挥了积极作用。同年,省教育厅正式批复:对犯人的文化教育是一项特殊教育,由公安部门主管,教育行政主管部门指导,加挂某某学校名称,颁发毕业证书。

这些都是罪犯管理及教育改造工作逐渐步入正轨的最好见证,但在初见发展成效的时期,甘肃的劳改事业却面临着更加严峻的考验……

三、撤并搬迁

继1957年反右倾运动和1958年大跃进后,全中国人民在1959年步入了"三年困难时期"。《中国共产党历史》(第二卷)对"三年困难时期"群众生活状况和人口变动情况的记载是:"粮、油和蔬菜、副食品等的极度缺乏,严重危害了人民群众的健康和生命。许多地方城乡居民出现了浮肿病,患肝炎和妇女病的人数也在增加。由于出生率大幅度大面积降低,死亡率显著增高……"此时的河西地区也面临着粮食严重短缺的问题,而在人员高度集中的劳改单位,粮食短缺的问题尤为严重,甚至出现"三类人员"(刑满释放和清理的劳改犯、劳教分子、留场就业人员)死亡的问题。为减少因粮食短缺造成的死亡,1959年将省第二筑路工程队撤并新华镇农场,特赦劳改人员3 000余名;1960年大力撤并分散的劳改摊点,合并河西12个农场,建立高台总厂;1961年外调9 000名"三类人员",1 500余名干部及家属到新疆"移工就食",同时撤销了夹边沟农场。

紧接着,撤并了酒泉新生被服厂、马鬃山煤矿、公婆泉铁矿、张掖被服厂、武都汉王寺石灰矿、临夏窑沟煤矿等。截至1962年底,全系统39个劳改单位压减至26个。其中工业单位9个,农场17个。1965年开始,又撤销了各专区劳改科,专区所属劳改单位全部整合,共撤、并、移交了子午岭、庙咀子、嘉陵、四工、城湾、十二公里、海子沟等农场和兰州新兴剧团、兰州消防器材厂等单位和工厂。

而更大规模的撤并和移交始于1969年4月的"备战搬迁"。"备战搬迁"就是为了备战需要,将河西地区的劳改农场和监狱无条件移交地方和部队,人员全部向东搬迁。搬迁的总体方案是:撤销酒泉劳改分局、酒泉劳改医院、酒泉城郊农场,撤并酒泉新生机械厂(起重机分厂搬迁至定西新生机械厂);饮马、十工、新华镇农场搬迁靖远五大坪农场;下河清农场搬迁红光园艺场;高台农场人员搬迁靖远井尔川(后搬迁至北湾农场),武威监狱和张掖新生机械厂搬迁临夏,兰州新生砖瓦厂和武威新生砖瓦厂搬迁甘谷。

据《甘肃劳改工作志》记载:1969年仓促撤销的13个单位中,11个是河西走廊的劳改基地,基本上无条件交出土地10万亩,防风林带4 000亩,树木85万株(不含城郊、高台农场),这些交出去的农场,除少数被国防部队接管外,大多数被军垦农场接收经营。

因为备战搬迁,在千里河西走廊开辟了一片天地的劳改单位,又要去开发一片属于自己的天地。作为最重要搬迁目的地,五大坪和红光园艺场,由于基础设施有限,一时还容纳不下这么多人,以至于大多数人又要回到住地窝子的时代。至于另外一个目的地——井尔川,本来就是要在深山里去开矿,条件自然艰苦。

曹文贵同志在《我在基层劳改单位的工作回忆》中写道:我们高台农场全部搬迁到靖远井尔川深山沟里开矿,单位改为"甘肃省井尔川建井队",一到达,就边修房、边学习、边开矿……在煤矿上,把井下工作的人叫"埋了没有死的人",但这话没有吓倒我们,大家照常努力工作,在一次井下作业中,工作组长和一名年轻干部被毒气闷倒,抢救无果献出了宝贵的生命……还有两位同志的家属,挖山建房时,被崩塌下的土石压死……

据统计,截至"文化大革命"结束,全省因撤销、合并交出的劳改单位182家,其中省属的63家,包括31家农业单位,26家工业、建筑业单位,6家行政事业单位;专区、州市属的劳改单位63家,县办劳改单位56家。

四、职能回归

党的十一届三中全会以来,全省劳改系统拨乱反正,积极恢复监狱和劳改队惩罚改造的本质属性。

1981年召开了第八次全国劳改工作会议,时任中共中央书记处书记的习仲勋同志接见了与会代表,并发表了重要讲话,提出著名的"高人一等论",即"你们(劳改警察)的工作,不是低人一等,而是高人一等"。"八劳"会议在1964年第六次全国劳改工作会议提出的"改造第一、生产第二"劳改工作方针后增加了"注重改造"四个字,助推了劳改队本质属性回归。1982年,公安部印发了"八劳"会议讨论通过的《监狱、劳改管教队工作细则(试行)》《对罪犯教育改造工作的三年规划》《犯人生活卫生管理办法》,甘肃省还出台《罪犯百分考核制度》,这些制度为劳改队规范运行提供了制度保障。

1983年根据中央关于将劳改、劳教工作移交司法行政部门管理的决定,省公安厅将劳改局及所属监狱、劳改队、劳教所全部移交省司法厅管理。1994年随着《中华人民共和国监狱法》颁布,按照司法部通知要求,全系统正式更名:甘肃省劳改局为甘肃省监狱管理局;甘肃省第一监狱(甘肃省兰州阀门厂)为甘肃省兰州监狱;甘肃省第二监狱(甘肃省临夏液压件厂)为甘肃省临夏监狱;甘肃省第三监狱(甘肃省天水机床厂)为甘肃省天水监狱;甘肃省第四监狱(甘肃省平凉卫生材料厂)为甘肃省平凉监狱;甘肃省第一劳改支队(甘肃省天祝建材厂)为甘肃省天祝监狱;甘肃省第二劳改队(甘肃省兰州客车厂)为甘肃省金城监狱;甘肃省第三劳改队(甘肃省永登石灰石矿)为甘肃省永登监狱,2009年加挂甘肃省未成年犯管教所牌子;甘肃省第四劳改支队(甘肃省定西通风机厂)为甘肃省定西监狱;甘肃省第五劳改支队(甘肃省甘谷暖气片厂)为甘肃省甘谷监狱;甘肃省第六劳改支队(甘肃省五大坪农场)为甘肃省铜城监狱;甘肃省第七劳改支队(甘肃省寺儿坪农场)为甘肃省白银监狱;甘肃省第八劳改支队(甘肃省红光园艺场)为甘肃省金昌监狱;甘肃省第九劳改支队(甘肃省平凉机床附件厂)为甘肃省柳湖监狱;甘肃省第十劳改支队(甘肃省北湾农场)为甘肃省靖远监狱;甘肃省第十一劳改支队(甘肃省两水农场)为甘肃省武都监狱;甘肃省第十二劳改支队(甘肃省酒泉电机厂)为甘肃省酒泉监狱;甘南藏族自治州劳动改造大队(甘肃省地方国营合作农场)为甘肃省甘南藏族自治州合作监狱,2008年划归省监狱管理局直属;甘肃省劳改局兰州医院(甘肃省康泰医院)为甘肃省监狱管理局兰州医院,2007年更名为甘肃省新桥监狱;甘肃省武威少管所于2000年加挂甘肃省武威监狱牌子,2004年起武威监狱不再收押未成年罪犯,在押未成年罪犯全部调兰州监狱改造。

全系统大力落实"八劳"会议精神,大胆起用一批技术性干部和职工,在犯人教育改造和单位发展经济上取得了前所未有的成绩。其中,被誉为"黄河岸边一颗明珠"的五大坪农场就是代表。从河西搬迁来的时候,除了地窝子,五大坪人记忆最深刻的还有大涝坝,注满浇地的黄河水后,人畜共用……就是在这样条件下,经过艰苦创业,五大坪农场于1997年被司法部记集体一等功,开创了全省监狱系统的先河,将"特别能吃苦,特别能战斗,特别能奉献"的劳改精神发扬光大。

但随着改革开放的深入,习惯于计划经济的监狱和劳改单位在市场经济的大潮中每况愈下,无情的市场,让我们又一次陷入了困境——单位入不敷出,全系统大范围长时间拖欠干部职工工资,个别职工的生活难以为继!为此,我们又不得不走"外出劳务"的路。

五、外出劳务

红光园艺场,这个地处吉林巴丹和腾格里沙漠之间的绿地,还有个佛系的名字——土佛寺。新中国成立初,第一任场长王长寿同志,带领几十名犯人,在两大沙漠的夹缝中,开垦出了这片耕地,也练就出了一套和困难作斗争的顽强品质,这种品质就是"红光精神"的雏形。公安部二级英模张维德同志又将这种精神传承发展到了另一个高度。1960年,这个土生土长、只有28岁的年轻干部,只身一人,带着7名犯人,赶着400只羊到距农场70公里、海拔2500米的尖山开辟牧场。经20年愚公移山式的劳作,终于建成了初具规模的高原小牧场。据统计,尖山农场共修建各类房屋19间,羊圈7个,造田200多亩,累计移动土方1.7万多方,羊群存栏达2250只。仅1970年至1979年,共调活羊1100只、上交羊肉10万斤,交售羊毛近6万斤⋯⋯

在走访尖山农场时,金昌监狱特意安排曾在这里工作了十年的退休干部饶建功做向导。饶建功介绍说,他在这里工作时,有两个干部轮流上班,但平常还是一个人守在山上,因为长时间不和人交流,他面部肌肉都僵硬了⋯⋯

如此艰苦的工作地点,却一直被保留到2007年,主要是这块地盘创造的价值让单位难以割舍。特别是当全省劳改系统的生产经营逐步走向入不敷出的困境时,尖山这种干部带罪犯外出改造创收的模式再一次被关注。为了将全系统从工资拖欠严重、职工生活难以为继的状况中彻底摆脱出来,全省监狱系统于1994年在红光园艺场召开现场观摩会,主要目的就是观摩红光罪犯外出有偿劳务的做法,推广全国监狱系统劳务输出的成功经验。因为会议的划时代性,这个观摩会被称为"红光会议"。

红光会议开启了我省监狱系统劳务大输出的时代,一时间各监狱大大小小的劳务摊点分布于全省的城乡厂矿和戈壁荒野,后来还延伸到相邻的青海、内蒙古和宁夏等地区。

当时全省劳务大概有以下几类:一是早出晚归型。大多在监狱附近,以短期包活和打零工为主。如兰州南北两山的绿化,白银等城市的基建井桩开挖等。二是常年外出型。以水泥厂、磷肥厂、麦芽厂、硅铁厂等为主,这些企业,都因高污染而远离城市,只能常住。三是春出冬归型,以砖瓦厂、公路铁路建设、管道开挖、光缆铺设等为主,这是最为艰苦的劳务类型。总体而言,劳务输出时工作流动性大,条件艰苦,以至于又一次回到了居无定所的时代……

2020年6月,在河西走廊的小苑农场,酒泉监狱四级高级警长闫昌军亲自带领我们实地查看了他们2000年搞劳务时住的地窝子。这些地窝子大都呈船形,船头部位是灶房,船尾部位是库房,中间出口部位住干部,其他地方住罪犯……据说,在地下水位较高的地方,地窝子中还要放个抽水泵,每过一段时间要发电抽水,否则早上起床时地上的鞋就漂起来了……

建设高速公路是当时劳务输出的主要选项之一,比如青兰高速甘草店出口处,路东侧山头的护坡标高度190米,底部长400米,由平凉监狱某监区一个劳务点于2000年3月初开工,10月底完工。当时租用了附近一老乡的旧院子作为落脚点,相对于河西走廊的摊点,条件大为改善。但在人烟稀少的地区,主要还是以住帐篷为主。

与50年代初的劳改队居无定所时期相比较,这场开始于20世纪90年代的外出劳务,持续时间更长(甘肃省罪犯外出劳务于2007年十七大召开前夕全部收回),且存在不少争议。不少同志认为虽然当时将罪犯拉出去搞劳务是不得已而为之,也解了燃眉之急,但对这段历史还需辩证看待:组织大量罪犯常年搞劳务必将弱化监狱教育改造工作,偏离监狱的基本职能。连最基本的"三课教育",各劳务摊点几乎没有条件落实,同时还掣肘监狱本部对罪犯的教育改造。现在看,大搞劳务的时段正是监管安全和生产安全事故多发频发的时期,严重制约了监狱基本职能的发挥。由于对民警教育管理不到位、职责定位不准确,队伍中的潜在风险消除不及时,民警队伍建设短板突出。将罪犯拉出去挣钱,虽然是事出有因,但毕竟"师出无名",经不起历史的检验,也无法得到社会的普遍认同,因此严重影响了监狱警察的社会形象。

这种不正常的劳务输出,让国家对监狱的困难有了更深入的了解,并想办法加以解决。2001年,国务院印发《关于研究解决监狱困难有关问题的会议纪要》,初步决定通过监狱布局调整和机制改革解决突出问题,于是在全国拉开了监狱布局调整的大幕,甘肃也不例外。

六、布局调整

20世纪五六十年代劳改队垦荒、开矿、办厂就是上山下乡式的"走出去"战略,而布局调整走的则是"收回来"的路径。由于我们当年"出去"时"走"得较远,以至于"回来"时"收"得格外艰难。从2000年甘肃省兰州监狱与甘肃省金城监狱合并算起,到2020年永登监狱搬迁至兰州新区,前后用了20年,才实现了监狱全部搬迁至地级以上城市的目标。

2000年金城监狱合并于兰州监狱。2001年建成女子监狱。2002年铜城监狱、靖远监狱、靖远医院合并于白银监狱,监狱总部和部分监区搬迁至白银市,农业监区在2017年整体搬迁到白银市区,监狱农场被省政府征用。2003年柳湖监狱并于平凉监狱。2004年武威少管所关押的少年犯全部转押于兰州监狱,甘肃省少年管教所牌子停用。2010年武都监狱完成震后重建。2011年天祝监狱并入武威监狱,整体搬迁至武威市新城区,天祝监狱旧址被天祝县政府征用。2012年定西监狱整体搬迁至定西市郊区。同年金昌监狱整体搬迁至金昌市区,金昌监狱旧址有偿转让永昌县政府。2017年酒泉监狱整体搬迁至酒泉市郊区,监狱旧址置换新监狱建设用地。同年,甘谷监狱整体搬迁至天水市郊区。2020年永登监狱(甘肃未成年犯管教所)搬迁至兰州新区⋯⋯初步统计,监狱布局调整以来,甘肃监狱系统共有9个县级单位3个科级单位(酒泉监狱白疙瘩农场,武威监狱的清源农场、王金寨农场)整体搬迁进城,其中武都监狱因武都市区扩大自动纳入城区,这些新搬迁的监狱较之前在基础建设方面发生了根本性的变化。其他监狱的基础设施因改扩建也有了极大改善,监狱信息化也实现了从无到有到逐步健全完善。总之,布局调整让我省监狱实现了质的飞跃。

首先是彻底解决了监狱办社会、基础建设落后、生产转型难等问题,极大缓解监狱经济压力,从根本上解决了一些老大难问题。

从罪犯改造方式来看,全省在农场矿山劳动改造的罪犯,转到轻工车间劳动,真正实现了"三个转变",即"从分散到集中、从室外到室内、从农业采矿业到轻工业"的转变,极大降低了之前劳动改造中的监管和生产安全风险。监狱借助信息化建设,有效开展异地就诊、心理咨询等,弥补了监狱资源不足的短板;还同时依托所在城市的优势资源,更加有效地开展社会帮教等活动。在刑罚执行方面,成立专门机构,培训专业人员,借助信息化建设网络办案平台,以"6加1"制度体系倒逼执法公平公正。

另外,从民警工作生活的环境看,大约2.5万名民警职工、离退休人员及其家属借助布局调整的东风,从"农场矿山人"变为"城里人"。融入城市,意味着子女可以到更好的学校就读,意味着可以到更好的医院就医,意味着有更多的就业机会,之前"找对象难"也不再是问题……晴天一身土,雨天一身泥,戴着草帽,穿着褪色警服的监狱警察,因布局调整也步入"正规军"的行列,民警队伍整体面貌和综合素质得到极大提升,为全年提升监狱管理水平提供了强有力的队伍保障。

伴随着新中国发展的历程,甘肃监狱系统经历了各种风雨,战胜了不少困难,取得了不俗的成绩。这些成绩的取得得益于党对监狱工作的绝对领导,得益于以何福祥、杨文局、王琦等"老红军""老八路"为代表的近300名第一代劳改干部的艰苦创业,得益于以"公安部二级英模"张维德、"司法部一级英模"张书俭为代表的广大监狱警察的无私奉献。70多年来,这支被冠以"特别能吃苦、特别能战斗、特别能奉献"的民警队伍,累计改造罪犯近45万名,成功改造了一大批历史反革命、特务、土匪和各种刑事犯罪分子,为确保一方平安作出了应有的贡献。

当然,和其他发达省份相比,目前我们的短板还很突出,一些老旧监狱改造难、监狱信息化和经费保障水平低等问题严重制约了监狱的发展。特别是省会监狱,基础设施落后的问题还比较突出。为此,厅局党委创新工作思路,提出一揽子解决这些问题的方案,已上报省政府,得到省领导的高度重视。在不久的将来,省会各监狱基础建设严重滞后的问题定会彻底解决,监狱布局调整必将画上一个完满的句号。

党的十八大以来,以习近平同志为核心的党中央高度重视监狱工作,习近平总书记先后多次对监狱工作作出批示,中共中央办公厅、国务院办公厅于2019年联合下发《关于加强监狱工作的指导意见》,为新时期监狱发展提供了强有力的支撑。今后甘肃监狱系统将以习近平新时代中国特色社会主义思想为指引,在省委、省政府、司法部和省司法厅的坚强领导下,大力推进平安监狱、法治监狱、廉洁监狱建设,为确保一方平安作出自己的贡献。

关于"三项桂冠"的历史回顾与思考

党永忠 邱平祥[*]

"三项桂冠"是习仲勋同志在1981年召开的第八次全国劳改工作会议上提出的。"三项桂冠"不仅真实地反映了广大干警光荣的战斗历程,更是党中央对全体干警提出的更高要求和殷切希望。40年后的今天,在推动监狱工作高质量发展新征程上,"三项桂冠"体现出的干部队伍建设的重要思想,跨越时空,依然焕发着马克思主义的理性光辉,犹如洪亮悠长的警钟,时时在我们耳畔鸣响着。

一、"三项桂冠"产生的历史背景

粉碎"四人帮"结束"文化大革命"后,监狱工作在恢复、整顿的基础上进入了改革发展新时期。1981年,公安部召开的第八次全国劳改工作会议是一次承前启后、继往开来的会议。会议回顾了新中国成立以来的劳改工作,肯定了成绩,初步总结了正反两方面的经验,确定了新时期劳改工作的任务,提出了加强劳改工作的措施。会议期间,时任中央书记处书记习仲勋受时任中共中央总书记胡耀邦委托,到会作了重要讲话,强调做好劳改工作的重要意义,进一步阐明了新时期劳改工作的方针、政策和任务,充分肯定劳改工作取得的重大成绩,高度赞扬劳改干警为巩固人民民主专政作出的贡献。赞扬劳改干警是"攀登十八盘的勇士""真正的灵魂工程师"和"无名英雄",这是新中国成立以来党和国家对劳改工作干警的最高评价。[①]

40多年来,"三项桂冠"一直激励着广大监狱民警攻坚克难、奋发有为,不断推进监狱体制机制改革,铸造了新长征路上一个又一个的辉煌。

第一,果断结束动乱,改革开放成为全国各族人民的共识。1976年

---

[*] 党永忠,青海省监狱管理局党组成员、副局长;邱平祥,青海省监狱法学研究会副秘书长。
[①] 参见中国监狱工作协会编:《新中国监狱工作五十年:1949.10—2000》,法律出版社2019年版,第193页。

10月6日,江青反革命集团被粉碎,结束了十年动乱。1978年12月十一届三中全会的召开,是新中国成立以来中国共产党历史上具有深远意义的伟大转折,是拨乱反正,全面、彻底地肃清林彪、江青反革命集团"左"的流毒,进入集中精力搞好社会主义现代化建设的改革开放新时期。监狱工作在取得拨乱反正、恢复整顿的初步成果后,逐步进入改革开放、全面发展的历史新时期。

第二,由大乱到大治,监狱系统基本形成了由乱到治的稳定局面。为了纠正"文化大革命"及其以前的"左"的错误,广大干警深入揭发批判极"左"路线破坏劳改工作的罪行,清查"四人帮"帮派体系,清理"三种人",调整领导班子,落实干部政策,恢复、整顿监管秩序,惩处反改造活动。同时,协同法院复查、平反系统内部的冤假错案,对劳改生产进行初步的整顿和改组。经过方方面面的努力,监狱系统基本形成了由乱到治的局面。

第三,法律秩序逐步健全,劳改工作开启依法治理新局面。1978年12月,邓小平同志郑重提出"有法可依,有法必依,执法必严,违法必究"的重要思想。1979年,第二届全国人民代表大会第二次会议通过《中华人民共和国刑法》和《中华人民共和国刑事诉讼法》,并定于1980年起施行。为适应新形势,新任务,实现监管工作的法律化、制度化,监狱更加需要一支知法、懂法,能够依法执法的队伍。

第四,深化从优待警,体现党中央对监狱民警队伍的重大关怀。"文革"动乱中,多数监狱民警队伍被打散,思想被搞乱,后遗症突出。基层单位特别是一些农、矿业单位,干警编制不足,待遇偏低,由于历史原因和户籍、粮油供应制度的制约,普遍存在"是公安人员穿不上警服,是国家干部带不了家属"的不合理现象,广大干警特别渴望得到正名,切实把从优待警落实到位。

二、"三顶桂冠"的历史价值

一是肯定了广大劳改工作干警为劳改事业作出了巨大贡献。"文化大革命"动乱中,广大干警、职工在党的领导下,克服难以想象的困难,艰苦创业,无私奉献,保持了监管场所的安全稳定,出色完成了监管改造任务。有许多干警,坚守岗位,忠于职守,不为名利,默默奉献了自己的一切甚至生命。中共中央、国务院在批转"八劳"会议的《纪要》中指出:"广大劳改工作干部为劳改事业作出了很大贡献,应当受到全党、全社会的尊重。"①习仲勋同志在肯定劳改工作的成绩时说:"我们不仅有效地改造了一般的罪犯,还成功地改造了战犯,改造了清末的皇帝溥仪,这是一个很了不起的事情。试问世界上哪一个国家能够做到这一点呢?""同志们的工作很重要,也很光荣,你们是攀登十八盘的勇士,党和人民对你们寄予很大希望。"还说:"你们是改造人的灵魂的工程师,真正的灵魂工程师。"他希望劳改工作干部要加强对自己工作的自豪感,扫除自卑感。他动情地说:"不是好党员能派来做这个工作吗?能做好这个工作吗?我看能在这个战线上做这项工作,几十年如一日,那是党性很强的干部,是高人一等的干部。"②

二是解决了长期困扰民警队伍建设的历史问题。习仲勋同志指出:"对待他们(劳改干部)在政治上要严,在生活上和其他方面要多给予照顾。""八劳"会议后,公安部会同财政部联合下发《关于劳教、劳改工作干部着民警服装的通知》,解决了这个新中国成立以来一直没有解决的问题。经过数年调整,各基层监狱升格为处级,少数省劳改局长由主管副厅长兼任。1993年以后,根据《中华人民共和国警察警衔条例》和《国家公务员暂行条例》,逐步完成了劳改干警的授衔和向公务员的过渡。

中央在转发的《纪要》除在政治上、思想上提出要求外,还做出了许多具体规定:

(1)劳改单位的干部编制,工业按犯人人数的百分之二十、农业按百分之十六配备。

(2)对在劳改农场和在大、中城市以外工业单位工作的符合规定条件的干部,居住在农村的配偶和已丧失劳动能力或未成年的直系亲属,可迁到干部所在的劳改单位落户。

(3)劳改单位的子弟学校,应纳入国民教育计划,由当地教育部门统一领导和管理。

(4)为了加强干部的教育训练,"省、市、自治区都应当创办劳改工作学校,招生指标,列入地方统一招生计划";公安部可创造条件,成立精干的劳改工作研究所。

---

①② 中国监狱工作协会编:《新中国监狱工作五十年:1949.10—2000》,法律出版社2019年版,第195页。

(5) 劳改工作干警在调配、退职、离休、退休、死亡、抚恤等方面应享受公安干警同等的待遇。

(6) 50年代带领犯人到边疆地区办劳改场,现仍从事劳改工作的干部,在年老离休、退休时,原籍家乡政府应欢迎他们回去,妥善安置。①

这一系列具体政策措施,消除了广大劳改工作干警的压抑感和后顾之忧,解决了一大批干部的夫妻两地分居问题,对干警队伍的稳定、团结发挥了重要作用。更重要的是劳改工作的地位和价值得到了国家的承认。

三是提出了新时期监狱干警队伍建设的新标准。"三项桂冠"是新中国30年来劳改干部队伍建设的理论集成,体现着精神与物质的统一、理论与实践的统一,凝结着深刻的历史经验。习仲勋同志指出:"将来搞这方面工作的干部要经过挑选,光有管理的本领还不行,还要有德,就是党性要强,作风要好。所谓党性强,就是坚决按党的方针政策办事。要挑选,还要训练。"②从此以后,劳改干警队伍建设逐步走上了政治建警、科技强警的建设道路。2020年8月26日,习近平总书记向中国人民警察队伍授旗并致训词,"对党忠诚,服务人民,执法公正,纪律严明"成为新时代人民警察队伍建设的更高要求。

三、"三项桂冠"的时代新内涵

在新的历史条件下,"三项桂冠"仍然有着非常重大的现实意义。40多年改革开放的实践证明,"三项桂冠"的精神力量,已转化为新时代监狱工作高质量发展的巨大物质力量。这种力量在推动监狱体制机制改革的各个历史时期都发挥了极其巨大的作用,成为稳定民警队伍凝聚力的不二法宝。

一是不断丰富党的干部队伍建设新内涵。"三项桂冠"所承载的敢于创新、不懈奋斗精神,勇于奉献的精神,是广大监狱民警顽强奋斗、不断进取的精神动力,是新时代推进监狱工作高质量发展的宝贵精神财富。习近平总书记高度重视干部队伍的建设。在庆祝中国共产党成立95周年大会上指出:"伟大的斗争,宏伟的事业,需要高素质干部。"习近平总书记提出了好干部"二十字"标准,并提出成长为一个好干部一靠自身努力,二靠组织培养。这些干部队伍建设要

---

①② 王明迪:《一次承前启后、继往开来的历史性会议——纪念第八次全国劳改工作会议召开30周年》,《中国监狱学刊》2011年第4期。

求涵盖了"三项桂冠"的精神内涵并进行了提炼升华。

二是探索干部工作实践的方法论。中国监狱事业40多年改革开放的经验教训都证明，如果没有"三项桂冠"，监狱工作的拨乱反正、监管秩序的恢复整顿以及监狱工作的改革发展，就会摸索很长一段时间，不可能快速实现科学发展，更谈不上实现监狱工作高质量发展。因此，无论从理论上讲，还是从实践中看，"三项桂冠"是中国特色社会主义监狱工作实践中的科学方法论，很好地体现了理论和实践的统一。

三是满足现实工作的时代要求。从现实来看，经过几代人的奋斗，我国监狱民警队伍建设目前已步入现代化建设新阶段。然而，现在达到的建设水平与新时代要求相比，对照习近平新时代中国特色社会主义思想，还存在许多不相适应的地方。建立比较完备的、体制和机制比较完善的现代化监狱民警队伍体系还有较长的路要走，要求我们必须增强"四个意识"，坚定"四个自信"，做到"两个维护"，自觉地把习近平法治思想贯彻到各项工作实践中，这样才能不断战胜各种困难，实现历史的新跨越。

四、锻造新时代监狱铁军的思考

当今世界正经历百年未有之大变局，我国正处于实现中华民族伟大复兴的关键时期。决胜第二个百年奋斗目标，推进监狱高质量发展工作，关键在党，关键在人，关键在干部队伍。中央在转发的"八劳"会议《纪要》中指出，"加强劳改工作干部队伍的建设。要建设一个革命化的、团结的、年富力强的领导班子。根据劳改工作的性质和任务，劳改工作干部必须有高度的政治觉悟，有专业知识，懂政策，懂法律，会做教育改造工作，会管理生产"[①]。党的十九届四中全会提出："把提高治理能力作为新时代干部队伍建设的重大任务。"这也是"三项桂冠"精神内涵应有之义。加强新时代干部队伍建设，需要进一步强化党员干部的政治素养、学习思维、实践锻炼、规矩意识，不断提升其治理能力。

一是提高政治站位。毛泽东曾精辟地指出，"没有正确的政治观点，就等于没有灵魂"。监狱机关首先是国家政治机关，监狱党员民警必须自觉讲政治，要

[①]《中共中央办公厅、国务院办公厅转发公安部〈第八次全国劳改工作会议纪要〉的通知》(1981年12月11日)，资料来源：www.110.com/fagui/law_1822.html，访问日期：2022年4月15日。

始终坚持以习近平新时代中国特色社会主义思想为引领,切实把增强"四个意识"、坚定"四个自信"、做到"两个维护"落实到行动上。把对党忠诚、为党分忧、为党尽职、为民造福作为根本政治担当,始终保持政治定力,不断增强政治敏锐性和政治鉴别力,善于从政治上分析和解决问题。始终在政治立场、政治方向、政治原则、政治道路上同以习近平同志为核心的党中央保持高度一致。

二是推进文化育警。要把学习贯彻习近平新时代中国特色社会主义思想作为干部队伍建设的主题主线、作为班子建设的头等大事,强化学习思维,把学习作为终身课题。认真学习党的大政方针、党纪国法,系统学习党史、新中国史、改革开放史、社会主义发展史,掌握马克思主义立场观点方法,提高文化素养和思想政治修养。领导干部要带头学、原原本本学、全面系统学、及时跟进学、联系实际学,在学思用贯通、知信行统一上走在前列、作出表率,增强各项工作的科学性、预见性、主动性。

三是加强素质强警。实践出真知,锻炼长才干。要全面加强思想淬炼、政治历练、实践锻炼、专业训练,鼓励广大民警到实践中经风雨、见世面、壮筋骨,到矛盾集中、任务繁重、局面复杂的地方啃硬骨头、接烫手山芋,在严峻复杂的斗争一线、急难险重任务中真枪真刀磨砺,积累斗争经验,提高斗争本领。同时,坚持干什么学什么、缺什么补什么,结合工作实际不断提高知识化、专业化水平,增强发现问题、解决问题的能力,并自觉将学习成果运用到监狱治理能力、治理体系实践中,真正做到学以致用、用以促学、学用相长。

四是持续转变作风。干部队伍建设是一个重大理论问题,也是一个重大现实问题。要把作风建设牢牢抓在手上,树立忠诚干净担当、为民务实清廉的良好形象。要严明纪律、严格教育、严肃执纪、严厉问责,一体推进不敢腐、不能腐、不想腐。要聚焦作风建设上存在的突出问题,严格落实中央八项规定及其实施细则精神,紧盯形式主义、官僚主义新动向、新表现,持续开展作风专项整治行动,营造风清气正的政治生态环境。要坚持严管和厚爱结合、激励和约束并重,强化规矩意识,上紧制度规矩的"发条"。要坚决贯彻执行政治纪律、严守政治规矩,确保令行禁止、政令畅通。要严格日常管理监督,认真执行巡视巡察、经济责任审计、重大事项请示报告等制度,加强对"一把手"的监督,强化对权力集中、资金密集、资源富集部门领导班子的监督。要完善考核评价,开展好平时考核、年度考核、专项考核、任期考核,同时建立完善容错纠错机制,以组织对干部的担当推动干部对事业的担当,使广大干部安身、安心、安业。

也许有人会认为,在中国特色社会主义进入新时代的今天,重新倡导学习和继承"三顶桂冠"的精神内涵,是思想守旧、不切实际。笔者以为这是历史虚无主义的一种表现。"三顶桂冠"根植于毛泽东思想的厚重土壤,提出于结束动乱、拨乱反正、推进改革的关键时期,对恢复监狱秩序、稳定劳改干部队伍、提高劳改干部队伍管理水平、实现劳改干部队伍现代化建设起到了决定性作用,是历史转折时期劳改干部队伍建设的定海神针。以历史的经验和未来的目光来审视"三顶桂冠",研究中国特色社会主义监狱发展历史,必然要涉及"三顶桂冠"的管理思想;建设中国特色社会主义监狱干部队伍,绕不开"三顶桂冠"奠定的历史基色。在习近平法治思想指引下,必须开启监狱干部队伍建设的新局面,在监狱治理水平和治理能力的全面提升中,使监狱干部队伍建设更好、更优地发展。

图书在版编目(CIP)数据

我所知道的新中国监狱工作.第八辑／中国监狱工作协会监狱史学专业委员会，上海市监狱学会编.—上海：上海社会科学院出版社，2024
ISBN 978-7-5520-4290-0

Ⅰ.①我… Ⅱ.①中…②上… Ⅲ.①监狱—工作—中国—文集 Ⅳ.①D926.7-53

中国国家版本馆 CIP 数据核字(2024)第 000149 号

我所知道的新中国监狱工作(第八辑)

编　　者：中国监狱工作协会监狱史学专业委员会　上海市监狱学会
责任编辑：陈如江
封面设计：黄婧昉
出版发行：上海社会科学院出版社
　　　　　上海顺昌路 622 号　邮编 200025
　　　　　电话总机 021-63315947　销售热线 021-53063735
　　　　　http://cbs.sass.org.cn　E-mail:sassp@sassp.cn
照　　排：南京理工出版信息技术有限公司
印　　刷：浙江天地海印刷有限公司
开　　本：710 毫米×1010 毫米　1/16
印　　张：21.5
插　　页：1
字　　数：362 千
版　　次：2024 年 1 月第 1 版　2024 年 1 月第 1 次印刷

ISBN 978-7-5520-4290-0/D·717　　　　　　　　　　　定价:98.00 元

版权所有　翻印必究